KB055517

중국지식의 대외확산과 역류

ㅣ소프트 파워와 지식 네트워크ㅣ

이 저서는 2009년도 정부재원(교육과학기술부 학술연구조성사업비)으로 한국연구재단의 지원을 받아 연구되었음(NRF-2009-362-B00011).

국민대학교
중국인문사회연구소
총서·5

중국지식의 대외확산과 역류

소프트 파워와 지식 네트워크

강병환·김도경·김영미·박영순·박철현
서상민·이광수·은종학·조경란·최은진 공저

學古房

서 문

국민대학교 중국인문사회연구소(CIRC)는 2009년부터 HK(인문한국) 프로젝트의 일환으로 "중국의 지식 · 지식인: 지형과 네트워크"에 관한 연구를 진행해 왔다. 연구는 크게 3단계로 이루어지는데, 1단계는 중국의 지식과 지식인의 지형에 대한 연구, 2단계는 중국의 지식 · 지식인의 대내외 네트워크 연구, 3단계에는 연구의 결과에 대한 이론화와 국제화이다. CIRC는 연구성과의 일부를 매년 총서 형식으로 발간해 왔다. 이 책은 제2단계 3년차에 해당되는 다섯 번째 총서이다.

이번 총서는 중국 지식의 대외확산과 국내에로의 역유입을 주제로 한다. 특히 소프트파워를 중심으로 하는 국내외 지식네트워크의 구축과 형성에 중점을 두고 있다. 이를 위해 총서는 중국 국내의 지식이 디아스포라라는 네트워크를 경유하여 해외로 확산되고 해외의 지식 네트워크와 조우한 뒤 중국 국내로 유입하는 과정에 주목한다. 세부 논문들은 화인문학사단, 해외문화예술기구, 공자아카데미의 네트워크와 함의, 신좌파 지식인의 대내외 네트워크, 재미중국경제인, 대만의 지식인, 북미도시사회학 연구, 양안관계 연구의 네트워크, 중국의 과학기술 네트워크 등에 관한 것들이다.

사실 각각의 학문 영역에서 관련 문제들을 다루기 때문에 종합적인 논의는 쉽지 않다. 그렇지만 그만큼 종합적인 논의가 필요한지 모른다. 먼저 키워드는 소프트파워이다. 국제정치학의 주요 개념으로서 소프트파워는 하드파워의 상대적 개념이다. 한 나라의 힘은 군사력이나 경제력과 직접적인 권력, 즉 하드파워와 문화, 이념, 정책 등과 같은 보이지 않는 권력, 즉 소프트파워로 나뉠 수 있다. 최근에는 후자의 중요성이 강조되는 경향이 있다.

특히 중국의 입장에서 소프트파워의 중요성은 크다. 중국은 거대한 영토와 인구를 바탕으로 군사력과 경제력과 같은 하드파워를 갖추어 나가고 있다. 그렇지만 세계의 리더로서 필요한 소프트파워는 아직 결여되어 있다는 것이 일반의 인식이다. 주지하는 것처럼 미국의 패권적 기반은 단순히 군사력이나 경제력만이 아니다. 기독교와 같은 문화나 지식, 정치체제, 사회제도 등 소프트파워도 그 중요한 일부를 차지한다. 따라서 중국이 미국과 경쟁하고자 한다면, 거기에 상응하는 소프트파워를 구축하지 않으면 안되며, 실제 중국정부는 적극적인 방법을 모색하고 있다.

이 글에서 초점을 둔 지식은 소프트파워의 극히 일부에 불과하지만, 중요한 일부이다. 그것은 무엇보다도 중국 자신에 대한 주변의 인식이나 이해와 관련된다. 국내외 지식네트워크의 구축은 적지 않은 문제들과 관련하여 중국에게 호의적인 시각을 확산하는데 도움이 될 것이다. 그것은 중국정부가 거액의 자본을 들여 추진해온 공자아카데미에서부터 민간차원의 각종 연구네트워크에 이르기까지 모두 해당된다.

물론 그러한 시도들이 당장 가시적인 성과로 이어질 가능성은 크지 않다. 그렇지만 사람과 자본의 국제적 이동이 갈수록 자유로운 글로벌시대에서 인구와 경제 대국으로서 중국은 세계와의 접촉면이 갈수록 확대되고 있다. 그 과정에서 중국의 국내외 지식네트워크도 더욱 가시화될 것이다.

국민대학교 중국인문사회연구소 소장
김영진

목 차

Ⅰ. 지식네트워크의 형성과 접목 • 9

Ⅱ. 지식네트워크의 대내외 유통과 확장 • 181

III. 지식네트워크와 소프트 파워 • 285

I

지식네트워크의 형성과 접목

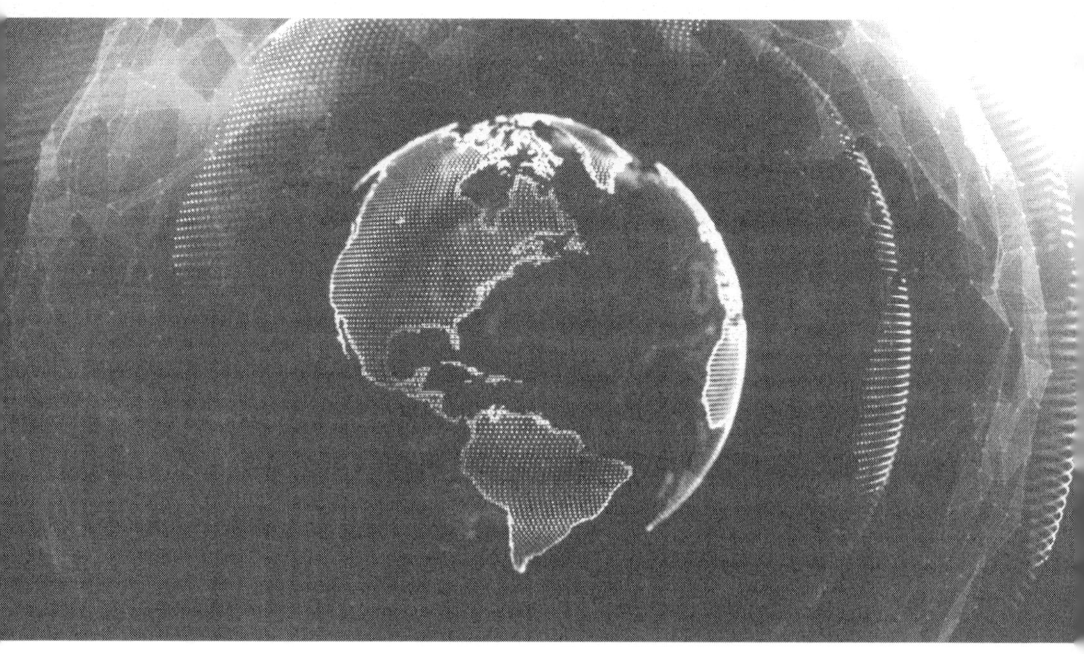

중국에서 새로운 담론은 어떻게 출현하는가?

-허쉐펑(賀雪峰)의 '토지재정' 해석을 중심으로

● 김도경 ●

Ⅰ. 문제 제기

중국 사회에서 '토지 재정'은 다양한 차원에서 비판의 대상이 되고 있다. 부동산 가격이 도시 주민들의 소득 수준보다 높게 형성될 때면 토지 공급을 지방정부가 독점하는 현재의 토지 제도가 문제라고 지적되고, 나날이 심화되는 중국의 빈부 격차도 농민들의 정당한 권리를 침해하는 지방정부의 횡포로 설명되곤 한다.[1] 사람이 살지 않는 '유령도시'의 출현은 지방정부가 실제 수요를 고려치 않은 채 무분별하게 토지 개발을 진행하기 때문이라 설명되고[2], 토지 담보에 기초한 융자 시스템의 형성도 향후 혹 있을지 모르는 중국 발 금융 위기의 우려 때문

---

* 이 글은 「중국에서 새로운 담론은 어떻게 출현하는가? - 허쉐펑(賀雪峰)의 토지재정 해석을 중심으로」, 『중국학논총』, 제48집, 2015를 수정・보완한 것이다.

** 성균중국연구소

1) 周其仁, 『改革的邏輯』, 北京:中信出版社, 2013, 95-192쪽. 전체적인 상황에 대해서는 華生, 『城市化轉型與土地陷穽』, 2013, 북경: 東方出版社, 69-83쪽.

2) Chiew Pin Yew, "Pseudo-Urbanization? Competitive Government Behavior and Urban Sprawl in China", *Journal of Contemporary China*, 21(74), 2012.

에 '시한폭탄'처럼 묘사되곤 한다[3]. 자원 낭비와 불균형, 지속불가능과 불공평한 분배 등 중국 사회에서 거론될 수 있는 거의 모든 문제는 어떤 식으로든 '토지 재정'과 함께 다뤄지는 경우가 많다.

그런데 최근 들어 일부 학자들이 '토지 재정'을 긍정적으로 평가하고 있다. 허쉐펑(賀雪峰)이 대표적이라고 할 수 있는데[4], 그는 중국의 현 제도적 상황에서 '토지 재정'이 가지고 있는 긍정적인 역할을 인정해야 한다고 강조한다. '토지 재정'을 통해 형성된 지방정부의 수입은 지방 관료들의 호주머니 속으로 들어가는 것이 아니라 도시 인프라 건설에 주로 사용되며, 따라서 중국의 부동산 가격을 다른 국가의 그것과 동일시하는 것은 잘못된 시각이라는 것이다. 부동산 가격 안에 이미 도시 인프라 건설에 필요한 비용이 포함되어 있기 때문에, 오히려 부동산 구매자가 그 비용을 함께 부담하는 것이 합리적이라 본다.[5] 나아가 지방정부가 '토지 재정'을 통해 농민들의 권리를 침해한다는 것도 근거 없는 비판이라고 주장한다. '토지 재정'에서 지방 정부의 토지 수용은 언제나 농민들에 대한 보상을 수반하며, 그 보상 금액을 시장가격에 맞추는 것이야말로 불합리한 처사라는 것이다. 도시 근교에 거주한다는 이유만으로 아무런 노동의 수고 없이 막대한 토지 보상금을 챙기는 것은 개발에 따른 토지 수익을 공평하게 분배해야 한다는 이념과 상충한다. 게다가 도시 근교에 거주하는 농민 인구가 전체 농민 인구의 채 10%가 되지 않는 점도 기억해야 한다. 10%도 안 되는 이들의 이익이 마치 전체 농민의 이익인양 호도해서는 안 된다는 것이다.[6] '유령 도

3) 周其仁, 앞의 책, 161-172쪽. 아울러 이에 대한 전체적인 상황은 楊帥 · 溫鐵軍, 「經濟波動, 財稅體制變遷與土地資源資本化」, 『管理世界』 第4期, 2010.

4) 이 외에도 자오옌징(趙燕菁)이 비슷한 입장을 취하고 있다. 그에 대한 자세한 내용은 趙燕菁, 「土地財政: 歷史, 邏輯, 抉擇」, 『城市發展硏究』 第21卷, 2014. 참조.

5) 이 부분은 자오옌징의 논의에서 좀 더 부각된다. 趙燕菁, 앞의 논문, 2-3쪽.

시'의 출현이나 금융 위기에 대한 불안 역시 비슷한 맥락에서 이해될 수 있는데, 경제 성장률 제고에 혈안이 되어 수요를 고려치 않은 채 부동산 개발에 나서는 지방정부의 행위는 분명 문제가 있지만, 그리고 토지를 통해 신용을 창출하는 방식이 언제나 금융 위기에 노출되어 있는 것은 사실이지만, 그렇다고 해서 이것이 '토지 재정'을 부정해야 하는 절대적인 이유가 되는 것은 아니다. 문제는 급진적인 데 있는 것이지 '토지 재정' 자체에 있는 것이 아니다. 감시와 관리를 통해 해결될 수 있는 문제를 부정과 폐지의 태도로 접근하는 것은 올바른 해결 방식이 될 수 없다.[7)]

허쉐펑은 오히려 중국의 '토지 재정'에서 합리성을 발견한다. '토지 재정'이 있었기 때문에 지방정부는 도시 개발에 필요한 최초의 신용을 창출할 수 있었고, 불필요한 거래 비용을 최소화하여 도시 개발을 효율적으로 추진할 수 있었다. 무엇보다 중요한 것은 '토지 재정'이 있었기 때문에 중국에서는 부동산을 통한 불로 소득 집단이 원천적으로 형성될 수 없다는 사실이다. 토지의 가치 상승은 개인의 노동을 통해 이뤄지는 것이 아니라 도로와 전기, 수리 시설 등의 공공 서비스의 개선을 통해 이뤄지기 때문에, 그 가치 상승분을 개인이 아닌 공공 재정에 편입시키는 것이야말로 진정한 공평을 실현하는 길이다. 도시 근교의 일부 농민들이 자신들의 토지를 시장 가격에 맞춰 거래하는 것은 노동과 상관없다는 점에서 부당한 이익을 취하는 것이다. 중국 사회주의 시기의 유산이라 할 수 있는 '토지 재정'은 그 최초의 기획 의도와 상관없이 현 중국의 제도적 상황에서 나름의 합리성과 존재 이유를 가지고 있다.[8)]

---

6) 賀雪峰, 『地權的邏輯 II』, 北京: 東方出版社, 2013, 33-35쪽; 81-83쪽.

7) 賀雪峰, 『城市化的中國道路』, 北京: 東方出版社, 2014, 150-171쪽.

8) 賀雪峰, 『地權的邏輯 II』, 北京: 東方出版社, 2013, 106-109쪽; 賀雪峰, 「中国土地

이렇게 서로 다른 해석이 양립하는 상황에서 이 글이 제기하는 질문은 다음과 같은 것이다. 허쉐펑의 '토지 재정' 해석은 어떻게 만들어진 것인가? 그는 왜 일반적인 시각과 상반되는 의견을 제기하는가? 그는 어떻게 주류의 시각에 반하는 자신의 독특한 생각을 발표할 수 있었는가? 한 사회에서 새로운 지식이 만들어지기 위한 필요조건은 무엇이고, 그 지식이 출현하기 위한 필요조건은 또 무엇인가?

Ⅱ. 새로운 지식의 사회적 조건

이러한 질문들을 제기하는 것은 연구자의 합리적인 의심이 반드시 새로운 지식의 출현으로 이어지는 것은 아니라고 보기 때문이다. 물론 새로운 지식의 출현에서 합리적인 의심은 필수적인 부분이다. 가령 쿤은 『과학혁명의 구조』에서 정상과학의 본질을 수수께끼 풀이라 규정하면서, 연구자들이 수수께끼 풀이 과정에서 많은 예외적 현상들을 접하는 순간, 기존 학설과 이론, 지식에 대한 의심이 일어나고, 그에 따라 패러다임의 전환이 일어난다고 설명한다. 기존의 연구 패러다임이 더 이상 수용할 수 없을 만큼 이례적 현상이 많이 발견되었을 때, 정상과학은 위기에 봉착하고, 새로운 패러다임으로의 혁명적 전환이 일어난다는 것이다. 물론 쿤의 관심은 학술 공동체 안에서 과학적 진리가 결정되는 그 메커니즘을 살피는 데 있었지만, 수수께끼 풀이나 혹은 이례적 현상의 발견을 그 과정의 중요한 구성 요소로 제시함으로써 새로운 지식 형성에서 기본적인 동력이 합리적인 의심에 있음을 분명히 하고 있다.[9)]

制度的宪法秩序」, http://www.snzg.net/article/2013/0917/article_34967.html

합리적 의심에 대한 이러한 강조는 비단 자연과학의 영역에서만 나타나는 것이 아니다. 미국에서 여성학이 만들어지는 과정이나 아프리카계 미국인 연구가 출현하는 과정도 비슷한 방식으로 설명될 수 있는데, 1960년대 이후 여성 혹은 흑인 연구자가 학술 공동체 안으로 진입하기 시작하면서 기존의 학술 연구가 그들의 경험이나 사회적 배경을 충분히 담아내지 못한다는 사실이 드러났고, 그에 따라 새로운 학술이 제도화의 길을 갈 수 있는 기초가 마련되었다.[10] 만약 새로운 사회적 배경의 연구자들이 학술 공동체 내에서 자신들의 합리적인 의심을 제기하지 않았다면, 새로운 학술의 등장은 처음부터 불가능했을 수 있다. 어떤 경우에는 학제 간 연구의 차이가 이러한 합리적 의심의 발단이 되곤 한다. 1990년대부터 미국 사회학 내 일부 연구자들은 인지 과학이 축적한 연구 성과를 자신의 연구 영역 안으로 적극 가져가고자 하였다. 인지 과학의 연구 성과가 기존 사회학 연구에 새로운 시각을 제공해줄 수 있을 것이라 그들이 믿었기 때문인데, 물론 기존의 학술 권위는 이를 받아들이는 데 소극적이었지만, 중요한 사실은 다른 학술 영역의 연구 성과가 기존의 학술영역에서 합리적인 의심으로 기능하면서 새로운 연구를 촉진할 수 있는 기회를 열어주었다는 점이다[11].

허쉐펑의 '토지 재정' 해석 역시 이와 비슷한 관점에서 설명하는 것이 가능하다. 허쉐펑의 초기 연구는 대부분 농촌 거버넌스에 대한 것

9) 토마스 쿤, 『과학혁명의 구조』, 서울: 동아출판사, 1992.

10) Messer-Davidow, Ellen, *Disciplining Feminism: From Social Activism to Academic Discourse*, Durham, NC: Duke University Press, 2002; Small, Mario L. 1999, "Departmental conditions and the Emergence of New Disciplines", *Theory and Society*, vol.28, 1999.

11) DiMaggio, Paul J. "Culture and Cognition", *Annual Review of Sociology*, Vol.23, 1997; Turner, Stephen P. *Brains/Practices/Relativism: Social Theory after Cognitive Science*, Cambridge, MA: Harvard University Press, 2002.

이고, 실제로 그는 중국 내에서 대표적인 농촌 전문가로 통하고 있다. 특히 풍부한 농촌 현지조사로 유명한데, 그가 여러 차례 "중국 사회는 중국 농촌에 대한 상식이 부족하다"[12]고 말할 수 있었던 데에는 이러한 배경이 자리한다고 해도 과언이 아니다. 따라서 허쉐펑의 '토지 재정' 해석은 농촌 현지조사를 통해 축적된 자신의 경험이 합리적인 의심으로 발전하게 된 경우라고 볼 수 있다. 도시화 전략이 적극적으로 추진되는 상황에서, 자신이 경험했던 농촌의 현실이 학계의 일반적인 이해와 다르다는 것을 발견했고, 그로 인해 '토지 재정'의 합리성을 적극 제기하게 된 것이다. 실제로 허쉐펑은 자신이 중국의 토지 제도에 관심을 갖게 된 계기가 류서우잉(柳守英)의 글 때문이었다고 말한 바 있다.[13] 류서우잉의 기본 입장은 토지의 자본화와 상품화를 적극 옹호하는 것이었는데[14], 이는 허쉐펑 자신이 경험했던 농촌의 현실과 많이 다른 주장이었다. 허쉐펑은 이를 계기로 중국 토지 제도에 대한 연구를 본격적으로 시작하였고, 2010년에 출판된 『토지 권리의 논리』가 그 결과물이었던 것이다.

그러나 이러한 '합리적인 의심'만으로 새로운 지식의 형성과 출현을 온전히 설명할 수 있는 것인지는 여전히 불확실하다. 무엇보다 학술 공동체에서 '합리적인 의심'은 일상사에 속한다는 점이 중요하다. 너무나 다양한 의심이 너무나 자주 제기되지만(공식적이든 비공식적이든), 그렇다고 해서 그 모든 '합리적인 의심'이 언제나 새로운 지식의 탄생으로 이어지는 것은 아니다. 이는 사회운동의 출현과 비슷하다고 볼 수 있는데, 사회운동의 출현이 언제나 사회적 불만이나 불평을 전제로 하

12) 賀雪峰, 『地權的邏輯』, 北京: 中國政法大學出版社, 2010, 322쪽.

13) 필자 인터뷰(2015/02/02). 아울러 賀雪峰, 앞의 책, 349쪽 참조.

14) 劉守英, 「對三中全會土地改革的解讀」, 『國土資源導刊』 第88期, 2013; 劉守英 · 周飛舟 · 邵挺, 『土地制度改革與轉變發展方式』, 北京: 中國發展出版社, 2012.

지만, 그렇다고 해서 모든 불만과 불평이 언제나 사회운동으로 이어지는 것은 아니다. 즉 사회적 불만과 사회운동 사이에는 개연성은 인정되지만 필연성은 인정되지 않는다. 사회운동에 대한 연구가 자주 '동원(mobilization)' 연구로 치환되는 데에는 바로 이러한 이유가 존재한다.

어쩌면 문학사나 지성사 등의 역사 서술은 '동원'의 관점으로 새로운 지식의 출현을 분석하는 이러한 태도가 영 불편해 보일 수 있다. 시대정신이나 사조, 영향 관계 등이 중요한 개념으로 등장하고, 복고와 순환, 부흥 등이 주된 술어로 제시되는 역사 서술에서는 단절보다는 연속성이 강조되기 마련이다. 하늘 아래 새로운 것이란 존재할 수 없다! 허쉐펑의 '토지 재정' 해석도 마찬가지일 수 있는데, 그의 해석은 새로운 것이 아니며, 사회주의 시기 동안 면면히 이어져왔던 지적 전통의 맥락 위에 있는 것이다. 만약 문제를 통시적으로 바라볼 수 있는 기본 소양만 있다면, 허쉐펑의 '토지 재정' 해석이 새롭지 않다는 것을 곧 깨닫게 된다. 그런데 이러한 역사 서술이 간과하고 있는 것은 왜 하필 지금인가에 대한 설명이다. 10년 전이나 10년 후가 아니라 왜 하필 지금인가? 허쉐펑의 '토지 재정'이 중국 사회에 출현하는 지금의 역사적 맥락이 다른 시기의 그것과 어떤 점에서 차이가 있는 것인가? 이 글 역시 허쉐펑의 '토지 재정' 해석이 역사적인 맥락 위에 있다는 사실에 동의한다. 그 전통은 허쉐펑의 글에서도 얼마든지 쉽게 찾을 수 있다.[15] 그러나 대부분의 학자들이 '토지 재정'을 부정적으로 평가하는 상황에서 허쉐펑이 그 전통을 소환해 '토지 재정'을 적극 옹호한다는 것은 어떤 설명을 요구하는 부분이다. 주류 학계가 그 전통을 잊어버리고 있는 한, 허쉐펑의 '토지 재정' 해석은 여전히 새로운 지식으로 간주되어

15) 가령 賀雪峰, 「人民公社的三大功能」, http://www.snzg.net/article/2007/1114/article_7916.html을 참조.

야 한다.

결국 초점은 '합리적인 의심'을 새로운 지식의 탄생으로 이어가게 만드는 특별한 사회적 조건이다. 그 사회적 조건 속에서만 '합리적인 의심'은 새로운 지식으로 발전할 수 있다. 물론 알렉산더[16]나 라몽[17]이 지적했던 것처럼, 연구자가 새로운 지식을 내놓게 되는 이유가 단 하나의 '전략적 이득(strategic gain)'으로 단정되어서는 안 된다. 그러나 연구자가 어떠한 동기와 이유를 가지고 있든, 그들이 특정 사회적 조건에 처해 있을 때 더 쉽게 새로운 지식을 낳을 수 있다는 가정은 충분히 합리적이다. 어쩌면 새로운 지식의 출현에서는 이 사회적 조건이 최초의 '합리적인 의심'보다 훨씬 더 중요한 부분일 수 있다.

기존의 '토지 재정' 이해와 상반되는 해석을 허쉐펑이 내놓을 수 있었던 것도 단순히 그가 '합리적인 의심'을 가졌기 때문이 아니다. 그의 '합리적인 의심'은 조직되고 운영되며 유통되어야 하는데, 이것이 가능했던 것은 그가 처해있던 특별한 사회적 조건 때문이었다고 봐야한다. 이를 개인적인 욕심을 채우기 위해 허쉐펑이 새로운 해석을 내놓았다는 의미로 읽지 않기를 희망한다. 필자는 그가 가지고 있는 학자적 양심과 태도를 존중하며, 그의 연구에 특정한 의도가 개입되어 있다고 생각하지 않는다. 다만 그의 '합리적인 의심'이 새로운 해석으로 학계에 등장할 수 있었던 것은 그가 처해 있던 특별한 사회적 조건에 힘입은 결과라는 것이다. 그 사회적 조건이 아니었다면, 그의 '합리적인 의심'은 단순한 의심으로 묻혀버릴 수 있었다. 이글이 초점을 맞추는 것은 허쉐펑의 '합리적인 의심'을 새로운 지식의 출현으로 이어가게 하였

16) Alexander, Jeffrey C. *Fin de Siecle Social Theory: Relativism, Reduction, and the Problem of Reason*, London, England and New York: Verso, 1995.

17) Lamont, Michele, "Three Big Questions for a Big Book: Collins's The Sociology of Philosophies", *Sociological Theory*, Vol.19, 2001.

던 바로 그 사회적 조건이다.

Ⅲ. '학술 공동체 내 지위'와 허쉐펑이 처한 학술 환경

새로운 지식의 출현을 설명할 때 기존 연구들은 그 지식을 제기한 사람의 학술 공동체 내 지위를 중시한다. 이는 신뢰(credibility)의 문제가 개재되어 있기 때문인데, 기존의 지식에 반해 새로운 지식을 제기하려면 최소한 그 새로운 지식을 제기하는 사람이 그 자격을 갖추어야 한다고 믿는 것이다[18]. 근대 이후 이 자격은 학술 공동체라는 공식적인 제도가 담당하고 있다. 학술 공동체가 정한 교육 과정과 훈련을 받아야 하고, 나아가 그 구성원이 공유하고 있는 학술 규범을 익혀야 비로소 새로운 지식을 말할 수 있는 자격이 주어진다. 박사학위가 갖는 상징적 의미는 바로 여기에서 찾아져야 한다.

그런데 박사학위를 가지고 있다고 해서 모든 학술 공동체의 구성원들이 자신들의 '합리적인 의심'을 언제나 새로운 지식으로 제기할 수 있는 것은 아니다. 이제 막 그 자격을 부여받은 젊은 연구자는 학계가 공인하고 있는 기존 학설을 뒤엎기가 대단히 어렵다. 두 가지 현실적인 장벽이 존재하는데, 하나는 위험 부담이다. 이제 막 자격을 갖춘 연구자들은 많은 경우 학계 내의 권위가 높지 않고, 어떤 경우에는 취업 자체가 불안한 경우도 있다. 이런 상황에서 학계가 일반적으로 받아들이고 있는 지식을 거부한다는 것은 상징적인 차원에서든, 아니면 효용의 차원에서든 부정적으로 작용할 확률이 높다. 게다가 학술 공동체

18) Shapin, Steven, *A Social History of Truth*, Chicago: University of Chicago Press, 1994.

내의 촘촘한 네트워크가 그 위험부담을 가중시키기도 한다. 학술 공동체가 일반적으로 받아들이고 있다는 것은 자신의 지도교수나 혹은 선배 연구자가 모두 동의하고 있다는 뜻인데, 이러한 상황에서 신진 연구자가 새로운 지식을 제기하려면, 학술 공동체 내에 '사람'과 '지식'을 철저하게 구별할 수 있는 문화가 형성되어야 한다. 중국과 같은 동양 문화권에서 이는 대단히 어려운 일이다. 두 번째 어려움은 자원의 한계이다. 기존의 학설을 반박하고 새로운 지식을 제시하려면 이를 입증하기 위한 다양한 자료가 확보되어야 하고, 또한 그 지식을 발표하기 위한 매체 접근성이 높아야 한다. 그러나 일반적으로 젊은 연구자들은 다양한 자료를 확보할 수 있는 연구비 등이 부족하기 마련이고, 출판의 기회 역시 대단히 제한적인 편이다. 따라서 신진 연구자가 '합리적인 의심'을 갖게 되더라도 이를 학계에 발표하기까지는 상당한 시간이 걸린다. 활용 가능 자원이 한정되어 있다는 사실이 신진 연구자의 새로운 지식 생산에 제약 요인으로 작용하고 있는 것이다. 결국 학계에서 새로운 지식을 제시할 수 있는 사람은 한정적이라고 봐야 한다. 프리켈과 그로스가 일반이론으로 제시했던 것처럼[19], 학술 공동체 내에서도 비교적 높은 지위에 있는 연구자만이 자신의 '합리적인 의심'을 새로운 지식의 출현으로 이어갈 수 있다.

그런데 학술 공동체 내 지위를 중시하는 이러한 설명 방법은 허쉐펑의 케이스에 완벽하게 부합한다고 보기가 어렵다. 물론 허쉐펑은 중국 학술 공동체에서 젊은 연구자에 속하지는 않지만, 그렇다고 해서 높은 학술 권위를 자랑하는 것도 아니다. 허쉐펑은 1968년 생으로 화중과기대학에 재직 중이며, 무엇보다 박사학위를 가지고 있지 않다는 점이

19) Frickel & Gross, "A General Theory of Scientific/Intellectual Movements", *American Sociological Review*, Vol.70, 2005.

중요하다. 주지하다시피, 1977년 까오카오(高考)가 부활된 이후 중국의 대학에는 학생들을 가르칠 수 있는 교원이 일시적으로 부족해지는 현상이 나타났고, 그에 따라 박사학위 미소지자들이 대학 교원으로 충원되는 경우가 많았다. 허쉐펑 역시 그러한 경우라고 할 수 있는데, 그의 연구역량과 상관없이 이는 대외적인 학술 활동에서 상당한 부담이 되었을 확률이 높다. 게다가 그의 전공은 사회학으로, 앞에서 언급했던 것처럼 그의 핵심 연구 분야는 토지 제도가 아니라 농촌 거버넌스이다. '토지 재정'이 기본적으로 도시 개발과 관련된다는 점을 떠올려보면, 경제학을 공부한 것도 아니고 토지에 대해 전문적으로 연구한 것도 아닌 그가 '토지 재정'에 대해 새로운 해석을 시도하였다는 것은 거의 도발에 가깝다고 봐야 한다. 실제로 허쉐펑의 대척점에 서서 논쟁을 펼쳤던 저우치런(周其仁)은 허쉐펑의 새로운 지식을 '죽은 논리'라며 강하게 비판한 바 있다.[20] 중국인민대학과 중국사회과학원을 졸업하고, 해외 유수 대학에서 수학하였으며, 과거 중국 내 최고 농촌 경제 전문가였던 두룬성(杜潤生)의 밑에서 일했을 뿐 아니라 현재 베이징대학의 교수로 재직 중인 저우치런의 이력은 그런 점에서 예사롭게 보이지 않는다.

물론 허쉐펑 역시 중국 학계 내에서 비교적 탄탄한 입지를 가지고 있는 것이 사실이다. 그는 현재 화중과기대학 향촌거버넌스연구센터의 주임으로 재직 중인데, 이는 그가 자신의 연구를 폭넓게 진행할 수 있는 충분한 인력과 예산을 가지고 있음을 뜻한다. 실제로 연구센터가 발간한 소식지에 따르면[21], 2014년 한 해에만 28개 팀이 농촌 사회조사

20) 周其仁, 「給農民更多的土地權利眞的會会損害農民的利益嗎?」, http://www.eeo.com.cn/2011/0722/207068.shtml

21) 華中科技大學中國鄉村治理研究中心, 『中國鄉村治理研究中心簡報』 第21期, 2015, 2쪽.

를 진행하였으며, 그 합계 조사 시간이 5,300일에 달하였다. 게다가 그는 『인민일보(人民日報)』와 『환구시보(環球時報)』 등 중국의 유수 언론 매체에 자신의 칼럼을 실을 수 있을 만큼 그 지명도가 높은 편이고, 그가 작성한 각종 정책 보고서들은 정치국 상무위원회를 비롯한 다양한 국가 기관의 승인을 얻을 정도로 정책 영향력도 가지고 있다. 그럼에도 이러한 환경이 '토지 재정'에 대한 일반적인 견해에 반해 그가 단독으로 새로운 해석을 내놓을 수 있는 확실한 토대인 것은 아니다. 단적인 예가 출판인데, 그의 첫 번째 연구 결과물이었던 『토지 권리의 논리』(2010)는 최초 H출판사에서 출판이 예정되어 있었지만, 원고 집필이 완료된 이후 출판이 취소되는 일이 발생하였다.[22] 그것이 원고의 내용 때문이었는지, 아니면 다른 이유 때문이었는지 현재로서는 불확실하지만, 중요한 사실은 그가 언제든지 자신이 원할 때 출판을 할 수 있는 환경에 처해 있는 것은 아니라는 점이다.

따라서 허쉐펑 개인이 처해 있던 학술 환경만 가지고 새로운 지식을 내놓을 수 있었던 사회적 조건을 설명하는 것에는 한계가 있다. 분명 허쉐펑이 동원할 수 있었던 자원이 비교적 풍성했던 것은 사실이지만, 그리고 그 때문에 '합리적인 의심'을 새로운 지식으로 조직할 수 있었던 것은 사실이지만, 유통(출판)이 쉽지 않았다는 사실은 또 다른 사회적 조건이 필요하였음을 암시한다. '학계 내 지위'와 함께 다른 사회적 조건이 갖춰짐으로써 허쉐펑의 '합리적인 의심'이 새로운 지식의 출현으로 이어질 수 있었던 것이다. 그 사회적 조건을 어디에서 찾아야할까?

22) 필자 인터뷰(2015/02/02). 출판 계획이 취소된 경우는 그 전에도 있었다. 허쉐펑은 농민 탄원 운동에 대한 책을 편집해 그 서론까지 작성했지만, 결국은 출판에 실패하고 말았다. 賀雪峰, 「農民上訪, 村庄政治與社會科學主體性」, http://www.snzg.net/article/2013/0208/article_32558.html 참조.

Ⅳ. 출판업계의 현실과 허쉐펑의 '기회구조'

H출판사가 『토지 권리의 논리』의 출판을 취소하였음에도 허쉐펑은 어렵지 않게 새로운 출판사를 찾을 수 있었다. 중국정법대학 출판사가 그 대안이 되었는데, 이를 허쉐펑의 자원 동원 능력으로 이해할 수도 있겠지만, 그의 설명은 조금 다른 차원을 제기하고 있다. 많은 출판사들이 원고 부족에 시달리고 있고, 그로 인해 중국정법대학 출판사가 꾸준히 자신에게 출판 요청을 해왔었다는 것이다.[23] 그렇다면 『토지 권리의 논리』의 출판에서 강조되어야 하는 것은 허쉐펑의 자원 동원 능력과 함께 중국 출판업계가 처해 있는 현실이다. 대학 출판사의 필요가 존재했기 때문에, 허쉐펑은 비교적 손쉽게 필요 자원을 끌어올 수 있었다.

실제로 중국의 많은 대학 출판사는 문화체제 개혁이라는 당 중앙의 요구에 따라 출판시장에서 스스로 살아남아야 하는 운명에 처해 있다. 2007년 교육부와 신문출판총서는 대학출판사의 체제 개혁과 그 시범 운영에 대한 공작회의를 개최한 바 있는데, 이후 많은 대학 출판사들은 학교 부설 사업 단위에서 기업으로의 체제 전환을 요구받았다. 인력 채용이나 재정, 경영 등을 스스로 해결해야하는 상황에 직면하게 된 것이다. 게다가 중국의 출판 시장은 점점 더 자본의 논리가 강화되고 있다. 대학 출판사들의 주요 수입원은 교재 출판인데, 대규모 출판 기업들이 막대한 자금과 인력을 동원해 대학 교재 시장을 잠식하면서 중소규모의 대학 출판사들이 이전보다 더 심각한 경영난에 직면하게 되었다. 이러한 상황에서 허쉐펑의 원고는 최소한 대학 출판사에게는 상당히 매력 있는 상품일 수밖에 없다. 그가 베스트셀러 작가인 것은

23) 필자 인터뷰(2015/02/02).

아니지만 일정한 판매부수는 어느 정도 보장해줄 수 있는 저자인데, 가령 2003년 광서사범대학 출판사에서 출판된 허쉐펑의 『신향토중국』은 2쇄 인쇄를 거쳐 총 9,000부 가량이 판매되었고, 2006년 출판사가 3쇄 출판을 의뢰했을 때 허쉐펑이 개정의 필요 때문에 인쇄를 사양했을 정도로 시장의 반응이 좋은 편이었다. 중국정법대학 출판사가 출판했던 허쉐펑의 『토지 권리의 논리』는 지금까지 10,000 부 이상이 팔린 것으로 알려져 있다.

이러한 상업적 맥락은 '토지 재정'을 본격적으로 다루기 시작한 『토지 권리의 논리Ⅱ』(2013), 그리고 그 후속편이라 할 수 있는 『도시화와 중국의 길』(2014)의 출판에서 더 명확해진다. 이 두 책은 모두 동방출판사가 출판하였는데, 동방출판사는 인민출판사의 자매 출판사로서 그 규모나 시장 영향력 면에서 대형 출판사라고 해도 손색이 없다. 실제로 동방출판사의 상업적 의도는 여러 군데에서 확인된다. 예를 들어, 『토지 권리의 논리Ⅱ』는 최초 제목이 『토지 권리 변혁의 진실과 오류』였지만, 전작의 명성을 이어가고자 했던 출판사의 요구에 따라 『토지 권리의 논리Ⅱ』로 그 제목이 수정되었다.[24] 중국정법대학 출판사가 펴낸 『토지 권리의 논리』는 그 최초 발행 부수가 3,000부에 불과하였지만, 동방출판사는 두 책 모두 처음부터 8,000부를 찍었고 유명 인터넷 서점에 광고가 내걸리기도 하였다. 더욱 중요한 사실은 『토지 권리의 논리Ⅱ』나 『도시화와 중국의 길』 모두 허쉐펑이 완전히 새로 쓴 원고가 아니라는 점이다. 삼농중국 사이트를 통해 이미 발표되었던 글들이 이 두 권의 책을 통해 많이 발표되었는데, 이는 시기를 놓치지 않고 시장에 상품을 내놓으려는 출판사들의 바람이 섞인 결과이다. 허쉐펑이 이를 확인시켜 주는데, 지금처럼 토지 제도에 대한 출판물이 많아진 이유를

24) 賀雪峰, 『地權的邏輯Ⅱ』, 北京: 東方出版社, 서론 참조.

그는 주저 없이 '비즈니스(生意)'라고 규정한다. 장사가 되는 아이템이다 보니 시장이 형성되고 그 규모가 점점 더 커지고 있다는 것이다.

이 시장은 중국 공산당이 그 시작을 열어주었다고 해도 과언이 아니다. 2010년, '125'규획을 통해 본격적으로 도시화 전략을 제기한 이후, 중국 공산당은 기회가 있을 때마다 도시화 전략을 자신들의 핵심 경제성장 전략으로 제시하였다. 2012년 18대 보고에서는 '신형 4화'라는 새로운 방침 속에 '신형 도시화'를 포함시켰고, 2013년의 18기 3중전회도 '사람을 핵심으로 하는' 신형 도시화를 중요 정책으로 제시하였다. 2014년에는 「국가 신형 도시화 규획(2014-2020)」을 비롯한 많은 관련 문건이 쏟아지듯 발표되기도 하였다. 도시화 전략은 기본적으로 토지제도의 개혁을 포함할 수밖에 없기 때문에, 그에 대한 다양한 논의가 급증하게 되는 것은 어떤 의미에서는 자연스러운 결과이다. 게다가 도시화나 토지제도는 도시 주민들의 삶에 중요한 부동산 시장과 직접적으로 관련된다. 도시 인구의 증가와 주택 가격의 변동, 도시 개발 계획과 농촌 토지의 수용 등이 초미의 관심사가 될 수밖에 없는 중국 사회의 상황인 것이다.

이러한 출판시장의 상업적 맥락, 그리고 위에서 살펴보았던 대학 부설 출판사의 체제 개혁 등은 학술 공동체 내에서 허쉐펑이 갖고 있는 지위와 기본적으로 아무런 상관이 없다. 그것은 허쉐펑이 조정하거나 통제할 수 있는 대상이 아니며, 외면한다고 해서 그 영향력을 무시할 수 있는 것도 아니다. 그러나 허쉐펑이 자신의 합리적 의심으로 새로운 지식으로 내놓으려 했을 때, 중간 수준(meso-level)에 형성되어 있는 이 구조가 '기회'를 열어주는 조건으로 작용했다. 출판의 통로가 막혔을 때 손쉽게 그 대안을 찾을 수 있었을 뿐 아니라, 그 후속작업을 이어갈 수 있는 동력도 여기서 찾을 수 있었다. 가장 적절한 시점에 이 기회 구조(opportunity structure)가 형성되면서 허쉐펑의 새로운 지식이

빛을 볼 수 있었다. 그 반대의 경우였다면, 허쉐펑의 새로운 지식은 묻혀버리거나, 혹은 최소한 지연되었을 확률이 높다.

Ⅴ. 중국 학술 공동체 내의 서로 다른 학술 규범

중국 공산당의 도시화 전략이나 출판시장의 상업적 맥락, 그리고 대학 출판사의 체제 개혁 이외에도 허쉐펑이 새로운 지식을 조직하고 유통할 수 있었던 배경에는 또 하나의 기회 구조가 매우 중요하게 작용하였다. 학술 공동체 내에 형성되어 있는 서로 다른 학술 태도, 혹은 학술 규범의 차이가 그것인데, 이 차이를 중심으로 서로 다른 학술 네트워크가 형성되면서 허쉐펑은 자신의 새로운 지식을 보다 효과적으로 조직하고 유통할 수가 있었다. 예를 들어, 출판 시장의 상업적 맥락이 이 학술 네트워크를 적극적으로 활용한 측면이 있다. 『토지 권리의 논리』와 『도시화와 중국의 길』이 출판되었을 때 이를 추천했던 이들은 각각 다섯 명씩이었는데, 신간 도서에 대한 추천사가 특별한 일은 아니지만, 그들이 모두 '중국의 길'을 강조하는 학자라는 사실은 주의를 요하는 부분이다. 가령, 원톄쥔(溫鐵軍)은 원시자본의 축적이라는 관점으로 신중국 성립 이후의 역사를 해석한 바 있고,[25] 야오양(姚洋)은 '중성정부(中性政府)'라는 새로운 개념으로 중국의 길을 설명하기도 하였으며,[26] 추이즈위안(崔之元) 역시 '프띠부르주아 사회주의'라는 말로 중국 사회의 특수성을 포착하기도 하였다.[27] 칭화대학의 왕후이(汪暉)나

25) 원톄쥔, 『백년의 급진』, 파주: 돌베개, 2013.

26) 姚洋, 「中國道路的世界意義」, 『國際經濟評論』 第1期, 2010.

27) 추이즈위안, 『프티부르주아 사회주의 선언』, 파주: 돌베개, 2014.

홍콩중문대학의 왕샤오광(王紹光), 싱가폴 국립대학의 정융녠(鄭永年) 등도 모두 그 추천인 명단에 올라 있는데, 정도의 차이는 있겠지만, 이들 모두 어느 정도 '중국의 길'을 옹호하는 입장에 있다고 볼 수 있다. 게다가 그들이 써놓은 추천의 글들이 그 차이와 경계를 명확히 하고 있다. 가령, 쩡융녠은 『도시화와 중국의 길』의 일독을 권하면서, 허쉐펑의 핵심 주장을 "자유주의와 GDP주의를 버리고 중국의 도시화 길을 찾아야"하는 것이라 규정한다. 『황하 변의 중국』을 저술했던 자오진칭(曹錦淸)은 이를 훨씬 더 분명하게 드러내고 있다. "자칭, 혹은 타칭 자유주의라 일컬어지는 담론들은 중국의 농민 · 농촌 · 농업을 문제라고 간주하면서, 모호한 재산권에 바탕을 둔 토지 청부 경영제도를 그 핵심 원인으로 지적하고 있다… 『토지 권리의 논리』는 비록 '상식'을 말하고 있지만, 일부 학자만이 학문의 식민화를 인식하고 있는 이상, 이 '상식'을 깨닫기 위해서는 건전한 이성과 깊이 있는 현지 조사, 사회에 대한 관심, 그리고 독립적인 사고가 필수적이다."

단순한 추천사일 수도 있지만, 이것이 중요한 이유는 학술 공동체 내 특정 학술 규범 집단의 상호 인정과 정보 교류를 여실히 보여주기 때문이다. 이 집단을 '중국의 길' 연구 그룹이라 할지, 아니면 '중국 모델'이나 '학문의 주체성'을 강조하는 그룹이라 할지는 여전히 모호한 편이지만, 중요한 사실은 그 네트워크가 실재한다는 점이며, 그로 인해 허쉐펑이 비교적 쉽게 자신의 합리적인 의심을 새로운 지식으로 조직하고 유통할 수 있었다는 사실이다. 가령 본격적인 토지제도 연구에 나서면서 허쉐펑이 가장 먼저 읽었던 자료와 가장 많이 영향을 받았던 논문은 장루슝(張路雄)이 수집 · 정리했던 것들로[28], 장루슝은 이 책의

28) 賀雪峰, 『地權的邏輯』, 北京: 中國政法大學出版社, 2010, 349쪽; 필자 인터뷰 (2015/02/02).

추천사를 썼던 다섯 명의 추천인에 자신의 이름을 올리고 있다. 또한 허쉐펑은 원고가 완성된 이후 출판에 앞서 주변 학자들에게 자신의 원고를 회람시켰는데, 그들의 리뷰를 거치면서 『토지 권리의 논리』는 동료 학자들의 인정과 지지를 획득할 수 있었다.[29] 『도시화와 중국의 길』도 마찬가지였는데, 이 책의 추천사를 썼던 왕후이나 왕샤오광, 쩡융녠, 천시원(陳錫文), 원톄쥔 모두 허쉐펑과 긴밀한 학술 네트워크를 형성하고 있다. 원톄쥔은 공식적인 자리에서든, 아니면 비공식적인 자리에서든 허쉐펑의 '후견인'을 자처하는 경우가 많았는데, 만약 허쉐펑의 글이 한국에 번역 소개된다면 그 서문을 자신이 직접 쓰겠다고 제안하기도 하였다.

이 네트워크를 허쉐펑 개인이 갖고 있는 자원이나 혹은 허쉐펑 개인이 처해 있는 특별한 상황이라고 이해해서는 안 된다. 본질적으로 중국 학술 공동체 내의 학술 규범 차이이고, 그 차이가 비교적 폭넓게 형성되어 있다는 사실은 여러 가지 근거를 통해 확인될 수 있다. 가령 허쉐펑을 강하게 비판했던 저우치런이 『토지 권리의 논리』를 읽게 된 것은 단순한 우연이 아니었다. 몇몇 국토부 관계자들이 허쉐펑의 새로운 지식을 먼저 접했고, 그들이 저우치런에게 그 책을 소개하였던 것이다(그전까지 저우치런은 허쉐펑의 글을 본 적이 없다!). 허쉐펑은 '삼농중국'이라는 웹사이트를 통해 지금도 활발한 온라인 활동을 펼치고 있지만, 그의 글이 가장 많이 소비되고 논의되는 곳은 정치적 색깔이 짙은 '오유지향'이다. 심지어 허쉐펑 본인이 직접 이 차이를 확인시켜 주기도 하는데, 토론의 형식을 취하기는 하지만, 그는 우징롄(吳敬璉)이나 차이팡(蔡昉), 리이닝(厲以寧), 저우치런(周其人)의 글에 대해 비판의 목소리를 결코 낮추지 않는다. 흥미로운 사실은 그 비판이 결코 논리

29) 賀雪峰, 앞의 책, 350쪽; 필자 인터뷰(2015/02/02).

나 근거에 한정되는 것이 아니라 학술 규범과 같은 부분에까지 미친다는 점이다. 차이팡은 2009년 미국 『타임』지가 선정한 올해의 인물에 중국 노동자가 3위에 올랐다고 언급하면서 중국 농민공이 중국 경제에 큰 공헌을 하고 있을 뿐 아니라 세계 경제에도 중요한 의미가 있다고 지적한 바 있다. 허쉐펑은 이 언급이 문제라고 생각했는데, 미국 『타임』지가 인정해야 중국 농민공이 세계경제에서 중요한 의미를 갖게 되는 것이냐는 힐문이다. 허쉐펑은 차이팡의 이러한 학술 태도가 주체성과 자신감을 결여된 것이라고 비판한다.[30]

이러한 상황은 저우치런에게서도 쉽게 발견되는 부분이다. 앞에서도 잠깐 언급했지만, 허쉐펑이 『토지 권리의 논리』를 내놓았을 때 저우치런은 그에 대해 강한 비판의 글을 내놓았는데, 사실 '비판'이라기보다는 '조롱'에 더 가까운 편이었다. 몇 가지 이유가 있는데, 무엇보다 중요한 이유는 저우치런이 주로 문제로 삼았던 것이 허쉐펑의 학술 규범이었기 때문이다. 가령 허쉐펑의 문체에 대해, 저우치런은 정규 교육을 중학교까지 밖에 못 받은 자신의 국어 실력 때문인지는 모르겠지만 허쉐펑의 문장은 "문리가 통하지 않는다(文理不通)"고 비판한다. 현지 조사에 대해서도, 어느 농촌을 얼마나 오랫동안 있었는지, 누구를 만났고 어떤 대화를 나눴는지 등, 그 구체적인 1차 자료가 전혀 제시되어 있지 않다고 지적한다. 제대로 된 1차 자료도 없으면서 현지 조사를 했다고 주장하는 것은 "주마간화(走馬看花)"라는 것이다. 심지어 저우치런은 허쉐펑의 『토지 권리의 논리』를 "여행기(游記)"라고 규정하는데, 그 이유는 기본적인 학술 규범을 갖추지 못했다고 보기 때문이다. 저우치런은 다음과 같이 말하고 있다. "사회과학이라면 과학 활동의 최소 요구

30) 賀雪峰, 「城鄉二元結構具有合理性-與蔡昉先生商榷」, http://www.snzg.net/article/2011/0318/article_22783.html

를 만족시킬 수 있어야 한다. 그 요구라는 것은 현상에 대한 관찰을 통해 문제를 발견하고 가설을 제시하며 관찰 가능한 자료를 가지고 검증하는 것이다."31)

게다가 저우치런은 위에서 언급했던 추천사에서도 문제를 찾고 있다. 그는 장루슝에게 그 "광고 문구를 쓸 때 책을 읽어보기는 했는가"라고 넌지시 묻는다. 나름의 이유가 있는데, 장루슝의 추천사는 일반적인 중국어 화자가 보기에도 어색한 부분이 상당히 많다. 가령 첫 번째 문장에서 장루슝은 "이 책의 가장 큰 장점은 농촌과 농민에 대한 이해가 깊다"는 데 있다고 밝힌다. 그런데 그 중국어 원문("本书最大的特点就是深厚的对农村、农民的了解")을 읽어보면 그 표현이 자연스럽지 않다는 것을 곧 발견하게 된다. 게다가 뒤이어 장루슝은 "각종 정책에 대한 농민들의 서로 다른 태도를 분석"할 수 있을 것이라 말하는데, 이 부분 역시 어색하기는 마찬가지이다. 중국어 원문은 "具体分析农民中的那部分人对各种政策的不同态度"인데, 여기서 문제가 되는 표현은 "那部分人"이다. 전후 맥락이 전혀 없는 상황에서 "那部分人"이 갑자기 등장하는 것은 의구심만 자아낼 뿐이다. 저우치런도 이를 지적하면서 친절하게도 다음과 같은 충고를 그 문장의 가운데에 삽입하고 있다.

31) 이러한 상황은 자오옌징의 경우와 묘하게 엇갈린다. 앞에서도 주를 통해 잠깐 언급했지만, '토지 재정'을 긍정적으로 보는 학자 중에는 자오옌징이라는 경제학자도 있다. 그는 영국 카디프 대학에서 박사학위를 받았고 현재 샤먼(夏門)시 도시계획국장으로 재임 중이다. 저우치런을 비롯한 경제학자들과 그 교류가 활발한 편인데, 그가 '토지 재정'에 대한 긍정적인 해석을 내놓았을 때 저우치런은 직접 샤먼시로 내려가 그와 진지한 학술 토론을 가졌다. 그 내용이 자오옌징의 논문 속에 고스란히 담겨 있다. 필자가 흥미롭게 생각하는 부분은 자오옌징과 허쉐펑의 '토지 재정' 해석이 크게 다르지는 않다는 점이다. 물론 자오옌징이 좀 더 경제학적인 용어로 기존의 학술 규범에 맞게 자신의 설명을 풀어가고 있지만, 그렇다고 해서 '긍정'과 '부정'이 뒤바뀔 정도로 그 내용이 다르지는 않다. 이에 대한 내용은 趙燕菁, 「土地財政: 歷史, 邏輯, 抉擇」, 『城市發展硏究』 第21卷, 2014 참조.

"'어느 부분'이라 해야 될 것 같다—저우치런의 주(拟应为'哪部分'—周注)"[32] 결국 저우치런이 "읽어보기는 했는가"라고 물었던 것은 그 추천사가 갖는 통속성 때문이다. 장루슝 개인이 갖고 있는 독특한 문체일 수도 있었지만, 저우치런이 보기에는 하나의 '문제'로 밖에 비춰지지 않았다. 어떤 의미에서는 허쉐펑과 장루슝의 학술 집단을 부정적으로 평가한 것일 수 있다. 독서 여부를 묻기에 앞서 저우치런은 장루슝에 대해 다음과 같은 이야기를 하고 있다. "장루슝을 여러 해 알고 지냈기 때문에, 서로 의견이 달랐어도 오랜 친구라고 할 수 있다."[33] 이는 앞에서 인용했던 자오진칭의 추천사와 묘하게 호응한다. 그는 중국 학술 공동체 내의 "일부 학자만이 학문의 식민화를 인식"한다고 주장하기 때문이다.[34]

허쉐펑에 대한 저우치런의 비판을 비교적 길게 살펴본 이유는 허쉐펑의 그 네트워크가 사실은 그가 개인적으로 가지고 있던 자원이라기보다는 중국 학술 공동체 내에 형성되어 있는 서로 다른 학술규범의 차이에서 비롯되고 강화된 것임을 강조하기 위해서이다. 확실히 허쉐펑의 글은 중언부언이 많고 체계를 갖추지 못한 경우가 많다. 1차 자료가 구체적으로 제시되지 않는 경우도 있고, 그로 인해 인상 비평 같은 느낌을 줄 때도 있다. 그러나 그렇다고 해서 그의 이야기가 비논리적이거나 허구적인 것은 결코 아니다. 근거와 사례가 풍성하기 때문에, 왜 그가 '토지 재정'을 긍정적으로 평가하는지, 그리고 어떤 부분에서 합리적이라고 볼 수 있는지 고개를 끄덕이게 된다. 결국 전자를 중요

32) 그러나 저우치런처럼 수정한다고 해서 그 문장이 자연스러워지지는 않는다. 원문과 전체 내용은 周其仁, 「給農民更多的土地權利眞的會会損害農民的利益嗎?」, http://www.eeo.com.cn/2011/0722/207068.shtml을 참조.

33) 周其仁, 앞의 논문. 강조는 필자.

34) 강조는 필자.

시하는 학술 집단에서는 허쉐펑이 최초에 품었던 합리적인 의심이 정보 교환이나 상호 인정을 거쳐 새로운 지식으로 형성되기가 쉽지 않다. 반면 후자를 중요시하는 학술 집단에서는 그 논리와 내용이 상대적으로 더 중요하기 때문에 허쉐펑의 합리적인 의심은 얼마든지 새로운 지식으로 이어질 수 있다. 이 차이가 있었기 때문에 허쉐펑은 자신의 합리적인 의심을 자기 네트워크 상의 동료 학자들에게 내놓을 수 있었고, 관련 정보를 획득할 수 있었으며, 최종적으로 인정과 지지를 받을 수 있었다. 만약 학술 공동체의 학술규범이 통일되어 있었다면 그러한 일은 일어나기가 쉽지 않다. 통일된 학술규범에 맞추기 전까지 허쉐펑의 새로운 지식은 계속 지연되어야 하기 때문이다. 따라서 허쉐펑이 사회과학의 주체성을 강조한다든지, 혹은 원테쥔이나 야오양, 추이즈위안, 쩡융녠 등이 중국의 경험을 설명할 수 있는 새로운 '언어'를 찾아다니는 것은 결코 우연이 아니다. 저우치런 등이 중시하는 그 학술 규범이 중국의 경험을 정확하게 설명할 수 없다고 보는 한, 그들은 끊임없이 '중국의 주체성'이 살아있는 연구 결과물을 내놓을 수밖에 없다. 허쉐펑의 새로운 지식은 그 연장선에 있는 것이다.

이러한 중국 학술 공동체의 현실은 부르디외가 『호모 아카데미쿠스』에서 설명했던 1960년대의 프랑스 학계와 매우 닮아 있다.[35] 부르디외는 1960년대 후반 구조주의와 바르트 식의 기호학이 흥성하게 된 이유를 설명한 바 있는데, 그가 주목한 것은 대학 내 패컬티의 구성 양상이었다. 전후(戰後) 프랑스의 대학에는 학생 수가 점진적으로 늘었고, 프랑스 교육 시스템은 대학 패컬티의 규모를 늘리는 방식으로 이 변화에 대응하였다. 그 과정에서 이전라면 대학 패컬티에 포함되기 어려웠던 이들이 비교적 쉽게 자리를 잡았고, 그들은 자연스럽게 이전과는 다른

35) Bourdieu, Pierre. *Homo Academicus*, Stanford, CA: Stanford University Press, 1988.

학술 규범을 추구하기 시작하였다. 새롭게 대학 패컬티에 소속된 이들은 자신이 이전 학술규범의 최소조건도 맞추지 못한다는 상황을 알고 있었기 때문에 그와 완전히 다른 학술규범을 만들어 자신들의 곤란한 상황을 극복하려 한 것이다. 구조주의와 바르트 식의 기호학은 이러한 학술규범이 대립하는 상황에서 비롯되었다. 새롭게 대학 패컬티에 소속된 이들이 이전과 다른 학술규범을 추구하면서 그 대안으로 구조주의와 바르트 식의 기호학을 선택했던 것이다.

물론 현재 중국 대학의 패컬티 구성이 1960년대 프랑스 대학의 그것과 동일하다는 뜻은 아니다. 그보다는 서로 다른 학술규범이 공존하는 중국 학술 공동체 내부의 현 상황이 1960년대 프랑스의 그것과 닮아 있다는 뜻이며, 이 학술규범의 차이가 새로운 지식을 끌어내는 데 일조하고 있다는 사실이 닮아 있다는 뜻이다. 앞에서 언급했던 '기회 구조'에는 이 상황이 반드시 포함되어야 한다. 허쉐펑의 '토지재정' 해석이 중국의 학술 공동체에서 수용될 수 있었던 것은 그들의 '합리적인 의심' 때문이 아니다. 통일된 학술규범이 마련되어 있지 않기 때문에, 그리고 중국의 학술규범을 강조하고 그에 공감하는 일군의 집단이 있기 때문에 허쉐펑의 새로운 지식은 비로소 가능했다.

VI. 나가며

이글이 최초에 제기했던 질문은 새로운 지식은 어떻게 만들어지는가이다. 일반적인 이해는 연구자의 합리적인 의심이 언제나 새로운 지식으로 이어지는 것이라 보지만, 실제로는 다양한 사회적 조건들이 갖춰져야 비로소 새로운 지식이 가능해진다. 특히 기존 연구들은 연구자가 자신의 합리적인 의심을 새로운 지식으로 조직하고 유통시킬 때 그

/그녀가 얼마나 많은 자원을 동원할 수 있는가를 강조한다. 그러나 허쉐펑의 경우에서 알 수 있는 것처럼, 연구자 개인의 가용 자원 뿐 아니라 그/그녀가 처해 있는 학술 공동체의 상황도 마찬가지로 매우 중요하다. 이글에서는 이를 중간 수준의 '기회 구조'라고 표현하였는데, 가령 중국 출판 업계의 상황이라든지 혹은 중국 공산당의 도시화 전략 추진 등이 그 대표적인 예라고 할 수 있다. 그러나 그보다 더 중요한 것은 중국 학술 공동체 내에 형성되어 있는 '기회 구조'이다. 허쉐펑이 자신의 합리적인 의심을 새로운 지식으로 조직하고 유통시키는 전체의 과정에서 가장 중요한 부분은 그의 학술 네트워크였으며, 이 네트워크가 작동할 수 있었던 것은 중국 학술 공동체 내에 형성되어 있는 서로 다른 학술 규범 때문이었다. '학문의 식민화'를 인지하고, 중국 학술의 주체성을 강조하며, 중국의 경험과 그 설명을 추구하는 일군의 학술 집단이 전제되어 있었기 때문에, 허쉐펑의 합리적인 의심은 정보 교환과 상호 인정의 대상으로 받아들여질 수 있었다. 어떤 의미에서는 중간 수준에 형성되어 있던 이 학술 규범의 차이, 혹은 분열이 허쉐펑 지식을 불러왔다고 해도 과언이 아니다. 설사 형식과 표현이 서구 보편의 기준에 미치지 못하더라도, 그것이 중국의 경험과 현실을 설명하는데 유용하다면 그 지식의 가치와 의미는 인정되어야 하는 일군의 사람들이 있기 때문이다.

필자는 중국 학술 공동체의 이 상황이 잘못되었다고 생각하지 않는다. 서로 다른 학술 규범이 양립하는 상황은 결코 제로섬 게임이 아니다. 그것은 새로운 지식이 끊임없이 출현할 수 있는 배경이 되며, 이는 양적 팽창과 함께 새로운 '패러다임'이 마련되는 힘이 될 수 있다. 다만 진리 여부를 그 누구도 결정할 수 없다는 사실을 유념해야 한다. 학술 규범의 차이를 인정해 버리면 학술 권위의 하락은 필수적이다. 만에 하나 중국 공산당이 그 권위를 갖게 되어 진리가 정치적으로 결정된다면, 그것은 '패러다임'의 전환이 아니라 '국가 이데올로기'의 재현에 불과하게 될 것이다.

| 참고문헌 |

〈국내자료〉

원톄쥔, 『백년의 급진』, 파주: 돌베개, 2013.

추이즈위안, 『프티부르주아 사회주의 선언』, 파주: 돌베개, 2014.

토마스 쿤, 『과학혁명의 구조』, 서울: 동아출판사, 1992.

〈국외자료〉

賀雪峰, 『地權的邏輯』, 北京: 中國政法大學出版社, 2010.

賀雪峰, 『地權的邏輯Ⅱ』, 北京: 東方出版社, 2013.

賀雪峰, 『城市化的中國道路』, 北京: 東方出版社, 2014.

華生, 『城市化轉型與土地陷穽』, 北京: 東方出版社, 2013.

華中科技大學中國鄉村治理研究中心, 『中國鄉村治理研究中心簡報』 第21期, 2015.

周其仁, 『改革的邏輯』, 北京: 中信出版社, 2013.

楊帥 · 溫鐵軍, 「經濟波動, 財稅體制變遷與土地資源資本化」, 『管理世界』 第4期. 2010.

姚洋, 「中國道路的世界意義」, 『國際經濟評論』 第1期, 2010.

趙燕菁, 「土地財政: 歷史, 邏輯, 抉擇」, 『城市發展研究』 第21卷, 2014.

Alexander, Jeffrey C. *Fin de Siecle Social Theory: Relativism, Reduction, and the Problem of Reason*, London, England and New York: Verso, 1995.

Bourdieu, Pierre. *Homo Academicus*, Stanford, CA: Stanford University Press, 1988.

Chiew Pin Yew, "Pseudo-Urbanization? Competitive Government Behavior and Urban Sprawl in China", *Journal of Contemporary China,* Vol.74, 2012.

DiMaggio, Paul J. "Culture and Cognition", *Annual Review of Sociology,* Vol.23, 1997.

Frickel & Gross, "A General Theory of Scientific/Intellectual Movements", *American Sociological Review,* Vol.70, 2005.

Lamont, Michele, "Three Big Questions for a Big Book: Collins's The Sociology of Philosophies", *Sociological Theory,* Vol.19, 2001.

Messer-Davidow, Ellen, *Disciplining Feminism: From Social Activism to Academic Discourse*, Durham, NC: Duke University Press, 2002.

Shapin, Steven, *A Social History of Truth,* Chicago, IL: University of Chicago Press, 1994.

Small, Mario L. "Departmental conditions and the Emergence of New Disciplines" *Theory and Society*, Vol.28, 1999.

Turner, Stephen P. *Brains/Practices/Relativism: Social Theory after Cognitive Science,* Cambridge, MA: Harvard University Press, 2002.

〈웹사이트〉

賀雪峰, 「城鄉二元結構具有合理性-與蔡昉先生商榷」, http://www.snzg.net/article/2011/0318/article_22783.html

賀雪峰, 「農民上訪, 村庄政治與社會科學主體性」,

http://www.snzg.net/article/2013/0208/article_32558.html
賀雪峰, 「人民公社的三大功能」,
http://www.snzg.net/article/2007/1114/article_7916.html
周其仁, 「給農民更多的土地權利眞的會会損害農民的利益嗎?」,
http://www.eeo.com.cn/2011/0722/207068.shtml

중국의 脫서구중심주의의 딜레마:
'좌파-오리엔탈리즘'과 대안적 근대

● 조경란 ●

Ⅰ. '서구중심주의 이후'의 '대안적 근대', 그 상상의 조건

이 글에서 필자는 최근 중국의 신좌파 중심으로 논의되는 '중국모델론'이 갖는 문제점을 일부 '서구 좌파'의 '중국문명론'과 관련하여 비판적으로 논의하고자 한다. 이 논의를 위해 '좌파-오리엔탈리즘'라는 개념을 제시한다. 이는 주로 조공체제(유교)와 사회주의의 경험을 핵심 내용으로 하는 '서구좌파'의 '중국이상론'이라 할 수 있다. 이들의 좌파-오리엔탈리즘을 중국의 보수화된 신좌파가 민족주의적으로 전유한 결과를 필자는 '셀프 좌파-오리엔탈리즘'이라 부른다. 중국의 신좌파는 서구의 좌파-오리엔탈리즘이 갖는 권위를 이용하여 자신의 입장을 실체화하고 있다. 중국에서 경제적 자신감을 배경으로 출현한 '중국모델론'은 그 실체화의 결과라 할 수 있다. 이는 서양 따라잡기였던 '부강중국'의 추구에서 자기만의 고유한 '문명중국'을 추구하겠다는 의지의 표현이다. 다른 식으로 표현하면 '동화모델'에서 '역전모델'로 이동했음을 의미한다. 그런데 이 구상이 단순히 순위의 역전이 아니라 윤리적 명분을 가지려면 서구중심주의의 극복이라는 가치지향을 내포해야 한다.

하지만 중국모델론 안에서 그러한 가치지향을 읽어내기는 쉽지 않다. 왜냐하면 중국모델론은 기본적으로 발전주의를 긍정하면서 성립한 것이기 때문이다. 이에 이 연구는 掙扎라는 개념을 대안적 근대를 모색하는 주체들의 현존 방식으로 제시하고자 한다.

근대의 위기와 국가의 위기는 글로발 자본주의가 위기를 맞으면서 나타난 현상이기도 하다. 그렇기 때문에 근대의 위기와 국가의 위기는 곧 서구중심주의[1)]의 위기이기도 하다. 이 위기는 이미 임계점에 와 있다. 이 점에 대해 부정할 사람은 없을 것이다. 그러나 이보다 더 큰 문제는 지금, 우리가 "자본주의 또는 서구중심주의 이후를 상상할 수 있는가"라는 질문에 대해 선뜻 그렇다라고 대답하기 힘든 현실이라는 점이다. 물론 이 말이 프란시스 후쿠야마(Francis Fukuyama)의 '역사의 종언'에 동의한다든가, 또 다른 대안을 구상할 필요가 없다는 뜻은 아니다. 대안에 대한 구상은 언제나 필요하다. 출구가 없어 보이는 절망적 상황일수록 더욱 그렇다. 그러나 절망적 현실이 또 다시 섣부른 대안을 허용하는 쪽으로 흘러가는 분위기에 대해서는 동의하기 어렵다. 대안을 떠올릴 수 없으면 떠올릴 수 없는 상태로 '버티는 것'(struggle, 掙扎)[2)]도 필요하다고 보기 때문이다. zhengzha掙扎는 당장 대안이 없다면, '서구중심주의 이후'의 근대를 암중모색하는 가운데 현재의 상황을 예의주시하면서 견뎌낸다는 뜻이다. 掙扎는 자기임과 동시에 자기 이외의 것임을 거부하는 '이중의 거부'를 의미한다. 저항이라는 말이 주로 밖을 향하는 것과 달리, 掙扎는 내부의 자기변혁을 환기한다.

현재 중국 국내는 물론이고 서양의 좌파 지식인 중에는 향후 서양중

---

* 연세대학교 국학연구원

1) 이 글에서는 지역이 아니라 문화에 중점을 두기 때문에 서구중심주의(Western-centrism)와 유럽중심주의(Eurocentrism)를 같은 의미로 사용한다.

2) 掙扎는 루쉰(魯迅)의 개념이다.

심주의의 대안으로 중국문명을 꼽는 경우가 적지 않다. 물론 이는 기본적으로 경제성장을 토대로 한 것이다. 하지만 그러한 문명론은, 서양의 좌파 지식인이 의도한 것은 아니겠지만, 결과적으로 중국을 신비화하거나 이상화시켜 오리엔탈리즘적 요소를 강화하는 것으로 작용할 수 있다. 오리엔탈리즘적 요소가 강화됨으로써 나타나는 문제 중 가장 심각한 것은 중국이라는 현실사회에서 인간의 조건이 무엇인지에 대한 질문을 방기하게 만든다는 데 있다. 다시 말하면 현실적인 문제들을 도외시하게 만들어 결과적으로 실천적인 사회비판의 문제를 중요하게 여기지 않는 사회분위기가 만들어질 가능성이 높아진다는 것이다.

여기서 대안과 관련하여 최근 중국지식인의 주요 화두가 '부강중국'에서 '문명중국'으로 옮겨갔다는 점에 주목해볼 필요가 있다. 필자는 이를 '동화모델'에서 '역전모델'로의 이동으로 해석한다.[3] 왕후이(汪暉)와 간양(甘陽) 등 중국의 신좌파가 중국의 현대성을 서방화의 보편서사로부터 이탈시켜 '중국요소'로 새롭게 해석하려고 했던 것은 바로 이 때문이었다.[4] 즉 이들이 중국의 발전을 신자유주의의 모델의 결과로 해석한다면 개혁 중에 출현한 각종 폐단을 '외원성'(外源性)으로 돌릴 수 있는 이점이 있는 반면, 중국의 경제적 굴기도 '자아의 타자화'의 기적으로 되어버리는 역설이 성립하게 된다는 점을 발견하게 된 것이다.

그런데 중국 신좌파의 이런 주장들은 기본적으로 서구의 일부 좌파와 문제의식을 공유하는 가운데 나왔다고 볼 수 있다. 서양의 좌파 중 마틴 자크(Martin Jacques)의 『중국이 세계를 지배할 때』와 마크 레너드(Mark Leonard)의 『중국은 무엇을 생각하는가』 등도 중국의 문명론자들처럼 중국의 부상을 매우 긍정적으로 보면서 중국이 세계를 지배하

3) 따옴표를 친 두 개념은 강정인, 「비교정치사상 방법론에 대한 예비적 고찰」, 『넘나듦通涉의 정치사상』, 후마니타스, 2013, 39쪽 참조.

4) 刘擎, 「中国语境下的自由主义：潜力与困境」, 『開放時代』 第4期, 2013.

게 된다면 서양과는 다를 것이라 예상한다. 프랑크(Andre Gunder Frank)도 『리오리엔트』에서 유럽의 근대가 그들 혼자가 아닌 중국과의 상호작용 속에서 형성되었다는 역사적 근거를 바탕으로 중국의 부상을 매우 당연한 것으로 여긴다. 이 외에 노벨경제학상을 받은 스티글리츠(Joseph Eugene Stiglitz)도 중국의 경제적 성공 요인을 독자적인 아시아적 모델에서 찾는다. 아리기(Giovanni Arrighi)도 『베이징의 애덤스미스』에서 중국의 재부상이 미국의 헤게모니를 대신하여 체제 수준의 해결책을 제시할 것이라 전망한다. 이들 대부분은 서구중심주의를 극복할 대안으로 중국문명론을 거론한다. 이들 중 심지어 중국의 경제성장도 중국 고유의 문명과 직접적 관련이 있다고 주장하는 이도 있다.

그런데 이들 서구좌파의 중국에 대한 낙관적 문명론이 '예측'이 아닌 분석과 탐색의 결과인지에 대해서는 확신하기 힘들다. 이들의 중국문명론에 대한 논의는 현재 중국 내부 지식인들의 갑론을박 전반을 인지하지 못한 채, 주로 국가의 자본주의 성장지수와 신좌파의 민족주의적이고 낙관적 전망에 근거한 경우가 적지 않다. 사실상 이 때문에 가장 곤혹스런 결과는 이들이 좌파임에도 불구하고 중국이 대안이라는 점을 강조하려 할 때, 중국 굴기의 그늘진 측면 즉 지속적인 환경 파괴, 공산당의 구조적인 부정부패, 엄청난 빈부격차, 사회윤리의 붕괴 등 현재 중국사회의 구조적인 문제나 지금의 중국사회가 겪고 있는 가장 치명적인 문제들에 대해 눈을 감게 되는 매우 모순적인 상황이 연출될 수도 있다는 것이다.[5)]

서양의 일부 좌파지식인의 중국 굴기에 근거한 중국문명론은 그 안에 서구 근대의 대안적 요인이 들어 있어야 한다는 과도한 목적성이 내재해있다. 그렇기 때문에 중국은 이들에게 본원적으로 학문적 분석

5) 졸저, 『현대중국 지식인 지도』, 글항아리, 2013

과 탐색의 대상이 되기 어렵다. 이들의 문명론 안에서 분석대상으로서의 현실의 중국은 존재할 수 없다. '중국의 중국화'로만 현상한다. 이들에게는 기존의 오리엔탈리스트들처럼 다만 중국은 그곳(there)으로만 존재한다. 이들에게 중요한 것은 서구의 대안으로서의 중국에 대한 이상화된 표상이지 중국의 현실이 아니다. 이들 문명론자들에게는 중국은 여전히 상상의 영역 속에서만 존재할 뿐이다. 이들은 서구중심주의와 오리엔탈리즘을 극복한다는 명분을 내세우지만 결과에서는 여전히 오리엔탈리즘적 시각에서 벗어나지 못한다. 나는 이를 '좌파-오리엔탈리즘'이라 부르려 한다.[6] 따라서 좌파-오리엔탈리즘 안에서는 중국은 이상과 현실의 긴장으로 다가올 수 없다. 중국은 대안으로 존재해야 하기 때문이다.[7]

중국의 신좌파는 이러한 서구좌파의 좌파-오리엔탈리즘이 갖는 권위를 이용하여 자신의 입장을 강화한다. 이 때 그들은 의식하지 못하겠지만 '셀프 좌파-오리엔탈리즘'을 양산하게 될 수도 있다. 서구좌파와 중국의 신좌파는 서로에게 영향을 주면서 자신의 입장을 강화한다. 서구좌파가 서구사회의 대안으로 제시하는 중국문명론을 중국의 신좌파는 서구 근대성을 비판한다는 명목으로 국수주의적이고 민족주의적 방식으로 전유하여 실체화한다. 좌파-오리엔탈리즘을 통한 이상화된 중국이 자기자신에 대한 비판의 프리즘을 통해 '회의적으로' 수용되는

6) 물론 여기에는 분명히 유토피아적 요소가 들어 있다. 유토피아는 현실 비판에서 출발하기 때문이다.

7) 맥락은 조금 다르지만, 일본 전후 지식인 다케우치 요시미(竹内好) 또한 '좌파-오리엔탈리즘'의 시각에서 비판적으로 분석될 수 있다. 중국은 일본의 주체형성을 위해 지속적으로 그리고 반드시 도덕적이어야 한다는 다케우치의 욕망이 지배하는 한에서 현실과는 동떨어진 이상의 '중국'으로 재구성되었을 가능성이 높다. 졸고, 「냉전시기(1950-60년대) 일본 지식인의 중국 인식- 다케우치 요시미의 중국관 : 사상적 아포리아와 '좌파-오리엔탈리즘'」, 『사회와 철학』 제28집 2014.10 참조

것이 아니라 자기긍정과 자기확인의 방법으로 전유되다보니 셀프좌파-오리엔탈리즘과 민족주의가 결합된 기이한 형태의 비성찰적 신이데올로기가 만들어지는 것이다. 중국모델론도 한 측면에서 보면 이러한 비성찰적 신이데올로기에 근거해 있다고 할 수 있다.

그런데 중국모델론을 주장하는 이론적 근거를 따지고 들어가보면 역시 근대성을 어떻게 볼 것인가의 문제가 관건적이다. 어떻게 포장을 하든, 마오저둥과 덩샤오핑의 양 시기를 합친 60년의 사회주의 경험이 결과적으로 경제발전의 성공으로 귀결되었다는 주장을 핵심내용으로 하는 중국모델론은[8], 월러스틴(Immanuel Wallerstein)의 말을 빌리면, 유럽인들이 근대세계에 부과하는 지적인 틀을 전적으로 받아들이면서 성립한다. 여기에는 유럽중심주의를 비판한다고 하면서 다시 유럽중심주의에 빠지게 되는 문제가 있다. 조금 비약하면 유럽을 문명과 진보에서 떼어내 버리고, 그 곳에 중국을 위치시키는 방식인 것이다.[9] 이러한 방식으로는 서구중심주의와 오리엔탈리즘에서 벗어나기는커녕 그것을 강화하는 것으로 귀결될 공산이 크다. 하지만 이러한 구도에 대해 근대극복이라는 세기적 명분을 떠나, 강약의 위치의 전도가 목적이라고 비난하기에 앞서, 무엇보다 가장 문제인 것은 중국의 현상황으로부터 과연 우리가 자본주의를 극복하는 정치를, 인문학적으로 상상할 수 있느냐 하는 점이다.

위와 같은 문제의식 하에서 이 글은 구체적으로는 현재 중국내부와

8) 1950-70년대 비판적인 지식인이라 할 수 있는 꾸준(顧準)은 당시 중국의 문제는 일단 경제가 발전하면 민주와 자유 등 중국의 모든 문제가 해결될 것이라고 내다봤다. 그러나 이 안에는 경제결정론의 문제와 함정이 있다. 전리군(연광석 옮김), 『모택동시대와 포스트 모택동 시대 1949-2009』상, 한울, 2012, 461-462쪽 참조

9) 졸고, 「중국의 신좌파는 어디를 향해 있는가」(왕후이, 『탈정치 시대의 정치』, 돌베개, 2014), 『창작과비평』 2014년 11월 겨울호 서평

서구좌파들을 중심으로 논의되고 있는 소위 중국의 '문명담론' 안에서 과연 서구중심주의, 오리엔탈리즘을 넘어 '보편적 보편주의'의 창출 가능성을 읽어낼 수 있는가의 여부에 관심이 있다. 만일 그 가능성이 희박하다면 그 주원인을 서구좌파의 중국에 대한 '좌파-오리엔탈리즘'과 이에 대한 중국 신좌파의 자기중심적 전유에서 찾고, '서구중심주의 이후'의 근대를 좀더 근원적 차원에서 상상할 수 있는 담론의 조건을 제시하고자 한다. 단, 이 글은 '보편적 보편주의'를 비롯하여 이후 논의 전개상에서 월러스틴과 에드워드 사이드(Edward Said)의 개념에서 도움을 받아 전개되었음을 미리 밝힌다.

Ⅱ. 서구중심주의와 탈서구중심주의의 딜레마

임마뉴엘 월러스틴은 『유럽적 보편주의』에서 우리가 보편주의라 부르는 것이 실상은 '유럽적 보편주의'에 불과하다고 주장한 바 있다. 유럽적 보편주의는 기실 서구중심주의를 강화하는 권력의 레토릭이었다는 것이다. 이에 대한 극복태로서 그는 잠정적으로 '보편적 보편주의'를 제시한다. 그는 기존의 세계체제에 대한 진정한 대안으로서의 보편적 보편주의는, 그러나 자동적으로 보장되는 것은 아니기에, 그것을 선언하고 제도화할 길을 찾아야 한다고 말한다.[10] 일단 이 주장은 '이행의 시대'에 서구중심주의의 지식구조가 획기적으로 전환되거나 다른 대안이 나와야 하지만, 그것이 쉽지만은 않다는 것으로 이해할 수 있다.

여기서 그 이유를 말하기 전에 우리는 먼저 서구중심주의가 무엇인

10) 이매뉴얼 월러스틴 저, 김재오 옮김, 『유럽적 보편주의 : 권력의 레토릭』, 창비, 2008, 10쪽

지, 어떻게 만들어졌는지, 그리고 왜 극복되어야 하는지에 대해 다시 한번 확인하고 넘어갈 필요가 있다. 그것은 15세기 말 유럽사회가 아메리카 대륙을 발견하면서 만들어지기 시작했다. 즉 서구중심주의는 유럽의 식민지배와 밀접한 관련이 있다. 근대성과 식민성은 불가분의 관계에 있다. 그리고 그것은 17-18세기 유럽의 과학 기술의 발전에 힘입어 식민사업이 확대되면서 세계를 위계적 질서로 재편성하는 과정에서 더 강화되었다. 그 결과 근대 서구중심주의는 서구의 가치와 규범을 보편주의라는 이름으로 전지구적 차원에서 타자에 부과해왔다. 계몽주의 또한 식민주의가 확산되면서 유럽의 지배적 위치를 정당화하는 담론으로 작용했다. 인종주의는 그 대표적 예라 할 수 있다. 자기중심주의를 넘어 그것을 타자에 강요하는 것은 다른 문명과의 공존 질서를 허용하지 않는 결과를 만들어냈다.

에드워드 사이드에 의하면 서구중심주의를 유지시키고 굳건하게 해온 것은 오리엔탈리즘이다. 오리엔탈리즘은 동서양을 막론하고 굳건한 언설(discourse)로서 몇세기 동안 사람들의 의식을 지배해왔다. 오리엔탈리즘은 동양과 서양이라고 하는 것 사이에서 만들어지는 존재론적이자 인식론적인 구별에 근거한 하나의 사고방식이다. 18세기 말 이래 오리엔탈리즘은 동양을 지배하고 재구성하기 위한 하나의 위압적 권력이자 제도로 군림해왔다. 때문에 누구도 동양을 스스로 자유로운 사고와 행동의 대상으로 삼을 수 없었다.[11] 중국의 경제적 굴기가 동서양을 평등한 관계 속에서 논의할 수 있는 지평을 마련했다고 본다면, 위압적 권력으로 군림해온 오리엔탈리즘은 이제 해체될 것인가. 지켜보아야 하겠지만, 중국에 대한 오리엔탈리즘은 쉽게 해체될 것 같지가 않다.

11) 에드워드 사이드 저, 박홍규 옮김, 『오리엔탈리즘』, 교보문고, 1992, 15-16쪽 참조

왜 그럴까. 물론 중국은 일단 경제성장과 그 규모면에서는 서구중심주의의 지식구조를 전환시킬 수 있는 가능성은 가지고 있다고 할 수 있다.[12] 그리고 현재 중국의 적지 않은 지식인들은 여러 가지 방식으로 이러한 꿈과 의지를 노출시키고 있다. 그러나 중국의 지식인들은 서구중심주의는 경제성장과 규모 그리고 그들의 의지만으로 극복될 수 있을 만큼 그렇게 허술하지 않다는 것을 인식할 필요가 있다. 만일 그것으로 서구중심주의를 넘어선다고 하더라도 별 의미가 없다. 왜냐하면 그것은 서구중심주의가 가지고 있는 본질적인 문제를 그대로 둔 채, 서구중심주의가 중국중심주의로 자리 이동한 것에 지나지 않기 때문이다. 따라서 중국문명론이든 중국모델론이든 그것이 의미있는 대안이기 위해서는 전통으로 회피한다거나 또는 발전주의를 기준으로 하여 사회주의를 포함한 전통을 재해석하는 것이 아니라, 기존의 서구근대체제의 이데올로기를 해체하려는 거대한 프로젝트와 연결되지 않으면 안된다. 그렇지 않으면 문명국가를 추구한다는 미명하에 중국이라는 국가를 강화하는 것으로 그치고 말 공산이 크다. 그동안 미국이 패권을 휘둘렀으니 이제 중국이 그 패권을 휘둘러 그 동안의 서러움을 되갚아야 한다는 인식, 이런 상호주의적이고 국가중심적 인식으로는 지금 임계를 넘어선 글로발한 자본주의의 문제는 아무것도 해결할 수 없다. 자본주의적 세계체제의 근본적인 해체는커녕 그 체제를 더 확산시키고 강화하는 꼴이 되기 십상이다.

이런 점에서 서구중심주의 또는 오리엔탈리즘의 극복이라는 과제 앞에서 우리는 좀 더 근원적으로 그것들을 재인식할 필요가 있다. 서

12) 규모는 양면성을 갖고 있다. 그것은 '대륙적 소화력'과 통하고 이러한 측면에서 자본주의 연장의 '가능성'으로 현상하지만, 그것은 똑같은 이유로 자본주의 종식에 있어서 '불가능성'의 근원으로 작용하게 될 수도 있다.

구중심주의를 떠받치고 있는 오리엔탈리즘에 대해 에드워드 사이드는 다름과 같이 경고성 발언을 한다.

> "오리엔탈리즘은 허위와 신화로 이루어진 것에 불과하고 만일 그 진실이 밝혀진다면 허위와 신화는 일거에 없어질 것이라고 생각해서는 안 된다는 점이다. 나 자신은, 오리엔탈리즘이 갖는 독특한 가치는 동양에 관하여 진실을 말하는 언설의 측면보다 동양을 지배하는 유럽적-대서양적인 권력의 표지라는 측면에서 더욱 분명하게 나타난다고 믿는다."(중략) "결국 1840년대 후반 에르네스트 르낭의 시대로부터 오늘의 미국에 이르기까지, 어떤 하나의 관념체계가 변함없이 가르쳐질 수 있는 지식으로서 살아남을 수 있었던 것만큼, 그것은 단순한 거짓말 모음 이상으로 강력한 어떤 것이라고 보지 않을 수 없다. 따라서 오리엔탈리즘이란 동양을 소재로 하는 유럽의 공상만화가 아니라 하나의 이론 및 실천체계로 창조된 것이라 할 수 있다. 그 창조를 위하여 수 세대 동안 엄청난 물질적 투자가 행해졌다."(중략) "동시에 그것과 동일한 투자는 오리엔탈리즘으로부터 비롯되어 문화전반을 향하여 증식되어가는 서술들을 양적으로 더욱 증대시켰다."[13]

에드워드사이는 서구중심주의와 오리엔탈리즘이 2세기 동안 흔들리지 않고 지속할 수 있었던 것에 대해 가볍게 취급해서는 안 된다고 역설한다. 즉 헤게모니, 문화적 헤게모니가 작용한 결과라는 것을 무겁게 받아들여야 한다는 것이다. 이 점에서 서구중심주의는 하나의 담론이자 방대한 지식체계로 군림해왔다고 할 수 있다. 경험적 현실만이 아니라 일련의 욕망, 억압, 성격부여, 감정투입 등이 지배하는 세밀한 논리가 그것을 이끌었다.[14]

그런데 여기에 더해 서구중심주의와 오리엔탈리즘을 극복하기 어렵

13) 에드워드 사이드 저, 박홍규 옮김, 『오리엔탈리즘』, 교보문고, 1992, 22-23쪽 참조
14) 앞의 책, 25쪽

게 하는 또 다른 문제는 서구중심주의가 이미 중국인의 가치 개념으로 내재화되었다는 점이다. 오리엔탈리즘이 단순히 서구세계를 규율하는 법칙일 뿐 아니라 중국을 포함한 동아시아인 모두의 무의식 저변에까지 내재화된 가치 개념이 되었기 때문이다. 따라서 근대성찰이 총체적으로 이루어지려면 분석대상에서 유럽적 보편주의의 허구성만이 아니라 중국의 근현대 150년의 역사와 사회주의 역사 그리고 현존하는 국가도 제외시켜서는 안 될 것이다. 이 연장선상에서 중국모델론도 새로운 가치와 규범을 구상하는 단계에서 반드시 근원적 반성과 재검토가 필요한 개념이다. 하지만 다른 모든 국가가 그렇듯이 중성장의 과정에 있는 현단계 중국으로서는 근대의 단점보다는 근대의 장점에 함몰되기 십상이다. 따라서 중국모델론에 부착되어 있는 근대의 문제를 문제화하기는 쉽지 않을 것이다. 그렇기 때문에 중국 지식인들은 중국모델론을 복수의 근대와 자연스럽게 연결시키는 것을 넘어, 서구의 근대와는 다른 더 우월한 근대를 만들 수 있다고 단언하는 것이다.

"중국문명은 서구문명과는 여러모로 다르기 때문에 서구식 개념으로 중국문명과 중국의 근대를 이해하는 것은 불가능하다. … 중국의 경험을 바탕으로 서구와는 다른 개념과 이론, 보다 설득력 있는 틀이 만들어질 수 있다." "20세기와는 달리 지금은 문화가 경쟁하는 시대가 되었다. 다수의 근대가 경쟁하는 시대에는 서구는 더 이상 근대를 독점할 수 없다. 더 이상 서구체제가 우월하다는 생각은 서서히 사라질 것이며 선진화된 국가, 개발된 국가, 문명국가라는 말이 더 이상 서구를 의미하지는 않을 것이다."[15] 마틴 자크는 황핑(黃平)의 글을 인용하면서 이제는 북미와 유럽의 경험만을 토대로 근대의 개념을 도출해서는 안

15) 마틴 자크 저, 안세민 옮김, 『중국이 세계를 지배하면』, 부키, 2010, 153쪽, 196-197쪽

된다고 주장한다.

하지만 자본주의에서 발원한 근원적 문제를 간과한 채, 복수의 근대를 주장하는 것은 결과적으로 유럽의 근대성을 보편화하는 데 기여할 뿐이다. 서구중심주의는 이른바 신자유주의와 지구화 이데올로기의 작동 속에서 유럽만이 아니라 미국, 러시아, 일본, 한국은 물론 사회주의의 외피를 쓴 중국 등 세계 도처에 지구적으로, 보편적으로 현존한다. 그러므로 유럽중심주의에 대한 비판은 곧 지구화된 자본권력에 대한 비판이어야 한다.[16] 이런 점에서 보면 중국모델론도 중국 내부의 현재적 문제에 대해 대응할 수 없을 뿐 아니라, 더 나아가 자본권력에 대한 근본적 비판성을 내재한 것이 아닌 한, 유럽적 근대성의 중국적 변주에 불과한 것이라 할 수 있다. 여기서 아리프 딜릭의 다음 지적은 각별하다. 그는 아시아적 가치에 대한 추구는 세계를 유럽중심적으로 개념화하는 데 수반되었던 시간성과 공간성에 그대로 의존하고 있다. 이러한 현상은 발전주의를 전제로 하는 자본주의적 요구와 일치하도록 유교적 또는 아시아적 가치를 재해석하는 과정에서도 명백히 나타난다. 이 과정에서 자본주의를 지구적인 인류의 운명으로 만듦으로써 다른 역사전통에서 발견될 수 있는 유럽과 미국 자본주의의 근대성에 대한 대안을 소멸시키고 있다는 것이고 이는 문자 그대로 유럽중심적이라는 것이다.[17] 이러한 논리는 중국모델론에도 그대로 적용할 수 있다.

이처럼 가치의 내재화, 그리고 서구 근대와 동아시아의 근대 구분이 불가능해진 상황 외에도 지금의 시점에서 서구중심주의의 극복이라는 이 작업을 쉽지 않게 만드는 것은 역설적이게도 중국의 경제가 성장한다면 모든 문제가 해결될 것이라는 낙관론 그 자체이다. 실제로 현재

16) 김택현, 「유럽중심주의 비판을 다시 생각함」, 『서양사론』 제114호, 348-349쪽

17) Arif Dirlik, "Culture Against History? : The Politics of East Identity"

중국이 굴기한 상황에서 중국문명을 근거로 들면서 중국은 세계 제1의 제국이 되더라도 다른 방식으로 지배할 것이라는 다양한 주장이 있다. 하지만 지구를 지배하려 했던 모든 거대한 제국의 중심 역시 비슷한 얘기를 했다. '우리'는 예외라고, 우리는 제국주의적이 아니고 예전 제국의 잘못을 되풀이하지 않겠다고 부인하지만 미국 역시 베트남전이나 걸프전에서 그랬던 것처럼 결국은 잘못을 되풀이했다.[18] 중국이라고 예외일 수 있을까. 다른 여타의 자본주의 국가처럼 철옹성같은 자본주의와 협력관계에 있는 강한 국가가 버티고 있고, 빈부격차, 시스템화된 부패, 환경문제 등 각양각색의 문제를 노정하고 있는 현재의 중국상황을 무시하고 중국은 예외적이라고 주장한다면 이는 이미 중국을 보는 이성적 눈을 상실한 것이다.[19] 앞에서 거론한 서양의 좌파-오리엔탈리스트들은 그들이 중국을 대안근대로 제시하는 한에서, 자신들의 의도와는 반대로 위에서 말한 중국 현실사회의 치명적인 문제들을 은폐하는 결과를 가져올 수 있다.

18) 에드워드 사이드 저, 김성곤·정정호 옮김, 『문화와 제국주의』, 창, 2000, 38쪽
19) 적절한 비유가 될지 모르나 1940년대에 오웰이 지적한 것처럼 영국의 대다수 좌파 지식인들의 러시아 외교정책에 대한 태도는 '이 정책이 옳은가, 그른가'가 아니라 '러시아 입장은 이렇다. 이제 그것을 어떻게 그럴듯하게 보이도록 만들까'를 고려하여 정해졌다. 고세훈, 『조지오웰-지식인에 관한 한 보고서』, 한길사, 2012, 336쪽. 오웰이 보기에 당시 영국의 대표적 좌파지식인인 라스키가 스탈린의 독재가 민주사회주의에 끼치는 막대한 위협을 보지 못한 것은 당혹스런 일이 아닐 수 없었다. George Orwell, "Rejected Review of Faith, Reason and Civilization by Harold J. laski," pp.122-23. 현재 서양의 일부 좌파의 눈에는 중국 공산당이 이미 노동자와 농민으로부터 이탈한 엘리트 정당일 뿐이라는 것, 따라서 공산주의는커녕 사회민주주의도 수용할 의지가 없다는 점이 보이지 않는 것 같다.

Ⅲ. 서구 좌파의 중국문명론과 좌파 오리엔탈리즘

류칭에 의하면 최근 중국에서 가장 주목받는 책 중 하나는 한국에도 번역소개된 바 있는 마틴 자크(Martin)의 『중국이 세계를 지배하면』이다.[20] 여기서 마틴 자크가 절박하게 말하고자 하는 것은 중국이 세계의 주도역량이 되는 것 뿐 아니라 중국은 특수하여 서양이 상상한 방식과 다른 방식으로 세계를 주도하게 될 것이라는 것이다. 이 때문에 중국의 굴기는 '서방세계의 종결'(영국판 부제목)을 의미하고, '신지구질서의 탄생'(미국판 부제목)을 의미한다. 그리고 그 근거로 드는 것이 문명국가, 민족, 조공제도, 단일성이라는 서구와는 다른 중국의 역사이다.[21] 그는 또 근대 유럽의 국민국가가 등장한 이래 국제관계를 지배했던 베스트팔렌 체제가 만들어놓은 국민국가 체계가 21세기에는 바뀌어 동아시아의 조공제도가 다시 돌아올 것이라 전망한다. 그는 동아시아의 여타의 국가는 중국과의 사이에서 사이즈에서 현격한 차이가 나지만 식민지주의나 신식민지주의 관점에서 파악하기 보다는 새로운 형태의 조공제도로 해석하는 것이 타당하다고 주장한다.[22]

사실 조공제도에 대해서는 동아시아의 당사국들과 서구 학자 사이에는 해석에서 상당한 거리가 있다. 아리기도 Weinong Gao의 연구를 인용하여 중국의 조공무역은 사실 경제적 이익보다 경제적 비용이 더 컸다. …명목상 조공이라는 것은 사실상 중국(中國, the Middle Kingdom)으로 하여금 제후국의 충성을 '사고' 동시에 제국의 넓게 퍼진 변경 전역에 사람과 상품의 흐름을 통제할 수 있도록 하는 쌍방향의 거래였다고 평가한다.[23] 하지만 조금 다른 각도에서 보면 중화주의의

20) 劉擎, 「中國有多特殊?」, http://www.aisixiang.com/data/65416.html(2013.8.5)
21) 마틴 자크 저, 안세민 옮김, 『중국이 세계를 지배하면』, 부키, 2010, 28-29쪽 참조
22) 앞의 책, 495-497쪽 참조

정치경제적 구현체라 할 조공체제는 단순하게 예교에 의한 관계만이 아니라 당시의 역사적 조건에서 냉혹하고 복잡한 헤게모니 투쟁의 현장이었다. 그리고 청대의 경우 느슨한 방목(放牧)적 치리(治理)가 가능했던 것은 그들의 역사와 전통에서 유래한 것이긴 했지만 관리 시스템의 불비에서 비롯된 것이기도 했다. 다시 말해 현실에서 힘의 원리가 노골적으로 드러나지 않았던 것은 중국이 다른 나라에 강요한 질서를 관철할만한 충분한 근대적 무력을 가지지 못한 것과 또 주변국가의 주체적 대응력 또한 관련이 있을 수 있다. 그런 조건 하에서 많은 경우 화와 이 간에 조공과 책봉 관계가 쌍방간의 합의에 의해 이루어지기도 했던 것이다. 조공하는 이에게는 국내의 권력기반 강화를, 책봉하는 이에게는 정치적 명분을 주었기 때문에 쌍방간의 합의는 서로의 필요에 의해서 이루어질 수 있었다. 어디까지나 이 합의는 중국측의 일방적인 배려나 평등의식에서 비롯된 것이라기보다는 서로를 이용하고자 하는 따라서 다소 '기만적인' 성격이 존재할 수도 있는 그런 합의였다. 결코 비대칭적인 관계를 대등하게 인정하려는 윤리의식의 발로였다고 보기는 힘들다. 이런 점에서 이를 '상황의 정당화체계'에 불과한 것이라 해석해도 그렇게 무리는 아닌 것 같다.

간양에 의하면 『중국은 무엇을 생각하는가』의 저자 마크 레너드도 2005년 이후 세계에는 적어도 세 개의 모델이 출현했으며 중국모델은 비서방국가들에게는 미국모델과 유럽모델보다 훨씬 흡인력이 있을 것이라고 주장한다는 것이다.[24] 마크 레너드는 중국의 지식인들이 최근 외부에서 들어온 사상으로부터 독립을 선언하고 자신의 관념대로 미래를 기획하기 시작했다고 주장한다. 그리고 간양의 유가사회주의 공화

23) 조반니 아리기 저, 강진아 옮김, 『베이징의 애덤 스미스』, 길, 2009, 447쪽

24) 甘陽, 「從第一次思想解放到第二次思想解放」, 『文明 · 國家 · 大學』, 三聯書店, 2012, 131쪽 참조

국을 예로 들면서 이것을 새로운 현대성 개념을 창조하는 일환으로 해석한다.[25] 그에 의하면 중국의 지식인들은 인권과 자유의 프리즘으로 중국의 개혁을 바라보는 것이 아니라 어떻게 하면 중국공산당의 통치의 정당성을 높여줄 것인가라는 관점에서 본다. 서구로부터 변형된 형태의 중국형 민주주의를 발전시키려 하기보다는 완전히 다른 모델을 찾아나서고 있다.[26] 마크 레너드는 이러한 중국지식인들의 생각을 매우 긍정적으로 보고 있다. 레너드는 "중국식 모델은 머지 않아 모든 사람들이 인식할 수 있도록 구체화될 것이다. 서구의 속박으로부터 벗어나려는 중국의 시도는 새로운 대안이 되어가고 있다. 이 대안은 세계의 다른 나라도 따라갈 수 있는 것으로 서구의 방법과는 다르다"고 단언한다.[27] 마크 레너드에 의하면 완전히 다른 모델 즉 중국모델를 모색하는 것은 매우 의미있는 일이다. 이런 각도에서 정치적으로도 민주주의가 아니라 민생을 추구하는 중국의 지식인의 노력을 그는 높이 산다. 중국공산당이 민생의 정치를 하는 데서 공산당으로 하여금 어떻게 정당성을 확보하게 해줄 것인가[28]에 자기소임을 두고 있는 지식인들의 실천을 매우 긍정적인 것으로 평가한다. 하지만 마크 레너드는 그가 직접 교류하고 있거나 분석대상으로 하고 있는 소위 주류 지식인들

25) 마크 레너드, 『중국은 무엇을 생각하는가』, 돌베개, 2011, 39-40쪽 참조

26) 앞의 책, 103쪽

27) 앞의 책, 202쪽

28) 예컨대 민생이라는 아젠더와 관련하여 다음의 논의는 주목할만하다. Joseph Chan 등 중국계의 유교이론정치가들 대부분은 자유주의적 평등주의(liberal egalitarianism)에 대해 반대한다. 자유주의적 평등주의는 천부적 재능으로부터 야기되는 사회경제적 불평등을 도덕적으로 부당하다고 여기기 때문이다. 이들의 궁극적 관심은 자격(merit) 및 공헌에 있다. 즉 분배정의는 기본적으로 자격, 공헌 등에 기초해야 하며 극빈층에 대한 국가의 가부장적 시혜적 재분배를 넘어서는 재분배는 도덕적으로 요구하기 어렵다는 입장이다. Sungmoon Kim, *Confucianism and acceptable inequalities*, Philosophy and Social Criticism 39(10) 2013

대다수의 주장이 결국, 중국이라는 맥락에서 어디를 향해 있는지를 알아야 한다. 그들은 의도하지 않았겠지만, 중국의 특수성이라는 이름으로 지배적인 규범을 공고히 하고 중국공산당의 권위주의 정치를 옹호해주는 결과를 초래한다는 사실을 간파해야 한다.

중국지식인들 대다수는 민생을 진정한 도리(硬道理)로 보고 있으며 이를 중국특유의 가치로 인식한다. 여기서 우리는 과연 민생이란 무엇인가에 대해 물어야 한다. 민생이라는 개념 안에 인간이 생활해가는데 있어서 존엄성을 가져야 하는 문제가 포함되는 것인지, 아니면 가축이 사육장에서 키워지는 것과 같은 것을 민생이라고 하는지? 인권을 존중(언론의 자유를 포함하여)하는 것과 민생을 보장하는 것이 근본적으로 충돌하는 것인지, 아니면 서로 보완관계에 있는 것인지에 대해, 이런 모든 것에 대해 자세한 토론이 필요하고 여기에는 중국인 사이에도 여전히 이견이 존재한다는 것을 알아야 한다.[29] 아무리 민생이 잘 이루어진다 해도 그것이 감시를 받지 않는 권력에 의한 것이라면 거기에는 반드시 근본적인 문제점을 잉태하게 되어 있다.

또 우리가 주목해야 하는 것은 — 유재건이 지적하고 있듯이 — 근대가 유럽과 비유럽 지역의 상호작용에서 형성되었음을 밝히고 이를 통해 서구의 근대적 도약에 내적 필연성이 없었음을 입증하는 연구들이 최근 적지 않게 나오고 있다는 점이다.[30] 프랑크의 경우 『리오리엔트』에서 전근대 세계에서 유럽의 위상을 과대평가하고 그에 근거해 근대사를 서구문명의 확산과정으로 독해하는 견해에 대해 비판한다. 그간 어둡게 덧칠해 만들어진 아시아상에서 그 덧칠을 벗겨내고 원래 모습을 드러내고자 하는 문제의식은 서구중심주의 역사상의 극복을 위해

29) 劉擎, 「普世與特殊是分岐所在嗎?」, 『新世紀』 2011年 第23期(6月13日) 참조
30) 유재건, 「서구중심주의와 근대성」, 『한국민족문화』 32, 2003, 346쪽

중요한 부분이다. 그러나 프랑크에게서 가장 큰 문제는 자본주의 개념을 폐기함으로써 그의 역사적 전망은 과거 경제발전의 경험으로 아시아의 재부활은 가능한 일이라는 일종의 근대주의에 철저히 갇혀 있다는 점이다. 자본주의를 폐기함으로써 나타나는 그의 반서구중심주의는 세계자본주의가 추구하는 성장지상주의에 근거한 중국중심주의로 귀결된다. 결국 이는 중국이 맡은 자본주의의 연장이라는 역할을 찬양하는 꼴이다. 즉 근대성이라는 열망에 대해 전혀 의심하지 않은 채, 위계만를 전도시키는 방식인 것이다. 결국 근대성은 유럽만이 아니라 다수 문명의 공통된 열망이었다는 전제 하에 유럽의 침입이 없었다면 그들보다 먼저 근대를 성취할 수 있었다는 것이고, 유럽은 다만 19세기에 선수를 쳤다는 것이다.[31] 하지만 이러한 논리는 서구좌파들은 의식하지 못하겠지만 결과적으로 옥시덴탈리즘 또는 '전도된 오리엔탈리즘'이라 할 수 있다.

이들의 중국에 대한 사유는 많은 부분 중국의 신좌파의 중국에 대한 해석과 공유하는 부분이 적지 않으며 중국정부로부터도 환영을 받는 것으로 알고 있다. 하지만 이들 서구좌파들이 중국에 대해 어떤 학문적 근거를 가지고 중국이 서양의 대안이 될 수 있을 것이라는 전망을 하는지는 확실하지 않다. 많은 부분 대안근대를 의식한 예측일 뿐, 학문적 분석이라고 보기 힘들다. 다만 그 전망 안에는 서구사회에 대한 비판의 맥락과 그 연장선상에서 대안이 중국이 되었으면 좋겠다는 강한 희망이 들어있을 뿐이다. 따라서 이 희망 안에는 다분히 자기목적적이라는 요소가 들어있다. 물론 자기사회의 현상에 대한 비판이라는 측면에서 최소한의 도덕적 명분은 존재한다. 그렇더라도 다른 지역의

31) 이매뉴얼 월러스틴 저, 김재오 옮김, 『유럽적 보편주의 : 권력의 레토릭』, 창비, 2008, 86-87쪽 참조

연구를 '자국의 문제(학문)'를 '해결' 또는 '풍부히 하기 위해' 진행한다고 하는, 어찌보면 공리적으로 접근하려는 이러한 태도는 적지 않은 도덕적, 실천적 요소를 내포하고 있음에도 불구하고 연구대상이 연구자의 목적성과 계획성의 구도 안에서 왜곡될 소지를 안고 있다. 결과적으로 이들의 중국관련 담론은 자신의 국가에서는 진보적 역할을 하는지 몰라도 중국이라는 학술장에 개입하는 순간 오히려 보수로 떨어진다. 이들이 내세우는 긴장이 내포되지 않은 대안은 중국이라는 장소에서는 그 의도와는 전혀 다른 방식으로 유통, 소비된다. 즉 이들이 내세우는 분석 아닌 예측은 중국신좌파에게 국수주의적이고 민족주의적으로 전유되어 중국 '사회주의' 정권의 문제를 은폐해주는 결과를 초래하기 십상이다.

예를 들어 문화대혁명에 대해서도 그것이 중국이라는 현실에서 제대로 담론화되기 힘든 이유 중 하나는 신좌파와 포스트학파 그리고 프리드릭 제임슨, 아리프딜릭 등 서구좌파가 연맹을 형성하여 문혁 비판과 성찰을 오리엔탈리즘과 연결시키기 때문이라는 분석이 있다.[32] 더구나 문혁의 기억을 가지고 있는 중국인에게는 강건너 불구경만해도 되는 서구좌파는 그들이 일상에서 경험한 적이 없는 권위주의를 가장 선망할만한 정신가치로 여기고 있는 것처럼 보인다는 점[33]이 받아들이기 힘든 부분이다. 서구좌파의 경우 오리엔탈리즘에 대한 관념적 반감과 자기사회에 대한 비판의식을 결합하여 중국에 투사한다. 이들이 중국사회에 대해 판단할 나름의 근거를 가지고 있지 않은 상태라면 이 양자가 만나는 지점에서 중국에 대한 유토피아적 충동은 강화될 수 있

32) 郭建, 「當代左派文化理論中的文革幽靈」, 『二十一世紀』 2006年 2月號, 總第九十三期. 하지만 여기서 거론된 프리드릭 제임슨이나 아리프딜릭의 경우 지금도 이런 입장을 유지하고 있는지는 확실치 않다.

33) 耿占春, 「學術 : 中國製造」, 『二十一世紀』 2010年 12月號 總第122期, 105쪽

다. 하지만 중국은 단순히 '그곳 there'으로 표상될 수 있는 장소가 아니다. 중국은 아직도 문혁의 해석을 둘러싸고 서로 다른 계층, 서로 다른 가치, 과거세력과 미래세력 등이 서로 경합하면서 치열하게 쟁투가 벌어지는 삶의 현장으로 이해되어야 한다.

Ⅳ. 중국모델론과 근대극복의 딜레마

중국 신좌파의 대표격인 왕후이(汪暉)의 책 『탈정치 시대의 정치』가 한국에서 출판되었다. 이 책 서문에서 그는 '트랜스 시스템 사회'와 '트랜스 쏘사이어티 시스템'이라는 틀을 가지고 고민하고 있다. 그가 『아시아는 세계다』(글항아리 2011)에서 '조공 아시아'와 '혁명 아시아'를 재구성하여 상상한 것이 바로 트랜스시스템사회였다. 하지만 이제 트랜스 소사이어티 시스템이 여기에 덧붙여졌다. 이것이 무엇을 의미하는지 아직 확실치 않다. 다만 "중국의 시스템 내부에 국제적 지향성을 갖는 제도적 메커니즘을 마련해야 하고 이를 통해 다른 사회의 요구를 중국의 평등에 대한 실천의 내부로 과감히 수용할 수 있어야 한다"[34]는 기술로 보아서, 이 개념을 통해 '다른 사회에도 도움을 주어야 한다'는 이른바 '중국식 보편주의의 지향'을 내보이려 한 것이 아닌가 추측된다.[35] 그런데 여기서 확인하고 넘어가야 할 것은 이 개념이 기존의 조공체제의 영어식 업그레이드판이라는 점이다. 사실 조공체제라는 개

34) 왕후이 저, 성근제 · 김진공 · 이현정 옮김, 『탈정치 시대의 정치』, 돌베개, 2014, 279쪽

35) 중국의 이러한 보편성은 중화주의적 세계관 형성 이래 통합의 주체가 항상 중국 자신이 되어야 한다는 또 다른 성격의 '중국적 보편성'과 함께 복합적으로 보아야 한다.

념은 아시아에서는 매우 민감한 역사해석의 대상임에 틀림없다. 나는 일찍이 2005년에 왕후이의 현대성 담론과 아시아 구상을 분석하면서 그의 인식에서 '중국'에 대한 계보학적 비판이 빠져있다는 것, 그리고 그의 아시아 구상과 국가 인식은 외연과 내포가 동일하다는 것을 비판한 적이 있다.[36)]

이처럼 왕후이의 최근 주장에서 보듯이 중국의 부상(浮上)은 서양의 식민주의와 그 의미가 현격히 다를 것이라는 프랑크(A. G. Frank)나 아리기(G. Arrighi), 마틴 자크(M. Jacques) 등 앞에서 거론한 서구좌파 문명론자들의 논지와 문제의식이 상당 부분 겹쳐져 있다.[37)] 그는 2005년 『타임』지 부편집장이었던 조슈아 쿠퍼 라모(Joshua Cooper Ramo)가 '베이징 컨센서스'를 가장 먼저 발표했음을 강조한다. 그리고 미국의 노벨경제학상 수장자인 스티글리츠(Joseph E. Stiglitz)가 중국의 경제성공은 독자적인 아시아적 모델에 준거했기 때문에 글로벌화하는 신자유주의와는 다르다고 주장했다는 점을 매우 강조한다.[38)] 왕후이를 비롯한 중국의 신좌파의 아이디어는 서양의 좌파 지식인의 미국에 대한 비판의 맥락에서 제시되는 '대안적 중국'이라는 구상과 밀접하게 연접되어 있다. 이는 결코 우연이 아니며 이들 서구좌파의 중국 해석에 대한 권위를 이용하고자 하는 강한 의도가 배면에 깔려 있을 것이다. 중국 신좌파가 중국모델론에 확신을 갖게 한 것은 다름 아닌 2008년의 미국 금융위기와 베이징올림픽의 성공에 대한 자신감이었다. 더구나 예상보다

36) 졸고, 「중국 지식인의 현대성 담론과 아시아 구상」, 『역사비평』 2005년 가을호
37) 졸고, 「중국의 신좌파는 어디를 향해 있는가」(왕후이, 『탈정치 시대의 정치』, 돌베개, 2014), 『창작과비평』 2014년 11월 겨울호 서평
38) 汪暉 著, 村田雄二郎 외 옮김, '自序', 『思想空間としての現代中國』, 岩波書店, 2006, viii쪽 참조. 그러나 왕후이의 이런 조심스런 태도는 2008년을 기점으로 대담하게 변화했다. 이에 대해서는 백승욱, 「중국 지식인은 '중국굴기'를 어떻게 말하는가 - 왕후이의 중국굴기의 경험과 도전」, 『황해문화』, 2011년 가을 참조

빠른 그리고 압도적 규모의 경제적 성공은 확신을 배가시켰을 것이다.

중국의 경제적 성공이라는 자신감은 중국의 신좌파로 하여금 다음과 같은 대담한 질문과 대답을 하도록 촉발시켰다. 중국은 어떻게 다른 사회주의 국가처럼 무너지지 않았을 뿐 아니라 신속하게 경제발전을 이룰 수 있었는가. 그것은 신자유주의적 방식을 도입한 때문이 아니라 독립적 주권과 지속적인 이론논쟁 그리고 농민의 능동성, 다수 인민의 이익을 대표하는 중성화된 국가의 역할이 복합적으로 작용했기에 가능했다.[39] 개혁개방에 대한 이론적 토대가 사회주의 역사 내부에서 이미 싹텄다는 식이다. 이런 해석의 배경에는 앞서 언급했듯, 예상과 달리 '중국모델'이 거론될 정도로 성공을 거두자 중국의 길(中國道路)이라는 아젠더를 선점하려는 학문전략이 깔려 있었다. 그런데 여기에는 이 외에도 현 중국정부의 위협적 요소 중 합법성의 내재적 기원의 부족이 지적되고 있는 상황을 떠올렸을 때[40], 위의 신좌파의 인식은 중국정부의 합법성을 제공하는 것 또한 자신들의 소임으로 여기고 있음을 말해준다.

그러나 사실 중국의 신좌파가 진정 좌파이려면 1990년대처럼 발전주의 자체에 대해 비판적이어야 하며, 중국의 굴기에 대해서도 '누구의 굴기인가'를 물어야 한다. 그러나 이들은 이미 국가주도의 중국모델에 대해 이의 제기를 하지 않을 뿐 아니라 노골적으로 '찬양형' 혹은 '변호형' 지식인이 되어버렸다.[41] 1990년대 인문주의 논쟁을 주도했던 왕샤오밍도 중국모델 즉 중국특색의 자본주의는 바로 자기멋대로의 시장논리를 의미한다고 직격탄을 날릴 정도이다. 관료사회, 지식인(주로 교

39) 왕후이, 「중국 굴기의 경험과 도전」, 『황해문화』 2011 여름

40) Francis Fukuyama, *Political Order and Political Decay*, Farrar, Straus and Giroux, 2014, p.384

41) 劉擎, 「公共文化與思想界的新趨勢」, 『東方早報』 2011.8.22.

수), 미디어 등 세 집단이 모두 이러한 멋대로의 시장의 논리에 의해 움직여진다는 것이다. 그리고 이 세 계층으로 구성된 신계급이 경제적 이익을 독식하고 있으며 이들이 사회개혁을 막는 장본인이라고 비판한다.[42] 여기서 왕샤오밍이 말하는 지식인은 이미 주류가 되었거나 보수화된 신좌파 지식인을 향해 있다는 것은 말할 필요도 없다.

앞에서의 왕후이의 시각과 달리 중국의 경제성장을 어떻게 볼 것인가에 대해서는 다양한 해석이 존재한다. 중국의 경제성장을 신자유주의의 독점적 정책과 정치에서의 권위주의가 결합된 산물로 보는 사람도 있다.[43] 중국식 신자유주의는 (제한된 사유화, 국가통제의 지속, 도시와 농촌간의 새로운 위계를 수반하는 새로운 계급분할의 창출 등의 측면에서) 자본주의 국가들의 신자유주의와 다르지만 그 효과는 결코 덜하지 않다. 돌이켜보면 현재의 중국 신자유주의 체제는 사회주의 체제 내부에서 발전주의 이데올로기가 시종일관 얼마나 강력했는가를 더 명확하게 확인할 수 있도록 해준다는 것이다.[44] 중국의 현행 경제체제는 사실상 '반半통제, 반半시장'의 과도적 경제체제며 거기에는 새로운 시장경제 요소도 포함되지만 구舊명령경제의 요소가 들어 있고,[45] 따라서 관제자본주의적 성격을 갖는다는 분석도 있다. 이 방향에서 데이비드 하비(David Harvey)의 말을 인용해보면 중국은 '중국식' 특성을 갖지만 틀림없이 신자유주의화와 계급권력을 재구성하는 방향으로 나아

42) 王曉明, 「百年轉型之社會焦慮」, 『當代文化硏究』 2011.10.17.

43) 딩쉐량 저, 이희옥 · 고영희 옮김, 『중국모델의 혁신』, 성균관대출판부, 2012. 슬라보예 지젝, 「민주주의에서 신의 폭력으로」, 『민주주의는 죽었는가 : 새로운 논쟁을 위하여』, 난장, 2012.

44) 안토니오 네그리 · 마이클 하트 공저, 정남영 · 윤영광 옮김, 『공통체』, 사월의책, 2014, 145쪽.

45) 吳敬璉, 「前言 : '中國模式', 還是過渡體制」, 何迪 · 魯利玲 編, 『反思"中國模式"』, 社會科學文獻出版社, 2012, 4-5쪽.

가고 있다고 결론지을 수 있다.[46] 즉 중국식이긴 하지만 신자유주의적 경제로 규정될 수 있다. 중국은 점차 자본 흐름에 대한 통제의 강화는 어려워지게 될 것이다. 중국은 세계에서 경제가 가장 빠르게 성장하는 국가이지만 동시에 만성적인 불균등한 사회가 되었다. 성장의 혜택은 주로 도시 주민들과 정부 및 당 간부들에게 돌아갔다. 어느 유명한 변호사는 혁명 이전의 공산당은 자본주의적 착취에 저항하는 싸움에서 노동자들의 편에 섰지만 오늘날에는 투쟁적 냉혈 자본가들과 협력하고 있음을 봤다고 했다. 당과 경영 엘리트간의 통합이 증대되고 있는 반면 노동자와 당 조식은 긴장관계에 들어갔다는 것을 말해준다.[47] 이런 지적으로부터 우리가 추측할 수 있는 것은 신좌파가 내세우는 중국모델론이 중국 경제성장의 그늘진 측면은 배제하고 좋은 면만을 부각시킨 다소 자의적인 분석일 수 있다는 것이다. 이와 관련하여 Georgi Derluguian의 분석은 주목할 만하다. 미국과의 지속적인 대립 속에서 소련은 동맹국들을 통제하고 대외경쟁자들과 대결하는 비용을 더 이상 감당할 수 없는 임계점에 도달해 있었다. 반면 중국의 지도자들은 1945년 이후 일본 지도자들과 마찬가지로 미국의 소비시장에 의존화는 수출지향적 산업화를 통해 국력과 국위라는 국가목표를 추구할 수 있었다.[48] 중국의 경제성장과 관련하여 중국의 지식인들이 흔히 간과하는 부분이 1970-80년대의 중국의 지정학적 조건과 관련된 것이라는 지적이다.

46) 데이비드 하비 저, 최병두 옮김, 『신자유주의-간략한 역사』, 한울, 2007, 185쪽.

47) E. Cody, "Workers in China Shed Passivity", 데이비드 하비 저, 최병두 옮김, 『신자유주의-간략한 역사』, 한울, 2007, 184쪽에서 재인용.

48) Georgi Derluguian, "*What Communism was*", Immanual Wallerstein, Randall Collins, Machael Mann, Georgi Derluguian and Craig Calhoun, Does Capitalism Have a Future? 자본주의 미래는 있는가, 창비, 2014, 229쪽.

앞에서 왕후이가 말한 농민의 능동성이라는 측면에서도 다른 견해가 존재한다. 사회주의 시기에도, 개혁개방 이후에도 중국경제발전의 비밀은 그것이 농민에 대한 억압과 기초 위에서 세워졌다.[49] 중국 사회주의 시기 노조는 있었지만 농회는 없었다는 사실이 이의 한측면을 말해준다. 대학교수를 그만두고 농촌으로 들어가 향촌 건설 운동으로 실천적 삶을 살았던 량수밍(梁漱溟)은 최고국무회의 석상에서 마오저둥에 대해 "농민을 버렸다", "노동자는 구천 위에 있고, 농민은 구천 아래에 있다"라고 질책했다.[50] 1990년대 2000년대 초의 경우에도 중국의 경제성장은 중국의 농민과 농촌, 농업의 희생 위에서 이루어진 것이라 할 수 있다. 중국 농민 전문가에 의하면 경제성장 이후 오히려 중국의 농촌은 1949년 이전보다 더 심하게 탐관오리가 횡행하고 있다고 고발한다. 그 곳은 우리가 상상하는 것 이상으로 가난과 죄악, 고난이 존재한다는 것이다.[51] 이 점은 서양 근대의 경제가 식민지의 희생을 기초로 이루어진 것과 비교될만한 것이다. 엄격히 말하면 중국의 근대화나 경제성장이 타국의 희생이 아닌 자국민을 희생으로 했다고 해서 도덕적 비난에서 자유로울 수는 없는 것이다. 여기서 '다른 사회에도 도움을 주어야 한다'는 이른바 '중국식 보편주의'는 기실 중국 내부 농민의 능동성보다는 희생을 담보로 한 것일 수도 있다는 점에 주의를 요한다.

왕후이의 이러한 문제의식은 그럼에도 불구하고 의미가 전혀 없는 것은 아니다. 그 의미는 류칭이 지적한 것처럼 무엇보다도 '중국의 현대성'을 '서양화'의 보편서사로부터 분리시켜 중국식으로 재해석하려 했다는 그 자체에 있다. 30년 동안의 중국굴기의 '형성역량'에 대해 '중

49) 전리군 저, 연광석 옮김, 『모택동시대와 포스트 모택동 시대 1949-2009』상, 한울, 2012, 458쪽.

50) 앞의 책, 84쪽.

51) 천구이디 · 우춘타오 공저, 박영철 옮김, 『중국농민르뽀』, 2014, 길.

국요소'를 다시 발견하려 함으로써 미래의 중국 도로 및 세계문명의 의의에 대한 새로운 상상공간을 만들어내려 했다는 것은 높이 살만하다.[52] 생각해보면 중국의 경제성장에 중국요소가 없을 수는 없다. 이것은 마치 같은 정도의 근대화를 성취했다 하더라도 그 성격과 모습에서는 차이가 날 수 밖에 없는 것과 같은 이치이다. 하지만 문제는 실제적인 의미에서 경제성장의 요인을 근대화과정의 그늘진 측면들을 배제한 채 온전히 해석할 수 있는가에 있다. 이에 대해서는 더 많은 논의가 필요하다. 서구중심주의의 극복이라는 방향과 근대화의 그늘진 측면들이 어떻게 연결될 수 있는지에 대해 근본적인 검토가 필요하다.

사실 중국을 대안으로 내세우는 데 근거가 없는 것은 아니다. 주지하듯 중국은 서양의 어떤 모델로도 설명이 되지 않으며 기존의 중국이 경험한 사회주의 방식 그대로 답습해서도 앞으로 발생할 문제에 대응할 수 없다. 이러한 사실이야말로 서구중심주의를 의식하기 이전에 중국이 새로운 발전경로를 찾아 나서지 않으면 안되는 엄중한 조건이다. 중국의 규모에서 기존의 자본주의가 관행적으로 해왔던 독점과 착취가 강화된다면 중국 내외적으로 양극화와 더불어 예상되는 생태환경의 파괴와 자원의 고갈은 이제까지 우리가 경험했던 것을 훨씬 초월한 어마어마한 것이 될 것이다. 이러한 인식은 역설적으로 현재의 글로발한 자본주의 체제에서 중국의 역할이 그만큼 중차대하다는 것을 보여준다. 따라서 새로이 구상되는 중국모델은 그 자체가 갖는 내적 정당성이 없다면 그것은 적극적 의미를 갖기 힘들며 따라서 오래 지속될 수 없다. 미국의 대안을 찾는 것의 중요성은 아무리 강조해도 지나치지 않지만 그 대안이 진정한 대안이기 위해서는 중국 내부의 문제에 대해

52) 劉擎, 「中國崛起與文化自主 : 一個反思性的辨析」, 『思想』(臺灣) 2009年 10月, 第13期, 19쪽.

대안적일 수 있어야 한다. 내부의 대안이 될 수 있다면 당연히 글로벌한 대안이 될 수 있을 것이기 때문이다. 중국 내부 다수 인민의 행복, 인권을 방기하고서 외부의 대안이 된다는 것 자체가 넌센스다. 그런 의미에서 중국의 현실을 방기한 좌파-오리엔탈리즘과 그것을 국수주의적으로 수용하는 데 그친 셀프좌파-오리엔탈리즘에 근거한 중국모델론은 그러한 조건을 충족시킬 수 있는 것인가에 대해서는 강한 의문이 남는다.

이를 감안하여 필자는 모두에서 월러스틴이 제시한 '보편적 보편주의'를 끌어들였던 것이다. 이제 중국모델은 경제적 이익관계 즉 하드파워에서만이 아니라 그것을 뛰어넘는 '보편적' 가치와 규범 즉 소프트파워의 구상으로 연결되어야 하기 때문이다. 사실 현재 중국에서 경제성장에 힘입어 서방문명의 초월과 '보편가치'의 초월에 대한 갈망이 강하게 일고 있고 그런 풍조가 생산해내는 부작용의 측면을 비판하는 목소리도 존재한다. 류칭은 사람들은 정작 정신적 초월성에는 관심이 없고 物化에만 쏠려있다고 지적한다. 그는 뚜렷한 목표가 없는 초월은 더 큰 야만을 초래할 수 있기 때문에 대안적 현대성(另類現代性)에 대한 환상은 경계해야 한다고 주장한다.[53] 사실 우리는 가까운 현대사에서 야만을 초래했던 문혁을 기억하고 있다. 물론 문혁에 대해서는 당시 세계의 대중국 정책 등 복합적 차원의 연구를 기다려야 하겠지만, 문혁은 '다른 근대'가 가능하다는 가설 속에서 유토피아적 희망을 현실화하려는 무리한 시도 속에서 상상할 수 없는 폭력이 전사회적으로 가해졌고 엄청난 인명피해를 가져왔던 대표적 사례였다는 데 대해서는 이견이 있을 수 없다.[54]

53) 劉擎, 「現代化論題的重申」, 『知識分子論叢』 2012.11.

54) 2012년에 실상이 알려진 총칭사건에서도 사실상 거기에 이데올로그로 기꺼이 참여했던 지식인들 다수가 대안근대에 대한 '회의적' 탐색보다는 손쉬운 타협을 선택했

그나마 다행인 것은 중국의 주류 지식인들이 보여주고 있는 현재의 모습에 대해 내부비판이 없는 것은 아니라는 점이다. 껑잔춘(耿占春)은 "최근 중국에서 제시되는 현대성 개념은 마오 시대에 겪었던 여러 문제들을 누락시키면서, 사회의 진실한 경험과 기억을 무시하면서 집권당의 학술찬가가 되었다"[55]고 혹평했다. 또 원티에쥔(溫鐵軍)은 다음과 같이 지적한다. 중국의 주류지식인의 두 부류 중 하나는 자본주의화를 거리낌 없이 주장하는 것이고 이에 반대하는 측은 개혁개방 이전의 사회주의 체제를 고수하는 것이다. 이들의 주장은 정반대이지만 친자본적 입장이라는 데서는 동일하다. 전자는 해외자본의 이익을 대변하고 후자는 국가주도의 국유기업의 대자본의 이익을 대변한다.[56] 이 말은 결국 자유주의파, 신좌파 공히 자본의 확장에 유리한 조건을 확보하고자 하는 데서 차이가 없다는 것으로 이해된다. 결국 중국의 주류 지식인들은 서구중심주의의 대안을 명분으로 내세우면서 정작 추구하는 것은 성장주의적 근대화론인 것이다. 이 두 지적은 결국 주류 지식인이 말하는 대안에서 국가 주도의 그것과 차별화되는 어떤 지점도 발견할 수 없다는 것으로 들린다. 실제 관료 계급, 미디어 그리고 지식인 연합이 이미 형성되어 가동되고 있다는 것은 상식에 속하고[57] 특히 신좌파의 국가주의화는 적지 않게 지적되는 부분이다.[58] 나는 서구의 일부 좌파 지식인들은 자신들과 상호작용 속에서 문제의식을 공유하고 있는 중국 신좌파에 대한 이런 중국내의 평가를 알고 있는지,

다고 보여진다. 榮劍, 「奔向重慶的學者們」(http://www.aisixiang.com/data/52796 html(검색일 : 2015.1.8) 참조.

55) 耿占春, 「學術 : 中國製造」, 『二十一世紀』 2010. 12月號 總第122期, 103쪽.

56) 溫鐵軍, 김진공 옮김, 『100년의 급진』, 돌베개, 2013.

57) 王曉明, 「百年轉型之社會焦慮」, 『當代文化硏究』 2011.10.17.

58) 許紀霖, 「近十年來國家主義思潮之批判」(爱思想, 来源日期 : 2011年7月5日)

안다면 어떻게 평가하는지를 알고 싶다.

차원이 다른 이야기지만, 중국모델론과 관련하여 다음의 통계는 반드시 검토하고 넘어가야 하는 문제이다. 다른 것보다도 중국이 기존의 자본주의국가보다 더 심각한 소득불평등 문제를 안고 있다는 것이 '2014 중국 민생 발전보고서'(베이징대 중국사회과학조사센터)를 통해 발표되었다. "상위 1%가 중국 전체 자산의 1/3을 차지하고, 하위 25%가 전체 자산의 1%를 차지한다"[59]는 내용이었고 이에 대해 중국 누리꾼의 93%가 '전혀 의외가 아니다'라고 답했다. 이 외에도 공공안전 즉 통제를 위한 재정지출이 국방비를 초월했다는 2012년 청화대 사회발전연구소의 보고도 있었다. 이 보고서들은 여러 가지를 말해준다. 우선 전체 GDP로 보면 중국의 굴기는 대단한 것이지만 그 만큼 사회문제 또한 다른 나라보다 훨씬 우려할만한 수준이라는 것이다. 또 정치의 근간이 되는 인민과 국가 사이의 기본적인 신뢰가 무너졌다는 것[60]과 그렇기

59) 불평등과 대규모 빈곤은 문명이 진보할수록 심해진다는 것을 헨리 조지는 1920년대에 이미 간파했다. 문명에 필연적으로 따라오는 것은 불평등과 대규모의 빈곤이라는 것이다. 헨리 조지 저, 김윤상 역, 『진보와 빈곤』, 비봉출판사, 1997. 이러한 통찰은 최근 미국과 한국에서 돌풍을 일으킨 피케티의 『21세기 자본론』의 결론과도 통한다. 이로 보면 불평등의 문제는 중국만의 문제가 아니라 글로발 자본주의의 문제인 것이다. 하지만 중국은 사회주의를 경험했음에도 빈부격차는 다른 국가보다 상대적으로 크다. 왕샤오밍은 빈부격차가 1949년 이래 지금이 가장 심하다고 진단한다. 王曉明, 「百年轉型之社會焦慮」, 『當代文化硏究』 2011.10.17.

60) 여기서 우리는 '정치는 백성으로부터 신뢰를 잃어버리면 존재할 수 없다'는 공자의 말('民無信不立', 『論語』 「顔淵」)을 상기할 필요가 있다. 그러나 중국에서 공자가 다시 살아났다는 평가를 받는 위단(于丹)의 『論語心得』에서는 이 같은 구절을 '백성이 국가를 신뢰해야 한다'고 해석한다. 즉 국가에 대한 백성의 신뢰가 공자가 주창한 정치의 이념이라고 주장한다. 하지만 공자의 말에는 정치란 모름지기 위정자가 국가운영을 통해 백성으로부터 신뢰를 얻어야 한다는 규범적 의미가 들어 있다. 신뢰는 위정자와 백성 사이의 상호작용 속에서 나오는 것이지, 국가의 지배집단이나 위정자가 어떻게 하든 백성은 무조건 국가에 신뢰를 보여주어야 하는

때문에 국가와 사회가 당국의 감시와 관리에 의해 지탱되고 있다는 것을 말해주는 지표이다. 어찌되었든 이런 상황에서 위의 통계와 중국인들의 반응 그리고 중국모델론을 어떻게 매치시켜야 할지 난감하다. 다른 문제는 차치하더라도 이러한 보고서와 반응을 접하고도 중국을 서구의 대안으로 운위할 수 있을까.

Ⅴ. 대안근대의 '회의적' 탐색을 위하여

이른바 21세기는 '중국의 세기'가 되고 있다는 데 이의를 제기할 사람은 없을 것이다. 경제적 헤게모니는 이미 중국으로 넘어왔다고 할 수 있다. 중국은 자본주의의 연장이든 극복이든 그 임무를 부여받았다. 이를 토대로 중국 지식계는 근현대 100년의 염원이었던 '부강중국'을 넘어 '문명중국' 구상에 분주하다. 그러나 여기서 자본주의의 극복이라고 구호는 레토릭일 뿐 실제는 이전에는 유교자본주의가 하고자 했던 위기의 자본주의를 구제하는 역할을 신좌파를 포함한 중국의 대다수 주류 지식인이 중국모델론을 지지함으로써 좀더 적극적으로 자임하고 있는 셈이다.61) 그런데 자본주의 극복이라는 미명하에 주장되는 중국모델론을 둘러싼 글로벌 차원에서의 조건은 그리 녹녹치 않다. 왜냐하면 진보에 대한 믿음, 과학에 대한 믿음, 그리고 합리주의에 대한 믿음이 사라져가는 매우 우울한 시기, 즉 근대성의 꿈에 종지부를 찍은 후에 그 역할이 주어졌기 때문이다.

일방적인 것은 아니다.

61) 유교자본주의와 아시아적 가치가 서구에서 먼저 발화되었듯이 중국모델론의 전신인 베이징 컨센서스 또한 미국에서 먼저 제시되었다.

하지만 그럼에도 불구하고 자본주의의 극복이라는 명분을 레토릭 차원에서라도 유지하기 위해서는 중국이 가지고 있는 자산과 정당성에 대해 부단히 '회의'하면서 전지구적 보편주의에 대해 지속적인 탐색을 해나가야 한다. 그리고 그 탐색의 과정은 문명론과 자기본위적 윤리에 대한 질의 또는 회의의 과정이어야 한다. 여기서 그 질의는 중국의 문명이 과연 현재 중국사회의 메커니즘 하에서 어떻게 작동할 수 있는가에 대해 따져묻는 것이다. 서구좌파와 중국의 신좌파가 합작한 좌파-오리엔탈리즘과 셀프좌파-오리엔탈리즘은 앞에서 살펴본 것처럼 근대초극에 대한 무서울 정도의 집착이 만들어낸 결과이며 마지막에는 문명론으로 기우는 경향을 보여준다. 그런데 문제는 서구좌파와 신좌파의 문명론으로 현재의 중국사회에 만연된 치명적 문제들에 답을 줄 수 있느냐이다. 만일 그렇지 않다면 문명론은 그 의도와는 달리 은밀한 방식으로 중화성을 강화하는 쪽으로 작동하고 말 가능성이 있다.

중국을 포함한 동아시아는 21세기에 들어와 자기 고유의 문명질서를 회복하는 국면에서 동시에 봉건성으로 회귀하려는 매우 강한 조짐을 보이고 있다. 봉건성과 근대성의 동시극복이 20세기 중국의 화두였던 것을 생각하면 실로 격세지감이다. 루쉰식의 문명의 재해석이란 한 문명에 대한 전적인 부정이나 다른 문명에 대한 전적인 긍정이 아닌, 모든 문명에 대하여 분석적이고 역사적으로 접근하는 그런 태도를 의미한다. 문명 그 자체가 아니라 문명을 대하는 태도가 문제인 것이다. 그렇다고 하여 필자가 문명론 자체를 부정하려는 것은 아니다. 문명론을 사유방식(habitus)의 문제와 연결시켜 사고해볼 수 있는 여지는 충분히 있다. 하지만 그렇다고 해도 그 사유방식으로서의 문명이 국가와 자본에 의해 만들어진 현대사회의 체제 자체와 사회적 가치에 대해 근본적 변화를 초래할 수 있느냐에 대해서는 유보적이다. 따라서 국가와 자본에 대한 근본적 성찰이 동반되지 않는 중국모델론과 복수의 근대로는 '서구중심주의 이후'의 '대안근대'를 상상하기 힘들다.

서구와 일본으로부터의 침략의 역사를 경험한 바 있는 중국인은 이제 경제성장으로 대단한 자신감을 얻게 되었다. 이러한 자신감은 일단 다양한 논의를 분출시키는 양성적 조건으로 작용하고 있다. 하지만 경제적 굴기로 얻은 자신감은 다른 한편으로는 학문적 분석력과 윤리적 감수성을 약화시키는 악성요인으로 작용하고 있는 것처럼 보인다. 오히려 앞에서 살펴본 것처럼 신좌파와 신유가를 중심으로 한 중국중심담론은 글로발 차원에서 지속적으로 제기되어온 자본주의의 문제점의 핵심을 비켜나가 중국모델론과 복수의 근대성을 주장하는 방향으로 가고 있다. 이는 기존의 근대 서구중심주의의 문제점에 대한 방관일 뿐 아니라 그들의 관심이 강약의 자리교체에 있다는 것을 보여주는 것이다.

21세기의 '중국의 세기'를 예견한 동서양의 다수의 학자들이 '자발적'으로 동원되는 모습은 이미 서양에서 18세기에 식민주의의 이론적 기틀 형성에 계몽주의 사상가들이 보여준 바로 그것과 매우 유사하다. 어떤 면에서 서구좌파와 중국의 신좌파 사이에는 이미 중국공산당의 암묵적인 지지 아래 국제적 네트워크가 형성되어 있을 가능성도 없지 않다. 이를 가정하면 중국관련 학문이 이미 경제적 이해관계와 결부되어 이데올로기를 제조하는 과정에 진입했을지도 모를 일이다. 사실 서구중심주의가 과학기술에 힘입어 식민지 개척과정에서 세계의 위계질서를 확립했고 18세기 계몽주의 사상가들에 의해 유럽의 지배적 위치를 정당화하는 담론체계로 형성된 것처럼 지금 목하 우리가 의식하지 못하는 사이 중국학문의 체계가 형성되어가고 있을 가능성이 있다. 중국이 경제적 헤게모니를 잡으면서 이미 다양한 형태로 중국문화 확산 프로젝트를 가동하는 데 엄청난 재원과 인력이 투여되고 있다는 것은 이미 알려진 사실이다. 일부에서 물의를 일으키고 있는 공자아카데미가 그 대표적인 예이다. 서구 자본주의에 대한 대안을 고민하는 다수의 지식인들에게 압도적 규모의 경제성공은 그 자체로 이미 중국을 자유로운 사유의 대상으로 삼을 수 없게 하는 힘으로 작용하기 시작했다고 할 수 있다.

특히 자기혁신을 하지 않으려는 중국의 보수화된 좌파진영에게 서구 좌파의 중국을 매개로 한 대안근대에 대한 집착과 원망(願望)은 민족주의적, 더 나아가서는 국가주의적 전유로 귀결된다는 점에 주의를 요한다. 결국 이들의 대안근대에 대한 과도한 집착과 원망은 좌파-오리엔탈리즘과 셀프좌파-오리엔탈리즘을 양산하게 했고, 이 안에서 현실을 소거한 이상화된 중국이 재구성되게 함으로써 중국사회의 치명적 문제들을 은폐하도록 했으며 결과적으로 이는 서구중심주의의 극복을 요원하게 만들었다고 할 수 있다.

이는 다른 측면에서 보면 중국의 문명을 둘러싼 주류적 분위기에 대한 지식인의 태도와 관련되어 있다. 지식인의 역할은 동서를 불문하고 국가를 비롯한 기존의 주류적 규범에 대한 문제제기를 하고 새로운 가치를 제시하는 것이다. 이것이 중국이라고 해서 예외일 수 없다. 중국을 지나치게 예외적인 경우로 보아서는 우리는 중국을 보편적 사유의 대상에 올려놓을 수 없다. 중국이 우리의 현실을 압도하는 그 무엇이라 해도 인문학적으로는 그 역설성에 주목해야 하고 중국자체를 사유대상으로 하는 데 머뭇거려서는 안 된다.

중국의 지식인들은 100년 전 노신이 보여주었던 근대성에 대한 복합적 고민에 대해 주목해야 한다. 바로 전통과 근대에 대한 이중적 태도 말이다. 이 점에서 대안근대를 탐색하는 인문학자라면 루쉰의 더블바인드(double-bind), 즉 '(자신을) 지키지 않으면 살아갈 수 없는, 그러나 동시에 또 변화하지 않으면 살아갈 수 없는'[62] 이 딜레마적인 상황을

62) 이에 대해서는 다케우치 요시미 저, 서광덕 옮김, 『루쉰』, 문학과지성사, 2003, 12

잘 이해해야 한다. 루쉰은 이러한 딜레마적 상황을 발버둥치는 형상으로서 掙扎라고 말했다. 당장 대안이 없다면 '쟁찰'(掙扎)만이 대안근대를 모색하는 사람들의 현존 방식일 것이다.

| 참고문헌 |

〈국내자료〉

고세훈, 『조지오웰-지식인에 관한 한 보고서』, 한길사, 2012.

다케우치 요시미 저, 서광덕 옮김, 『루쉰』, 문학과지성사, 2003.

데이비드 하비 저, 최병두 옮김, 『신자유주의-간략한 역사』, 한울, 2007.

딩쉐량 저, 이희옥·고영희 옮김, 『중국모델의 혁신』, 성균관대출판부, 2012.

마크 레너드, 『중국은 무엇을 생각하는가』, 돌베개, 2011.

마틴 자크 저, 안세민 옮김, 『중국이 세계를 지배하면』, 부키, 2010.

쑨거 저, 윤여일 역, 『다케우치 요시미라는 물음』, 그린비, 2007.

안토니오 네그리·마이클 하트 공저, 정남영·윤영광 옮김, 『공통체』, 사월의책, 2014.

에드워드 사이드 저, 김성곤·정정호 옮김, 『문화와 제국주의』, 창, 2000.

쪽 참조. 쑨거 저, 윤여일 역, 『다케우치 요시미라는 물음』, 그린비, 2007, 133쪽 참조. 菅孝行, 「抵抗のアジアは可能か」, 鶴見俊輔/加加美光行 편, 『無根のナショナリズムを超えて-竹内好を再考する』, 日本評論社, 2007, 67쪽

에드워드 사이드 저, 박홍규 옮김, 『오리엔탈리즘』, 교보문고, 1992.
왕후이 저, 성근제 · 김진공 · 이현정 옮김, 『탈정치 시대의 정치』, 돌베개, 2014.
원톄쥔(溫鐵軍) 저, 김진공 옮김, 『100년의 급진』, 돌베개, 2013.
위단(于丹), 『論語心得』, 에버리치홀딩스.
이매뉴얼 월러스틴 저, 김재오 옮김, 『유럽적 보편주의 : 권력의 레토릭』, 창비, 2008.
전리군 저, 연광석 옮김, 『모택동시대와 포스트 모택동 시대 1949-2009』 상, 한울, 2012.
조경란, 『현대중국 지식인 지도』, 글항아리, 2013.
조반니 아리기 저, 강진아 옮김, 『베이징의 애덤 스미스』, 길, 2009.
천구이디 · 우춘타오 공저, 박영철 옮김, 『중국농민르뽀』, 길, 2014.
헨리 조지 저, 김윤상 역, 『진보와 빈곤』, 비봉출판사, 1997.

강정인, 「비교정치사상 방법론에 대한 예비적 고찰」, 『넘나듦通涉의 정치사상』, 후마니타스, 2013.
김택현, 「유럽중심주의 비판을 다시 생각함」, 『서양사론』 제114호.
슬라보예 지젝, 「민주주의에서 신의 폭력으로」, 『민주주의는 죽었는가 : 새로운 논쟁을 위하여』, 난장, 2012.
백승욱, 「중국 지식인은 '중국굴기'를 어떻게 말하는가-왕후이의 중국 굴기의 경험과 도전」, 『황해문화』 2011년 가을.
왕후이, 「중국 굴기의 경험과 도전」, 『황해문화』 2011 여름.
유재건, 「근대 서구의 타자 인식과 서구중심주의」, 『역사와 경계』 46.
유재건, 「서구중심주의와 근대성」, 『한국민족문화』 32, 2003.
조경란, 「냉전시기(1950-60년대) 일본 지식인의 중국 인식- 다케우치 요시미의 중국관 : 사상적 아포리아와 '좌파-오리엔탈리즘'」,

『사회와 철학』 제28집 2014.10.
조경란, 「중국 지식인의 현대성 담론과 아시아 구상」, 『역사비평』 2005년 가을호.
조경란, 「중국의 신좌파는 어디를 향해 있는가」(왕후이, 『탈정치 시대의 정치』, 돌베개, 2014), 『창작과비평』 2014년 11월 겨울호 서평.

〈국외자료〉

劉擎, 「中国语境下的自由主义：潜力与困境」, 『開放時代』 第4期, 2013.
劉擎, 「現代化論題的重申」, 『知識分子論叢』 2012.11.
劉擎, 「公共文化與思想界的新趨勢」, 『東方早報』 2011.8.22.
劉擎, 「中國崛起與文化自主 : 一個反思性的辨析」, 『思想』(臺灣) 2009.10., 第13期.
劉擎, 「普世與特殊是分岐所在嗎?」, 『新世紀』 2011年第23期(6月13日).
劉擎, 「中國有多特殊?」, http://www.aisixiang.com/data/65416.html(2013.8.5).
王曉明, 「百年轉型之社會焦慮」, 『當代文化研究』 2011.10.17.
耿占春, 「學術 : 中國製造」, 『二十一世紀』 2010年 12月號 總第122期.
榮劍, 「奔向重慶的學者們」(http://www.aisixiang.com/data/52796.html(검색일 : 2015.1.8.)
許紀霖, 「近十年來國家主義思潮之批判」(爱思想, 来源日期：2011年7月5日)
吳敬璉, 「前言 : ‘中國模式’, 還是過渡體制」, 何迪 · 魯利玲 編, 『反思“中國模式”』, 社會科學文獻出版社, 2012.
郭建, 「當代左派文化理論中的文革幽靈」, 『二十一世紀』 2006年2月號, 總第九十三期.
甘陽, 「從第一次思想解放到第二次思想解放」, 『文明 · 國家 · 大學』, 三聯書店, 2012.

菅孝行, 「抵抗のアジアは可能か」, 鶴見俊輔/加加美光行 編, 『無根のナショナリズムを超えて-竹内好を再考する』, 日本評論社, 2007.

汪暉 著, 村田雄二郎 외 옮김, '自序', 『思想空間としての現代中國』, 岩波書店, 2006.

Francis Fukuyama, *Political Order and Political Decay*, Farrar, Straus and Giroux, 2014.

Georgi Derluguian, "*What Communism was*", Immanual Wallerstein, Randall Collins, Machael Mann, Georgi Derluguian and Craig Calhoun, *Does Capitalism Have a Future?* Oxford University Press, 2013.

Sungmoon Kim, "Confucianism and acceptable inequalities", *Philosophy and Social Criticism* 39(10) 2013.

양안관계 연구동향 분석:
이론, 쟁점, 연구기관, 학자를 중심으로

강병환 *

Ⅰ. 서 론

복잡하고 특수한 관계를 띠고 있는 양안관계는 대만해협 서측의 중국대륙과 대만해협 동측인 대만과의 관계를 말하며, 피차간의 특수한 역사적 상호작용관계 때문에 양안관계를 연구의 과제로 삼는다면 상당히 복잡하다는 사실을 확인할 수 있다. 우선 연구의 각도에서 본다면, 양안관계는 그 대상(對象)으로 대륙연구, 대만연구, 대만과 대륙의 관계를 연구하는 것이며, 내용적인 측면에서 볼 때도 양안간의 정치관계, 경제관계, 사회관계, 역사관계, 문화관계 등 다원적이다. 초창기 양안관계 연구는 지금으로부터 50년 전에 시작되었다. 예를 들어 대만에서의 비정연구(匪情硏究), 중국대륙의 장비연구(蔣匪硏究) 등과 같이 명칭자체부터 상호 적대적 성격을 띠고 있었다.[1] 현재에도 중국대륙은 대만과의 관계를 국가 대 국가로 비춰지는 것을 극도로 피하고 있으며, 역시 양안관계를 중국과 대만관계로 정의 내리고 이 '중국'은 중화인민

* 한반도통일연구원 연구원

1) 楊開煌, 『出手-胡政權對台政策初探』, 臺北 : 海峽學術, 2005, 1쪽.

공화국을 의미하며 대만과는 아무런 관계가 없다고 말한다. 설령 관계가 있더라도 국가 대 국가의 관계로 파악한다. 그러므로 양안관계 연구에 있어서 양안관계의 정의는 그 정치적 입장에 따라 쉽게 정의내리기 어렵고 반드시 그 시기와 대상, 내용의 구별을 명확히 해야 한다. 그렇지 않으면 양안관계의 이론과 방법을 토론할 길이 없다.[2)]

'양안관계'란 단어의 출현은 1990년대 대만이 동원감란(動員戡亂)시기를 종결한 후에 비로소 등장한 명칭이다. 그 이전에 대만방면에서는 대륙문제, 중공문제로 칭했으며, 양안관계라는 말을 사용하지 않았다. 반대로 베이징 방면 역시 대만문제, 장방문제(蔣幫問題), 국민당문제 등으로 칭했고 양안관계라는 단어를 사용하지 않았다. 그러므로 양안관계라는 단어가 학문의 영역에서 사용된지는 비교적 최근의 일이다. 사실상, 1987년 쟝징궈(蔣經國)가 대륙탐친(大陸探親)을 결정하기 이전까지만해도 '양안관계'라는 명칭은 존재하지 않았다. 영문의 Cross-Strait relations 역시 일련의 시간이 경과한 후에 일반대중에 의해 먼저 사용되어 학문의 분야에서 사용된 단어다.[3)]

양안관계는 역사상 중화인민공화국과 중화민국(대만)과의 관계며[4)], 피차 정부가 통치하는 범위인 대륙지구와 타이펑진마(臺灣、澎湖、金門、馬祖) 지구의 관계를 의미하나 중국대륙과 대만의 애매모호한 정위(定位)의 문제로 인해, 국제사회에서 보편적으로 인식하는 이상과 현실간에는 상당한 괴리가 있다. 물론 중공은 "양안문제는 내정"의 문제

2) 楊開煌, 『出手-胡政權對台政策初探』, 臺北：海峽學術, 2005, 2쪽.
3) 蘇起, 「兩岸關係的三個特殊性」, 國安(評)090-284號, 中華民國, 1990.11.19.
4) 중공중앙대판사무소에서는(中共中央台辦所), 대만에 관련된 정확한 용어사용의 지침을 내렸는데. 대만에 대해서는 '대만당국', '대만방면, '대만유관방면'을 사용하며, '중화민국', '대만정부', '국가', '중앙', '전국' 등의 관방 명칭 사용을 허용하지 않는다. 만약 반드시 사용해야 한다면 반드시 인용부호를 넣는다.

라고 공언하지만, 순수한 중국대륙내부의 문제는 아니다. 아울러 순수한 국제적인 문제도 아니다. 내부와 외부의 문제가 뒤섞여 복잡하고, 중공의 대만에 대한 장악능력도 유한하다. 그러므로 정치학 방면에서 양안관계를 연구하는데 있어서 양안관계를 국제관계로 보거나 아니면 국내관계로 보느냐는 학술적인 문제가 아니라 오히려 정치적인 문제가 된다. 중국대륙의 범위 이외에서 건국을 주장하는 학자들이나 혹은 양안간은 중국내의 두 개의 분열된 주권이라고 인식하는 사람들은 국제정치의 각도에서 양안관계를 분석하는 경향이 있으며[5], 타이두(臺獨)[6] 이외의 다른 입장을 지닌 학자들 역시 기본적으로 양안이 분열분치의 상태에 처해 있기 때문에 국내관계로서 양안관계를 이해할 수 없다고 다수의 학자들은 주장한다. 현재의 양안관계를 말하자면 독특하면서 복잡한 두 개의 정치시스템(Political System)간의 관계며, 그 독특하고 복잡한 본질은 양자간의 법리와 사실의 모순에서 오는 것이다. 대만해협의 현상유지라는 사실로서 볼 때 양안간 두 개의 독립적 국가 혹은 정치실체를 부인하기는 어렵지만 국제법(國際法)으로 볼 때 대만은 단지 하나의 내국가(內國家)며, 내부에서 스스로 국가라고 칭하는 것에 불과하다. 다시말해, 국제사회에서 대만은 대다수 국가들에 의해서 승인을 받지 못할 뿐만 아니라 국가를 회원으로하는 대다수의 국제조직에도 가입하고 있지 못하는 실정이다. 이러한 복잡성으로 인해 양안관계를 이해하고 해석하는 적당한 이론을 찾기가 어려울뿐만 아니라 이론으로서 현재의 양안간의 곤경을 해결하기는 더욱 더 어렵다.[7] 이 때문에 양안관계 연구한다는 것은 많은 한계를 지니고 있다.

5) 石之瑜, 『兩岸關係概論』, 臺北 : 揚智叢刊, 1998, 28쪽.
6) 타이두(臺獨)는 대만독립운동의 간칭이다.
7) 楊開煌, 『出手, 胡政權對台政策初探』, 臺北 : 海峽學術, 2005, 27쪽.

본 논문의 목적은 양안관계 연구동향에 대해서 정치학의 시각으로 양안관계에서 두드러지게 나타나는 제이론을 분석하고, 양안간의 주요한 쟁점이 무엇인지를 고찰하고자 한다. 아울러 양안간의 연구기관, 학자들을 소개하여 중국연구의 한 부분으로서 양안관계의 중요성을 환기시킴과 함께 양안연구에 관심을 기울인 이들에게 기본적인 정보를 제공하는데 그 의의를 찾고자 한다. 먼저 2장에서는 양안관계 연구시 주로 정치학 분야에서 적용하는 제반 이론들을 분석한다. 제3장에서는 양안관계에 영향을 미치는 요소는 크게 미국을 포함한 국제요소, 대만요소, 중국대륙요소로 나눌 수 있다. 특히 대만문제는 중미관계의 가장 민감한 신경이다. 그러므로 중미관계의 발전과 더불어 양안간에 어떠한 문제들이 쟁점이 되었는지를 분석하고 4장에서는 양안간의 채널, 씽크탱크, 학자들을 소개하고, 양안관계가 한국에 주는 함의가 무엇인지 살펴보고자 한다.

Ⅱ. 양안관계연구의 제이론 검토

정치학의 시각에서 양안관계를 연구하는데 명확히 드러나는 현상은 대체로 세 개의 주요한 영역에서다. 양안상호작용 모델, 국내정치(국내요소가 어떻게 양안관계에 영향을 미치는가), 국제환경(국제환경이 어떻게 양안관계에 영향을 미치는가) 영역이다. 즉 양안관계를 연구하는 정치학자들은 주로 이 세계의 영역에서 연구하는 경향이 있다.[8)]

8) 양안관계와 중공의 對대만정책의 연구의 이론과 방법은 石之瑜,『兩岸關係概論』 臺北 : 揚智叢刊, 1998年 ; 包宗和、吳玉山主編,『爭辯中的兩岸關係理論』, 臺北 : 五南, 1999年 ; 楊開煌,『出手, 胡政權對台政策初探』, 臺北 : 海峽學術, 2005年。 국제이론과 관련하여 Paul R. Vioti, Mark V. Kauppi, *International Relation Theory,*

1. 양안상호작용 위주의 접근

양안간의 상호 작용 방면은 세 개의 이론을 정리할 수 있다. 통합이론, 분열국가모델, 게임이론으로 양안상호작용의 과정과 미래의 발전을 이론으로서 해석하고자 한다. 이 이론들의 출발점은 양안관계는 어느 유형(类型)의 관계에 속하는가다. 그러나 역사적으로 양안관계와 같은 유형은 없었다.

통합이론은 크게 세개의 주요한 학파가 있다. 기능주의, 신기능주의와 연방파다. 미트라니(David Mitrany)로 대표되는 기능주의 이론은 과학기술, 경제와 통신기술의 진보는 각국의 공동문제를 만든다.[9] 통치(governance)의 효능을 제고하기 위해서 기술관료는 기능상의 협력을 필요로 하기 때문이다. 대략적으로 말해, 기능주의의 가장 중요한 목표는 경제협력과 통합을 추구하는 것이다. 기능주의의 최대의 공헌은 국제관계의 충격과 역량에 대해 과학기술과 경제의 변천을 부각시킨 것이다. 기능주의의 관점은 현재의 신자유주의학파의 전신이다. 현실주의학파의 권력평형이론에 비해 기능주의는 확연히 다른 관점을 제시한다. 기능주의학파의 과학기술결정론의 경향은 전후 유럽통합의 과정에 대해서 그 해석력은 여전히 충분히 완정성을 갖추고 있지 못하므로 일련의 학자들로부터 신기능주의이론(Neo-Functionalism)이 나왔다.[10] 하스는(Ernst B. Hass) 신기능주의의 대표적인 인물로 기능주의 한계를 극복하고자 했다. 왜냐면 기능협력은 비록 서로간의 공동이익을 강화하지만 역시 분쟁을 유발할 수도 있다. 더구나 초국가적인 기제 건설

NewYork: Macmillan Publishing Company, 1987 ; and Michael W. Doyle, *Ways of War and Peace,* NewYork: W.Norton Co. 1997).

9) 高朗,「从政和理论探索两岸争得的条件与困境」, 包宗和, 吴玉山主编,『争辩中的两岸关系理论』, 台北 : 五南, 1999, 43-47쪽

10) 앞의 논문.

의 결핍과 정치엘리트의 주관이 불확정적이어서 정치통합은 결국에는 탁상공론이 된다. 신기능주의는 확산효과(spillover effect)를 매우 강조한다. 경제통합은 간단한 것에서 복잡한 것으로, 부단이 그 범위가 확대되어 기타 여러 부분의 영향력으로 이어진다. 그 결과 마침내 정치적인 통합으로 나아간다고 파악한다. 그러므로 확산효과는 통합의 중요한 관건이다. 연방주의자는 먼저 정치부분에서 착수하여 제도설계를 거쳐 다른 정치체제가 받아 들일 수 있는 통일에 대한 안배를 함과 동시에 고난도의 자주성을 유지한다. 즉 먼저 통(統)후에 다시 합(合)해지는 것이다. 연방의 건립을 통해서 정치통일은 경제, 사회, 심리적 통합을 가져오게 한다고 파악한다.[11)]

분열국가모델은 2차대전이 끝난후에 독일, 한국, 베트남 및 중국 등 분열국가(Divided Nations or Divided Countries)들의 출현을 계기로 등장하였다. 이러한 네 국가는 종족, 종교, 식민으로 분열된 국가와 비교할 수 있고 그 공통적인 특색은 첫째 국가가 분열하기 전에 분열된 쌍방은 원래 공통적인 언어, 역사, 문화 및 장기적 통일경험의 국가단위를 공유하고 있었다. 또한 분열되기 전에 국민의식과 국가권력구조 등 모두 완정된 단위였다. 둘째 국가의 분열은 국제적 협의에 의했던 내전에 의해서 분열되었던 간에 모두 쌍방 민중의 동의를 얻어서 분열되었던 것은 아니다. 셋째 분열된 쌍방은 최소한 일방은 모두 끊임없이 분명하게 국토분열을 끝내고 국가재통일을 그 국책으로 삼았다. 물론 민진당 집권후반기에 통일강령과 통일위원회를 종지(終止, cease to apply)시켰지만 완전히 폐지한 것은 아니다. 넷째로 분열된 쌍방은 각자 서로 다른 이데올로기를 신봉하였고, 서로 다른 정치, 경제, 사회체제를 가지고 있었으며 이것은 자연스럽게 쌍방이 다른 발전의 길을

11) 包宗和、吳玉山主編, 『爭辯中的兩岸關係理論』, 臺北 : 五南, 1999, 6쪽.

걸어가게 만들었다. 다섯째, 분열된 쌍방은 모두 국제강권의 개입에 따라서 쌍방의 교류와 통일은 열강의 권력평형에 영향을 미친다. 여섯째 분열된 쌍방이 파생시킨 중대한 문제, 예를 들면 주권, 영토, 계승 등은 전통적인 국제정치에서 일찍이 볼 수 없다.[12] 분열국가모델 이론의 시발점은 헨더슨(Gregory Henderson), 레보우(Richard Ned Lebow) 및 스퇴싱어(John G. Stoessinger) 등이 시작하였다.[13] 헨드슨은 분열국가의 초기의 높은 적대감, 상호불승인 및 무력으로 상대방을 전복할 의도를 가지다가 점진적으로 상호 묵인, 공존, 나아가 이데올로기 및 군사충돌의 저하로 나아가며, 그 결과 인적 교류가 진행되어 적극적인 화해의 단계를 거쳐 밀접한 교류, 공동의 대외원조, 최종적으로는 느슨한 정치통합에 도달하여 통일을 실현한다고 인식했다.[14] 대만학자 웨이용(魏鏞)과 취우홍다(丘宏達)는 1970년대에 분열국가개념을 운용하여 양안관계의 연구영역을 설명했다. 나아가 웨이용은 다체제국가이론을 발표했다. 대만 딴쟝대학(淡江大学) 대륙연구소 소장 장우위에(張五岳)는 양안과 동서독, 남북한을 비교하여 분열국가의 통일정책을 비교하였다. 그는 독일과 한국의 경험을 비교해서, 쌍방은 유엔헌장에서 강조하고 있는 평화해결원칙을 준수하며, 상호 평등한 대우, 외교상 이중승인과 이중대표문제를 달성할 수 있었으며, 쌍방의 관계 정위는 일종의 특수 성질의 내부관계로 국제관계가 아니다라는 점을 발견했다. 그러나 양안관계에 있어서 비록 민간교류는 밀접하지만 정치관계는 첨예하게 대립하고 있다. 즉, 주권의 선포와 관할권의 행사에서 일치할 수 없었기 때문이었다. 장우위에는 헨더슨의 모델을 양안관계에 적용할 수 없는 가장 주요한 원인

12) 張五岳, 「分裂國家模式之探討」, 包宗和、吳玉山主編, 『爭辯中的兩岸關係理論』, 臺北：五南, 1999, 79-90쪽.

13) 앞의 논문.

14) 앞의 논문.

은 베이징의 태도라는 것이다. 즉 베이징은 대만이 베이징과 대등한 실체라는 사실을 인정하지 않는 데에 있다는 것이다[15].

대만대학 우위산(吳玉山)교수의 대소정치실험모델(大小政治實體模式)이론은 실력의 차이가 결정적인 관건이다. 소련이 해체된 후에 구소련 공화국 14개 국가와 러시아 연방간은 권력이 비대칭적이라는 데 착안하여, 대국이 소국에 주권을 요구하고, 대국의 정책은 확정적인 것으로 소국의 의지를 굴복시킬 의도를 지니고 있으며, 소국은 대국에 대해서 균형(balancing) 혹은 편승(bandwagonying)이라는 두 종류의 책략을 펼 수 있다고 본다. 균형과 편승에 대한 개념은 왈트(Stephan M. Walt)가 연맹의 기원을 연구할 때에 제기한 것이다.[16] 권력의 비대칭과 대국의 주권요구라는 상황속에서는 소국이 대국에 대해서 펼 수 있는 정책은 균형과 편승간에 한계지워진다는 것이다. 왜냐하면 대국의 기본적 태도는 상수이며 그 결과 대국과 소국관계의 주요 변수를 결정하는 것은 소국이 균형과 편승간의 책략선택이라는 것이다. 양안간에 있어서 대만의 책략은 첫째 양안간 권력의 비대칭이 두드러지고, 베이징이 대만에 대해서 주권을 요구하는 정황하에서 산출된 필연적인 결과이다. 그러므로 대만의 중국대륙에 대한 책략은 편승과 균형이라는 두 가지 길 뿐이다. 둘째 양안간 경제발전 차이가 크게 난다면 대만은 균형에 무게를 둘 것이다. 셋째 미국이 대만을 지지해서 베이징의 압력에 대항한다면 대만은 균형이라는 선택을 취할 것이다. 넷째 대만 내부의 서로 다른 정치단체와 정치세력은 각기 서로 다른 대륙정책을 주장한다. 어떤 쪽은 균형이며 어떤 쪽은 편승을 추구한다. 이러한 정치단체와 정치세력의 상대적인 역량은 대만사회가 경제와 국제환경의

15) 앞의 논문.
16) 吳玉山, 『抗衡或扈從兩岸關系新詮』, 台北:中正書局, 1999, 18-21쪽.

영향을 받은 후에 나타난 것이다.17) 1987년부터 2008년까지 특히 민진당 집권기(2000-2008)는 비교적 균형쪽으로 정책을 취했다. 2008년 국민당 마잉주 집권후부터 편승쪽으로 기울어졌다. 대소국실체모델(大小國實體模式)은 권력 비대칭 이론의 일종이다. 예를 들어 패권안정이론(hegemony stability theory)에서 강조하는 것은 패권국가의 유무하에서의 안정과 불안정이다. 그러나 전통적인 권력균형(balance of power)은 오히려 전쟁의 근원이 된다. 그러나 여기서 관심을 가지고 있는 것은 국제질서의 평화안정이지 특정한 국가의 정책이 아니다. 양안간의 권력비대칭은 중공의 대(对) 대만정책 산출의 영향이라고 할 수 있다.

게임이론(Game Theory)은 사회 과학, 특히 경제학에서 활용되는 응용 수학의 한 분야로 생물학, 정치학, 군사전략, 컴퓨터공학, 철학에서도 많이 응용된다. 게임이론은 참가자들이 상호작용하면서 변화해 가는 상황을 이해하는 데 도움을 주고 그 상호작용이 어떻게 전개될 것인지, 어떻게 매순간 행동하는 것이 더 이득이 되는지를 분석하는 이론이다. 게임이론은 게임중에 있는 개체의 예측행위와 실제행위를 고려하고 아울러 그들의 최적화 책략을 연구한다. 구체적인 경쟁 혹은 대항성질의 행위를 게임으로 파악하며 이러한 행위중에 투쟁 혹은 경쟁에 참가하는 각자는 서로 다른 목표 혹은 이익을 지니고 있다. 그러므로 이러한 각자의 목표와 이익을 달성하기 위해서 각자는 필수적으로 상대방의 가능한 행동방안을 고려해야 하고, 아울러 자신의 행위가 유리한지 아니면 가장 합리적인 방안이지를 선택해야 한다. 예를 들어 일상 생활중의 바둑, 포커게임과 같다. 게임이론은 게임중에 각 상대방이 합리적 행위방안이 존재하는지 합리적인 행위방안의 수학이론과 방법을 어떻게 찾는지를 연구한다. 그 중 가장 흥미있는 예는 죄수의 딜레

17) 吳玉山, 「臺灣的大陸政策：結構與理性」, 앞의 책, 164쪽.

마(Prisoner's dilemma)다. 많은 학자들이 게임이론중의 '죄수의 딜레마' 개념을 빌려 양안관계의 구조를 탐구한다. 예를 들어 왕위링(王玉玲)은 게임이론을 적용하여 양안관계로부터 대만의 통일과 독립문제를 탐구한다.[18] 그러나 게임이론학자들이 습관상 사용하는 부호언어는 게임이론을 사용하지 않은 학자들과의 소통에 장애가 있는 것도 현실이다.[19]

2. 국내정치 위주의 접근

양안관계는 필연적으로 대만과 중국대륙 각각의 정치적 국면의 영향을 받는다. 이러한 영향의 근원은 무엇인지 또 어떤 기제를 통해서인지. 그리고 쌍방 상호 대응의 정책(중공 대(对) 대만 정책과 대만 대(对) 중공정책)에도 어떠한 영향이 있는가에 초점을 맞춘다. 예를 들어 중국대륙의 후기 전체주의적 권위주의(post-totalitarian authoritarism)는 대만의 신흥민주주의체제와 비교해볼 때 정책에 대한 결정에 거대한 압력을 구비하고 있다고 할 수 있다. 즉, 서로 다른 정치체제가 쌍방의 협상능력과 태도 편호에 영향을 미친다고 볼 수 있다. 예를 들어 우위산 교수의 선거표극대화모델(選票極大化模式)을 들 수 있다.[20] 대만은 대륙에 대한 정책에 두 개의 지향을 지니고 있다. 하나는 통일과 독립의 문제고(정체성, 认同), 다른 하나는 경제와 안전의 충돌(이익 스펙트럼)이다. 이러한 것들을 고려하기 때문에 대만의 민의는 상당할 정도로 스펙트럼의 중앙부분에 집중되어 있다. 그러므로 각 정당은 선거표를 고려해야하기 때문에 대만의 대(对) 중국대륙정책은 점진적으로 중앙으로 접근한다. 그러므로 이 모델은 대만의 민주정당 경쟁체제가 탄

18) 王玉玲, 『由兩岸關係探討台灣的統獨問題：以博弈理論析之』, 臺北：桂冠, 1996.
19) 吳秀光, 「兩岸談判之結構分析：由博弈理論出發」, 臺北：桂冠, 1996, 111쪽.
20) 吳玉山, 「臺灣的大陸政策：結構與理性」, 臺北：桂冠, 1996, 164쪽.

생시킨 작용이라고 볼 수 있다. [21] 우위산 교수는 대소정치실체모델(大小政治實體模式)의 견해를 차용했는데 기본적으로, 만약 대만의 정당이 독립과 안전을 비교적 중요시 한다면 중국대륙에 대한 대만의 태도는 대항(抗衡)적이 될 것이고, 비교적 통일을 중시한다면 중국대륙에 호종(扈從) 편향적인 것이 된다는 것이다.

1980년대 말에 접어들어 양안은 경제무역 교류를 개방하였고 이후 무역과 투자액은 점차적으로 증가하였으며, 그 규모 역시 나날이 확대되고 있다. 대만의 경제무역관계는 크게 두 가지 특색이 있다. 첫째 민간과 정부의 보조가 불일치하는 것이고, 둘째 경제무역 왕래는 고도의 정치적 함의를 지니고 있으며 심지어 대만의 국가안전과 상관된다는 것이다. 그러므로 대만의 대(对) 중국대륙 경제무역 정책의 동력, 근원과 모순을 탐구해야 하며, 단지 경제요소에 중점을 두어서는 안 된다. 그러므로 내정과 대외경제무역 정책의 연쇄반응으로부터 분석해야 할 필요가 있다. 이로서 국가연구접근법(國家研究途徑)의 이론을 적용하며, 1980년대 이래로, 정치경제학상에서의 국제와 사회관계를 응용한다. 국가연구접근의 특색은 국가가 역사적으로 중요한 전환점에서 국가발전과 정책제정의 상수와 변수를 장악한다는 것이다.

정치심리학은 일종의 학과의 경계를 넘나드는 과학(跨學)의 학술영역이다. 심리학과 정치학간의 관계를 연구하며 인류가 정치에 있어서의 사고, 정서 및 행위를 연구하는데 주안점을 둔다. 정치심리학은 심리학을 중앙영역으로 하여 강조하기 때문에 정치심리학이라 부를 수 있다. 정치심리학의 연구 영역 역시 인류학, 인지심리학, 인격심리학, 사회학, 정신병학 그리고 비교적 소원한 영역인 경제학, 철학, 미술 등도 다룬다. 정치심리학은 20세기초에 탄생했는데 지그문트 프로이드

21) 臺北：桂冠, 1996, 203쪽.

(Sigmund Freud)등은 심리학방법을 차용하여 정치상(象)을 해석하였다. 그러나 1930~40년대에 이르러 『정신병리학과 정치(Psychopathology and Politics)』, 『권력과 인격(Power and Personality)』등의 출판에 따라 이 학과가 비로소 성립되게 되었다. 정치심리학은 권위주의적 인격(威權人格)과 국민성격(國民性格) 연구로부터 비롯되었다. 중국정치심리학 방면에는 가장 먼저 출현한 것은 국민성격에 관한 연구였다. 양안관계방면에는 예를 들어 국민당이 철저히 대만화 된 후에 대륙과 타이베이간은 한 순간에 인정관계(人情關係)로부터 주권관계 문제로 전화되어 여러가지 오해를 낳게 되었다. 아울러 중국대륙지도자들의 천조사유(天朝思维), 내전사유(内战思维) 등 모두 중국대륙과 대만의 정책에 중대한 영향을 발생시켰다. 정치심리학으로서 양안간에 적용할 수 있는 연구방법은 매우 많다. 예를 들어 실험법, 내용분석, 사회조사, 문헌분석 등이며 대만대 스쯔위(石之瑜)교수는 비판적 심리연구 분석을 사용하고 있다.[22]

3. 국제환경 위주의 접근법

국제환경 위주의 접근방법이다. 양안관계의 외재(외부)환경은 양안쌍방이 완전히 결정할 수 없는 것임을 의미한다. 특히 일대일소(一大一小)의 구조하에 처해있기 때문에 만약 외부적인 강력한 개입이 없다면 양안관계는 현재의 상태로 처해 있기는 불가능하다. 외재역량은 양안관계 상태를 결정했기 때문에 국제관계이론을 운용하여 양안관계를 해석하는 학자들은 상당히 보편적이다.[23] 국제환경요소로서 양안관계 영향을 탐구할 시에는 기본적으로 크게 두 가지 이론이 있다. 하나는

22) 包宗和、吳玉山主編,『爭辯中的兩岸關係理論』, 臺北：五南, 1999, 24쪽.
23) 楊開煌,『出手, 胡政權對台政策初探』, 臺北：海峽學術, 2005, 36쪽.

(신)현실주의이고 다른 하나는 (신)자유주의이다. 예를 들어 베이징 대학의 리이후(李義虎)교수는 국제정치학중의 신현실주의(힘의균형), 신자유주의(상호의존과 제도), 구성주의(규범과 제도)를 양안관계의 력, 이, 리(力、利、理)의 관계로 귀납했다.[24] 대만대학 명쥐쩡(明居正) 교수는 체계이론을 양안관계에 응용했다. 그가 생각한 체계의 이해는 첫째 국가층차상을 초월하는 혹은 국가층차 밖의 요소의 총화이며, 둘째 국가행위에 대한 국제체계의 구조와 변동이 산출하는 영향을 의미한다. 전자는 외재요소학파로 칭하고 후자는 체계영향학파로 칭한다[25]

외재요소파들의 인식은 체계, 계통(系統) 혹은 환경을 막론하고, 계통층차상의 요소는 지리위치, 국제상호작용과 연계관계, 국제체계의 구조, 층급지위, 과학기술과 극화상태(極化狀態)등 모두 이 범주에 속한다. 많은 외재요소 중 가장 중요한 요소는 미국요소다. 양안관계에 영향을 미치는 중요한 요소로 바로 미국이다. 그러나 이러한 접근은 기본적으로 역사연구와 국제정치중의 현실주의의 혼합체를 탈피하지 못한다는 것이다.[26]

체계영향파로서 중국대륙의 양안전문가 신치(辛旗)가 그의 주요 작인 「국제전략환경의 변화 및 대만문제(國際戰略環境的變化及臺灣問題)」라는 논문에서 소련 해체후에 국제구조는 다시 재조직되기 시작했지만, 아태지역의 질서구조는 아직까지 네 곳만 이를 탈피하지 못하고 있다고 파악한다. 즉, 한반도, 남중국해, 인도차이나 반도, 대만해협이다. 그는 1995-6의 대만해협위기는 냉전후 아시아 구조조정이 가장 명확이 드러나는 표지였으며, 양안관계의 상호작용과 냉전후 중미관계의

24) 앞의 책.

25) 明居正, 『國際體系理論與兩岸關係』, 包宗和、吳玉山主編, 『爭辯中的兩岸關係理論』, 臺北 : 五南, 1999, 368쪽.

26) 앞의 책.

재관계설정과 결부시켜 파악한다.[27] 그는 체계이론이 내포하고 있는 국제구조변동론(國際格局變動論)을 펼치고 있는데 그 가설은 소련 해체후에 중국대륙의 역량은 강해지고, 국제지위는 높아짐으로서 일어날 수 있는 아시아 구조와 미국과의 관계 재편성으로 보고 있다.

밍쥐쩡(明居正)은 케네스 왈츠(Kenneth Waltz)의 국제체계 이론을 출발점으로 삼아, 구조현실주의를 기초로 한 국제관계 연구방법을 사용한다. 그는 1991년 소련해체 및 동구유럽의 해체 이후 국제체계가 가져온 충격을 고찰하였고, 국제상으로 미국, 유럽, 러시아, 일본 및 중국대륙으로 조성된 일초다강의 구조를 형성했다고 본다. 각 국의 목표는 가장 유리한 전략적 위치를 쟁취하는 것이므로 각 국과의 관계는 합작과 경쟁이 혼합되어 나타난다. 이러한 구조하에서 미래 아시아의 중대한 특색은 미국이 계속해서 중대한 영향력을 구비할 것이고, 중국대륙과 일본은 대항을 원치 않으며, 미국은 다시 미일 안보관계를 재조정하고, 미래에 중국대륙의 역량은 일본을 압박할 정도로 더욱 더 성장할 것이다. 이는 미국을 기쁘게 할 것이다. 그러나 미국은 중국대륙에 대해서는 그 한도가 있으며, 대만문제가 하나의 중요한 예가 될 것이다. 미국은 중공에 대해서 화평연변(peaceful evolution)으로의 변화를 희망하며 아울러 국제상 책임있는 국제성원이 되기를 바란다. 그러나 또한 인권, 경제, 군수(军售) 및 대만 등의 카드를 보유하고 있다. 그 중 대만카드는 가장 위력적이다. 이러한 결과로 인해 대만의 전략, 외교, 및 대륙정책방면에서 세개의 선택지가 남는다. 첫째, 중국대륙에 완전히 경사되어, 암암리에 미국, 일본과 대항하거나 둘째, 완전히 미일에 경사되어 은연중에 중공과 대항하는 것이다. 셋째, 이 양자간에

27) 辛旗, 「國際戰略環境的變化及臺灣問題」, 北京 : 战略与管理, 第4期, 1996, http://blog.boxun.com/sixiang/taiwan.htm

처하는 것이다. 만약 대만이 이 양자간에 처하고자 한다면 상당히 지난한 일이며 지혜를 필요로 한다. 한국 역시 마찬가지다. 중미관계에서의 슬기로운 균형을 필요로 한다. 중미관계가 좋다면 적극적인 행위로 협력을 해야 할 것이고 중미관계에 긴장이 초래될 때는 가장 최후에 한쪽 편을 드는 것이 지혜로운 선택이다. 그러나 한계도 존재한다. 그 이유로는

첫째 통상적으로 국가 혹은 정부는 일원화 된 행위자(unitary actor)로 설정한다. 둘째 정책결정 과정중에 인지(認知)의 문제가 결부된다. 셋째 비록 전술한 문제가 모두 발생하지 않는다 하더라도 여전히 정책결정의 실수, 집행시의 실수 등 문제를 남기고 있다. 넷째 객관적인 환경변천, 주관적 인지 및 정책 수정문제는 통상적으로 시간차이(time lag)가 존재한다. 다섯째 예측에 있어서 체계론이 비평받는 이유중의 하나는 숲은 보고 나무는 못 본다는 것이다. 이로서 양안관계를 연구할 시에 양안간의 경제, 사회, 문화 등의 제반요소를 고려해야 한다.

Ⅲ. 양안관계 연구의 쟁점: 치권에서 주권으로 다시 정체성으로 쟁점화

1. 중-미간의 쟁점: 하나의 중국정책(One China Policy)과 하나의 중국원칙(One China Principle)

현재 중국대륙의 발전추세는 백년이래로 전략적 기우(机遇)기로 파악하지만 도전적인 문제도 남아 있다. 이러한 도전적인 문제들은 크게 세 유형으로 나눌 수 있다. 첫째 순수한 중국내부의 문제로서 예를 들자면 4차문제[28], 부패, 환경오염, 도덕진공 등의 문제가 있지만 이는

중공지도부가 충분히 통제할 수 있다고 인식한다. 둘째 국제적인 도전으로서 미국의 중국대륙에 대한 견제와 주변국가들과의 마찰 역시 힘들지만 대응할 수 있다고 파악하며, 최악의 경우 국제사회의 대응에 대해 중국대륙이 관여하지 않으면 그만이라고 생각한다. 그러나 세번째 유형의 경우, 국내적인 문제와 국제적인 문제가 뒤섞여 있고 복잡하게 연관되어 있는 대만문제다. 내부와 외부의 문제가 뒤섞여 복잡하고, 중공의 대만에 대한 장악능력도 유한하다. 또 만약 대만문제를 방치할 경우 리훙장처럼 역사의 죄인이 되어 중국공산당의 정당성을 무너뜨린다. 그러므로 중공의 입장에서 대만문제는 고도의 전략적 지위를 지니고 있다. 특히 중미간의 문제, 일본식민문제, 대만의 내부문제 등이 뒤엉켜 있다. 특히 중공이 인식하는 가장 민감한 신경은 미국이 자극하고 있으며, 중공은 양안간의 근본적인 문제의 근본적인 미해결을 미국의 개입으로 인식한다. 이는 중미 국교 수립시 덩샤오핑의 관점이나 지금 중공지도부의 관점은 별반 다르지 않다. 특히 중국대륙학자들의 공통된 인식은 양안간 일대일소(一大一小)로서 경제력, 군사력, 문화적인 면에서 확연한 차이가 난다. 그러므로 만약 제3자의 강력한 개입이 없다면 대만은 이미 현재와 같은 현상유지(status quo)를 할 수 없을 뿐만 아니라 대만문제는 이미 해결되었을 것이라고 인식하고 있다.

우선 대만문제를 둘러싸고 중-미간에는 대략적으로 세 개의 시기로 나눠 볼 수 있겠다. 제1기로서 국공내전에서 1972년까지다. 국공내전이 발발하자 미국은 국민당의 편에 섰고, 1950년 한국전쟁 발발 이틀후에 미7함대가 공산진영을 봉쇄하기 위해 대만해협에 개입하여 장제스를 지원했고, 1954년에 미국은 대만과 공동방위조약을 체결하면서 중공과는 적대적 관계에 섰다. 이 시기는 중미 양국은 상호 군사대치기

28) 도농차, 빈부차, 동서차(연해와 내륙), 관민차(관방과 민간).

에 있었다.

제2기로는 1972년부터 1989년 기간이다. 이 기간은 대만문제가 주변화 된 시기다. 대략적으로 1972년 닉슨의 중국대륙 방문부터 1989년 천안문 사태까지의 기간으로 중-미간 대만문제에 관한 논쟁은 소강상태에 있었다. 중미 양국은 소련견제에 대한 공통된 이익을 가지고 있었으므로, 미국은 중공을 끌어들이기 위해 1971년 중화인민공화국의 유엔가입을 묵인하고, 유엔(UN)에서 장제스(蔣介石)는 축출되어 그 정통성에 타격을 입었다. 헨리 키신저(Henry Kissenger)가 1971년 8월 비밀리에 베이징을 방문해서 저우언라이 총리와 회담을 가졌고, 1972년에는 닉슨(Richard Nixon)이 미국의 대통령으로서는 처음으로 중공을 방문하여 마오쩌둥과의 정상회담, 저우언라이와 회담을 통해 미국과 중국 사이의 국교 정상화의 길을 열었다. 결국 미국은 중공의 대만에 대한 요구사항인 단교, 철군, 폐약을 약속하고 1979년 양국은 관계정상화를 이뤘다. 이 때 미국은 하나의 중국 정책(one china policy)을 만들어 낸다. '하나의 중국정책'은 1972년 상하이 공보, 1979년 중미수교 공보, 1981년 817 공보에서 '하나의 중국'을 인정했지만 이는 중공의 '일중원칙'과는 다르다. 그러므로 '하나의 중국정책'의 창시인은 헨리 키신저다. 미국은 대만을 중국의 일부분으로 인정하지만 대만을 중화인민공화국의 일부분으로 인식하는 것은 아니다. 만약 대만문제를 단순히 중미간의 문제로 파악한다면 미국의 '하나의 중국정책'과 중공의 '하나의 중국원칙'으로 요약할 수 있으며 이 문제는 아직까지 풀리지 않고 있다. 만약 이 문제가 해결된다면 이는 곧 양안간의 문제해결로 귀결될 것이다.

중화인민공화국과 다른 국가 간의 국교 수립시 성명에 나타난 "대만문제"의 입장[29)]

29) 羅致正/宋允文, 『結構一個中國國際脈絡下的政策解析』, 台灣知庫, 2007, 4쪽.

	중국주권의 내용	대만문제에 대한 입장	중화인민공화국과 수립한 국가	수교국 수
1	승인(recognize): 중국을 대표하는 유일합법정부로 중국을 승인한다.	승인(recognize): 대만은 중화인민공화국의 하나의 성, 혹은 불가분의 일부분.	몰다이브, 네팔, 보츠나와, 볼리비아, 이스라엘, 한국, 바하마 등	총39개국
2	승인(recognize): 중국을 대표하는 유일한 합법정부로 중국을 승인한다.	인지(acknowledge), 그러나 중국대륙은 번역시에 대만은 중화인민공화국의 한 개성, 혹은 불가분의 일부분이 다라는 사실을 승인한다고 번역한다.	미국[30], 오스트렐리아, 뉴질랜드, 스페인, 말래이지아, 태국, 피지, 서사모아.	총8개국
3	상동	유의(take note of): 대만은 중화인민공화국의한 개성 혹은 불가분의 일부분	캐나다, 이탈리아, 칠레, 브라질 등	총16개국
4	상동	이해와 존중(understand and respect): 대만은 중화인민공화국영토와 불가분의 일부분, 대만은 중화인민공화국의 한 개성이라는 입장을 존중한다.	일본, 필리핀, 네덜란드	총3개국
5	상동	수교성명에서 대만문제를 언급하지 않음	북한, 헝가리 등	총38개국
6	성명중에 중국주권부분 무언급	무언급	러시아, 루마니아, 불가리아 등	총65국

도표에서 보듯이 국제사회에서는 보편적으로 베이징이 주장하는 '하나의 중국'을 승인하고 있다. '하나의 중국'은 중국대륙과 대만을 포괄한다. 미국과 일본은 대만이 중화인민공화국의 일부분이라는 것을 승인하지는 않았고, "대만이 중국의 일부분이라는 사실"을 인지(Acknowledge)한다고 밝혔으며 심지어 일본은 '이해한다, fully understand', '존중한다, respect'는 단어를 사용한다.

미국은 비록 중국과의 3개 공보에서 일본은 중일수교조약에서 "대만이 중화인민공화국의 일부분이라는 것을 승인하지는 않았지만, 대만은 중국의 일부분이라는 사실을 승인"했다. 여기서 '중국'이란 무엇인가가 도출되고 이런 이유로 국제사회에서 '하나의 중국문제'를 확립했다. 대만의 지위를 둘러싸고 대만과 '중국'은 어떠한 관계에 있는가에 대해서

30) 1972년 미국은 상해커뮤니케에서, The United States side declared: the Untied States acknowledges that all Chinese on either side of Taiwan Strait maintain there is but one China and that Taiwan is a part of China. The United States Government does not challenge that position 이라고 밝혔다.

는 다수의 국가들이 애매모호한 태도를 취하고 있다. 대만문제에 대해서 이러한 모호한 태도를 취해야만 실질적으로 대만과 관계를 맺을 수 있기 때문이다. 만약 법리적으로 대만이 중화인민공화국의 하나의 성이거나 일부분임을 승인한다면 각 국 정부는 대만과의 관계를 향상시킬 경우에 법리적으로 베이징 중앙정부의 묵인 혹은 동의를 얻어야 하기 때문에 이는 각 국이 스스로를 옭아매는 것이 되기 때문이다. 그러므로 특히 '하나의 중국'은 민진당에게는 삼장법사가 손오공의 머리테를 조이는데 사용하는 주문인 긴고주(緊箍咒) 로 인식한다. 그렇기 때문에 민진당은 아직까지 1992년 양안양회가 홍콩회담에서 합의한 92공식(1992 Consensus) 즉, "양안은 각자가 구두의 방식으로 하나의 중국원칙을 견지"한다는 입장을 인정하지 않는다.

2008년 마잉주 정부가 들어선 이후 양안양회의 공식회담이 회복되고 에크파(ECFA)를 비롯한 21개 협정을 체결하고 양안관계를 진전시킨 데에는 '92공식'의 인정과 반타이두라는 국민당과 공산당의 공통된 인식이 있었기 때문이다. 물론 92공식자체에 대해 국공양당은 '하나의 중국'에 대해서 이견이 있지만 대륙과 대만은 하나의 중국에 속한다는 공통된 인식을 가지고 있다. 그러므로 민진당의 92공식의 인정 여부는 2016년 대만총통선거에서 가장 큰 이슈가 될 것이다.

제3기로는 1989년 천안문 사태이후 현재까지의 시기다. 이 시기는 다시 대만문제가 다시 부각된 시기며, 2010년 미국이 아시아 회귀정책을 선언하고 나서 다시 대만문제가 중미간에 첨예한 문제로 부각되고 있다. 1989년 천안문 사태로 인해서 중공은 국제적으로 고립되었고, 무엇보다도 소련의 해체로 인해서 중공의 전략적 가치와 지위가 그만큼 떨어졌으며, 미국으로서는 대항해야할 적이 없어졌다. 또한 1980년대 말에 이르면 미국은 이미 중국대륙의 굴기를 인식하기 시작하였고, 그런 결과 중국굴기로 인한 미국의 걱정과 맞물려 대만문제가 다시 부각되기 시작하였으며, 다시 대만카드를 만지기 시작했다. 미국은 '하나의 중국정책'으로서 중공의 입장을 설득시키고, 대만에 대해서 '대만관계법'을 빌어서 대만을 이해시켰다.

대만문제는 미국이 정치, 경제, 군사, 문화에서 체계적으로 중국대륙에 영향력을 행사 할 수 있는 좋은 카드다. 만약 미국이 대만에서의 영향력을 잃어버린다면 서태평양상의 전략적 국면에 구멍이 뚫린다. 이는 한국, 일본과 동남아 국가들로 하여금 동아시아 지역의 전략적 의의를 다시 고려할 수 있게 할 것이다. 만약 미국이 베이징의 무력사용을 묵인한다면 국제상의 위신은 실추될 것이고, 아시아 국가들 역시 미국에 대한 안보의존도는 낮아질 것이며 상대적으로 중국대륙의 영향력은 급속으로 확대될 것이기 때문이다.

동아시아 지역에서 일본은 미국의 가장 중요한 동맹국의 하나다. 일본은 정치문화상으로 친미며, 외교와 군사전략상에서도 미국을 추종한다. 일본은 대만문제를 빌어 중공을 견제하고자 한다. 일본은 줄곧 동아시아에서의 미국의 전초를 담당하며 미국을 뒷받침으로 삼아 동아시아에서의 영도적 지위를 유지하기 위해서, 미국을 끌여들여 중공을 견제하고자 한다. 현단계에서 미국은 미일군사동맹의 성격을 재정의 분담(burden sharing)에서 실제상의 군사력량의 공유(power sharing)로 바뀌었고, 나아가 일본은 평화헌법 제9조 제1항의 군대불보유를 삭제하고 제2항의 자위대를 자위군(自衛軍)으로 나아가고 있다. 일본은 대만문제에 대해서 본래부터 지연, 문화, 역사적 연유를 지니고 있어 동아시아 그 어떤 국가들보다도 색다른 감정을 지니고 있다. 일본과 대만은 역사상 일종의 특수한 관계라고 할 수 있다. 일본은 대만문제를 빌미로 동중국해의 이익을 확장하고 공고화하려고 한다. 일본은 대만해협과 바시해협(巴士海峽)상의 교통안전, 류우큐우군도의 안정, 조어도(釣魚島)의 주권문제, 동지나해 배타적 경제수역등과 관련되어 있다. 그러므로 일본으로서는 만약 양안이 통일된다면 자신들의 이익에 엄중한 충격을 받을 뿐만 아니라 상대적으로 중국대륙은 절대우세의 위치에 서게 된다.[31] 이러한 결과 때문에 일본우익세력들은 타이두를 적극적으로 지지한다. 리등훼이가 말하길, 대만에 만약 위기가 출현한다면, 심지어 중공에 의해서 병탄된다면 대만 주변해역은 장차 위험에 직면할 것이고, 일본은 경제, 군사상 고립에 빠져 위협을 받게 되어 전략적으로 대만의 존재는 일본에게 중요한 의의를 비니고 있다.[32]

일본의 입장에서 대만은 단지 남쪽의 작은 섬이 아니며, 일본의 수출시장일 뿐 아니라 동시에 일본의 생존과 명맥에 관계된 중요한 병풍이다.[33] 대만은 2차대전 종결까지 51년의 식민지배를 겪었고, 대만인들은 일본에 대해서 상당히 우호적이다. 일본의 인국중에서 대만처럼 친일적이고 기본적 이익이 비슷한 국가는 찾아보기 어렵다. 일본의 우파들은 대만을 보호하는 것과 일본을 보호하는 것은 같다고 생각한다. 만약 중공이 대만을 병탄한다면 곧바로 조어도(钓鱼岛)는 중공의 수중에 떨어진다. 만약 조어도가 중공에 의해 점령된다면 일본은 곧바로 남방항해선이 봉쇄당하는 위기를 겪게 된다. 이것이 바로 리등훼이가 말한 대만해협은 '일본의 생명선'이다는 논지다. 대만은 일본의 안전에 있어서 밀접한 관련을 맺고 있고 이는 또 한국의 안전과 연계되어 있다. 또 대만의 남쪽은 동남아시아 국가들이 있고 동남아에서의 영향력

31) 中共中央文獻編輯委員會, 『鄧小平文選(卷三)』, 北京 : 人民出版社, 1993, 9쪽.
32) 李登輝, 『臺灣的主張』, 臺北 : 源流, 1999, 246쪽.
33) 앞의 책.

을 계속 유지하기 위해서 일본은 대만과 협력하지 않으면 불가피하다.[34] 이런 결과로 인해 국제상, 정치상, 중화인민공화국이 중국을 대표하는 유일한 합법정부로 승인하지만(recognize)대만은 중화인민공화국의 영토와 불가분할의 일부분이다는 문제에 대해서 일본의 표술은 이해와 존중(understand and respect)으로 표시해 수사학적으로 다루고 있다. 종합하자면 양안관계의 일방인 대만에 대해서 중국대륙과 미국, 일본 등이 경쟁하는 게임의 양상을 띠고 있다. 기본적으로 미국의 대만해협에 대한 대중전략의 기조는 화이불통(和而不統), 이대제화(以臺制華)며, 대만은 미국 무기의 성능여부를 떠나 미국의 안전보험에 가입하기 위해서 무기구매라는 보험비를 지불하고 있고 또한 이는 대만인들에게 일종의 심리적 보험 역할을 하기 때문에 대만은 안전문제에 있어서 기본적으로 미국의 기조에 부응한다. 미국에게 있어서 양안간의 통일은 대만카드를 잃어버리는 결과를 초래하며, 대만의 독립은 대만의 '물귀신작전' 즉, 연루될 가능성이 높아져 전쟁으로 몰릴 가능성이 있다. 그러므로 미국이 대만에게 요구하는 것은 현상유지다. 그러나 이 현상유지는 미국이 정의하는 현상유지다.[35]

34) 和泉台郎, 李毓昭譯, 『日美台三國同盟』, 台北 : 晨星出版, 1999, 203쪽.

35) 제임스 켈리(James Kelly) 국무부 차관보는 2004년 4월 21일 대만관계법 25주년 미국회청문회 보고에서 양안정책에 관한 핵심원칙을 발표했다. 그는 반복해서 현상유지(status quo) 개념을 강조했다. 여기서 소위말하는 현상은 항상 변한다. 그러나 현상이라는 개념은 미국이 정의하는 현상(as we define it)이라고 밝혔다. James Kelly. 2004, "The Taiwan Relations Act: The Next 25 Years.", Testimony of Assistant Secratery of State for East and Pacific Affairs James Kelly at hearing held by the House International Relations Committee on Apirl 21, 2004.

2. 양안관계 쟁점: 주권과 정체성

양안관계 연구에 있어서 국제적 환경요소가 주로 미국과 일본이었다면, 대만내부에서도 과거와 다른 쟁점이 떠오르기 시작했다. 1949년부터 1996년까지 주로 양안간의 쟁점은 물론 서로 상대방을 부정했을지라도 '하나의 중국'(대륙과 대만을 포함)의 경영을 둘러싸고, 모든 중국인을 대표하여 양당(국민당과 공산당)간 '하나의 중국'을 누가 다스리는가하는 치권(治权之争)의 경쟁이었다면, 1996년부터 현재까지, 특히 1996년 대만의 첫 총통직선제 실시와 더불어 양안간에는 주권(主权之争)이 쟁점으로 떠오른다. 즉, 대만도 중국대륙을 존중해줄테니 중국대륙도 대만을 존중해 달라는 요구를 시작으로, 대만은 대만이고 중국은 중국이다는 논리를 편다. 엄밀히 말해 중공의 입장은 치권지쟁은 용납할 수 있는 문제나 주권지쟁은 상당히 감내하기 어렵다. 또한 대만은 민주화, 본토화를 거치면서 타이두의 흥기를 가져왔고 이는 다시 신분상의 정체성(认同)으로 발전하였으며 최근에 들어서서는 태양화 운동등 대만내부는 복잡하게 얽혀져 있다.

(1) 양안분기(分歧)에 대한 홍(紅), 남(藍), 녹(綠)의 입장

1) 중국공산당의 입장

1949년 중화인민공화국이 성립된 이래로 중공은 대만에 대한 일관적인 관점을 취하고 있다. 즉, 자고이래로 대만은 중국의 영토고 대만은 중국에 속한다는 것이다. 그러므로 중국주권은 분할할 수 없으며, 대만은 중국의 일부분임을 견지하였다. 1993년 중공이 발표한 『대만문제와 중국의 통일(臺灣問題與中國的統一)』 및 2002년 2월 국대판(國台辦)에서 발표한 『하나의 중국원칙과 대만문제(一個中國原則與臺灣問題)』 백서를 발표했다. 『대만문제와 중국의 통일(臺灣問題與中國的統一)』

백서에서 대만은 중국과 분할할 수 없는 일부분임과, 대만문제의 유래, 대만문제 해결을 위한 기본 방침 및 상관정책을 계통적으로 정리해 발표했다.[36] 기본적으로 중공은 중국근대사는 제국주의 열강에 의한 침략, 할양, 모욕의 역사로 인식하고 중국인민이 민족독립을 쟁취하고 국가주권을 수호하기 위해서 분투한 역사로 인식한다. 그러므로 대만문제의 출현은 역사가 뿌려놓은 유산이며, 민족정당성과 국가주권에 관련된 문제로 파악한다. 그 이유는 아래와 같다.

역사적으로, 대만은 자고(自古)로 즉 중국에 속한다. 역사상 대만은 하나의 국가가 되어 본 적이 없다. 대만은 옛날부터 이주(夷洲), 유구(流求)로 칭해왔다. 1700년전 삼국시대 심영(沈瑩)의 임해수토지(林海水土志)등에 이와 같은 지명으로 나타나며 이것은 가장 이른 시기의 대만에 관련된 지명이다. 중공의 인식은 대만은 대만해협을 건너온 사람들이 대만을 남으로부터 북으로 서로부터 동으로 개척해 나간 역사로 간주한다.[37]

문화상으로도, 대만은 중국문화권이고 혈연, 언어, 풍속습관 모두 대만은 중국의 일부분이다고 파악한다. 예를 들어 대륙과 같은 염황의 자손(炎黃子孫)이며 다시 골육상잔을 해서는 안되며, 중국인은 중국인과 싸우지 않아야 하고, 양안교류합작은 양안경제번영을 일으켜 중화민족에게 축복이며 중화의 아들딸들이 공동으로 창조한 5천년 찬란한 문화라고 주장한다.[38]

국제법상 역시 대만은 중국의 일부분이다. 국제사회는 오직 '하나의 중국'을 승인한다. 1949년 10월 1일 중화인민공화국정부가 중화민국을

36) 『一個中國原則與臺灣問題白皮書』, 中華人民共和國國務院臺灣事務辦公室, 2002.

37) 『臺灣問題與中國的統一』, 中華人民共和國國務院臺灣事務辦公室, 1993.

38) 江澤民, 「為促進祖國統一大業的完成而繼續奮鬥」的重要講話。所謂江八點, 1995.1.30. http://www.china.com.cn/chinese/archive/208156.htm

대체해서 건립되었고 중국의 유일합법 정부와 국제상의 유일합법 대표가 되었으므로 중화민국은 이로부터 그의 역사적 지위를 마감했다고 파악한다. 이것은 동일 국제법상 주체가 변화가 없었다는 정황하에 신정권이 구정권을 대체했다고 파악한다. 그러므로 중국의 주권은 결코 변화 되지 않았고 중화인민공화국은 당연하게 중국의 주권을 향유하며, 아울러 1971년 유엔의 2758결의안은 중화인민공화국을 중국의 유일한 합법정부로 승인했다.[39)]

주권문제상, 대만은 중국의 일부분이다. 국내법과 국제법을 막론하고 중국영토의 법률지위를 지니고 있으며 주권은 한 국가의 전체 인민에게 있는 것이지 일부분 혹은 일부분 지구의 인민에 주권이 있지 않다고 강조한다. 대만에 대한 주권은 대만과 대륙을 포함하여 전중국인민을 포함한 것이지 단지 대만인민에게 속한 것은 아니다.[40)] 이런 이유로 중공은 대만이 주권재민과 국민투표 방식으로 지위를 변화시키고자 하는 것은 절대 받아들일 수 없다. 비록 양안은 아직 통일되지 못했으나 대만은 "중국영토의 일부분의 지위"라는 사실은 변화되지 않았다는 논리를 편다. 1945년 이후, 대만은 외국의 식민지가 아니며 외국의 점령하에 처해 있는 것도 아니므로 민족자결권 행사의 문제는 성립하지 않는다. 그러므로 중공의 주장은 대만문제는 중국의 내정문제며, 대만의 전도는 오직 한가지 길 뿐이다. 그것은 바로 대륙과 통일을 이루는 것 뿐이다. 그런 결과 '하나의 중국원칙'아래에서 어떤 문제라도 토론할 수 있으나, 대만독립, 두 개의 중국, 양국론, 심지어 일변일국은 모두 '하나의 중국원칙'을 위배하므로 반대한다. 국제상에서 대만의 신분, 경제적, 사회적 대외 활동공간, 대만의 지위 등 모두 하나의 중국

39) 『一個中國原則與臺灣問題』, 中華人民共和國國務院臺灣事務辦公室, 2002.
40) 앞의 책.

틀(框架) 내에서 비로소 가능하다. 대만이 주장하는 민주와 제도의 차이는 통일을 방해하는 빌미일 뿐이라고 중공은 인식한다. 2005년 중공은 반분열국가법을 통과시켜 정책을 법률적 층차로 전환시켜 대만의 무력동원 가능성을 법률로 못을 박았다. 즉, 전쟁위협의 방식을 빌어 평화통일의 가능성을 희망한다.[41] 그러므로 중공이 주장하는 평화통일 및 하나의 중국은(一個中國)은 중국특색사회주의이론과 실천의 중요한 구성성분이며 대만에 대한 기본국책(基本國策)이다.[42]

2) 중국국민당의 입장

국민당의 기본입장은 '한지붕 두 가족'이다. 하나의 중국 아래에서 중화민국과 중화인민공화국이라는 두 가족이 존재한다. '하나의 중국'은 중화민국을 가리킨다. 국민당 및 범람진영[43]은 대만과 대륙은 모두 하나의 중국에 속한다고 인정한다. 그러므로 대만은 당연히 중국에 속하며 하나의 중국하의 두 개의 대등한 정치실체다. 중공의 '하나의 중국'을 반대하지 않으며, 대만지위미정론을 반대한다. 카이로, 포츠담 선언 및 중일화약의 당사국은 모두 중화민국이며 대만관계법의 내용 역시 미국은 대만을 하나의 정치실체로 인정한다는 논리를 펴고 있다.

1992년 8월 1일 국가통일위원회 제8차 회의에서 「하나의 중국의 함의(一個中國的含義)」를 통과시켰는데 중공이 인식하는 '하나의 중국'은

41) Suisheng Zhao, "Strategic Dilemma of Beijing's Taiwan Policy: Chinese Nationalism and the Making of the Anti-Session Law", in Peter C.Y. Chow ed., *The "One China" Dilemma* (New York: Palgrave Macmillan, 2008), p.208.

42) 中共中央文獻編輯委員會, 『鄧小平文選(卷三)』, 北京 : 人民出版社, 1993, 59쪽.

43) 범람(泛藍)진영: 중국국민당과 그로부터 분열해 나간 신당(新黨), 친민당(親民黨) 및 그 정치입장이 유사한 단체, 기관을 말한다. 국민당의 당깃발의 색깔이 남색으로 인해서 흔히들 남색진영으로 일컬어진다. 그러나 각 당, 단체 사이에는 어떠한 조직적 관계는 없다.

중화인민공화국이지만, 범람진영이 인식하는 '하나의 중국'은 신해혁명으로 인해 1912년에 성립되어 지금까지 이르고 있는 중화민국이며 그 주권범위는 전체중국이다. 그러나 현재의 치권(治權)은 타이펑진마(台澎金馬)에 한정된다. 대만은 중국의 일부분이고 대륙 역시 중국의 일부분이다.[44] 1949년부터 중국은 잠시 분열의 상태에 처해 있었으며 두개의 정치실체로서 해협양안을 분치(分治)하고 있다고 파악한다. 국민당이 주장하는 내용에 따르면 양안은 통일을 해야 하지만 현재 단계는 아니라는 것이다. 우선 대만 2,300만명의 동의를 얻어야 한다. 아울러 어떠한 통일인지, 통일의 조건은 무엇이며, 통일의 속도에 대한 문제에 있어서도 이견이 있다. 예를 들어 국민당 내부의 일국양제파는 통일은 빠르면 빠를수록 좋다고 생각하고, 이와 대조적으로 통일은 늦으면 늦을수록 좋다고 생각하는 입장도 존재한다. 그러나 원칙상에 있어서 양안은 통일해야 한다. 「하나의 중국의 함의」에 대해서 국민당은 비록 하나의 중국을 주장하지만 내함(內涵)은 다르다. 시기에 따라서 조정이 있었으며 이는 대략적으로 6개의 단계로 나눌 수 있다.[45]

제1단계는 한적불량립(漢賊不兩立)의 단계로 양장시대(蔣介石、蔣經國)의 대륙에 대한 입장이 곧 한적불량립이다.[46]

제2단계는 하나의 중국 두개의 정치실체 시기다.[47] 이 시기는 냉전해체, 천안문 사건 후, 미국의 대중공봉쇄정책 및 리등훼이의 개인적

44) 「關於一個中國的含義」, 國家統一委員會, 1992.

45) 吳恒宇, 『現階段中共對台文攻武嚇的研究(1995-2001)』, 臺北：大屯出版社, 2001, 12-14쪽.

46) 한적불량립(漢賊不兩立) 제갈량의 『후출사표(後出師表)』에 나오는 구절로 한나라의 적과는 양립할 수 없는 것이다. 여기서 한은 촉나라가 한나라의 정통성을 계승했고 적(賊)은 위(魏)나라의 조조 정권을 의미한다. 쟝제스와 쟝징궈 시기의 적(賊)은 중화인민공화국이며 반란단체로 보았다.

47) 『人民日報』, 1997.3.1.

요소등 국제상의 변화에 부합하여 조정되었다.

제3단계로 두타이(独台)[48]로부터 타이두(台独)로 이르는 단계다. 천쉐이벤이 현성적(显性的)인 타이두 정책을 폈다면 리등훼이는 은성적(隐性的)인 타이두 정책을 펼쳤다.

제4단계는 하나의 중국과 두 개의 대등한 정치실체(一個中國、兩個對等政治實體)로, 1990년 6월 리등훼이가 주재한 국시회의(國是會議)에 확정한 것으로 양안은 통치권을 지닌 정치실체며, 동원감란시기(動員戡亂時期)가 종식되었다고 밝혔다. 이는 일방적인 내전종결을 의미한다.[49] 천안문사건, 소련의 붕괴, 1990년 독일의 통일이라는 국제적 환경이 작용했다. 이어 국민당 내의 보수파를 설득하기 위해서 국가통일위원회를 설치하고, 국가통일강령 통과시켰으며, 1992년 말 구왕회담(辜汪會談)을 하기전에 이미 대만은 하나의 중국하의 두 개의 대등한 정치실체라고 밝혔다.[50]

제5단계는 특수한 국가와 국가의 관계다.

1999년 7월 9일 리등훼이는 독일의 소리(德國之聲)와의 인터뷰에서 대만과 중국대륙간의 관계를 피력했다. 즉 대만과 대륙의 관계는 1991년 헌법개정 이후 이미 국가와 국가의 관계며 최소한 특수한 국가와 국가의 관계라고 밝혔다. 비합법정부, 반란정부, 혹은 중앙정부 혹은 지방정부 모두 하나의 중국의 내부관계라고 밝혔다.[51] 1999년 7월 23일 샤오완창(蕭萬長) 행정원장은 AIT주석 리차드 부시(Richard Bush)와의 만남에서 특수한 국과와 국가관계에서 특수는 특별한 의의를 지니며, 이것은 전례가 없는 국가와 국가와의 관계라고 밝혔다.[52] 그러므

48) 중화민국은 주권독립국을 의미하며, 중공방면에서는 이를 B형 타이두라 일컫는다.
49) 湯紹成, 『國民黨的政策與觀點』, 台北 : 中央日報, 2010.3.29.
50) 『國統綱領』 및 1994年 『台海兩岸關係說明書』.
51) 대만행정원대륙위원회, http://www.mac.gov.tw/big5/rpir/2nda_2.htm

로 '특수'는 대륙과 대만의 최소한 교집적인 부분이다. 즉, 문화, 역사, 혈연상의 특수관계다.

2000년 3월 2일 리등훼이는 하나의 중국에 대해서 각자 표술함을 다시 밝혔다. 그는 "우리의 중화민국은 중국이고 대륙은 중화인민공화국을 중국이라 부른다. 각자가 각자의 방식대로 표술한다"고 밝혔고, 중화민국은 하나의 국가로 주권독립국가며 중화민국과 중화인민공화국은 국가와 국가의 관계로서 당신도 하나의 국가고 우리도 하나의 국가라고 밝혔다. 이 함의는 주권상 대륙과 대만은 관계가 없는 것을 말한다.[53]

마잉주 총통이 바라보는 양안분기의 원인은, 국공내전의 남겨놓은 역사적 문제이며, 현재 중화민국의 유효통치구역은 대만, 펑후, 진먼, 마주며, 아울러 중화민국의 영토주권은 중국대륙도 포함됨을 견지함과 아울러 중화민국은 주권독립국가라는 것이다. 그러나 이러한 견해는 현실성을 결여하고 있다. 2008년 3월 29일 마잉주는 대만 『자유시보』와의 인터뷰에서 "중화민국의 강역은 중국대륙을 포함하는가"의 기자의 질문에 그는 당연하다고 밝히면서 중화민국의 영토는 헌법에 근거해야 하며 총통은 헌법을 준수해야 함을 강조했다. 그러므로 마잉주는 다시 과거의 '두 개의 중국'으로 회귀했다. 1993년 국민당의 단계적인 두 개의 중국 정책과 상응한다. 이는 분명히 두 개의 중국 함의를 드러낸 것이다.

마잉주의 주권관은 일중헌법 프레임하에서, 양안의 주권은 분열되지 않았기 때문에 주권통일의 문제가 없다는 것이다. 그러므로 마잉주의

52) 黃爾璇, 「未來台灣政局的分析」, 『台灣e廣場』, 2008.7.8.

53) 鄭欽仁, 「國家定位與十五年來的台中交涉--一中原則, 一中各表和九二共識」, 『台湾安保通讯』, 第9期, 2009, http://www.wufi.org.tw/wufisource/tjsf09/

신삼불정책(不統、不獨、不武)중에 부통(不統)이 의미하는 것은 치권(治權)의 부통이다. 부독(不獨)이 의미하는 것은 주권의 부독이다. 이것이 마잉주가 인식하는 양안의 현상이다. 마잉주의 삼불관점에 대해서 베이징은 2008년 12월 31일 대만동포에게 고하는 글(告台灣同胞書) 30주년 기념식에서, 후진타오는 대만정책 방침 즉, 후6점(胡六點)을 발표했다. 이는 중공의 대(对) 대만정책의 신강령이 되었다. 마잉주의 삼불에 대한 회응은 후1점과 후6점에 상세하게 밝혔다.[54] 대륙과 대만은 비록 통일이 되지는 않았지만, 이는 중국영토와 주권의 재건이 아니라 1940년대 중후기 중국내전이 남겨놓은 것이다. 아울러 양안은 통일전의 특수한 정치관계를 현실적으로 검토하고, 군사신뢰기제를 만들어야 함을 밝혔다. 만약 양안간에 평화협정이 체결된다면 이는 곧 정치대립의 해결이다. 그러므로 마잉주와 후진타오의 양안간 문제에 대한 관점에 있어서 공통점을 발견할 수 있다. 마잉주는 이러한 사고의 결과로 첫째 2008년 집권 후에 그 동안 중단되었던 양안양회의 회담을 실시하였고 타이두 반대, 92공식의 기초하에서 양안 경제, 문화 등의 교류를 진행시켰다.

3) 민진당 및 범록진영의 입장

민진당의 기본입장은 국민당의 주장과 상반된다. 민진당 당강에서도 밝히고 있듯이 그 목적은 주권독립 자주의 대만공화국을 건립하기 위함이다.[55] 대만의 주권독립은 중화인민공화국에 속하지 않으며 또한 대만주권은 중국대륙에 미치지 않는다. 역사적 사실로도 그렇고 현상

54) 胡锦涛在纪念《告台湾同胞书》30周年会上讲话」, 2008.12.31., http://news.sina.com.cn/c/2008-12-31/132716956875.shtml

55) 민주진보당, http://www.dpp.org.tw/

적인 상태로 보아도 그렇다. 동시에 이것은 국제사회의 공통된 인식이기도 하다. 그러나 국민당은 전중국 유일의 합법정부라는 허상에 매달려 중화민국 5권헌법체제를 유지하고 있다고 비판한다. 장기간 국민당은 반민주적 통치와 특권으로 대만주권현실을 외면하고 도내에 분란을 야기하였으며, 중공이 대만을 엿보는 구실을 만들었고,국제법과 국제정치현실을 위반함으로서 정상적으로 국제사회에 참여할 수 없게 만들었을 뿐만 아니라 대만인들로 하여금 국가의식을 모호하게 만들었다고 주장한다.56)

민진당 창당시의 주장은 '대만지위미정론'과 '인민자결이론'으로 주권독립의 국가를 건설하는 것이다. "대만은 중국의 일부분"이라는 국민당과 공산당의 주장에 대해 반대하며, 국제법상의 카이로선언, 포츠담 선언은 결코 조약이 아니며 소수 국가의 공고일 뿐이라고 반박한다. 또한 일본이 서명한 1951년 샌프란시스코 조약과 1952년 중일화약(中日和約)에서도 일본은 대만의 권리를 포기한다고 밝혔지 대만의 주권귀속을 누구에게 넘긴다는 것은 밝히지 않았다고 강조한다. 이런 결과로 범록진영은 샌프란스코조약의 불완전성에서 대만문제의 근원을 따지며, 국민당과 공산당은 국공내전이 남겨진 유물로서 대만문제가 발생했다고 인식한다. 대만은 확실히 일본으로부터 벗어났으나 그 앞길은 미확정적이다. 그래서 대만의 전도는 당연히 타이펑진마 지구 2,300만 대만인들이 결정해야 한다고 밝힌다. 나아가 민진당은 1941년 중국정부의 대일선전포고를 부정한다. 대일선전포고는 국민당 정부의 일방적인 주장이며 국제효력을 구비하지 못한다고 말한다. 사실 타이두를 주장하는 다수가 국제법 전공자들로서 법률적인 성격이 강하다. 대만과 대륙의 역사로 볼 때 과거 중국대륙의 역대 대다수 왕조는 대만과의

56) 민진진보당 당강, http://www.dpp.org.tw/

통일은 하였으나 다스리지 않았기 때문에(統而不治) 때문에 그 관계는 깊지 않았다.[57] 그러므로 대만 4백년의 역사상 많은 외래정권이 대만에 와서 전변(轉變)이 빈번했고, 그 하나 하나는 일시적인 외래정권이었을 뿐이며 차별통치를 위주로 하였다. 청의 대만 통치시기, 대만에 3년에 한번씩 파견되는 관리임관제도로 인해 관리들은 대만에 무심했고, 심지어 과객심태(過客心態)를 보이기도 하였다. 이와 동시에 청나라의 임관제도에 의하면 관리는 필수적으로 본관을 회피하여야 했다. 그 결과 대만에 온 관원은 민난어와 객가어를 이해할 수 있는 사람이 적어 하급관리들의 호가호위 현상이 두드러졌다. 그 결과 민란이 끊이지 않았고, 사회는 장기적으로 동탕에 휩싸여 삼년에 한번씩 작은 반란 오년에 한 번씩 큰 반란이 일어났다(三年一小反, 五年一大反).[58] 즉, 천록진영은 대륙의 왕조가 대만을 통치했지만 깊지는 않았다고 인식하나, 심록진영인 대만단결연맹, 건국당 등은 대만은 자고이래 중국에 속하지 않았다는 입장을 견지한다. 대만이 대륙의 수중에 떨어진 것은 1945년 중화민국정부가 연합군 최고사령관 맥아더의 명령을 받들어 대만을 점령했을 뿐이며 청나라가 통치한 212년의 기본성격은 중국사가들도 인정하다시피 이족인 만주족이 대만을 침탈한 것일뿐이고[59], 1945년 10월 25일 중화민국정부는 일방적으로 대만을 중화민국판도에 편입시켰다. 그러므로 만약 대만이 중국의 영토라면 이 날부터 시작하는 것이라 주장한다. 무엇보다도 중화민국은 1949년 10월 1일 중화인민공화국의 성립에 따라 중화민국은 중국대륙에서 도망나와 대륙연안의 몇 개의 작은 섬으로 망명했을 뿐이다. 그러므로 대만이 중국에 속한 것은 400년 역사중에 1945-1949년의 기간 불과 4년에 불과하

57) 史明, 『臺灣人四百年史』, 臺北 : 草根文化, 1998, 90-110쪽.

58) 陳豐祥, 『普遍高級中學「歷史」』, 臺北 : 泰宇出版, 2008, 49쪽.

59) 『民眾日報』, 1995.10.26.

다는 논리를 펴고 있다. 중화민국 정부는 비록 대만으로 천도해왔다고 하지만 진정으로 중화민국에 속하는 영토는 진먼(金門), 마주(馬祖)등의 도서로 중화민국은 진마국(金馬國)일 뿐이다고 주장한다.[60] 그러므로 대만은 국민주권의 원리에 기초하여, 주권독립자주의 대만공화국 및 신헌법을 제정해야하며 대만전체주민이 국민투표의 방식으로 결정을 해야 한다는 것이다. 천록진영의 인식은 국제정치현실을 의식하여 대만은 이미 1949년에 독립했다고 주장한다. 그리고 현재의 명칭은 중화민국이며 미래에 단지 헌법을 수정하면 가능하다고 본다. 물론 각파의 논술이 어떠하던지 간에 대만은 하나의 주권독립국가며, 대만은 중화인민공화국외에 독립해 있으며, 각자의 영토는 상호 예속적이 아니다는 것은 민진당 주류의 견해다. 대만과 중국은 이미 두 개의 국가며 역시 통일 역시 미래의 선택사항이 아니다. 그러므로 중공의 일국양제와 국민당의 일국양부(一國兩府)등의 주장은 받아들일 수 없다. 그러나 민진당은 집권한 이후 중공과 현상변화를 바라지 않는 미국을 의식하여 '하나의 중국'에 대한 태도는 극과 극을 오갔다. 2000년 천쉐이볜 취임연설시의 '하나의 중국'은 해협양안의 인민은 서로 같은 혈연, 문화, 역사 배경을 지닌 '미래의 중국'을 의미했다.[61] 그러나 2002년 천쉐이볜은 8월 3일 동경에서 거행된 세계대만동향회(世界臺灣同鄉會, 간칭 世台會)에 화상화면으로 치사를 하였는데 여기서 그는 첫째 양안은 일변일국이며 둘째 대만현상의 변화는 국민투표로 해야함을 밝히고, 2006년에 국가통일강령과 국가통일위원회를 종지(終止)시켰다. 이로부터 민진당의 중국대륙과의 통일문제는 실제상으로는 존재하지 않으며 현재에 이르고 있다.

60) 黃昭堂,『黃昭堂獨立文集』, 台北 : 臺灣文史叢書, 1998, 17쪽.

61)「政府大陸政策重要檔」,「陳總統就職演說」, 大陸委員會, 2000.5.20., 頁91。

녹색진영의 대만지위에 대한 정위는 크게 이미독립(已經獨立), 아직미독립(尚未獨立)의 두 부류로 나눌 수 있다.

첫째 이미독립론(已經獨立)이다.[62] 여기에는 당연독립설(當然獨立說)과 상태독립설, 진화독립설이 있다. 당연독립설은 카이로선은 무효며, 1951년 샌프란시스코조약과 유엔헌장에 대한 주관적 해석으로 결정한다. 펑밍민(彭敏敏)등의 상태독립설(狀態獨立說)은 1949년 분열분치가 시작되면서 이미 독립상태라고 주장한다. 천룽즈(陳隆志)의 진화독립설(演進獨立說)은 계엄후 1991년부터 1996년까지의 민주화의 과정은 유효자결(有效自決)의 과정으로 보고 대만은 이미 하나의 독립국가가 되었다는 것이다. 이 논술은 민진당의 주류논술이었다. 그러므로 양장시대(1949-1988, 장제스, 장징궈)는 외래정권이 비법(非法)적으로 통치한 시기가 된다.

둘째, 아직미독립(尚未獨立)설이다. 이는 주권재미설, 주권중국설, 주권대만설등이 있다. 린쯔승(林志升), 허레이위앤(何瑞元)의 주권재미설(主權在美說)은 2차대전 종결시에 미국은 대만의 주요점령국가로서 중국정부는 단지 맥아더 최고사령관의 명령으로 중국전구 사령관인 장제스가 맥아더의 명령을 위탁받아 천이(陈毅)를 대만행정장관 겸 대만사령으로 임명하여 대만을 점령했을 뿐이다. 또한 국제법상으로도 점령은 주권을 전이하는 것이 아니다는 논리를 편다. 그러나 비록 중국대륙으로부터 탈피하는 작용은 있을지라도 미국은 이 입장을 지지하지 않는다.

황쥐쩡(黃巨正), 푸윈친(傅雲欽)의 주권중국설을 펼친다. 1949-1970년 기간, 양안정부는 명백히 통일의 의지와 소망을 공개적으로 표시했

62) 陳儀深, 「臺灣地位論述總整理」, 『自由時報』, 2007.8.7.

다. 차이가 있다면 누가 중국을 대표하는가의 문제였다. 그 후 영국, 미국 모두 대만지위미정론을 포기하고 중국대륙과 수교했다. 베이징이 대만은 중국의 일부분이라고 선언할 때에도 대만의 중화민국 정부는 정식으로 반대하지 않았고 오히려 애매모호한 태도의 언론을 발표했다. 그런 결과로 중국의 내정으로 떨어져 타국의 개입은 더욱더 어려워졌다고 인식한다.

주권대만인민설(主權屬於臺灣人民說)은 대부분의 독립파 단체나 정객들이 주장하는 논리다. 대만의 주권은 대만인민에게 속하나 국제적 지위가 미정이기 때문에 국제적 승인의 획득을 필요로 한다. 국제승인의 유효한 방법은 제헌과 정명을 완성하는 것이다. 그러므로 민진당 시기는 이 방향으로 나아가게 된 것이다. 즉, 법률적인 타이두 노선이다.

양안쟁의의 근원은 주권에 있다. '하나의 중국원칙'과 대만주권독립은 화해할 수 없는 극단적인 두 대립물이다. 무엇보다도 중공은 일중원칙을 절대로 포기하지 않을 것이며, 국민당을 포함하여 대만정부는 일국양제의 통일방법을 받아들이지도 않을 것이며, 민진당 역시 주권독립, 본토의식제고를 변화시킬 뜻이 없다. 그렇다고 독립을 선포할 수도 없다. 이는 중공의 무력동원의 마지노선임을 너무나 잘 알고 있다.[63] 현재 양안간은 그 어느 일방이 현재의 불통, 불독, 불전, 불화(不統, 不獨, 不戰, 不和)의 양안현상을 평화적 혹은 비평화적방식으로 통일을 이루거나 대만공화국을 건설할 능력을 양방 모두 결핍하고 있다.

63) Harry Harding, "Think Again: China", *Foreign Policy*, Vol.25, No.2 (March/April 2007), pp.26~32.

민진당 타이두정책의 전변(轉變)

민진당 타이두 정책의 변화			
정책	시기	배경	문건 및 그 내용
대만정명	2007~	요우시쿤(游錫堃), 총통후보경선시에 정상국가결의문(正常國家決議文)을 대만전도결의문을 대체한다. 후에 2007년 9월 경에 절충되어, 천쉐이삔판(版) 결의문 수정안이 통과되었다.	2007년전 당대회 : 정상국가결의문
			주민자결, 헌법제정, 국제조직 참여, 대만정체의식으로 일중원칙을 타파, 대만정명, 타이두강령과 대만전도결의문의 기초위에서 정상국가결의 제출, 대만정명, 제헌, 유엔가입 등으로 대만을 정상국가로 만들자는 것
연성타이두	1995~2007	민진당 총선 실패,미국압력,연성타이두로 위장	1999년 당대회 : 대만전도결의문
			주민자결, 대만정체성 고취, 일중원칙 탈피, 대만은 주권독립국 헌법에 의거해 중화민국이라 칭하지만 중국대륙과는 관계없다. 주권 영역 역시 타이펑진마에 한정된다. 대만독립현상의 변동은 반드시 대만인민들의 동의를 요한다.
		대통령후보 천쉐이삔은 타이두인상을 완화시키기 위해 타이두 당강을 수정을 희망하였으나 린줘쉐이(林濁水)의 반대, 상호 조정후에 '대만전도결의문' 발표	1995년 당내 타이두 당강 수정문제 발생
			당시 민진당 주석 스밍더(施明德), 대만은 주권독립국으로 민진당이 집정하더라도 대만독립을 선포할 필요가 없다.
독립건국	1991~1995	민진당은 인민제헌회의를 차용하여 대만공화국헌법초안을 제출하고 주권독립자주의 대만공화국기본강령안을 통과시킴	1991년 민진당 5전회의(五全會議) : 타이두 강령
			주민자결, 신헌법제정, 대만정체성, 국민주권의 원리에 기초하여 자주자립의 대만공화국 및 헌법제정을 주장, 대만전체인민이 국민투표방식으로 결정해야한다고 주장
주권독립	1987~1991	민진당내 타이두 논조 대두, 소련해체, 동구권붕괴 및 국제정세 격변에 자극받음.	1988년 2대 임시회의 : 417결의문
			대만국제주권독립국으로 베이징을 수도로 하는 중화인민공화국에 속하지 않는다. 대만국제지위의 변경은 대만전체주민 동의를 받아야 한다. 평화통일에 대해 공개적으로 반대
			1990년 4전회의(四全會議) : 1007결의문
			대만의 사실상의 주권은 중국대륙 및 외몽고에 미치지 않는다.
주민자결	1986~1987	민진당 창당 초기에 격진적인 타이두의 공간이 없었고 격진적 타이두 주장은 없고 모호한 '자결'을 주장	1986년 민진당 당강
			대만의 전도는 대만전체주민이 자유, 민주, 보편, 공평하고 평등한 방식으로 공동결정해야 하며, 어떠한 정부 혹은 정부의 연합도 대만의 정치귀속을 결정할 수 없다.

(陳議深, 「臺灣地位論述總整理」, 『自由時報』, 2007년 8월 7일자, 필자 재보충 정리)

3. 양안간의 쟁점: 대만의 정체성

냉전시기 중미관계는 소련견제에 상호간의 이익이 있었기 때문에 대만문제는 크게 부각되지 않았다. 그러나 냉전의 해체, 천안문 사태, 중공의 전략적 지위의 약화, 국제사회의 중공에 대한 고립정책과 대만에 대한 동정론으로 인해, 대만문제는 다시 부각되기 시작했다. 또 대만내부에서는 민주화와 본토화, 타이두화의 길을 걸으면서 정체성의 변화가 일어났다. 이는 양안간에 새로운 쟁점으로 부각되어 현재 점점 더 두드러졌고, 젊은 세대들에게는 정체성의 변화가 분명하게 일어났다. 2014년에 있었던 '태양화 운동'이 그 단적인 예다.

국가정체성은 특정구역내의 특정의 군체들이 특정한 역사의 기간 중 공동운명의 기초위에서 형성된 고도의 일체성이다. 국족(國族)은 광의의 개념의 공통적인 혈연, 언어, 역사와 밀접하게 관련되어 있다. 국족은 민족과 같은 개념이나 국가를 필요로 한다. 그러므로 국가를 어떻게 생각하는지에 대한 개념이 국가정체성이다. 민족은 근대 일본에서 들어온 개념으로서 경제, 언어, 문화 등에서 공통적인 민중들이 실질적인 정치통일과 지역일체화 후에 형성된 이익단위이다. 스탈린이 정의하듯이, 민족은 인간의 역사에서 형성된 공통된 언어, 지역, 경제생활 및 문화상의 공통적인 심리를 깔고 있는 공동체다. 그러나 정치통일과 지역통일체의 과정중에 약소한 인민의 나라는 경계가 나눠지는 가하면 여러 나라에 걸쳐서 민족과 문화를 형성하기도 한다. 바로 국족과 민족의 구별은 여기에 있으며, 전자는 반드시 국가를 필요로 한 반면 민족은 자치권이나 국가형태를 필요로 하지 않는다.[64] 이는 종족이 민족정체성에서 필요한 요소 중 하나이며 종족정체성이 구축한 민족정체성은 국가정체성 속에서 중요한 위치를 차지하고 있음을 보여준다. 국가정체성과 종족문제가 통일될 필요성은 없지만 대만에서는 이 두 문제가 동시에 제기된다. 그 이유는 대만의 특수한 역사적 배경 때문이다.[65] 대만이 본격적으로 역사의 무대에 등장한 시기는 4백년에

64) 이원봉, 「대만의 국가정체성과 양안관계」, 『아태연구』 제16권 제2호, 154쪽.

불과하다.[66] 아래의 도표는 양안 간에 발생하는 차이를 비교적 대만인의 입장에서 필자가 재정리한 것이다. 여기서 공리주의적 입장은 양안간을 통일과 독립에 구애받지 않고 실용주의적 입장에 근거해서 비용과 편익으로 계산하려는 경향이 강함을 의미한다.

양안차이성 비교표[67]

관계전제	양안정위	민족	역사서술	문화	언어	정치	경제, 사회
하나의 민족	대륙 대만	중국인	5천년사	중국 문화	중문, 국어	공산당정치/ 다당민족	대륙과의 교류를 확대하여 경제발전 유지
두 개의 민족	중국	중국인	5천년사	일원적, 보수적	베이징어	공산당전제	국강민빈 (國强民貧)
	대만	대만인	4백년사	다원, 현대	국어, 대만어	민주자유	부유하고 진보한 사회
공리주의 (功利主義)	중국/대륙, 대만	중요하지 않음	중요하지 않음	중요하지 않음	중요하지 않음		신흥시장

2013년 대만정치대학 선거센터 여론조사의 자료에 따르면 지난 20여년간 자신을 대만인이라고 인식하는 사람들은 명백히 증가하고 있다. 이 조사에 의하면 자신을 대만인이지 중국인이 아니다가 57.5%, 자신

65) 張茂桂, 「談身份認同政治的幾個問題」, 遊盈隆編, 『民主鞏固或崩潰 : 台灣二十一世紀的挑戰』, 臺北 : 月旦出版社, 1998, 101쪽.

66) 물론 삼국시대 오(吳)나라 손권(孫權)이 이주(夷州)를 점령했다고 하지만 이 때의 이주가 대만을 가리키는지도 아직 불분명하다. 1602年, 명(明)시기 일본왜구가 대만을 점령하자, 명장 심유용(沈有容)은 왜국 격퇴를 위해 대만을 공격하게 되며, 그때 그의 시종으로 간 진제(陳第가 대만에서 있었던 20여일 간을 기록한 것이 동번기(東番記 1603년)다. 동번기에 당시의 대만 서남부 원주민 핑푸족의 생활상을 세세하게 묘사했다. 그 이후 대만은 네덜란드 스페인의 38년, 명 정성공 부자의 21년, 청나라 통치기간 212년, 일제통치기 51년, 국민당 장제스, 장징궈 부자 통치 40년, 리등훼이 천쉐이볜 20년, 마잉주 집권등 400년 남짓에 불과하다.

67) 包諄亮, 「兩岸政治矛盾與未來」, 王央城主編, 『前膽兩岸關系發展的趨勢』, 台北 : 國防大學戰略硏究所出版, 2007, 38쪽을 필자가 재정리.

을 중국인이라고 인식하는 사람은 3.6%로, 자신을 중국인이면서 대만인이라고 인지하는 비율은 36.1%로 나타났다.[68] 비록 마잉주(馬英九) 집권과 더불어 양안 간 교류가 급증함에도 불구하고, "나는 대만인이다" 라는 비율은 민진당 시기보다 오히려 증가하고 있다. 이는 양안간의 경제교류가 양안간의 정체성 확대와는 별 관계가 없음을 입증한다고 할 수 있다.

현재 대부분의 대만인들은 '대만(Taiwan)'을 국호로 대신하고 있다. 특히 대만민주화 이전에는 자신을 대만인이라고 인식하는 대만인들은, 중국대륙에서 온 중화민국정권에 대해서는 외래정권으로 인식하는 경향이 강했다. 그러나 대만의 현행 헌법에 의거하면 현재의 국명은 '중화민국'이다. 그렇다면 왜 대부분의 사람들이 자기의 국가 이름을 '중화민국'으로 칭하지 않으며 자기들 역시 '중국인'으로 말하지 않는가. 왜 '중국'은 중화인민공화국의 개념으로 인식되는가, 현재 대만의 가장 큰 혼란중의 하나는 바로 "중화민국은 무엇인가" 라는 문제에 귀결된다. 역사적으로 볼 때도 천록진영에서는 대만이 있어야 비로소 중화민국이 있다고 말한다. 대만이 어디까지나 주체가 된다. 왜냐하면 대만이라는 섬은 ①원래 거주했던 남도계통(Austronesia)의 원주민과 ②주로 명말청초에 이민 온 민난인 즉 본성인(本省人)과 ③객가인(客家人) ④국공내전으로 인해서 대만에 온 외성인(外省人)으로 구성되어져 있기 때문이다.

이러한 대만의 정체성의 혼란과 혼동 그리고 복합성은 결국 양안문제에 있어서 다음과 같은 문제를 가져오게 만들었다. 특히 중화민국의 존재와 대만으로의 철수로 인하여 조성된 역사적 해석과 지위는 대만의 정체성 혼란과 밀접하게 연관되어 있기 때문이다. 첫째, 대만 내부의 일치된 목소리를 내기가 어려워졌다. 특히 대(對)중국대륙 문제에

68) 『중국평론』, 제191기, 2013년 11월호, 10쪽.

있어서는 일치점을 찾기가 어려울 정도의 극단적인 주장과 의견이 대립되어 있어 정치적으로 보수나 진보, 또는 경제우선주의 또는 정치우선주의와 같은 방법상의 문제가 아니라 근본적인 문제이기 때문에 합치점을 찾기가 어렵다. 둘째, 각 당의 정책을 지지하는 세력들이 서로 비슷하여 양안문제의 해결이 더 어렵게 되었다. 셋째, 따라서 대만의 양안정책은 누가 집권하느냐에 따라 달라졌으며 그런 결과 일관성을 상실하게 되었고 그에 따라 정치적인 목적과 입장에 따라 대만내부의 정치는 크게 요동치고 온탕과 냉탕을 오가기 때문에 장기적인 정책의 수립과 대응을 어렵게 만들었다. 마지막으로 베이징 정부 역시 대(對)대만정책은 일관되게 수립하고 추진하려고 노력하고 있으나 대화상대가 누구냐에 따라 강온정책을 동시에 동원하면서도 대상의 선택과 대화에 따라 전진과 후퇴를 반복해야하는 파행을 가져오기도 하였다는 점이다. 그러나 양안은 항상 교류의 채널은 열어놓고 있었다. 특히 양장시대와 리등훼이 시대에도 비밀특사가 오고 갔으며, 민진당 집권기에도 소삼통(진먼-샤먼간의 통상. 통항, 통우)을 시범적으로 실시하였고, 마잉주 집권기 대삼통을 여는 계기가 되었다.

Ⅳ. 양안간 대화채널, 연구기관, 학자

1. 양안간 채널

마잉주 정부 초기 국가안전회의 사무총장을 역임한 쑤치(苏起)는 대만연합보 『联合报』와의 인터뷰에서 양안간에는 이미 20개의 소통 채널이 있다고 밝혔다. 정부간 사무성 연계 기제외에 공개적으로 밝힐 수 없는 소통 채널이 있다고 밝혔다. 또한 대만과 미국, 대만과 일본간에도 60여개의 소통채널이 있음을 밝혔다.[69] 또 관방적인 소통채널 이외에 다양한 민간 채널을 통해서 양안학자들은 자연스럽게 만나고 교류한다.

(1) 양안양회회담

양안 양회회담은 대만의 재단법인해협교류기금회(財團法人海峽交流基金會, 간칭 해기회)와 중국 대륙의 해협양안관계협회(海峽兩岸關係協會, 간칭 해협회)간의 회담을 말한다.

2008년 5월 20일 국민당 마잉주 집권부터 양안양회 협상을 회복하여 2008년 6월 13일부터 2014년 2월 26일까지 양안 양회가 10차례의 협상을 통해서 양안경제기본협정(ECFA)을 비롯해 21개의 협정을 체결, 2개의 공식(陸資來台投資事宜達成共識, 人身自由與安全保障共識)을 달성하였고, 그 중 해협양안서비스협정, 해협양안지진감측협력협정, 기상협정등은 태양화운동과 대만지방선거로 인하여 아직까지 국회에서 보류 중이다.[70] 21개의 협의에 서명했으나, 모두 경제, 무역, 범죄인도, 원자력안전 등 실제적으로 경제, 사회, 문화에 관계된 것이지, 정치적 협상 체결은 아직까지 없다.

(2) 대만행정원대륙위원회와 중국국무원대만사무판공실 수장 회담

2014년 2월 11일, 양안의 정부 주무사무 기관장이 중국대륙 난징(南京)에서 65년만에 만났다.[71] 대륙위원회 왕위치(王郁琦) 주임위원과 중

69) http://taiwan.huanqiu.com/news/2010-05/817010.html
70) 중화민국행정원대륙위원회,
http://www.mac.gov.tw/ct.asp?xItem=67145&CtNode=5710&mp=1.
71) 대만행정원대륙위원회 성명,
http://www.mac.gov.tw/public/Attachment/42150243337.pdf

국국무원 대만사무판공실 장즈쥔(張志軍) 주임의 정식회담이었다. 무엇보다도 기존의 회담이 대만행정원 대륙위원회의 위임을 받은 해기회(海峽交流基金會)와 중국대륙 국무원 대만사무판공실의 위임을 받은 해협회(海峽兩岸關係協會)의 반관반민(半官半民) 단체의 수장이 회담을 진행했던 반면 이 회담은 정부 주무관청의 행정수장이 직접적으로 회담에 임했다는 점이다. 2014년 말 장즈쥔 주임의 진먼(金门)에서의 회담은 대만선거에서의 민진당 압승, 대만행정원대륙위원회 부주임인 장셴야오(张显耀) 비밀누설 사건이 무죄로 확정되자, 왕위치는 사임을 표시했고 이로 인해 양안 관방 최고 실무자회담은 연기상태에 있다.

(3) 양안경무문화론단(两岸经贸文化论坛, 일명 국공론단)

2005년 국민당 주석 롄짠(連戰)의 중국대륙방문(和平之旅)이 계기가 되어 양안간 포럼이 만들어졌다. 롄짠의 방문은 국공내전 이래 중국공산당과 중국국민당 간 최초의 최고위층 회담이었고, 1949년 이래 대륙을 방문한 국민당의 최고 지도자가 되었다. 이 방문은 92공식과 타이두반대를 전제조건으로 성사된 것이며, 해협양안경제, 무역, 문화 등 각 방면에서 교류와 대화를 해오고 있다. 현재까지 10회를 맞이한다.

(4) 해협론단(海峽论坛)은 마잉주 집권과 더불어 대삼통이 열려 푸젠성을 위주로 개최되고 있다. 올해로 7회를 맞이하고 있으며, 대회활동, 기층교류, 문화교류, 경제무역교류 등 네 분야로 나눠 교류한다. 해협론단은 “양안일가친”(两岸一家亲)의 이념으로 민간교류를 확대하고, 양안협력을 강화하며, 양안공동발전 추진한다.[72)]

72) http://www.taiwan.cn/hxlt/gylt/201406/t20140606_6276731.htm

(5) 양안기업가협회(两岸企业家峰会)는 2008년 시작되었으나 본격적으로 2012년부터 대륙과 대만이 각각 이사회를 설립하여 기업가들의 교류 중국 국무원부총리 쩡옌페이(曾培炎), 샤오완창(萧万长) 전 대만 부총통이 공동 이사장을 맡고 있다.73)

(7) 보아오포럼(鳌亚洲论坛,Boao Forum For Asia)은 비정부, 비영리며, 정기적으로 하이난다오(海南省)의 보아오에서 열리는 포럼으로 양안은 정기적으로 회담을 진행하고 있다.

(8) APEC가 열리는 기간내에 양안간은 정기적 회담을 개최하고 있다.

(9) 지방간 양안 교류채널은 제20회 루타이회(第二十届鲁台会), 제9회 타이상론단(第九届台商论坛), 제7회 진타이투자상담회(第七届津台投资洽谈) 등 일일이 헤아릴 수 없이 많다.74)

또한 대만과 별도로 중공은 해협양안교류기지(海峡两岸交流基地)를 건립하여 대륙민중들의 대만에 대한 관심을 확산시키고 있다. 양안간의 문화전승차원에서 해협양안교류기지를 만들어 양안 민중이 공통된 역사를 회고하고, 혈육간의 정을 강화시키기 위해, 이미 있던 28곳의 해협양안교류기지외에 또 9개의 해협양안교류기지를 증설하였다.75)

73) 两岸企业家峰会, http://www.laqyjfh.com/

74) http://special.taiwan.cn/communicate/

75) http://tw.people.com.cn/n/2014/0910/c14657-25633315.html

2. 중국대륙의 양안관계 연구기관

중공에게 있어서 대만과의 통일은 덩샤오핑이 중공 12대에서 밝힌 삼대임무중의 하나다. 그 만큼 중대한 임무여서 중공의 대(對)대만 공작의 연구기관 및 연구체계는 방대하며 조밀하고 계통적이다.

(1) 전국대만연구회(全國臺灣研究會)

전국적 조직으로 전국대만연구회를 들 수 있다. 1988년 8월 16일 설립된 이 단체는 양안관계를 연구하는 학자, 대만과의 관련이 있는 단체회원으로 조성된 전국적인 민간학술단체다. 양안 및 해내외에 대만문제와 양안관계를 연구하는 전문가들의 교류무대고, 다양한 분야의 학술활동을 펼치며, 학자들간의 교류, 우의 및 협력을 도모하여 양안관계의 평화발전과 통일을 촉진한다. 전국대만연구회가 설립된 이후로 여러 형식으로 양안관계 토론회를 개최하였고, 양안의 전문가들을 대대적으로 초청해 이미 수백종의 대만연구서와 연구보고서를 출간하였다. 중국대륙에서 대만과 양안관계 문제를 연구하는 전국적인 사단(社團)으로 해협양안에 상당한 영향력을 행사하고 있다. 전국대만연구회는 40개 이상의 단체회원, 1,000명 이상의 개인회원, 상무이사는 40명 이상이며 이사는 180명이다.[76)]

전국대만연구회는 연락부, 연구부, 종합부 등 세 개의 부서를 두고 있다. 연락부는 국내외 학자초청, 학술교류활동 등 대외학술교류의 연락에 관한 일을 처리하며, 이사회와 단체회원 회의등을 개최한다. 연구부는 대만정국 및 양안관계의 형세를 분석하고 보고서를 제출한다. 또 각 부서에서 위탁받은 연구과제들을 수행하며, 학술저작출판 자금 보

76) 全國臺灣研究會, http://tyh.chinataiwan.org/

조를 심사하여 결정하며 대만연감 및 기타 학술연구성과를 편집출판하며 대만연구성과에 관계된 학술수상자를 선정한다. 종합부는 회원과 단체회원간의 연계, 본회의 행정과 후근보장(後勤保障)에 관계된 일을 맡는다. 출판방면에, 전국대만연구회는 사회과학원 대만연구소 합동으로『대만연구(臺灣研究)』격월간을 출판하는 것 외에도 매년 양안관계와 대만정치, 경제, 문화, 사회 등 각 방면의 분석과 연구서인『대만매년도형세회고와전망(臺灣各年度形勢回顧與展望)』계열의 총서를 발행하며, 아울러 양안관계와 관계된 중요한 문헌, 정책규정통계자료에 대한 편집을 주간한다.

(2) 지방대만연구회(地方臺灣研究會)

중공은 전국대만연구회를 설립한 것 외에 지속적으로 연해(沿海)도시에 지방 대만연구회를 조직했다. 지방성 대만연구회는 여러 형태가 있다.

1) 성급대만연구회(省級臺灣研究會)

가) 푸젠성대만연구회(福建省臺灣研究會)

푸젠성은 대만과의 역사적 연유로 인해서 양안관계를 연구하기에는 가장 적합한 곳이다. 중국대륙전체에서 푸젠성은 대만과 가장 밀접한 관계를 맺고 있는 곳으로, 린치탄(林其锬)교수가 말한 오연(五缘)을 지니고 있다. 즉, 친연, 지연, 신연(神缘), 업연(业缘), 물련(物缘)을 맺고 있다. 중공 역시 푸젠성과 대만성의 독특한 관계를 의도적으로 강조한다. 푸젠성의 대만 연구는 역사, 문화로부터 예술, 교육에 이르기까지 많은 전문가들이 참여하고 있다.

샤먼대학(厦门大学) 대만연구원(台湾研究院)외에도, 푸젠사회과학원, 푸젠사범대학, 화챠오대학(華僑大學), 지메이대학(集美大學), 민대연박

물관(閩台緣博物館), 정성공박물관(鄭成功博物館), 샤먼시 대만예술연구소, 푸톈대학(莆田學院)등에서 적지 않은 전문가들이 대만연구에 종사하고 있다.[77)]

나) 하이난성대만연구회(海南省臺灣硏究會)

1990년 1월 10일 설립되었고, 난하이, 대만간의 경제협력과 문화교류를 촉진시키고 있다. 하이난성과 대만인의 고인류는 같은 기원인 것으로 알려져 있다.

다) 광동성대만연구회(廣東省臺灣硏究會)

1991년 7월 4일 설립되어 다양한 형식의 학술활동을 통해 광동성과 대만간의 학술교류를 촉진하고 있다.

라) 장쑤성해협양안관계연구회(江蘇省海峽兩岸關係硏究會, 해연회)

이 단체는 1992년 장쑤성 정협(政協)에 예속된 민간단체로, 20여년간 1만 여명 이상의 대만인사들을 초청하였고, 각종 전문강좌와 학술연구 세미나를 개최하였고 대만학계와의 장기적이고 안정적인 협력 교류기제를 만들었다. 해연회는 장쑤성과 대만의 경제, 과학기술, 문화사업 등 협력을 진행하고 있다.[78)]

마) 저장성대만연구회(浙江省臺灣硏究會)

1992년 12월 18일 전국대만연구회 항조우(杭州)의 일부분 이사들이 발기하여 설립한 법인 민간학술단체지만, 실제적으로는 저장성 정협의

77) 『福建東南新聞網』, 2008.12.4.
http://big5.fjsen.com/misc/2008-12/04/content_616137.htm
78) 『新華日報』, 2007.9.6.

지도를 받고 있다.

바) 톈진시대만연구회(天津市臺灣研究會)

1995년 10월 9일 톈진시 사화과학계연합회와 전국대만연구회단체회원들이 톈진시 사단관리국(社團管理局)이 비준한 시급학술성 군중단체 법인이다. 이 학회는 대만문제 전문가, 연구원, 대만관련 공작 간부, 통일인사들이 모여 있으며, 학회의 종지는 "화평통일 일국양제"를 기본방침이며, 경제문화교류와 협력을 촉진시켜 톈진시 경제발전에 공헌하는 것을 목표를 두고 있다. 주요한 임무는 연구과제 제출, 대만문제 연구, 학술토론회, 활동, 학술간행물 출판 편집, 연구정보 소통, 톈진과 대만의 인원교류등에 정보를 제공해 주고 있다.[79]

2) **시급대만연구회**(市級臺灣研究會)

따롄시대만연구회(大連市臺灣研究會), 선양시대만연구회(瀋陽市臺灣研究會), 우한해협양안관계연구회(武漢海峽兩岸關係研究會)등이 있다.

3) **특수한 대만연구회**(專業型臺灣研究會)

대만영화연구회(臺灣電影研究會), 중국법학회해협양안법률문제연구회(中國法學會海峽兩岸法律問題研究會), 장시성항오대경제연구회(江西省港澳臺經濟研究會), 베이징대만연구경제중심(北京臺灣經濟研究中心), 대만소수민족연구회(臺灣少數民族研究會)등이 있다.

4) **종합대학대만연구회: 베이징대학 대만연구회**(北京大学台湾研究会)

베이징 대학대만연구회는 2002년 3월 설립되었다. 대만정세에 관심

79) 天津市臺灣研究會, http://www.tjtyh.com/docc/haixialuantan.htm

을 촉발시키고, 양안관계연구, 양안청년학생교류촉진을 종지로 설립되어, 베이징대항오대(港澳臺)판공실, 베이징대국제관계학원, 베이징대대만연구중심, 중화전국대만동포연의회, 전국대만연구회등 교내외단위의 대폭적인 지지를 얻었다.

『양안청년(两岸青年)』은 베이징대학 항오대판공실, 베이징대학 국제관계학원과 베이징대학 대만연구중심의 지도하에 베이징대학 대만연구회가 발간하는 계간지다. 대연동태『台研动态』는 인터넷 간행물로 매월 발행한다.[80]

3. 중국대륙의 양안관계 학술연구소

(1) 중국사회과학원대만연구소(中國社會科學院臺灣研究所)

중국사회과학원은 국무원의 직속사업기구로 1975년 5월 설립했다. 그 전신은 중공최고학술기구중국과학원의 철학사회과학부로서 중공중앙서기처가 1984년 9월 비준하여 설립했다.[81] 전면적으로 대만정치, 경제, 사회, 문화, 대외관계 및 양안문제를 연구하는 종합성학술기구다.

중국사회과학원 대만연구소은 대만역사, 대만문화, 교육, 양안관계 및 대(저) 대만방침정책 등에 선명한 특색을 지니고 있다. 대만연구소는 첫째 중국사회과학원의 통일규획부서에 맞춰 대만에 대한 과학연구와 기초과제연구를 진행하고, 둘째 중앙이 위탁한 연구진행 및 정책자문을 제공한다. 셋째, 양안학술교류, 학술토론회 개최, 국내외의 전문가 초청 및 대만을 포함하여 외국으로 전문가 파견, 지역연구, 고찰, 방문 등의 학술활동, 넷째, 대만도서에 관련된 자료, 인터넷자료 및 대

80) http://w3.pku.edu.cn/life/xuehui/pkutra/online.htm
81) 中國社科院, http://www.cass.net.cn/

만에 관한 학술자료 파일 정리, 다섯째, 통일연구인력 및 전문가를 배양한다.

현재 중국사과원대만연구소 소장은 조우쯔화이(周志怀), 부소장은 주웨이동(朱卫东) 장관화(张冠华), 씨에위(谢郁)등이며, 연구원과 보조인원 및 행정인원은 60인을 넘으며, 그 중 부고급(副高級)연구인원은 25인이다.[82] 대부분 중국전역에서 대만과 관계된 정부부서, 정부연구기구, 중점대학의 객좌교수, 연구생 지도교수, 특약연구원 등 이 연구소에 소속되어 있다.

대만연구소내에 대만정치연구실, 대만경제연구실, 대만대외관계연구실, 종합연구실, 대만인물연구실 등 5개의 연구기구와 과연실(科研室), 자료실, 판공실, 인사처 등이 있고, 30년 동안 연구체계를 완비하여 중국대륙내 규모가 가장 크고 국내외에서도 상당한 영향력을 구비한 학술기구다.

대만연구소는『대만연구(台湾研究)』쌍월간과『대만주간(台湾周刊)』을 발행하고 있다.『대만연구』는 중국사과원대만연구소가 주관하는 종합성 학술간행물로 '객관적 대만인식과 조국화평통일'을 종지로 운영되며 대만과 관계된 대만정치, 법률, 역사, 종교, 사회교육, 문화예술 및 양안관계, 통일문제와 관계된 학술논문을 싣고, 아울러 대만인물 소개, 서평 및 중요연구자료를 소개한다.

『대만주간(台湾周刊)』은 1993년에 창간하여, 대만정황을 심도있게 분석하는 종합적인 신문주간이다. 대만지구의 정치, 경제, 대외관계, 사회, 인문풍물 등의 정황, 돌발정책성, 시효성, 종합성을 갖춘 대만관련 주간이다. 당, 정, 군, 학계, 기업 등 대만관련 업무에 종사하는 사람들이 구독하는 잡지다.

82) 中國社科院臺灣研究所, http://www.cass.net.cn/y_03/y_03_50twyjs.html

중국사과원대만연구소는 설립된 이래 중공중앙이 위탁한 대량의 중요한 연구과제를 완성했고, 아울러 참고가치가 큰 종합분석보고를 제공했다. 특히『대만문제와 중국의 통일 백서(臺灣問題與中國統一)』,『하나의 중국원칙과 대만문제 백서(一個中國的原則與臺灣問題)』및 대만에 관련된 중요한 파일 및 중공지도자들의 연설등을 기초하였다. 대만연구소가 편집출판한『대만총람(臺灣總覽)』,『대만경제총람(臺灣經濟總覽)』,『당대대만인물대사전(當代臺灣人物大辭典)』,『해협양안경제투자대전(海峽兩岸經貿投資大全)』,『대만기구사단기업대전(臺灣機構、社團、企業大全)』,『중국국민당전서(中國國民黨全書)』,『답대만동포서(答臺灣同胞問)』,『대만지식문답(臺灣知識問答)』등 도구적 서적과 대만문제 지식물들을 편찬해 대만연구와 대만에 관련된 선전교육에 개척자적인 역할을 하고 있다. 동시에 일련의 학술저작을 완성했는데,『해협양안관계개론(海峽兩岸關係概論)』,『일국양제와대만전도(一國兩制與臺灣前途)』,『대만문제의유래와발전(臺灣問題的由來與發展)』,『전형기의 대만(轉型期的臺灣)』,『양안경무관계탐토(兩岸經貿關係探討)』,『대만문제실록(臺灣問題實錄)』,『민진당집정상황연구(民進黨執政狀況研究)』,『민진당정상관계연구(民進黨政商關係研究)』,『민진당대륙정책연구(民進黨大陸政策研究)』등을 완성했다. 아울러 간부독본, 대학생독본의『중국대만문제(中國臺灣問題』와 중앙당교교재인『대만문제독본(臺灣問題讀本)』,『중국대만문제외사인원독본(中國臺灣問題外事人員讀本)』등 대만에 관련된 교재를 편찬했으며 광범한 영향을 끼쳤다.[83)]

(2) 중국사과원대만사연구중심(中國社科院臺灣史研究中心)

2002년 9월 28일, 사과원대만사연구중심이 설립된 이래, 타이두 세력

83) 앞의 홈페이지.

의 반대논리를 잠재우기 위해 대만사를 중국역사의 한 가지로 만들어 버렸으며, 대만사 연구를 통해서 당중앙, 국무원대(对)대만공작부분과 관계된 대만역사문제에 관한 씽크탱크의 기능을 담당하고, 『대만통사(臺灣通史)』를 완성했다.[84]

(3) 톈진사과원대만연구소(天津社科院臺灣研究所)

1988년 12월 설립되어 대(对)대만정치, 경제, 문화, 사회 등 방면의 연구를 통해 양안통일을 적극적으로 촉진시키기 위해서 설립된 연구소다.

4. 대학부설 대만연구소 및 기타(大學臺灣研究院以及其他)

(1) 샤먼대학대만연구원(廈門大學臺灣研究院)

샤먼대학 대만연구원의 전신은 샤먼대학 대만연구소로 1980년 7월 9일 발족했다. 중국대륙에서 가장 먼저 발족한 대만연구 학술기구로 교육부와 푸젠성이 공동으로 만든 기구며, 그 아래에는 정치연구소, 경제연구소, 역사연구소, 문학연구소, 양안관계연구소 등 5개연구소와 원판공실, 문헌정보센터가 있고 『대만연구집간(臺灣硏究集刊)』편집위원회가 있다.[85] 현재 샤먼대학 대만연구원은 대만정치, 대만경제, 대만역사, 대만문학, 대만법률, 대만교육, 대만군사 등 종합연구 단체로, 대만연구를 수행하기에 가장 적합하며 해외에서도 가장 유명하다. 뿐만아니라 대만과 관련된 고급인재들을 배양하는 가장 큰 기구다. 샤먼대학 대만연구원은 대만연구와 관계된 유일한 "211공정" 중점 건설학과며, 중국교육부의 중점연구 기지로서, "985공정"의 혁신연구기지다.[86]

---

84) 中国社会科学院台湾史研究中心, http://jds.cass.cn/Item/23964.aspx

85) http://twri.xmu.edu.cn/

샤먼대학 대만연구소는 샤먼대학대만연구원으로 개명하여 43명으로 편제되었으며 그 중 교수는 9인 부교수는 10인이다. 현재 원장은 류궈선(刘国深)교수로, 등리쥐앤(邓利娟), 리펑(李鹏), 펑리(彭莉)교수가 부원장을 맡고 있고 대만연구에 전국1위를 점하고 있다.

(2) 베이징연합대학대만연구원(北京聯合大學臺灣研究院)

베이징 연합대학대만연구원의 전신은 1989년 5월 설립된 베이징연합대학 문법학원(이후, 응용문리학원)의 대만연구실이며 2000년 12월 12월 설립된 대만연구소다. 2005년 4월 양안관계가 새로운 형세 발전의 수요에 의해 국대판과 베이징시대판, 시교위(市教委)의 전폭적인 지지하에 교당위(校党委)가 대만연구소를 폐하고 원(院)으로 편제하여 샤먼대학 대만연구원 다음으로 전국에서 두 번째로 큰 대만연구원이 되었다.

2000년 12월, 연구원 설립 보고대회에는 중국교련(中國僑聯) 부주석 린리윈(林麗韞), 국대판(国台办) 부주임 왕짜이시(王在希), 전국정협당위(全国政协党委), 해협양안관계연구중심 주임 탕수뻬이(唐樹備), 전국대련(全国台联) 회장 쑤민성(蘇民生), 베이징시정협, 시대판(市台办), 시교공위(市教工委)의 지도급 인사들이 모두 참여했으며, 양안관계에 권위있는 인물인 전국정협 부주석 완궈취앤(萬國權), 중국교련 부주석 린리윈이 축하치사와, 해협회 왕다오한(汪道涵) 회장이 현판글자를 썼으며, 탕수뻬이와 베이징시대판 주임 덩페이더(鄧培德)가 현판식을 하여, 베이징 지역의 대만연구 중점인 베이징 연합대학 대만연구소가 얼

86) '211공정'은 "21세기를 대비하여 세계적 수준의 100개 일류대학과 중점 학문분야를 육성한다."는 목표로 추진되고 있는 프로젝트다. 985공정은 세계 일류대학 건설 프로그램(世界一流大學建設項目)'인 이 프로젝트에 '985공정'이라는 약칭을 사용하는 것은 그것이 1998년 5월에 개시되었기 때문이다.

마나 중요한 역할을 하는지 알 수 있을 뿐만 아니라 국대판에 자문을 주는 단위로 매우 권위있는 기관이다.[87] 초창기에는 국대판의 부주임인 탕수뻬이가 명예원장으로 쉬보똥(徐博东)교수가 원장을 맡았다.

(3) 칭화대학대만연구소(清華大學臺灣研究所)

2000년 10월 25일 설립되었고, 대만경제, 양안경제관계 및 양안산업교류와 협력 연구를 중점적으로 진행하고 있다. 부속으로는 양안경제관계연구실, 양안산업합작발전연구중심, 종합연구실이 있고, 2001년 4월 29일 자료제공망인 『해협양안경제망(海峽兩岸經濟網)』을 운영하고 있다.[88]

(4) 저장대학대만연구소(浙江大學臺灣研究所)

중국대륙에서 많은 대만연구소가 있지만 중국국가교위(교육부)가 비준한 것은 사회과학원대만연구소, 샤먼대학대만연구원 외에 저쟝대학대만연구소가 있다. 기타 연구소는 모두 각 지역에서 자체적으로 설립한 것이다.

(5) 난카이대학대만연구소(南開大學臺灣研究所)

1987년 1월에 설립된 난카이대학 대만연구소는 난카이대학 경제학원에 부속으로, 대만과 관련된 경제연구를 중점적으로 하나, 역사 및 정치학을 겸하고 있다.

87) 『人民網』, http://tw.people.com.cn/GB/14865/14925/859945.html

88) www.hellotaiwan.org.cn/index.asp

(6) 기타 연구소

푸단대학 대항문화연구소(台港文化研究所), 인민대학대항오연구중심(人民大學台港澳研究中心), 시쟝재경대학대만경제연구소(西江財經大學臺灣經濟研究所), 텐진대학대만연구소, 화챠오대학대만경제연구중심(華僑大學臺灣經濟研究中心), 산토우대학대항오연구소(汕頭大學台港澳研究所) 등이 있다.

5. 상하이 대만연구소 및 기타

중공의 많은 정치가들이 상하이에 그 거점을 가졌기 때문에 자연스럽게 상하이 학계와 깊은 유대를 맺고 있다. 특히 오랜동안 해협회 회장을 맡았던 왕다오한(汪道涵)은 중공 대(对) 대만정책결정에서 시종일관 중요한 역할을 맡았기 때문에 중공의 고위층과 상당히 밀접하다.

(1) 상하이대만연구소(上海臺灣研究所)

상하이 대만연구소는 중국대륙의 대(对) 대만 정책결정을 하는데 중요한 씽크탱크 중의 하나다. 1999년 4월 당시 해협회 회장 왕다오한의 창의로 상하이시 인민정부가 비준하여 결성되었다. 왕다오한은 고문을 맡았고, 차오지앤밍(曹建明)이 초대 소장을 역임했다.[89]

(2) 상하이국제문제연구소(上海國際問題研究所)

1960년에 설립되어 현시점에 직면한 국제사무문제를 연구하고 국제정세의 발전과 변화에 따라 아태, 유럽, 미국과 일본에 초점을 맞춰 연구하고 있다. 대만, 홍콩, 마카오 내부의 정치경제발전에 연구를 진행

89) http://sh.taiwandao.org/twyjs/

하여, 양안4지(홍콩, 대만, 마카오)의 정치경제 상호작용과 이론문제를 연구하며, 일국양제의 신특징을 탐구하고, 대만, 홍콩, 마카오와의 관계된 정책을 연구한다.[90)]

(3) 상하이동아연구소(上海東亞研究所)

상하이 동아연구소는 1995년 11월 설립되어 동아시아 문제를 전문적으로 연구하는 민간학술기구며, 대만, 홍콩, 마카오 문제에 중점을 맞춰 중국대륙, 일본, 미국관계까지 확대하여 연구한다. 연구의 성과들은 주로 사회주의현대화건설과 독립자주의 평화외교정책에 관한 것이며, 간행물로는『동아동태(東亞動態)』, 내부간행물로『동아전보(東亞專報)』를 발행하고 있다. 특히 홍콩의『중국평론(中國評論)』과 협력하고, 동시에『동아총서(東亞叢書)』발행을 협찬한다.[91)]

6. 중국현대국제관계연구원 및 기타(中國現代國際關係研究院以及其他)

(1) 중국현대국제관계연구원(中國現代國際關係研究院)

중국현대국제관계연구원은 종합성인 국제문제연구기구로, 그 전신은 중국현대국제관계연구소다. 중공중앙은 1980년에 국제문제 연구기구를 설립했으며, 2003년 중국현대국제관계연구원으로 개명하였다. 연구영역은, 국제전략구조, 세계정치문제, 세계경제발전추세, 지역안전문제, 각 국가의 정치, 경제, 사회문제, 지역협력 문제를 다룬다. 연구보고 등의 형식으로 정부관련부처에 제공하고 특히 기타부서의 위탁연구를 수행하며 국내외 관련연구기관과 공동으로 협력연구를 진행한다.[92)]

90) http://www.siis.org.cn/Lingyu_View.aspx?lid
91) http://www.sssa.org.cn/shdy1.htm

2002년 8월에 대만관련사무연구중심(涉台事务硏究中心)을 설립하고, 대만과 관계된 주요국가들과 주요지역에 대한 대(对)대만정책 연구와 학술교류를 해오고 있다.93)

(2) 중국국제전략학회(中國國際戰略學會)

1979년 설립되어 국제전략문제를 연구하는 민간학술단체지만 실제적으로는 인민해방군 총참(总参) 편제하에 예속되어 있고 직접적으로 총참정보부의 지도를 받고 있다. 과거 국대판 부주임인 왕짜이시(王在希)는 총참정보부 재직시에 중국국제전략학회연구원 신분 명의로서 해협회 이사직을 맡았다. 홍콩 『문회보(文匯報)』, 『대공보(大公報)』 및 인민일보 해외판에 양안관계와 관련된 평론을 주로 게재한다.

(3) 평화발전연구중심(和平與發展硏究中心)

1984년 설립되었고 중국국제우호연락회 산하에 있으나 실제로는 중공총참연락부에 소속된 기구다. 국제전략 및 종교문제를 중점적으로 연구한다. 대만, 홍콩, 마카오 조(組)는 동태성 정책결정연구를 주로 하며, 중공의 대(对) 대만 정책에 일정한 영향력을 구비하고 있다.

(4) 군사과학원 대만해협 문제연구중심(軍事科學院台海問題硏究中心)

홍콩 『대공보』의 2004년 4월 13일 보도에 의하면, 인민해방군 군사과학원은 기구편제 조정을 진행하여 대만해협문제연구중심(台海問題硏究中心), 군사사상연구소, 군사역사연구소등의 기구를 설립했다. 그 중 대해문제연구중심은 원래 군사과학원 세계군사연구부의 제5연구실

92) http://www.cicir.ac.cn

93) http://www.cicir.ac.cn/sub-research-institute.php?kai=1&type=41

이었으나 대해문제연구중심으로 개명하였다. 이 센터는 확실하게 그 윤곽이 드러나고 있지 않다. 양안문제를 연구하는 학자 펑광리엔(彭光謙)소장, 뤄위앤(羅援)등이 있으나 대해문제연구중심에 그 직을 두고 있지 않다. 군사과학원이 대해문제연구중심을 설립한 것은 대만의 군사상황을 매우 중시하고 있음을 알 수 있다.

7. 대만의 양안연구 기관 및 학자

대만내에서는 정치대학 동아연구소, 대만대학 사회과학대학 중국대륙연구센터[94] 딴쟝(淡江)대학 대륙연구소, 문화대학 대륙연구소, 중산대학 중국연구소가 비교적 유명하며 특히 정치대학 국제관계연구센터가 가장 역량이 있다.[95] 이 센터의 제3, 4연구소는 각각 중국대륙의 당정, 외교, 군사, 양안관계, 홍콩, 마카오 및 중국내륙의 사회경제, 소수민족을 다루고 있고,『중국대륙연구』,『문제와연구(问题与研究)』를 발행하고 있으며, 리밍(李明), 조우스숑(周世雄), 린정이(林正義), 장야중(張亞中), 류따니앤(劉大年), 쉬쩐궈(徐振國) 등이 참여하고 있다. 대만내 주요학자들로는 대만대 교수 장야중(張亞中), 중국문화대학 정치학과 스쟈인(石佳音), 대만대학 정치학과 스쯔위(石之瑜), 중국문화대학 사회과학원원장 사오종하이(邵宗海), 문화대학 대륙연구소 소장 자오지앤민(趙建民), 대만교육대학 좡치밍(莊淇銘), 딴쟝대학(淡江大學) 국제사무전략연구소 소장 옹밍시엔(翁明显), 대만동화대학 스쩡펑(施正鋒) 등이 있다.

대만내 가장 오래된 연구기관인 중앙연구원은 1927년 난징에서 건립한 것으로 인문사화과학계열 연구소만 11개다. 그 중 대만사연구소, 중

94) http://homepage.ntu.edu.tw/~ntuccs/announce/07060500.html

95) http://iir.nccu.edu.tw/per1/pages.php?ID=per101

국문철(文哲) 연구소, 민족연구소가 유명하다.[96] 대만사연구소에서는 『대만사연구』를 간행하고 있다.

원경기금회(远景基金会)는[97] 양안관계와 국제문제를 전문적으로 연구하는 민간학술기구로, 『원경기금회계간』(远景基金会季刊)』 및 『Prospect Jurnal』을 발간한다.

대만 녹색진영의 주요 씽크탱크로는 대만지고(台灣智庫, Taiwanthinktank)[98]와 신대만국책지고(新台灣國策智庫, Taiwan Brain Trust 간칭 대만국책)를 들 수 있다.[99] 대만지고는 천보즈(陳博志)가 이사장을 맡고 있으며 여기에 참여하는 주요 학자로는 우밍이(吳明敏), 린쟈룽(林佳龍), 동우대학(東吳大學)의 뤄쯔쩡(羅致政), 대만대학 국가발전연구소 하오페이쯔(郝培芝), 대만정치대학 대만사 연구소 소장 쉐하위앤(薛化元), 기타 라이이중(賴怡中), 리밍쥔(李明峻), 쉬용밍(徐永明) 등의 소장학자가 참여하고, 특히 린쟈룽은 『미래중국(未來中國)』, 『양안국제체제와 민주발전(兩岸黨國體制與民主發展)』의 저자로, 민진당 내에서 자칭, 타칭 양안관계 전문가로 불려지며 2014년 타이중시(台中直辖市)의 시장으로 당선되었다.

대만국책은 타이두의 대부 구콴민(辜寬敏)이 2010년에 개소했고, 우룽이(吳榮義)가 이사장을 맡고 있다. 천룽지에(陳榮傑), 까오잉마오(高英茂), 린줘세이(林濁水), 야오쟈원(姚嘉文), 요우시쿤(游錫堃), 천보즈 대만지고 이사장 등이 고문을 맡고 있으며, 민진당 집권기 관료를 역임한 인사가 대거 참여와 녹색진영 학자들 대부분이 관여하고 있는 단

96) http://www.sinica.edu.tw/intro.htm
97) http://www.pf.org.tw/Pages/index.aspx
98) 台灣智庫, taiwanthinktank.org/
99) 新台灣國策智庫, http://www.braintrust.tw/

체다.

8. 중국대륙내의 주요 양안관계연구 학자

중국전략문화촉진회 대만문제연구 센터 주임 시크리(余克禮), 중국국제문제연구소 연구원 겸 중국해양대학해협양안관계연구소 소장 궈쩐위앤(郭震遠), 상하이 대만연구소 상무부소장 니룽지에(倪永傑), 상하이 해협양안교류촉진회 부회장 겸 상하이동아연구소 초우장근(仇長根), 샤먼대학(廈門大學) 대만연구원 원장 리우궈선(刘国深), 중국사과원 대만연구소 부소장 장관화(张宽华), 샤먼대학 대만연구원 천콩리(陳孔立), 중국인민대학 국제관계학원 부원장 진찬룽(金燦榮), 베이징 연합대학의 쉬보둥(徐博东), 리쩐광(李振廣), 베이징대학 리이후(李義虎), 중국사과원 대만연구소 홍쯔보(鴻志博), 베이징 대학 항오연구중심(北京大學港澳研究中心) 라오거핑(饒戈平), 중국사과원 대항오법률연구중심(社科院台港澳法律研究中心) 천신신(陳欣新), 상하이국제문제연구원 대항오연구소(台港澳研究所) 소장 옌안린(嚴安林), 난카이대학(南開大學) 대만경제연구소 소장 자오샤오헝(曹小衡), 기타 리쟈치앤(李家泉), 딴중(譚中) 등이 있고, 시옹지에(熊玠)는 미국에서 활동하는 대표적인 양안관계학자다.

9. 대표적인 미국학자

카네기 국제평화재단의 부총재, 전 AIT(American Institute in Taiwan) 처장 더글라스 팔(Douglas Paal), 전 AIT주석 버거하르트(Raymond Burghardt), 전AIT주석 리차드 부시(Richard Bush)들은 주로 AIT에서 근무한 경험이 있어 대만과 상당한 인맥을 가지고 있다. 전 AIT처장 스탠톤(William A. Stanton)은 현재 대만칭화대학 아시아정책센터 주임위원이며 대만칭화대학 부총장으로 재직하고 있다.

2016년 1월 대만 총통 선거후에 양안은 다시 긴장국면으로 접어들 가능성이 있다고 밝힌 전략 및 국제연구센터(CSIS)의 보니 글래저(Bonnie Glaser), 브루킹스연구원의 마이클 오핸론(Michael O'Hanlon)은 2016년 대만의 선거에 개입하지 않을 것이지만 양안 모두에게 책임있는 행위를 해야함을 강조하고, 특히 민진당은 격정적이고 선동적인 방식으로 양안관계에 임해서도 안되고, 공산당도 보다 큰 영활성(靈活性)을 보여 줘야 한다고 강조했다. 중미 양국은 2016년 1월 대만 총통 선거에서 민진당이 이기고 이로 말미암아 발생할 불확정성에 대해서 주의를 기울여야 한다고 밝혔다.100)

스팀슨센터(http://www.stimson.org/)의 동아시아 분과의 알랑 롬버그(Alan Romberg)는 주로 대만의 총통선거와 양안관계를 주로 고찰했고, 보수파 싱크탱크인 허드슨 연구소(Hudson Institute) 마이클 필즈베리(Michael Pillsbury) 중국전략 연구주임으로 최근 출판한 백년 『백년마라톤(The Hundred-Year Marathon)』에서 미국이 선포한 재평형정책에서 오바마 정부가 대만을 홀시하고 있다고 비판한다.101)

또한 존 홉킨스대학 교수 데이비드브라운(David Brown), 스미스 대학(Smith College) 골드스테인(Steven M. Goldstein), 하버드 대학 페어뱅크 센터(the Fairbank Center)의 윌리엄 커비(William C. Kirby)은 대표적

100) http://hk.crntt.com/doc/1035/9/6/7/103596780.html?coluid=148&kindid=7550&docid=103596780&mdate=0130000245

101) http://www.defensenews.com/story/defense-news/blog/intercepts/2015/01/27/china-us-taiwan-strategy-superpower-marathon-100/22390029/

인 양안관계 전문가다.

미국정부의 공식적 입장은 아니나 미국에서 소수의 학자들이 대만포기론의 관점을 취하고 있다. 조셉나이(Joseph Nye)가 나이 프로포즐(Nye Proposal)에서 '일국양제'를 지지한 이래로 미국학자들 사이에서 간발적으로 대만포기론이 제기되고 있다. 헨리 키신저(Henry Alfred Kissinger), 바네트(Thomas P.M. Barnett), 특히 오웬스(Bill Owens)는 대만에 대한 무기판매는 나중에 부메랑이 되어 올 것이라고 분석했으며, 브루스 길리(Bruce Gilley)는 포린어페어(foreing affairs)지에서 대만문제의 핀란드화를 우려했고, 찰스 글래저(Charles Glaser)는 미국이 대만방어에 대한 승락을 다시 고려해야 한다고 밝혔다. 존 미어세이머(John J. Mearsheimer)는 2014년 내셔널인터레스트(National Interest) 3월호에서 미국은 대만에 작별을 고해야 할 때라고 기고해 논쟁을 불러 일으켰다. 미어세이머가 쓴 "Say Goodbye to Taiwan"은 최근의 대만포기론을 주장한 것으로 현재 중국의 역량은 미국에 뒤쳐지고 미국과 개전할 능력이 없지만 중국대륙의 발전추세로 볼 때 대만과 미국에 불리하다고 파악한다. 십년 후에 중국대륙은 미국과 맞수가 될 것이고 시간은 대만의 편에 있지 않다는 견해다. 중국이 대만을 민족주의와 안전의 관점에서 보기 때문에 이 두 가지의 공통된 결론은 양안통일 뿐이라는 것이다.[102)]

102) http://nationalinterest.org/article/say-goodbye-taiwan-9931

Ⅴ. 결론

양안간은 1987년부터 친척방문이라는 인도적인 교류가 점차적으로 확대되어 경제, 문화등으로 확대되었고 나아가 양안간의 정치접촉, 협상이 등장했으며, 1980년대 말에 이르러 학계에서도 양안관계연구라는 신조어가 등장했다. 그러므로 '양안관계연구'라는 단어는 많이 잡아도 40년 정도에 불과한 신형분야에 속한다. 특히 양안의 군사대치기, 법통쟁탈기, 교류기, 정체성 대립기 등을 다루는 양안관계의 변천과 대만의 지위를 둘러싼 양안간 정위의 문제가 학계에서 비교적 중시되었다. 양안간의 변천에 관한 연구는 단지 역사적 접근법만이 유일한 관도일 수 없으므로 양안관계 연구자들은 서구의 이론을 운용하여 양안변천의 과정을 해석하고 새로운 틀을 발견해 내고자 하였다. 특히 양안관계에 영향을 미치는 요소로서, 첫째 중공의 내부환경변화가 중공의 대대만정책에 어떠한 영향을 미치는가. 둘째 대만내부의 환경변화는 대(对)중국대륙정책에 어떠한 영향을 일으키는가. 셋째 특히 국제환경요소인 미국요소가 양안정책변화에 끼치는 영향과 양안교류과정의 영향이 양안관계에 끼치는 영향을 연구하는 것이 정치학분야에서 두드러지게 나타나는 흐름이다. 주요한 쟁점으로서 중국대륙과 미국간에는 '하나의 중국정책'과 '하나의 중국원칙'이 맞부딪친다. 미국은 '하나의 중국'을 인정하면서도 대만관계법에 의거하여 대만에 대한 안전을 승락하고 있다.

양안간에도 과거 중국국민당과 중국공산당이라는 두 정당이 대만을 포함한 전체중국대륙의 경영권을 둘러싸고 벌인 치권(治权)의 경쟁이었다면, 1996년 직선 대만총통선거를 실시한 이후 "중국은 중국이고 대만은 대만이다"라는 주권의 경쟁으로 변모되었고, 대만내부에서의 환경변화 역시 민주화, 본토화, 타이두화를 거치면서 양안간 정체성의 변화로 나타났다. 현재의 양안정세는 중국대륙은 점점 더 통일을 원하고 대만은 점점 더 독립을 원하고 있는 상황이다. 다시 말해 양안간의 쟁점은 국제일중(国际一中), 정치일중(政治一中), 경제일중(经济一中), 민족일중(民族一中)이다. 양안은 국제적으로 '하나의 중국'인가, 양안은 정치적으로 '하나의 중국'인가, 양안은 경제적으로 '하나의 중국시장'인가, 양안은 민족적으로 '하나의 중국민족'인가로 귀결된다.

중공은 이러한 '하나의 중국'을 실현시키기 위해서 대(对)대만공작연구체계를 강화화여, 중앙에서 지방까지 전방위적, 다층적으로 조직하고 있으며 대만 역시 그들 나름의 무실적 입장에서 안전이익과 경제이익을 고려하여 대만에 유리한 방향으로 연구체계를 갖추고 있다. 경제적 적자를 정치적 흑자로 만회할 수 있다는 중국대륙의 자신감과 경제적 이득이라는 대만의 무실적 태도로 인해, 양안간의 학자들간의 교류 역시 다양해지고 폭넓어지며 빈번해지고 있다.

현재의 양안관계를 형용한다면 정랭경열(政冷经热)로 표현할 수 있다. 양안간의 경제, 사회문화적 교류로 인해 상호의존성이 증가되고 있지만, 베이징과 타이베이의 정치지도자들은 여전히 상대방의 동기와 의도를 믿지 못하고 있다. 이는 남북한 관계도 마찬가지다. 남북한 관계가 양안관계와 다른 점은 남북관계는 정치적 문제로 인해 경제적 교류마저 차단당해 버린다는 점이다. 남북한관계와 양안관계는 국제사회의 인식과 국제적 지위, 쌍방의 상호정책과 인식등 상이한 측면을 가지고 있지만 양안관계와 남북한 관계는 기본적으로 미국요소가 크게 작용하고 있다는 공통점이 있다. 그러나 양안관계가 완화된 원인에는 양안 지도자들의 현실적이고 실용적인 정책이 있었기에 가능한 것이다. 체제와 이념의 상호인정, 쟁의성 있는 안건에 대해서는 잠시 보류해주는 무실적 태도, 경제영역에서의 협력은 공통의 이익이 될 수 있다는 인식과 이러한 공통된 인식의 기초하에서 관계악화를 바라지 않는 현실인식이 그 바탕이 깔려있다. 양안간은 정치와 비정치, 민간과 관방의 분리로 교류를 진행하고 있는 추세로 볼 때, 양안간 경제적 상호의존과 정치적 통합 간 상관연구나, 민간과 관방의 분리라는 양안관계의 상호비교연구를 통해 우리의 대북정책이나 대중정책에 어느 정도의 도움을 줄 수 있을 것이다.

| 참고문헌 |

〈국내자료〉

이원봉, 「대만의 국가정체성과 양안관계」, 『아태연구』 제16권 제2호.

〈국외자료〉

Brett V. Benson and Emerson M. S. Niou, "The U.S. Security Commitment to Taiwan Should Remain Ambiguous", in Carolyn W. Pumphrey ed., *The Rise of China in Asia: Security Implications,* Carlisle: Strategic Studies Institute, U.S. Army War College, 2002.

David Lampton, Same Bed, *Different Dreams: Managing U.S.–China Relations, 1989~2000,* Los Angeles: University of California Press, 2001.

Douglas H. Pall and Jeffrey Bader, "Georgia's Lessons for Taiwan" *Far Eastern Economic Review*, September 2, 2008, available at : http://www.carnegieendowment.org/publications/?fa=view&id=20442&prog=zch,zru

Harry Harding, "Think Again: China", *Foreign Policy,* Vol.25, No.2 (March/April 2007).

James Kelly. "The Taiwan Relations Act: The Next 25 Years.", Testimony of Assistant Secratery of State for East and Pacific Affairs, James Kelly at hearing held by the House International Relations Committee on Apirl 21, 2004.

Michael W. Doyle, *Ways of War and Peace,* NewYork: W.Norton Co. 1997.

Thomas J. Christensen, "The Contemporary Security Dilemma: Deterring a Taiwan Conflict", the Washington Quarterly, Vol.25, No.4, 2002.

Nancy Bernkopf Tucker, "Strategic Ambiguity or Strategic Clarity?" in Nancy Bernkopf Tucker ed., *Dangerous Strait, The U.S.-Taiwan-China Crisis* (New York: Columbia University Press, 2005.

Paul R. Vioti, Mark V. Kauppi, *International Relation Theory*, NewYork: Macmillan Publishing Company, 1987.

Richard Bush, *Untying the Knot: Making Peace in the Taiwan Strait*, Washington D.C.: Brooking Institution Press, 2005.

Susan L.Shirk, *China: Fragile Superpower*, NewYork: Oxford University Press, 2007.

Suisheng Zhao, "Strategic Dilemma of Beijing's Taiwan Policy: Chinese Nationalism and the Making of the Anti-Session Law", in Peter C.Y. Chow ed., *The "One China" Dilemma,* New York: Palgrave Macmillan, 2008.

Michael Swaine, "Trouble in Taiwan", *Foreign Affairs*, Vol.83, No.2 (March/April 2004).

『一個中國原則與臺灣問題白皮書』, 中華人民共和國國務院臺灣事務辦公室, 2002.

王玉玲,『由兩岸關係探討台灣的統獨問題：以博弈理論析之』, 臺北：桂冠, 1996.
中共中央文獻編輯委員會,『鄧小平文選(卷三)』, 北京：人民出版社, 1993.
石之瑜,『兩岸關係概論』, 臺北：揚智叢刊, 1998.
史明,『臺灣人四百年史』, 臺北：草根文化, 1999.
包宗和、吳玉山主編,『爭辯中的兩岸關係理論』, 臺北：五南, 1999.
包諄亮,「兩岸政治矛盾與未來」, 王央城主編,『前膽兩岸關系發展的趨勢』, 台北：國防大學戰略研究所出版, 2007.
李登輝,『臺灣的主張』, 臺北：源流, 1999.
和泉台郎, 李毓昭譯,『日美台三國同盟』, 台北：晨星出版, 1999.
楊開煌,『出手, 胡政權對台政策初探』, 臺北：海峽學術, 2005.
吳玉山,『抗衡或扈從兩岸關系新詮』, 台北:中正書局, 1999.
『臺灣問題與中國的統一』, 中華人民共和國國務院臺灣事務辦公室, 1993.
「關於一個中國的含義」, 國家統一委員會, 1992.
吳恒宇,『現階段中共對台文攻武嚇的研究(1995-2001)』, 臺北：大屯出版社, 2001.
湯紹成,『國民黨的政策與觀點』, 台北：中央日報, 2010년3월29일.
黃爾璇,「未來台灣政局的分析」,『台灣e廣場』, 2008년7월8일.
陳豐祥,『普遍高級中學「歷史」』, 臺北：泰宇出版, 2008.
黃昭堂,『黃昭堂獨立文集』, 台北：臺灣文史叢書, 2003.
「政府大陸政策重要檔」,「陳總統就職演說」, 大陸委員會, 2000年.
陳儀深,「臺灣地位論述總整理」,『自由時報』, 2007년8월7일
張茂柱,「談身份認同政治的幾個問題」, 遊盈隆遍,『民主鞏固或崩潰：台灣二十一世紀的挑戰』, 臺北：月旦出版社, 1998.
楊開煌,『出手-胡政權對台政策初探』, 臺北：海峽學術, 2005.
蘇起,「兩岸關係的三個特殊性」, 國安(評)090-284號, 2001.

楊開煌,『出手, 胡政權對台政策初探』, 臺北：海峽學術, 2005, 27쪽

「胡锦涛在纪念《告台湾同胞书》30周年会上讲话」, 2008年12月31日, http://news.sina.com.cn/c/2008-12-31/132716956875.shtml

高朗,「从政和理论探索两岸争得的条件与困境」, 包宗和, 吴玉山主编,『争辩中的两岸关系理论』, 台北：五南, 1999, 41-77쪽.

張五岳,「分裂國家模式之探討」, 包宗和、吳玉山主編,『爭辯中的兩岸關係理論』, 臺北：五南, 1999, 79-90쪽.

吳玉山,「臺灣的大陸政策：結構與理性」,『爭辯中的兩岸關係理論』, 臺北：五南, 1999, 164-210쪽.

吳秀光,「兩岸談判之結構分析：由博弈理論出發」,『爭辯中的兩岸關係理論』, 臺北：五南, 1999, 111-152쪽.

明居正,『國際體系理論與兩岸關係』, 包宗和、吳玉山主編,『爭辯中的兩岸關係理論』, 臺北：五南, 1999, 365-388쪽.

辛旗,「國際戰略環境的變化及臺灣問題」, 北京：战略与管理 第4期, 1996.

江澤民,「為促進祖國統一大業的完成而繼續奮鬥」的重要講話。所謂江八點, 1995年1月30日

羅致正·宋允文,『結構一個中國國際脈絡下的政策解析』, 臺北：台灣知庫, 2007, 4쪽.

『中国评论』, 第191期, 2013年 11월号.

『民眾日報』, 1995년10월26일.

〈웹사이트〉

中华民国行政院大陆委员会중, http://www.mac.gov.tw/ct.asp?xItem=67145&CtNode=5710&mp=1

民主进步党, http://www.dpp.org.tw/

台灣智庫, http://www.taiwanthinktank.org/

新台灣國策智庫, http://www.braintrust.tw

两岸企业家峰会, http://www.laqyjfh.com/

全國臺灣硏究會, http://tyh.chinataiwan.org/

『福建東南新聞網』, 2008년12월4일, http://big5.fjsen.com/misc/2008-12/04/content_616137.htm

『新華日報』, 2007년9월6일.

天津市臺灣硏究會, http://www.tjtyh.com/docc/haixialuantan.htm

中國社科院, http://www.cass.net.cn

中國社科院臺灣硏究所, http://www.cass.net.cn/y_03/y_03_50twyjs.html

http://w3.pku.edu.cn/life/xuehui/pkutra/online.ht

『新華網』, 2002年9月28日,

http://news.xinhuanet.com/newscenter/2002/09/28/content_579027.htm

http://twri.xmu.edu.cn/

『人民網』, http://tw.people.com.cn/GB/14865/14925/859945

www.hellotaiwan.org.cn/index.as

http://sh.taiwandao.org/twyjs/

http://www.siis.org.cn/Lingyu_View.aspx?lid

http://www.sssa.org.cn/shdy1.htm

http://www.cicir.ac.cn

http://www.cicir.ac.cn/sub-research-institute.php?kai=1&type=

http://homepage.ntu.edu.tw/~ntuccs/announce/07060500.html

http://iir.nccu.edu.tw/per1/pages.php?ID=per101

http://www.sinica.edu.tw/intro.htm

http://www.pf.org.tw/Pages/index.aspx

http://www.taiwan.cn/hxlt/gylt/201406/t20140606_6276731.htm

http://hk.crntt.com/doc/1035/9/6/7/103596780.html?coluid=148&kindid=7550&docid=103596780&mdate=0130000245

http://www.defensenews.com/story/defense-news/blog/intercepts/2015/01/27/china-us-taiwan-strategy-superpower-marathon-100/22390029/

http://nationalinterest.org/article/say-goodbye-taiwan-9931

http://special.taiwan.cn/communicate/

http://tw.people.com.cn/n/2014/0910/c14657-25633315.html

타이완 사회운동과 양안관계:
2014년 해바라기운동을 중심으로

● 이광수 ●

Ⅰ. 서론

1. 문제제기

타이완에서 발생했던 일련의 사회운동은 타이완 정치와 중국과의 관계 변화에 직간접적으로 영향을 미쳐왔다. 특히 타이완 사회운동으로 하여금 보다 많은 대중으로부터의 지지를 획득하고, 적극적인 참여를 이끌어내는 등 사회운동으로서의 정치적 효과를 높이도록 중심적인 역할을 한 집단은 학생들이었다. 1990년의 야생백합운동, 2004년의 신야생백합운동, 2008년 산딸기 운동, 2014년 해바라기 운동 등이 이러한 가정을 증명하는 주요한 사례이다.

타이완학생들은 1990년대 초 국민당 출신 리덩후이 정부의 개혁작업이 지지부진하자 국민대회 해산, 국시회의 개최 등의 요구조건을 내건 야생백합운동을 시도하여, 타이완 민주주의를 촉진시키는 역할을 담당했다. 또한 정권이 바뀌어 민진당이 집권하던 2004년에는 천수이볜 정

* 국민대학교 중국인문사회연구소 HK연구교수

부의 선거부정시비로 정권의 통치 정당성이 의심받을 때에도 신야생백합운동이라고 주장하면서 적극적으로 정치활동에 참여하는 특징을 보여주고 있다.

타이완의 정치발전과정을 보면, 학생들이 타이완 국내정치의 문제점에 대해서 토론회를 개최하거나 수업거부, 정좌시위, 집회 참가, 점거농성 등 다양한 방식으로 의사표현을 해 가면서, 대중의 지지와 참여를 이끌어내는 사회운동으로 전환시키는 형태를 갖추고 있다. 사회운동은 국민당과 민진당이 각각의 정치적 입장을 채택할 때에나 혹은 타이완 정부의 국내정책을 결정할 때이거나 혹은 대외정책을 결정할 때에도 영향을 미치기도 한다. 특히 2008년 양안관계강화를 기본적인 정치적 입장으로 하는 국민당의 마잉주 정부가 집권한 이후 대외정책에 속한다고 볼 수 있는 양안관계에 대해서도 학생들의 사고와 주장이 정책결정에 영향을 미치는 상황에 이르렀다.

2008년 국민당의 마잉주 정부가 들어서면서 본격화된 중국접근전략으로 인해 타이완과 중국 대륙의 관계는 민진당 천수이볜 정부의 타이완 독립 분위기 시기와 달리 양과 질 모두 한층 높아진 수준의 교류가 진행되어왔다. 그 결과 2010년 양안경제협력기본협정(Economic Cooperation Framework Agreement:ECFA)가 체결되면서 양안 경제교류가 다양한 차원으로 확대되었고, 양안 정부 책임자들의 상호방문으로 이어지면서, 대내외적으로 양안교류의 확대에 대한 관심이 높아져갔다. 하지만 타이완 내부에서는 경제발전을 기대하는 시각과 함께 대륙으로의 경제 종속의 우려가 동시에 터져나오면서 격렬한 반대와 충돌이 발생하였다.

2014년 3월에 발생한 '해바라기운동'은 양안교류의 확대에 따른 타이완 내부의 불안과 우려가 학생들에 의해 입법원이라는 국가시설에 대한 직접적인 점거농성행위로 비화되면서, 대내외적으로 주목을 이끌었다. 이번 사회운동은 1949년 이래 타이완에서 최초의 국가시설 점거와 대규모 대중의 지지와 참여, 평화적인 방식의 농성해산, 젊은 세대의 변화된 사회참여 행태 등의 특징을 보여주면서, 기존 사회운동과의 차이점을 여러 면에서 보여주었다.

특히 학생운동이 종료된 이후에도 운동지도부와 시민단체, 정당의 조직화와 선전이 지속되면서, 지방선거에서의 야권승리결과와 이로인해 운동의 목표인 서비스무역협정체결에 앞서 감독법규를 만들어야 한다는 일정한 성과를 거두었으며, 더 나아가서는 중국 중심의 양안관계의 성립, 즉 양안통일에 대한 타이완 민중의 반대 여론이 과거보다 더 확대되고 있음이 나타났다.

이 글은 2014년 3월 중순부터 4월 초순까지 20여일에 걸친 타이완의 '해바라기운동(太陽花學運)'의 특징과 영향에 대한 분석을 통해 타이완 사회운동과 양안관계의 상관관계를 살펴보려고 한다. 이를 위해 먼저 과거에 발생했던 사회운동 가운데, 초기 참여자들이 학생들이 중심적인 역할을 했던 사회운동의 배경, 과정, 영향을 살펴봄으로써 해바라기운동의 역사적 배경을 찾고자 한다. 2장에서는 해바라기운동의 직접적 원인이자 도화선이라고 할 수 있는 마잉주정부의 양안교류정책의 기본적 틀과 이번 운동의 직접적 요인이 된 양안경제협력기본협정(ECFA)과 서비스무역협정(Cross–Strait Service Trade Agreement: CSSTA)의 내용을 분석하여, 왜 타이완 민중이 반대하는가에 대한 이유를 찾고, 다음으로 집권 국민당 내부의 반발움직임으로서의 마왕정쟁과 민중의 반대가 타이완을 방문한 중국관료들을 직접 대상으로 하는 항의시위를 분석하여, 해바라기 운동의 직접적 원인을 규명할 것이다. 3장에서는 해바라기운동의 특징을 분석하여 과거의 학생운동과는 다른 특이성을 규명하여, 이번 해바라기 운동의 내외적 동력을 분석할 것이다. 4장에서는 해바라기 운동의 종료 이후 변화된 결과를 분석하는 것을 통하여, 운동의 영향, 즉 파급효과가 어떻게 나타나는가를 분석할 것이다. 마지막으로 5장에서는 해바라기 운동의 발발, 진행, 해산, 종료까지 전체 과정에서 타이완의 정치인, 지식인 뿐만 아니라 중국대륙, 홍콩 등 중화권이 바라보는 다양한 반응이 나왔다. 이를 지지와 찬성의 관점에서 분류하여 각각의 시각을 가진 당사자, 관찰자들의 특징을 통한 관계를 살펴볼 것이다.

2. 학생운동의 역사적 경험

타이완의 학생운동이 현실정치와 밀접한 관계를 맺으면서 타이완 정치에 직접 영향을 미치게 된 첫 번째 사례는 1990년에 발생한 '야생백합운동'이다.

1975년 총통 장제스의 사망이후 타이완의 국민당 일당지배체제에 균열이 발생하기 시작했다. 국민당 바깥에서 정치혁신을 요구하던 당외 인사들이 1986년 9월 '민주진보당(민진당)'을 창당하였으며, 1년 후에 총통 장징궈는 1987년 7월 14일 계엄해제를 선포하였다. 이로써 정당활동의 자유(黨禁), 신문방송의 자유(報禁), 출입국, 언론, 결사, 집회시위의 자유 등 계엄시기 제한되었던 자유권을 해제하는 조치를 시행하였다.

하지만 국민당 정부에게 정치, 행정, 경제 개혁의 폭을 확대할 것을 요구하는 목소리가 교수 등 지식인 중심으로 분출하면서, 자연스럽게 대학이 사회 동력이 집결하는 장소가 되었다. 1988년 1월 장징궈 총통이 사망한 이후, 국민당 내부에서 당파투쟁이 날로 심화되었다. 1990년 초 국민당에서 주류파와 비주류파간의 '2월 정쟁'이 발생하고, 3월에는 만년국회로 비판받던 '국민대회(國民大會)' 대표들이 자신들의 이익과 권한을 강화하는 조항을 통과시키면서, 타이완의 지식인과 민중들의 불만이 극도로 고조되었다. 즉 국민당 내부의 파벌투쟁이 처음으로 공개적으로 드러내고, 권력을 개인적 이익으로 전횡하는 것에 대해 시민사회와 민진당이 지속적으로 문제제기를 하면서 학생들이 최초로 거리에 나서는 '야생백합운동'이 시작되는 분위기가 형성되었다.

1990년 3월 16일 9명의 타이완대학 학생들이 '중정기념당'앞에서 정좌항위시위를 하면서, 야생백합운동의 서막을 열었다. 학생들은 "국민대회 해산, 임시조치 폐지, 국시회의(國是會議) 개최, 정치경제개혁 일정표 제시"등 4개항의 요구조건을 내걸었다. 다음날 3월 17일 비교적 세력을 갖추고 있는 '타이완대학 개혁파사단연맹', '신청년사', '민학연' 등 3개 학생운동조직이 시위에 동참하면서 농성학생들의 규모가 증가하였다. 동시에 타이완대학 교수 허더펀(賀德芬) 이외 교수들도 시위에 합류하면서, 이른바 3월 학운, 또는 야생백합운동이 시작되었다.[2)]

3월 20일에는 시위참가 학생들이 최대규모인 6천명에 이르렀다. 3월 21일 리덩후이(李登輝) 총통이 학생운동 지도부와 만남을 갖고, 일부 요구사항을 받아들이면서 3월 22일 1주일간에 걸친 야생백합운동은 중정기념당 광장에서 정식으로 해산하면서 끝났다.

야생백합운동은 1949년 이후 타이완 최대규모의 학생시위이며, 타이완 정치 발전에 적지 않은 영향을 미쳤다. 리덩후이는 학생들이 요구한 '국시회의'를 1990년 6월 28일 개최하였다. 그리고 1991년 5월 1일에는 '동원감란시기조치(비상조치)의 폐지'를 선언하고, 12월 31일에는 1기 국민대회 대표들이 모두 퇴임하는 조치를 내리면서 '만년국회'로 불리던 '국민대회'는 역사의 뒤안길로 사라지고 타이완 민주화가 새로운 단계로 들어선 것이다.

2) 3월 19일에는 농성하는 학생들이 3천명을 넘어서고, 각 대학 대표들이 참여한 회의에서는 강인한 생명력과 깨끗한 순결성이 이번 학운의 정신이라는 취지로 '야생백합'을 '3월 학운'의 정신적 상징으로 한다는 결의를 하였다.

야생백합운동은 리덩후이 정부의 적극적인 반응아래 많은 성과를 거둔 학생운동으로 평가할 수 있다. 이후 학생운동을 이끌었던 일부는 학생들은 민진당에 입당하였고, 2000년 민진당 집정을 경험하면서 정치권력의 중심으로 들어섰다. 또다른 학생들은 정치, 학술, 문화계로 진출하면서 타이완 사회의 여론주도층 역할을 담당하였다.

야생백합운동은 타이완 사회운동 측면에서 몇 가지 주목할 만한 특징을 보이고 있다. 먼저 소규모 학생단체들만의 연합행동에 그친 것이 아닌, 처음으로 일반 대중들로 하여금 자발적으로 시위에 참여하도록 유도하였다는 점이다. 이에 따라 학생운동이 대중적인 사회운동으로 진입하게 되었다. 다음으로 학생운동에 참여한 여러 역량들이 하나의 공통된 시스템을 유지하면서 진행되었는데, 이는 학생운동의 통합이 가능하며, 학생들이 독립적으로 사회역량을 갖는 것이 가능함을 보여주었다. 세 번째는 야생백합운동은 '국민대회'의 권력남용문제를 적절하게 제기하면서 더 이상의 권력위기를 막았으며, 광장에서 학생들은 스스로 질서와 규율을 유지하며 주장하는 모습들은 학생운동의 정당성과 합리성을 보여주려고 하였다. 이와 같이 대중성, 체계성, 합리적 정당성을 갖추고자 하는 모습들은 2014년 해바라기운동에서도 찾아볼 수 있다.

타이완 학생운동이 정권의 성격에 좌우되지 않고, 정치적 부조리와 불합리에 적극적으로 문제제기를 한다는 것은 2004년 발생한 신(新)야생백합운동 사례에서 보인다. 타이완 정권교체 이후 첫 번째 학생운동인 신야생백합운동은 2004년 총통선거에 대한 부정선거의혹이 나오면서 시작되었다.

2000년 대선에서 민진당의 천수이벤 후보가 총통으로 당선된 이후 타이완의 정치 정세, 국민당 내부의 권력구조, 타이완의 대륙정책, 대외정책 모두 커다란 변화가 발생하였다. 첫 번째는 2000년 타이완 총통선거에서 국민당 내부에 분열이 발생하여, 민진당의 천수이볜이 어부지리로 당선되면서 처음으로 정당간의 권력교체가 이루어져 민진당이 집정하고, 국민당이 야당이 되었다. 두 번째는 리덩후이에서 천수이볜까지 '두 개의 중국' 정책이 날이 갈수록 분명해 지고, 이에 따라 타이완 내부의 독립세력이 증대하였다.

이에 따라 2004년 대선에서 국민당의 롄잔, 송추위 후보가 천수이볜, 뤼슈롄의 강력한 도전자가 되었다. 천은 '타이완독립'을 선거전의 핵심전략으로 내세우고, '국민투표', '헌법개정'등의 의제를 제안하여 이른바 '본토'출신과 '타이완'출신의 대결구도로 이끌었다. 투표 전날인 3월 19일에는 갑작스레 천수이볜 암살시도 사건이 발생하였다. 투표결과는 647만표에서 644만표로 불과 3만여표, 0.22%의 격차로 천뤼조가 롄송조를 가까스로 이겼다. 하지만 기권표가 33만여표가 나오면서 선거결과에 대한 의혹이 제기되었다.

2004년 4월 2일 타이완대학 천정펑, 천신루이 등 수 십명의 대학생들이 중정기념당 광장에서 정좌, 단식을 하면서 '319 천수이볜 암살사건'에 대한 진상 규명을 요구조건으로 내걸면서 항의시위를 시작하였다. 학생들은 현장에서 '백합이 다시 나타났다'는 표어를 내세우면서 "우리는 남녹(국민당과 민진당)을 나누지 않고, 진상규명을 요구하며, 음모술수를 통한 권력탈취를 허용하지 않을 것이다. 우리는 남녹을 구분하지 않고, 비방을 반대하며, 정치가들의 정쟁을 원하지 않고, 타이완을 독재국가가 되는 것을 막고, 남녹을 구분하지 않고, 청춘을 불사르기를 원하며, 정의, 공정 원칙에 부합한 미래를 쟁취하기를 요구한다"라고 선언하였다. 학생들은 다섯 가지 요구조건을 내걸었으나,[3)] 당시 집정당인 민진당은 별다른 반응을 보이지 않았다. 마지막에 학생들과 지지자들은 5월 17일 경찰에 의해 해산되면서 신야생백합운동은 종료되었다.

이 운동은 사회의 광범위한 관심과 지지가 있었지만 대법원이 당선무효소송과 선거무효소송을 각하하고, 천수이볜 총통의 당선을 확인함으로써 그대로 종료되었다.

타이완 학생운동이 양안관계와 관련하여 직접적으로 목소리를 내고 영향력을 행사하는 계기가 된 시기는 비교적 최근의 시기이다. 특히 2008년 마잉지우 정부의 양안교류확대 정책이 본격화되면서, 젊은 학생들이 양안교류와 통독(통일과 독립) 문제를 연결시키는 계기가 되었는데, 바로 2008년 발생한 산딸기운동이다. 별칭으로 1106인권쟁취, 집시법반대 정좌시위로 불리워지는만큼, 국가가 법과 제도를 통해 폭력적으로 인권유린하는 행위에 대한 반발로서 생겨났다.

2008년 5월 20일 타이베이시장 출신 마잉주가 정식으로 총통이 되면서, 두 번째로 정당간 권력교체가 이루어지고, 양안교류에 비교적 관대한 태도를 보이고 있는 국민당이 다시 집정당으로서 역할을 하게 되었다. 따라서 독립지향적이던 민진당 집권시기에 얼어붙었던 양안관계가 해빙되고, 양안사이의 교류가 전방위로 확대되었다. 양안의 해빙 분위기는 중국 대륙의 관료인사의 첫 타이완 직접 방문으로 나타났다. 하지만 타이완에서는 이미 역사적 시간의 흐름과 글로벌화되는 국제정

3) 다섯 가지 요구조건은 ① 천수이볜, 롄잔, 송추위는 과거 4년간의 '헌정' 왜곡과 정치혼란에 대해 민중에게 사과할 것, ② 진상규명위원회 설치를 위한 특별법을 제정하여, 319 암살시도사건에 대해 조사할 것, ③ '족군'평등법을 즉각 통과시키고, '족군평등위원회'를 설치할 것, ④ 천수이볜에게 행정부의 편향, 미디어 조종, 국회 무시 등 헌정 정신을 위반한 것에 대해 공개사과할 것, ⑤ 헌법 수호를 공개천명하고, 연합정부를 구성하여, 연말에 국회 선거 이후에 다수당이 각료임명권을 갖도록 허용할 것 등이다. 이를 통해 볼 때, 학생운동의 정치참여적 성격이 강하게 나타나고 있음을 알 수 있다.

세, 8년에 걸친 민진당의 집권과정을 거치면서 타이완인으로서의 정체성 인식이 확대되고, 타이완 독립요구가 높아지는 분위기가 형성되고 있었다.

이러한 분위기는 마잉주정부의 양안교류확대에 비판적인 반응을 나타내는 것으로 이어지는데, 타이완을 방문하는 대륙인사들에 대한 항의시위를 조직하는 것으로 구체화되었다. 먼저 2008년 10월 중국의 반관반민 양안교류책임기관인 해협양안관계협회 부회장 장밍칭(張銘清)이 타이완의 학술세미나에 참가하였다가, 타이난(臺南)의 공자묘에서 타이완독립운동 세력에 의해 부상당하는 사건이 발생했다. 이를 의식한 타이완의 마잉주정부는 2008년 11월 3일 해협회장 천윈린(陳雲林)이 타이완을 방문하는 기간에 유사 사건이 발생하는 것을 막기 위하여 경찰이 시민단체와 개인들을 대상으로 엄격한 예방조치를 취했다. 그리고 학생들은 이러한 상황이 민중의 기본인권을 침해하고 있다면서 항의시위를 한 것이다.

11월 6일 민진당적을 지닌 타이완대 사회학과 조교수 리밍더(李明璁)가 BBS에서 정좌시위를 제안하고, 학생들이 '행정원' 정문앞에 집결하고, 시민들이 동참하면서 수천명으로 증가하였다. 이들은 마잉주와 행정원장 류자오셴의 공개 사과, 경정서장 왕저쥔, 국안국장 차이자오밍 해임, 집회시위법 수정 이라는 세 가지 요구조건을 내걸었다. 11월 7일 경찰이 출동하여 해산을 시키자, 학생들은 '자유광장'으로 옮겨 계속 정좌시위를 하였다. 11월 9일 학생들은 표결을 통해 '산딸기'를 운동의 상징으로 하였다. 이와 동시에 대남. 대중, 신죽, 고흥 등지에서도 학생들이 정좌시위를 하였다. 12월 7일 운동 1개월째가 되자, 산딸기와 일부 사회단체들은 '1207 행진'시위를 조직하였는데, 수천여명이 참석하였다. 산딸기 운동은 정치색채가 짙은 상황에서 방향을 명확하게 잡지 못했고, 결국 '헌법해석신청', '산딸기의 집 개설' 등의 소극적인 요구를 하면서 종료되었다.

산딸기 운동은 사람들에게 규모나 요구조건에 비해 실제 달성한 성과는 많지 않았으나, 운동에서 내건 요구들은 사회에 비교적 중시되었다. '집회시위법 초안'을 제출한 것 이외에, 당국은 다른 부분에서 적극적인 반응이 없었다.

산딸기 학생운동은 학생들이 처음으로 BBS, Blog, twitter와 같은 인터넷 공간을 선전통로로 활용하였다. 학생들은 Yahoo 플랫폼을 통해 '1106학생정좌행동' 현장 동영상을 온라인에 업로드하였는데, 가장 많을 때는 동시접속자수가 3천명에 이르렀다. 또한 산딸기 운동 참여자들은 운동 종료 이후에도 연대를 위한 조직을 결성하였다. 예를 들어 린페이판은 성공대학에 '영이사(零贰社)'를 조직하였고, 당시 청화대 인문사회과에 재학중인 웨이양(魏扬)은 신주시의 '산딸기'활동에 참가하고, 건국중학교에 재학하던 천웨이팅(陳偉霆)은 타이베이의 '산딸기 학운'에 참여하고, 1년 후에는 청화대 인문사회과에 입학하였다. 웨이양과 천웨이팅은 청화대에서 '기진필기(基进笔记)를 만들었다. 이상 주요 학생운동 인물들은 이후 2014년 해바라기운동의 지도부로 다시 등장하였다.

Ⅱ. 마잉주정부의 양안교류확대 정책과 내부의 반발

2008년 들어선 마잉주 정부는 민진당 천수이벤 정부 시기 냉각되었던 양안관계를 회복하기 위하여 양안 교섭창구를 재가동하면서 양안교류 확대정책을 추진하였다. 이에 대해 반대자들은 확대정책을 친중국 접근정책 또는 타이완의 이익을 침해하는 정책으로 간주하고 반발하는 상황들이 연이어 발생하였다.

해바라기운동은 마잉주정부가 추진해왔던 양안교류확대정책의 일환인 서비스무역협정(CSSTA, 服貿)에 대한 반발이자 항의 표시로 시작되었다. 2010년 체결된 양안경제협력기본협정(ECFA)의 구체적 실행방안을 담은 세부협정 성격의 서비스무역협정이 양안 당국자 사이의 밀실협상을 통해 비밀스럽게 진행되고 있음을 비판하고, 일부 공개된 내용들은 타이완 중소기업과 민중들의 경제적 이익을 침해할 것이라는 인식이 민중들의 위기의식을 불러일으키면서 대중적인 사회운동으로 확산되었다.

이 장에서는 ECFA와 CSSTA에 대해 타이완 민중이 왜 반대하는가에 대한 이유를 분석하고, 다음으로 타이완 민중의 중국관료에 대한 항의 표시와 타이완 정치가들의 무능력에 대한 반감이 커진 두 차례 사건, 즉 진강회담 당시 타이완 시민들의 항위시위와 9월 정쟁 또는 마왕전쟁이라고 불리는 타이완 정계 내부의 권력투쟁양상을 분석하면서, 해바라기 운동의 잠재적 원인과 직접적 원인을 규명하고자 한다.

1. 마잉주정부의 양안교류확대정책 : ECFA와 CSSTA

2008년 집권한 마잉주정부는 타이완 경제의 재도약을 위해민진당 천수이볜 정부 시절의 대립적 양안구도를 타파하고, 타이완인들의 이른바 '삼안(安定, 安全, 安心)'요구에 부응하면서, 타이완 경제성장의 계기를 만들고자 양안경제협력을 극대화하는 정책을 추진하였다.[4]

중국과 타이완은 2010년 6월 29일 중국 총칭시에서 상품서비스의 관세 및 비관세장벽 철폐 등 광범위한 분야에서 경제협력을 강화하기 위

4) 문흥호, "더욱 가까워지는 중국과 대만 - 양안협력이 대만경제에 돌파구가 될 것인가", China Journal, 2008.11.

한 협정으로 ECFA를 체결하였다. 타이완 입장에서 보면 한국 주변 경쟁국가들이 FTA 체결을 통해 경제협력범위를 넓히면서 자신들을 위협하는 시점에서, 중국이라는 거대 시장을 진출하는 것으로 대응하려는 목적이 있다.

ECFA는 내용상 FTA와 유사하나 중국이 타이완을 국가로 인정하지 않기 때문에 ECFA 라는 용어를 대신 사용한다. 기본협정 체결로 양안의 800개 항목의 상품관세가 2년안에 단계적으로 철폐되었고, 사실상 중국과 타이완의 경제통합효과를 가져올 것으로 예측되었다.

양안 경제협력기본협정은 양안 간 경제협력 활동의 기본협정을 규범하는 것이다. 기본협정은 정식협정 체결 전에 기초적으로 작성한 개요로, 먼저 틀과 목표를 정하고 구체적인 내용은 후에 다시 협상을 하는 것이다. 따라서 양안사이에 ECFA의 후속조치로 양안간 서비스무역협정과 제품무역협정 체결 협상이 진행되고 있었다. 타이완 마잉주 정부는 ECFA체결에 앞서 첫 번째 원칙으로 상호존중과 호혜평등을 내세웠다. 협정 체결 이후 타이완이 중국의 틀 안에 묶이게 되어 홍콩처럼 일국양제를 실시해야 되는 것은 아닌지 우려하는 민진당 등 야권과 일부 시민세력들의 반발을 설득하기 위함이다.

타이완 경제부가 2011년 3월에 내놓은 ECFA협정 초안에 의하면, 상품무역, 서비스무역, 협력사항 등 3개 부분으로 나뉘어져 있다. 상품무역에는 주로 관세 감면 과목, 범위 등 일반 규정에 관한 내용과 비관세 혹은 정책성 보호 내용이 포함되어 있다. 또한 원산지 규정, 무역구제 조치 등의 내용도 다루고 있다. 서비스 무역 내용은 WTO 서비스 교역을 위한 일반협정(GATS)의 조항을 토대로 제시한 것으로, 타이완계 금융기관이 대륙 투자는 물론 대륙 중국계 금융기관의 대만 투자 내용도 포함하고 있다. 그리고 서비스 무역의 시장진입 및 미개방 분야에 대해서도 논의할 것을 담고 있다.[5)]

이에 따라 2013년 6월 21일 중국 상하이시에서 중국과 타이완은 양안 서비스 무역 협정을 체결하였다. 그러나 이 협정은 타이완으로 하여금 정치경제적으로 중국으로부터 영향을 받도록 할 것으로 인식된다는 점과, 정부가 협정체결 이전에 충분한 홍보와 소통이 이루어지지 않은 가운데 형식적으로 진행되었다고 비판받는 점으로 인하여 체결 이후에는 타이완 사회 내부에서 격렬한 정쟁과 혼란이 야기되는 원인이 되었다.[6)]

특히 협정체결 이후 구체적인 내용이 조금씩 공개되면서, 타이완의 주요 산업구조를 담당하는 중소 소매업에 매우 불리하고, 또 타이완이 경쟁우위를 지닌 산업부문에서는 중국 시장에서의 출자 비율이 제한된다는 점 등이 타이완 민중들에게 불공평하다고 인식되면서 경제업계뿐만 아니라 일반 시민들사이에서 강한 반감을 불러 일으켰다. 이에 따라 입법원은 법안 비준을 위해 공청회를 개최하여 모든 조항에 대해 신중하게 심의하자는 입장을 취했다.

그러나 협정 비준을 위한 심의는 국민당과 민진당 사이의 여야 정쟁 외에도, 국민당 출신 입법원장 왕진핑의 느슨한 법안 처리에 불만을 품은 마잉주 총통이 왕진핑을 정치적으로 공격하면서 이른바 '9월 정쟁'이라고 불리는 정치적 충돌로 인해, 사회여론은 더욱 악화되었다.[7)]

5) 김경빈 · 박소영 · 정성운, 양안 경제협력 기본협정(ECFA) 체결과 한국 경제에 미치는 영향, 한양대, 2011, 19~20쪽

6) 服貿16場公聽會? 民團：流於形式!, https://anntw.com/articles/20140320-bTCx

7) 分析：國民黨九月政爭馬、王正面對決, http://www.bbc.co.uk/zhongwen/trad/china/2013/09/130910_ana_tw_wangjinping_yansiqi.shtml

2. 타이완 내부의 반발 : 9월 정쟁과 항의 시위

2013년 9월. 국민당의 당주석을 겸임하고 있는 마잉주 총통이 왕진핑 입법원장의 국민당 당적을 박탈하면서 타이완 행정부와 입법부의 수장들의 대립이 외부로 표출되면서 이른바 9월정쟁, 즉 두 사람의 성씨를 본딴 마왕정쟁이 시작되었다.

사건은 9월 6일 특별정찰조의 기자회견에서 황스밍 검찰종장이 왕진핑 입법원장과 쩡용푸 법무부장, 고검검찰장 천소우황 등이 청탁알선에 해당되는 불법행위를 저질렀다고 발표하면서 시작되었다. 이후 마잉주 총통이 국민당 당주석 신분으로 왕진핑 입법원장이 검찰에 대해 사법청탁을 하였다고 비난하였다.[8)]

특별정찰조는 수뢰혐의 의혹을 받고 있는 민진당의 커젠밍 입법위원과 왕진핑 입법원장 사이의 전화통화를 녹취하여 관련 사실을 증거로 제시하였다. 9월 11일 국민당은 왕진핑에 대한 당적 박탈을 결정하였고, 이에 왕진핑은 법원에 국민당 당원자격 확인해달라는 민사소송을 제기하였다. 9월 13일 법원은 당적을 유지하고 있다는 처분을 내리면서, 왕진핑은 입법원 원장의 신분을 계속 유지할 수 있었다.

하지만 국민당 내부의 핵심권력층이자 라이벌 관계였던 두 사람의 권력투쟁 과정에서 총통 직속의 특별사찰기관[9)]이 불법도청을 통해 증

8) 「台灣法治最恥辱一天」 馬斥王就是關說,
http://news.ltn.com.tw/news/focus/paper/712255

9) 특별정찰조(特別偵查組)는 타이완의 최고 검찰기관인 최고법원검찰서(最高法院检察署)의 별정기관으로서 국가원수, 중앙정부 관원, 군 지휘관의 부패행위를 적발하거나, 국가의 중대한 형사사건을 전문적으로 조사, 감찰하는 기구이다. 9월정쟁의 와중에 왕진핑 입법원장이 불법적인 청탁을 받았다는 내용을 폭로하였으나, 곧 입법원의 전화를 불법도청했다는 의혹을 받으면서, 민주주의 발전을 후퇴시켰다는 이유로 야당 입법위원들과 시민세력으로부터 해체 요구를 받았다.

거를 수집한 것으로 드러나면서 타이완판 워터게이트 사건이 아니냐는 비판까지 나왔다. 타이완의 총통, 행정원장, 입법원장 그리고 야당인 민진당 출신 정치인들도 다수가 연루된 이 사건은 타이완 정치의 민주정치의 허실을 가감 없이 보여주었다고 할 수 있다.[10] 특히 국가기관에 의한 불법도청사건이 부각되면서, 알선청탁에 대한 타이완 민중들의 비판보다는 마잉주 정부에 대한 실망과 비난이 더욱 정도를 더해갔다.[11]

국가권력을 담당하는 행정부 수반과 입법부 수장의 정치적 충돌은 표면적으로는 부패혐의와 불법도청이 크게 대두되었지만, 양안서비스무역협정의 조속한 비준을 바라는 마총통이 느슨하게 처리하려는 왕입법원장을 견제하려는 의도가 숨어있지 않았나 하는 평가도 존재한다.[12]

그 이유는 만일 입법원장이 당적을 상실하게 되면, 법률에 의거하여 입법원장 직을 내놓아야 하기 때문이다. 총통이 입법원장을 교체하려는 의도가 사법부의 판단으로 입법원장 직위를 유지할 수 있게 됨으로써 마잉주에게 정치적 패배를 안겨주었다. 또한 선고 하루 전에 발생했던 해바라기운동의 정당성을 부여해주는 측면이 있었고, 또한 왕진

特偵組還有存在的必要, http://talk.ltn.com.tw/article/paper/712611

10) 이광수, '마왕 전쟁'에 대한 70대 '공공지식인'의 일갈, http://www.pressian.com/news/article.html?no=120201

11) 뉴스전문채널 TVBS의 2013년 9월 11일 여론조사에 의하면 마잉주총통에 대한 만족도가 13%에서 11%로 하락하고, 불만정도는 68%로 상승하였고, 왕진핑의 당적박탈에 대해서는 찬성 17%, 반대 55%로 9월 정쟁은 마잉주 정부의 총체적 실패로 귀결되었다고 볼 수 있다. 国民党撤销王金平党籍事件民调, TVBS 여론조사, http://www1.tvbs.com.tw/FILE_DB/PCH/201309/rx4zn26t7g.pdf

12) Taiwan Parliament Speaker Challenges Expulsion From Ruling Party, http://www.bloomberg.com/news/articles/2013-09-12/taiwan-parliament-speaker-challenges-expulsion-from-ruling-party

핑 입법원장의 암묵적인 우호분위기를 통해 입법원에서의 장기점거농성과 330 카이란대도에서의 대규모 대중시위로 발전하게끔 하였으며, 농성을 중단하고 해산하는 과정에서도 왕진핑 입법원장의 조정이 학생들의 평화적 해산에 크게 작용하였다.

양안교류확대에 대한 반발이 정치권에서는 입법원을 중심으로 한 의견표출과 권력투쟁 성격을 띠면서 나타났다면, 일반 민중들은 형식적인 공청회아 토론회에 대한 문제제기라는 소극적인 방식 이외에 타이완을 방문한 중국 관리들을 대상으로 직접적인 항의시위를 통해 표출하였다.

중국과 타이완은 국제사회에서 통용되는 국가 관계가 아니기 때문에 양국 관계가 아닌 양안 관계로 불리워진다. 따라서 양안간의 접촉도 국가기구의 교류가 아닌 반관반민 성격의 기구를 통해 이루어진다. 보통 두 기구는 중국의 해협양안관계협회(해협회)와 타이완의 해협교류기금회(해기회)가 양안교류의 내용을 논의하고 결정하는 역할을 하고 있는데, 2008년 마잉주 정부가 들어서면서부터, 양 기구의 수장인 천윈린과 장빙쿤을 대표로 매년 두 차례 중국과 타이완을 상호방문하면서 회담을 진행해오고 있다. 2012년까지 열린 여덟차례의 회담은 해협회 대표 천윈린과 해기회 대표 장빙쿤의 성을 따서, '천장회담' 또는 '장천회담'으로 불리웠으나, 9차 대회부터 양안 양회 고위급 회담으로 명칭을 바꿨다. 최근 2014년 2월에 열린 열 번째 회담 이후에는 아직 진행되지 않고 있다.

다음 표에서 보듯이 2008년 11월 4일에 있은 제2차 양안 고위급 인사들의 회담은 장소가 타이베이가 되면서 1949년 타이완과 중국으로 분단된 이후 58년만에 처음으로 중국측 고위인사가 타이완을 방문하게 되었다. 천윈린 회장은 국공내전 이후 타이완을 방문하는 최고위급 인

사라는 점에서 여론의 주목을 받고 있지만, 동시에 타이완 내부의 국론분열을 일으키는 요인으로도 작용하였다는 평가도 나왔다.[13] 실제로 천회장의 방문이 마잉주 총통의 친중국 노선이 더욱 강화될 것이고, 타이완의 주권은 더욱 위협을 받게 될 것이라는 것이라고 민진당과 타이완 단결연맹은 주장하였다. 따라서 반중국, 반마잉주 시위를 준비하는 야권과 시민세력은 천회장의 숙소 주위에서 1천개의 풍선을 날려보내는 퍼포먼스를 계획하고, 계란을 던지겠다고 공개적으로 선언하기도 하였다. 또한 타이완 광복기념일에는 민진당 주도로 60만명 이상의 군중이 참가하는 반 중국, 반 마잉주 시위가 벌어지기도 했다.

〈표〉 양안 양회 고위급 회담 일지(2008년~2013년)

순서	개최일	장소	토의 및 결정 사항	특이사항
제1차	2008년 6월 12일	베이징	양안 전세기 운항 합의, 대륙 주민 타이완 관광 협정	1998년 제2차 왕고(汪辜)회담 이후 중단된 양안접촉 재개
제2차	2008년 11월 4일	타이베이	항공, 해운 직항편 확대, 우편개방, 금융위기 공동대처	산딸기 운동 발발 원인 제공
제3차	2009년 4월 26일	난징	형사사법공조, 직항 정기화, 금융 협력	타이완 주권 및 경제이익을 희생시킨다고 비판
제4차	2009년 12월 22일	타이중	양안경제협력기본협정 논의	민진당,시민단체 '국공밀약' 반대시위
제5차	2010년 6월 29일	총칭	경제협력기본협정, 지적재산권보호협정 체결	타이완 민중 80% 찬성 의사표시
제6차	2010년 12월 16일	타이베이	의약위생협력협정체결, 협의시스템 설치 합의	ECFA 세부사항 합의 불발
제7차	2011년 10월 19일	텐진	핵발전소 안전협력협정 체결, 투자보장협정, 산업협력 지속 논의	타이완 민중 70% 만족 의사 표시
제8차	2012년 8월 9일	타이베이	투자보장 및 촉진협정, 세관협력협정 체결	타이완 민간단체, 투자보장협정을 불평등조항이라고비판
제9차	2013년 6월 20일	상하이	서비스무역협정 체결	해바라기운동 발발의 씨앗 제공
제10차	2014년 2월 27일	타이베이	지진감측협력, 기상협력 협정 체결	국가 안전 문제 협력, 비민감성 주제

출처: 직접 작성

13) 中 고위급 59년만의 방문…시끄러운 대만, http://dic.mk.co.kr/menu/dicNewsRead.php?sc=60000047&cm=&year=2008&no=669220&relatedcode=

이에 따라 타이완 경찰은 7중의 경호망을 구축하고, 집회 및 시위 참가 예상자들을 대상으로 인신구속을 하는등 강력하게 대응하였다. 이는 약 한달 전에 해협회 장밍칭(張銘淸) 부회장이 타이난 공자묘를 찾았다가 항의하는 시위대에 밀려넘어지면서 부상당한 사례가 있기 때문에 더욱 촉각을 곤두세웠다. 하지만 경찰의 과잉경호태세는 국가가 폭력적으로 인권침해를 한다면서 시민학생들이 집회와 결사의 자유를 보장하라는 요구를 하면서 산딸기 운동이 발발하게된 원인이 되기도 하였다.[14]

양안의 해협회와 해기회 차원에서 이루어지는 회담에 대해서 야당인 민진당과 시민단체에서는 중국과 타이완 마잉주 정부의 접촉이 '국공밀약'이라고 비판하면서, 양안 교류는 타이완의 주권과 경제이익을 희생시키는 것이라고 비판하면서, 대규모 집회와 시위를 개최하였다. 회담이 타이완에서 열리는 경우에는 반대자들에 의해 중국 대표단의 일정이 연기되거나 취소되는 상황도 발생하였다.

양안접촉에 대해서 타이완 민중들의 시각은 이익추구라는 관점에서 협력내용에 따라 상이한 반응을 보이고 있다. 먼저 긍정적 반응을 보이는 사례를 보면, 2010년 6월의 제5차 회담에서의 경제협력기본협정, 지적재산권보호협정 체결이나, 2011년 10월의 제7차 회담에서 핵발전소 안전협력협정, 투자보장협정과 같이 타이완에 좀더 유리하다고 평가되는 회담결과에는 야당의 일관된 반대와는 별개로 일반 시민들의 시각은 70~80%의 찬성 혹은 만족 의사를 표시하는데서 볼 수 있듯이, 실용주의적인 태도를 보이고 있다. 반면에 부정적인 반응을 보이는 사례는 결국 이익이 아닌 손해라고 생각하는 부분에서 표출되고 있다. 2013년 6월의 제9차 회담에서 양안서비스무역협정이 체결된 이후 입법

14) 抗議警察暴力!捍衛自由人權!, http://1106protestcast.blogspot.kr/2008/11/1106.html

원에서의 비준을 위해 공청회와 토론회를 거치면서 세부 내용이 공개되고, 이러한 내용들이 타이완의 중소기업과 자영업자들에게 불리할 것이라는 인식이 퍼지면서 양안교류가 결국에는 타이완의 주권과 경제 이익을 손상시킬 것이라는 민진당과 시민단체들의 주장이 폭넓게 지지를 받게 되었다. 결국 여론에 민감한 입법원장과 입법위원들에 의해 입법원에서의 비준절차가 답보상태에 빠지게 되었다.

2014년 2월 타이베이에서 개최된 제10차 회담에서는 지진감측협력, 기상협력과 같은 민감하지 않은 부문에서 협정을 체결하는데 그치고, 3월에 발생한 해바라기 운동의 영향으로 하반기에 개최될 예정인 제11차 회담은 개최되지 않았다.

Ⅲ. 해바라기 학생운동의 특징

2014년 3월에 발생한 해바라기운동은 마잉주정부가 추진해온 양안교류확대정책에 대한 타이완민중들의 불안과 불만이 학생들의 입법원 점거농성을 기점으로 대규모로 표출되면서 나타난 사회운동이다. 해바라기 운동은 이전에 발생했던 사회운동과 비교해 볼 때 몇 가지 특이한 면을 보여주고 있다.

1. 마잉주 정부의 지지율 하락과 강경돌파

2014년 3월에 발생한 해바라기 운동은 처음으로 입법기관을 점거한 학생운동으로, 학생들이 조직적으로 주도하고, 지식인, 대중들의 광범위한 참여를 유도한 사회운동이다.

2012년 대선에서 마잉주는 연임에 성공하였으나, 민진당 차이잉원

후보의 45.6%에 불과 6% 앞선 51.6%로 과반을 겨우 넘겨 당선되었다.[15] 하지만 마총통은 두 번째 임기를 시작하면서도 지지율이 계속 하락하여 10% 이하까지 떨어졌다. 이는 계속되는 경제 불황과 높은 실업율, 남녹정당간의 파쟁[16] 등으로 인해 민중들의 실망이 누적되었기 때문이다.

중국과 타이완은 이미 2010년 6월 체결한 해협양안경제협력기본협정(ECFA)의 제4조 '서비스무역'규정에 의거하여, 타이완과 대륙은 서비스무역협정에 관한 협상을 할 것을 합의하였다. 합의에 따라 2013년 6월 양안 양회는 제9차 회담에서 양안서비스무역협정을 체결하였다. 그러나 야당인 민진당과 시민, 사회단체에서 협정 내용이 타이완의 중소형기업에 불리한 영향을 미칠 뿐만 아니라, 타이완의 불완전한 경제제도가 대륙에 의존하도록 만들 것이라고 우려하였다. 비판세력들은 양안 협상과정이 투명하지 못한 부분을 지적하면서, 서비스무역협정이 입법원에서 통과되는 것을 강력히 반대했다.

하지만 1년 전부터 입법원장과의 마찰을 감행하면서 조속한 통과를 기도했던 마잉주 정부는 입법원에서 다수의석을 점하고 있다는 점을 이용하여 정면돌파를 선택하였다.[17]

2014년 3월 17일 개최된 입법원 내정위원회 회의에서 국민당 소속 입법위원 장칭종(张庆忠)이 별다른 토의절차를 거치지 않은 채, 불과

15) 第13任總統(副總統)選擧 候選人得票數, http://db.cec.gov.tw/

16) 남녹(藍錄)정당은 국민당과 민진당의 상징색을 통해 각기 국민당을 중심으로 신당, 친민당이 가세한 범람 진영이 여당 세력으로 간주되고, 민진당을 중심으로 타이완단결연맹이 가세한 범녹 진영이 야당 세력으로 간주되고 있다.

17) 타이완 입법원은 전체 113석으로 되어있는데, 이 중 국민당이 64석, 민진당이 40석, 타이완 단결연맹 3석, 친민당 2석, 무당파단결연맹 1석, 무소속 2석, 궐위 1석으로 되어 있으며, 국민당과 친여세력인 친민당을 합치면 66석으로 재적 과반수를 넘길 수 있다.

30초만에 서비스무역협정에 대한 심사가 종료되었기 때문에 본회의로 넘긴다고 선포하였다.

낮은 지지율 속에서도 처리압박에 내몰려 어쩔 수 없이 택한 마잉주 정부의 강경책은 결국 대중들의 실망과 분노를 자극하는 요인으로 작용하였다. 이러한 분위기 속에 반대 학생들이 밀실처리 무효를 주장하면서 3월 18일 저녁 입법원 외곽 광장에서 '민주주의를 수호하는 밤' 집회를 개최하고 졸속처리를 항의했다. 그리고 입법원 경비를 담당하는 경찰의 소홀한 대처를 이용하여, 밤 9시 경찰 봉쇄선을 넘어 입법원 회의장을 점거하면서 해바라기 운동의 서막이 열렸다.[18]

2. 학생운동 지도부의 대중지향적 방식

해바라기 운동은 학생운동 경험을 지닌 대학원생들이 지도부를 구성하고, 민진당 등 정당과는 거리를 두면서[19], 평화적 방식으로 농성시위를 지속하는 등 대중지향적 방식을 채택하여 시위 전과정을 지도함으로써 대중의 지지를 획득할 수 있었다.

입법원을 점거한 학생들의 지도부는 대부분 '흑색도국청년전선(黑島

18) 해바라기 운동이라는 용어는 시위참가자들 내부에서 이번 시위는 대중에게 협정 내용을 제대로 공개하지 않고 불투명하게 진행되는 것을 반대한다는 의미에서, 정명광대한 의미를 갖고 있는 '해바라기(太陽花)'를 운동의 상징으로 할 것을 제안하면서 유래하였다. 실제로 신베이시의 꽃집을 경영하는 시민들이 수천송이의 해바라기를 트럭에 싣고와 시위참가자들에 무료로 나눠주면서 해바라기 운동이 보편적으로 사용되었다. 그밖에 운동이 3월에 시작되었다고 하여 '3월 학생운동'으로 부르기도 한다.

19) 시위지도부 중 하나인 린페이판은 기자회견에서 "정치선전을 하며, 민의는 듣지 않고 있으며, 민주주의를 하지 않고, 법치도 없으며, 먼저 조례가 있으니, 다시 심의를 하여, 우리들에게 민주를 보장하며, 나머지는 되었다."고 언급함.(政令宣导 罔顾民意 既不民主 又无法治 先有条例 再来审议 给我民主 其余免谈。)

靑)' 회원들이었는데, 타이완대학 석사생 린페이판, 청화대학 석사생 천웨이팅, 웨이양, 세신대학 석사생 천팅하오 등으로 이들 중 다수는 이미 2008년 산딸기 운동에도 참여한 경험을 가지고 있었다. 또한 입법원 점거농성이 시작된 이후에, 미처 들어가지 못한 시민들을 중심으로 외부에도 대규모 군중들이 농성시위를 계속하면서 입법원 농성학생들을 지원하였다. 여기에는 '서비스무역비밀협상반대 민주전선', '공민1985행동연맹' 등 각종 사회단체들이 참여하였다.[20)]

학생운동과정에서 학생들의 요구는 대략 다섯 가지로 정리되었는데, ① 서비스무역협정을 행정원으로 반려할 것, ② 양안협의에 대한 감독시스템을 먼저 설치하고, 다시 심사할 것, ③ 양안협정감독시스템을 설립할 것을 요구하면서, 설립 기준으로 시민참여, 인권보장, 정보공개, 당파초월, 국회감독 등 5가지를 제시하며, ④ 공민헌정회의 개최할 것, ⑤ 입법위원은 정당이익이 아닌 민의를 수용할 것 등이다.

입법원이 점령된 이후에 경찰은 여러차례 해산을 하려하였으나 실패하고 대치상태에 접어들었다. 3월 23일 저녁 19시에 또다른 시위자들이 부근의 '행정원'을 점거하려고 하였으나, 24일 자정쯤 경찰에 의해 강제 해산되었다. 이후 항의학생들은 3월 30일 타이베이시 카이다거란 대도에서 수십만명의 시민들이 참여하는 가운데 정좌 시위를 하면서, 비밀협상에 대한 항의의사 표시로 '검정셔츠'를 입고 "민주주의 수호,

20) 흑색도국청년전선은 학생운동 경험자들을 중심으로 조직된 사회단체로써, 양안교류확대를 통해서는 타이완의 미래가 암울하다는 것을 암시한 것이라는 해석과 서비스무역협상이 투명하지 못한 상태에서 이루어지는 것을 비판하면서 검정셔츠를 입는 것으로 반대의사를 표시하는 것이라는 해석이 있다. '서비스무역 비밀협상반대 민주전선'은 학생 이외의 제반 사회단체들의 연합체 성격을 띠고 있다. 또한 '공민1985행동연맹'은 국방부 민원전화번호 1985를 차용한 것으로 군대내 가혹행위로 인하여 병사가 사망에 이르자 군인 인권문제를 제기하며 결성된 사회단체이다.

서비스무역 철회"를 주장하는 집회를 개최했다.

4월 6일 입법원장 왕진핑이 학생들을 만나, '양안협정감독조례 초안'을 입법하기 전에는 서비스무역협정과 관련하여 정당간 협상회의를 개최하지 않겠다고 약속하면서, 농성 해산을 고려하던 학생들에게 퇴로를 제공해 주었다. 왕진핑의 제안을 농성 해산의 요구조건에 대한 1차적인 답변으로 받아들인 항의학생들은 7일에 10일 저녁 6시에 입법원 점거 농성을 해산하겠다고 밝히고, 10일 충돌없이 주요 학생지도부만 경찰에 연행되고 다수는 해산하면서 24일간에 걸친 해바라기운동은 종료되었다.

더불어 해바라기 운동이 장기간에 걸친 농성시위과정에서 대중의 지지를 받을 수 있었던 배경에는 인터넷과 페이스북과 같은 뉴미디어의 효과적인 사용이 크게 작용하였다.

3. 뉴미디어의 효과적인 사용

다음으로 해바라기 운동은 1980년대와 1990년대에 태어난 비교적 젊은 세대의 학생들이 중심이 된 학생운동이 단초가 되어 가장 많은 시민들이 참여하는 대규모 사회운동으로 전화되는 과정을 거치면서, 젊은 세대의 미래에 대한 불안감의 표출과 함께 젊은 세대 특유의 유연하고 기민한 상황대처를 보여주고 있다. 이들은 뉴미디어를 적절히 활용하고 온라인 등 다양한 방식을 통한 홍보를 함으로써 운동의 효과를 극대화시켰다.[21]

3월 17일 밤 입법원 본회의장을 점거한 학생들은 iPad를 이용하여 타이완의 무료 동영상 플랫폼인 Ustream과 NICONICO를 통해 농성 현

21) 是公民? 還是暴民? 新媒體的公民政治, http://pnn.pts.org.tw/main/2014/03/24/

장을 실시간으로 중계하였다.[22] 농성지도학생들은 자신들의 페이스북을 통해 시위 현황과 주장들을 실시간으로 전파하였는데, Facebook을 통한 사건공유순위 통계 페이지인 '린커의 전설(林克传说)'에 '서비스무역협정'와 입법원 점거를 주 내용으로 하는 콘텐츠가 공유되었고, 타이완의 유명 온라인 논단 PTT(批踢踢)의 콘텐츠인 팔괘판에서 사건발생 이후 동시접속자 수가 4만여 명에 이르렀다.[23] 사건 발생 이후 일반 네티즌들은 애니메이션을 활용한 란런바오(懶人包)를 직접 제작하여 서비스무역협정의 내용을 대중에게 소개하였는데, 간단하고도 친근하게 메시지가 전달되는 특징을 갖추고 있기 때문에 해바라기 운동 지지자들에게는 서비스무역협정 내용과 처리 방식을 비판하는 도구로 사용되었다.[24] 란런바오의 효과를 인지한 타이완 경제부에서도 서비스무역협정의 불가피성과 장점을 소개하는 내용으로 란런바오를 제작하여 온라인에 올리는 사례도 찾아볼 수 있다.[25] 해바라기 운동을 기점으로 인터넷과 모바일 환경에 익숙한 젊은 세대들이 운동주체와 대상으로 여겨지면서 온라인 공간에서 광범위한 토론과 전파가 이루어졌다.

뉴미디어의 활발한 이용과 온라인 공간을 통해 적극적으로 농성현장을 실시간 중계하고, 서비스 무역협정에 대해 설명하는 행동들이 나

22) Ustream은 3월 18일 새벽 5시 동시접속자 수가 7만명에 이르렀으며, 영상을 본 전체 회원은 100만명 이상이었다. 3월 21일 NICONICO童畵를 통해서 현장 생방송을 본 인원도 100만명에 이르렀다. 胡宥心, 占立院 社群網站「一呼百應」, 联合新闻网, 2013年3月20日

23) trinity, 反服貿協議行動顯見行動科技在社會運動已扮演要角, 科技新报, 2014年3月19日, http://technews.tw/2014/03/20/the-technogloyy-behind-the-occupied-taiwan-parliament-protest/

24) 服貿「懶人包」網路熱傳 正反方攻防, 联合新闻网, 2014年3月21日

25) 온라인공간에서 광범하게 유포되고 있는 란런바오의 영향을 우려하여, 타이완 경제부는 3월 20일 란런바오 및 10대 오해 부분을 설명한 란런바오를 제작하여 온라인에 업로드하였다. http://www.cna.com.tw/news/afe/201403200478-1.aspx

타난 것은, 4대 TV방송을 비롯한 타이완의 기존 미디어가 각자의 정치적 입장에 따라 편향적인 보도를 하고 있다는 의심을 받으면서 기인하는 측면이 있다. 해바라기 운동 과정에서 학생들은 자체적으로 제작한 뉴스를 타이완의 온라인 공간에 올려 공개하거나, CNN의 독자투고뉴스 서비스 플래폼인 iReport에 보도자료를 올리는 등 국제 미디어플랫폼을 통해 자신들의 입장과 요구조건을 대내외적으로 지지와 참여를 유도하였다.[26] 적극적인 선전활동을 통해 해바라기 운동의 실체를 알리는 뉴미디어 홍보활동은 일반 시민들이 해바라기 운동에 대한 반대 의견보다 지지의사를 표시하는 비율이 높아지도록 작용하였다.[27] 이에 따라 기존 운동에서 커다란 영향력을 발휘하던 기존의 전통적 미디어인 TV와 라디오의 보도는 신뢰성과 공정성에 있어서 큰 타격을 입었다.

이밖에 해바라기 운동에서는 외형상으로도 과거와는 구별된 특징을 찾을 수 있다. 첫째, 학생들이 국회에 해당하는 입법원 본회의장을 점거하여 농성을 했다. 이는 최초의 국가기관 점거농성이다. 둘째, 농성기간이 3월 17일부터 4월 7일까지 24일간의 농성시위를 함으로써 최장기간 농성시위를 했다. 셋째, 가장 많은 숫자의 대중들이 참여하였다. 3월 30일 "민주수호, 서비스무역철회, 인민궐기, 330 카이란대도 총집결"이라는 구호를 내걸고 계획한 집회에서 주최측 추산으로 50만명의 대중들이 참여하였다.[28]

26) 蔡致仁. 學生攻占立院 CNN開專區報導. 联合新闻网. 2014年3月19日

27) 3월26일 TVBS의 여론조사에 따르면, 응답자 중의 63%는 서비스무역협정은 입법원에서 다시 논의되어야 한다고 대답했다. 학생들의 입법원 점거농성에 대해서도 51%가 찬성을 38%가 반대한다고 답하여, 점거초기에 지지를 획득한 것은 4대 TV방송의 비판적인 보도에도 불구하고 뉴미디어와 인터넷의 효과가 일정정도 작용한 것으로 보인다. TVBS民调中心. 學生占領行政院事件民調. TVBS. 2014年3月24日

28) 타이완 경찰당국은 당시 검정셔츠를 입은 사람들을 순수 시위참여자라고 한다는 가정하에 참여군중이 11만여명이라고 밝혔다. 이에 네티즌들은 전체 면적과 1인

이러한 특징들로 인해, 해바라기 운동의 영향력은 쉽게 사그라들지 않고, 7개월 후에 있었던 지방선거에서 국민당이 기록적인 패배를 하게 만든 원인 중의 하나로 제기되고 있다.

Ⅳ. 해바라기 운동의 영향

해바라기 운동은 1990년 야생백합운동 이후 가장 규모가 크고, 대내외적으로 관심이 집중된 사회운운동으로 부각되었다. 특히 타이완 국내정치와 양안관계와도 직접적으로 연결되어 있는 양안교류확대정책에 대한 반발에서 출발하였기 때문에 운동은 직접적으로 타이완과 양안 사이에서 정치적, 경제적, 사회적으로 폭넓게 영향을 미쳤다.

1. 정치적 영향

마잉주정부의 정책집행능력에 대한 실망으로 인해 마정부와 국민당의 정치적 위기가 지속되고 있다. 해바라기 운동에 대한 마잉주 정부의 대응이 대중의 호응을 얻지 못하면서, 마정부의 정책추진능력에 대해 실망하는 사람들이 범녹진영 등 기존의 반대세력을 제외하고서도 무당파층 뿐만 아니라 국민당 지지층의 불만이 누적되고 지지율이 계속 떨어졌다.[29] 지지세력 중 일부는 마잉주 정부가 이번 운동에 대하

당 점유면적 등을 고려하여 총 44만 1천여명의 군중들이 참여했다고 반박하는 내용을 온라인 공간에 올렸다. 警方估黑衫軍僅11萬人 專業鄉民打臉：打8折也有35萬, http://www.ettoday.net/news/20140331/341016.htm

29) 타이완1TV 여론조사센터는 4월 17일 해바라기운동 종료 이후 진행한 여론조사에서 마잉주 총통이 운동기간중에 보여준 행동에 대해 74%가 불만을 표시하였는데,

여 단순한 학생운동이 아닌, 여러 종류의 다양한 사회세력이 집결한 정치운동임을 알지 못했다고 평가했다. 따라서 마잉주는 학생운동으로 여기고 대응하였고, 때문에 불법적인 입법원 점령에 대해 강제해산을 하지 않으면서 문제가 더욱 악화되었다. 서구에서는 불법점령에 대하여서는 인질이 발생한 상황을 제외하고는 점거자와는 대화도 하지 않는다. 하지만 마잉주정부는 법을 어긴 세력과 대화하거나 혹은 요구조건을 받아들여 이러한 정치원칙을 어겼다. 이러한 과정에서 경찰이나 검찰 등 행정단위의 적절한 대응을 할 기회를 놓침으로써 학생들의 기세를 올렸다. 당연히 이 안에는 마잉주와 왕진핑 사이의 불화가 원인으로 작용하였다.[30]

중국과 서비스무역협정을 체결한 이후, 입법원에서 비준처리하는 과정에서 마왕정쟁과 같은 내부 파벌 투쟁을 하는 것으로 비춰짐으로써 범남 진영 내부의 단결력을 약화시켰다고 평가하고 있다. 한편으로 해바라기 운동에 대한 대처에서도, 학생들의 요구에 국민당이 계속하여 양보하는 과정에서 지지층이 이탈하는 요인이 있었음을 확인할 수 있다.

마잉주 정부와 국민당의 정책집행능력에 대한 불신은 선거에서 바로 증명되었다. 2014년 11월 29일에 실시된 지방선거에서 집권 국민당이 전체 22개 지방정부 가운데 불과 6곳에서만 승리하고, 나머지 16곳에서 민진당과 야권 성향의 무소속 후보자들이 당선되는 결과로 나타나면서 1949년 이래 가장 큰 패배를 당했다.[31] 선거 패배의 책임을 지

26%는 약간 불만스럽다, 47%는 매우 불만스럽다고 답하였다. 이는 운동 발생 이전에 비해 마정부에 대한 불만이 증가하였음을 보여준다. 太陽花學運 馬表現7成4不滿意. 壹電視. 2014年4月17日

30) 台灣太陽花運動的特點與影響 CRNTT.com

31) 林庭瑶、李顺德、李昭安. 國民黨大潰敗…綠拿13縣市 藍6都保1都. 联合新闻网. 2014-11-30

고 장이화 행정원장이 사퇴하고, 곧이어 마잉주 총통도 국민당 당주석 직위에서 사퇴하는 상황에 이르렀다. 후임으로는 6대 직할시 후보에서 유일하게 살아남은 주리룬 신베이시장이 후임 당주석으로 선출되면서, 마잉주 정부의 정책추진력이 급격하게 약화되었다.

2. 경제적 영향

해바라기 운동은 양안의 교류확대정책으로 체결된 ECFA의 부속협정인 서비스무역협정에 대한 타이완 민중들의 반대의사가 확인되었다는 점에서 마잉주 정부 출범 이후 지속적으로 확대해 왔던 양안관계의 발전속도를 늦추도록 작용하였다. 서비스무역 협정 통과는 무기한 연기되었으며, 해바라기 운동과정에서 주요 요구조건이었으며 농성 해제의 조건으로 왕진핑 입법원장에 의해 약조되었던 양안협정감독시스템은 타이완 내부 정치세력간의 합의가 쉽지 않을 뿐만 아니라, 합의가 이루어지더라도 향후의 양안협상 담판과정에 악영향을 끼칠 것으로 예상되기 때문에 양안교류 확대추세가 주춤해 질 것으로 예상되고 있다. 그로 인해 중국의존도가 심한 타이완 경제에 악영향을 미칠 것이라는 평가도 나오고 있다.[32)]

32) 해바라기운동의 영향을 부정적으로 평가하는 측에서는 주로 통일지향적 성향을 가지고 있다. 이들은 해바라기 운동에 대한 평가에서 첫째, 타이완 경제발전을 저해했다. 둘째, 마잉주의 사회적 명망과 정부의 권위를 훼손했다. 셋째, 정부의 미래 대외협상의 공신력을 훼손했다. 넷째, 대륙의 타이완에 대한 태도가 부정적으로 바뀔 가능성이 있다면서 국민당 지지층과 비슷한 입장을 보인다. 台灣太陽花運動的特點與影響 CRNTT.com

3. 사회적 영향

해바라기 운동은 '타이완인'으로서의 정체성 인식정도가 확대되는 계기로 작용하고 있으며, 더 나아가서는 타이완 민족주의 현상이 나타나고 있다. 타이완 정체성 인식은 경제적으로 중국에 종속될 수도 있다는 점에 대한 불안감과 정치사회적으로 자유와 민주를 누리고 있다는 우월성과 결합하여, 중국 문화가 아닌 타이완 문화, 중국인이 아닌 타이완인이라는 인식이 확대되게 하고, 심지어는 민족차별적 용어를 이용하여 중국 또는 중국인을 비난하는 식의 타이완 민족주의 현상이 나타나고 있다.

최근의 타이완정치대학 선거연구센터 조사에 의하면 "스스로를 타이완인이라고 생각하느냐?"에 대한 질문에 타이완인이라고 대답한 비율이 60.6%, 타이완인이자 중국인이라고 대답한 경우가 32.5%, 중국인이라고 한 응답자는 3.5%라고 하였다. 범 타이완이라고 할 수 있는 비율이 90% 이상을 차지한다고 해석될 수도 있는 결과이다. 이러한 결과는 민진당의 천수이볜 후보가 집권하던 2000년 ~ 2007년 시기에 24.2%에서 38.3%로 13.9% 증가하였으며, 국민당의 마잉지우 총통이 집권하고 있는 2007년부터 2014년까지는 18.8% 증가한 57.1%로 나타났다.[33)]

이러한 대답은 1949년 이래 양안으로 분단된 지 66년이 되어가는 시점에서 분단세대라고 할 수 있는 대륙 출신 1세대의 경우 대부분 사망하고, 이제 대부분의 타이완 국민들은 타이완에서 출생, 성장하면서 타이완 사람으로서 생활을 하고 있는 것이다. 따라서 민족정체성 측면에서 대륙의 중국인과는 달리 타이완인으로서의 정체성이 이전보다 훨씬 강력하게 발현하는 요인이 되고 있다.

33) 타이완정치대학 선거연구센터 http://esc.nccu.edu.tw/main.php

2015년 들어서면서 중국 이외의 3대 중국인(화인) 국가(지구)인 홍콩, 타이완, 싱가포르에서 스스로를 중국인 아닌 홍콩인, 타이완인, 싱가포르인이라고 생각하는 '탈중국화(去中國化)'현상이 두드러지고 있다. 즉 혈통, 언어, 문화의 동질성을 인정하는데 그칠 뿐, 중국과의 정치적 유대를 진작시키는데에는 거리를 두려고 하는 것이다.[34)]

중국에 대한 비판적 칼럼을 주로 발표하고 있는 허칭롄은 지난 해 홍콩의 우산혁명이 타이완인들의 탈중국화 현상을 심화시킨 요인 중의 하나라고 언급하였다. 중국의 통일정책인 '일국양제'원칙이 홍콩의 행정장관 직선제 논의 과정에서 나타난 모순된 상황으로 타이완 사람들에게 비춰지고, 결국 연말에 있던 지방선거에서 국민당의 참패와 마잉지우 정부 지지율의 하락으로 나타난 것이다. 허칭롄은 이렇게 된 원인을 분석하였는데, 1996년부터 중국이 타이완을 향해 미사일 훈련을 한 이래 무력위협을 통해 타이완인들로 하여금 독립을 망설이게 하였지만, 동시에 타이완인이 중국에 대한 민족적 동질감을 약화시키는데도 일조하였으며, 이른바 '대륙이 무력통일을 하지않으면, 타이완도 독립하지 않겠다(大陸不武 台灣不獨)'는 '현상유지' 입장이 최선이라고 생각하게끔 작용하고, 오히려 통일에 대한 부정적인 인식을 강화시켰다고 평가하였다.

그러나 최근 타이완 정치대학의 조사는 타이완 사람들의 중국대륙에 대한 인식에 급격한 변화가 나타나고 있음을 보여주고 있다. 천수이볜 시기의 탈중국화와 다른 점은 타이완의 젊은 세대는 '이웃 국가' 국민의 신분으로 중국의 민주화를 기원하고 있다는 점이다. 그 이유는 중국이 민주화 되지 않으면, 타이완에 대한 위협도 없어지지 않을 것이라고 생각하기 때문이라는 것이다.

34) 何清涟：是什么驱动华人地区"去中国化"? 2015-02-23
http://www.ntdtv.com/xtr/gb/2015/02/24/a1179686.html

V. 결론

해바라기운동은 중국과의 교류확대를 통해 타이완의 경제적 이익을 최대화하려는 마잉주정부의 친중국접근정책이 오히려 중국경제에 종속될 것이라는 우려를 확산시키고, 내부 분열과 당파간 정쟁으로 지지율이 하락하는 시점에 여론을 무시하고 강행처리하려는 것에 대해 타이완의 학생들이 불만과 항의를 제기하면서 입법원을 점거하여 24일간 농성을 하면서, 타이완 정치와 양안관계에 심대한 영향을 끼친 사회운동이다.

운동 발생에서 종료시점까지 상황을 분석해 보면 몇 가지 주목할 만한 특징들을 찾아볼 수 있으며, 이를 통해 타이완 사회운동의 발전현황을 가늠할 수 있다. 우선 통일지향성을 핵심기조로 하는 국민당 내부에서 분열현상이 나타나고 있음을 알 수 있다. 마왕정쟁은 대표적인 사례이다. 또한 마잉주정부와 국민당의 양안교류확대정책에 대한 타이완 내부의 저항이 비교적 견고하다는 점을 알 수 있다. 다음으로 현재의 운동 주축세력인 젊은 세대의 사고방식이 자유롭고 독립지향적이라는 사실을 볼 수 있다. 마지막으로 이러한 특징은 타이완인으로서의 정체성 인식이 증가하며, 타이완 민족주의라는 새로운 사회적 현상으로 설명될 수 있다. 이러한 평가는 중국과 타이완, 소위 양안사이의 통일과 독립, 일국양제와 일변일국, 중국인과 타이완인과 같은 근본적이고도 민감한 주제와 직접적으로 관련되어 있다. 따라서 해바라기 운동을 둘러싸고 타이완 사회 뿐만 아니라 중국, 홍콩 등 중화권 정치인, 지식인들의 관심이 집중되었다.

우선 운동을 지지하는 입장를 표시하는 경우는 대개 타이완 독립을 지향하고, 반중국적 성향을 갖는 민진당을 중심으로 하는 범녹연합 지지파와 젊은 신세대 중 다수가 속해 있으며, 다음으로 운동을 반대하는 입장을 표시하는 경우는 보통 중국과의 통일을 지향하고, 친중국적 경향을 보이며, 국민당을 중심으로 한 범남연합 지지층이고, 비교적 나이가 있는 노장층들이 많다.

향후 타이완 정치와 양안관계의 변화는 타이완 정체성과 타이완 민족주의 요인이 중요한 요소로 작용할 것이다. 물론 타이완의 변화에 대응하는 중국 대륙의 반응과 정책의 변화도 여전히 중요한 요소로 작용할 것이다.

| 참고문헌 |

〈국내자료〉

문흥호, 「더욱 가까워지는 중국과 대만 – 양안협력이 대만경제에 돌파구가 될 것인가」, China Journal, 2008.~~11~~.

김경빈 · 박소영 · 정성운, 「양안 경제협력 기본협정(ECFA) 체결과 한국경제에 미치는 영향」, 한양대, 2011, 19~20쪽.

이광수, 「마왕 전쟁'에 대한 70대 '공공지식인'의 일갈」, 프레시안, 2014. http://www.pressian.com/news/article.html?no=120201

中 고위급 59년만의 방문…시끄러운 대만, 매일경제, 2008년 11월 03일. http://dic.mk.co.kr/menu/dicNewsRead.php?sc=60000047&cm=&year=2008&no=669220&relatedcode=

〈국외자료〉

胡宥心. 占立院 社群網站「一呼百應」. 联合新闻网. 2013年3月20日

蔡致仁. 學生攻占立院 CNN開專區報導. 联合新闻网. 2014年3月19日

太陽花學運 馬表現7成4不滿意. 壹電視. 2014年4月17日
張亞中, 台灣太陽花運動的特點與影響 CRNTT.com
林庭瑶、李顺德、李昭安. 國民黨大潰敗…綠拿13縣市 藍6都保1都. 联合新闻网. 2014年11月30日
TVBS民调中心. 學生占領行政院事件民調. TVBS. 2014年3月24日

〈웹사이트〉

服貿16場公聽會? 民團：流於形式!, https://anntw.com/articles/20140320-bTCx
分析：國民黨九月政爭馬、王正面對決,
http://www.bbc.co.uk/zhongwen/trad/china/2013/09/130910_ana_tw_wangjinping_yansiqi.shtml
「台灣法治最恥辱一天」馬斥王就是關說,
http://news.ltn.com.tw/news/focus/paper/712255
特偵組還有存在的必要, http://talk.ltn.com.tw/article/paper/712611
抗議警察暴力!捍衛自由人權!, http://1106protestcast.blogspot.kr/2008/11/1106.html
第13任總統(副總統)選舉 候選人得票數, http://db.cec.gov.tw/
是公民? 還是暴民? 新媒體的公民政治, http://pnn.pts.org.tw/main/2014/03/24/
trinity. 反服貿協議行動顯見行動科技在社會運動已扮演要角. 科技新报. 2014年3月19日, http://technews.tw/2014/03/20/the-technogloyy-behind-the-occupied-taiwan-parliament-protest/
服貿「懶人包」網路熱傳 正反方攻防. 联合新闻网. 2014年3月21日
http://www.cna.com.tw/news/afe/201403200478-1.aspx
警方估黑衫軍僅11萬人專業鄉民打臉：打8折也有35萬,
http://www.ettoday.net/news/20140331/341016.htm

何清涟：是什么驱动华人地区"去中国化"? 2015-02-23
http://www.ntdtv.com/xtr/gb/2015/02/24/a1179686.html
国民党撤销王金平党籍事件民调, TVBS,
http://www1.tvbs.com.tw/FILE_DB/PCH/201309/rx4zn26t7g.pdf
台灣政治大學選舉研究中心, http://esc.nccu.edu.tw/main.php
Taiwan Parliament Speaker Challenges Expulsion From Ruling Party,
http://www.bloomberg.com/news/articles/2013-09-12/taiwan-parliament-speaker-challenges-expulsion-from-ruling-party

Ⅱ

지식네트워크의 대내외 유통과 확장

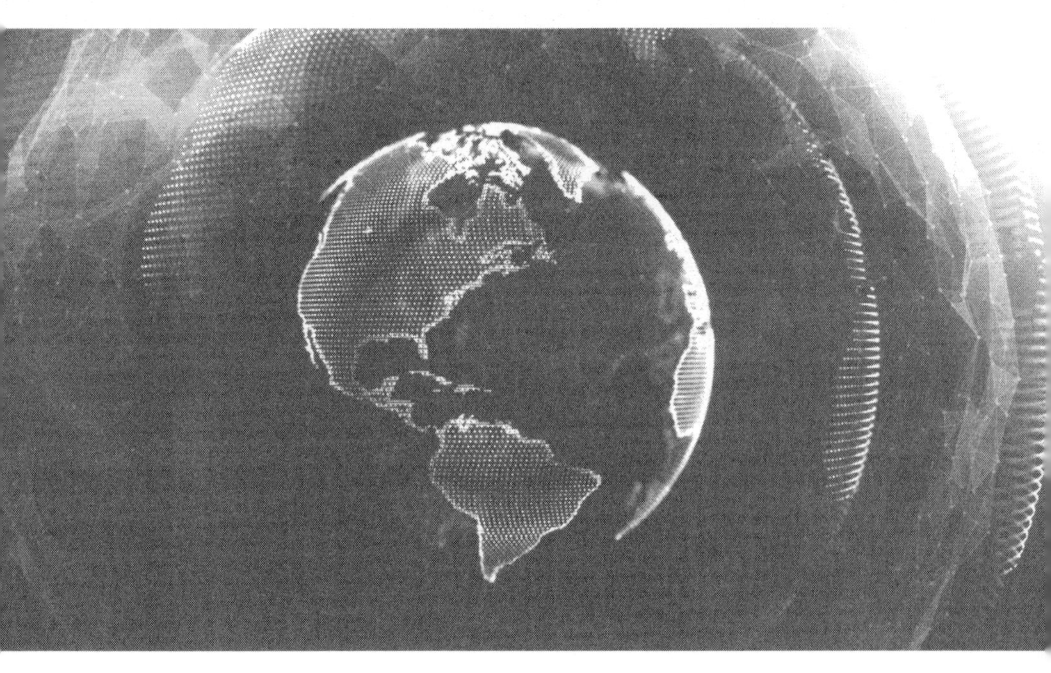

‘UCRN(The Urban China Research Network)’의 국제회의와 지식네트워크

● 박철현 ●

Ⅰ. 서론

사회주의 시기 중국의 도시화율은 1949년 12.5%에서 1978년 17.9%로, 30년 동안 불과 5.4% 증가했다. 하지만 1990년대 들어서 개혁개방의 중점이 농촌에서 도시로 옮겨가면서 중국의 도시들은 이전 시기에는 볼 수 없었던 변화를 보이기 시작한다. 우선 도시화율이 급속히 증가하기 시작하여, 2005년에는 42.9%, 2011년에는 51.3%에 달했다. 33년 만에 33.4%가 증가한 것이다. 농촌의 잉여노동력이 대량으로 도시로 와서 저임금 노동에 종사하게 된 것이 이러한 도시화율 증가의 주요 원인이다. 또한 농민의 도시이주 증가와 함께, 도심재개발, 철거, 이주, 빈민촌, 중앙상무구역(CBD: Central Business District), 교외의 베드타운 형성, 대중교통시설의 확대 등 토지의 상업적 가치의 발견과 토지사용 효율의 극대화에 따라 도시 공간구조가 급격히 재구성되는 양상을 보이는데, 이러한 변화의 근본동력은 1978년 개혁개방으로 인한 급속한 경제성장이었다. 중국의 도시변화는 그 속도, 규모, 성격 등에서 서방의 경험과 많은 점에서 차별성을 가지며, 이로 인해 해외의 도시연구자들은 시장화 개혁의 중점이 농촌에서 도시로 옮겨간 1990년대부터

중국 도시에 관심을 가지고 연구를 해나가기 시작한다.[1)]

이 논문의 목적은 개혁기 중국 도시변화라는 현실의 역동성을 배경으로 개혁기 중국의 도시를 연구하는 북미 학술단체가 개최한 국제회의의 논의를 중심으로 담론분석을 수행하는 것이다. 동시에 학술단체 소속 연구자들 사이에 국제적으로 형성된 인적 네트워크를 밝혀내는 작업을 병행함으로써, 중국 내부의 지식이 학술단체를 통해서 해외의 지식네트워크와 만나서 상호영향을 주는 메커니즘을 담론과 인적 네트워크 두 가지 차원에서 밝혀보고자 한다.

담론적 차원의 분석은 국제회의에서 발표된 논문의 주제가 어떠한 내용의 당대 중국 도시의 현실을 반영하고 있는가를 밝혀내는 작업이고, 인적 네트워크 분석은 담론분석에 기초하여 중국과 미국을 중심으로 두 지역의 도시연구자들 사이에 어떠한 연결망이 형성되어있는지를 분석하는 작업이다.

본 논문에서 말하는 학술단체는 북미(北美)[2)]의 도시연구자들과 중

---

* 국민대학교 중국인문사회연구소 HK연구교수

1) 여기서 말하는 도시연구(Urban Studies)는 학제적인 인문학적 사회과학적 접근을 통해서 도시와 도시의 삶을 연구하는 것으로서, 그 연구대상은 도시를 구성하는 정치제도, 경제적 사회적 관계, 물리적 경관, 문화적인 틀 등이다. 도시연구는 학제적 성격으로 인해 건축, 사회학, 예술사, 인류학, 환경연구, 경제학, 역사, 문학, 정치학 등 다른 분과학문들의 개념과 방법론을 이용하여 독특한 실체로서의 도시 그 자체와 더 큰 사회 속에서의 도시의 의미와 기능을 분석한다. 또한 도시연구는 특정한 인간 정착의 패턴을 생산해내는 과정들을 조사하고, 도시화에 의해서 형성된 다양한 층위의 지역들 사이의 관계변화를 조사한다.

2) 이 논문에서 미국이라고 하지 않고 북미라고 한 이유는 다음과 같다. 이 학술단체 네트워크가 최초로 시작된 곳이 미국이며, 분석대상인 "중국도시연구네트워크"의 홈페이지를 비롯한 기초시설을 실제 운영하는 장소가 뉴욕주립대학 올버니 캠퍼스이고, 이 학교 사회학과 교수 량자이(梁在)와 브라운대학(Brown University) 사회학과 교수 존 로건(John R. Logan)이 이 네트워크의 공동책임자(co-directors)로 있다. 하지만 네트워크에 참가하는 연구자들의 일정부분은 캐나다에 주재하고 있고

국의 도시연구자들이 함께 활동하는 학문 네트워크로, 구체적으로는 "중국도시연구네트워크(The Urban China Research Network, 이하 UCRN)"[3]를 가리킨다. UCRN은 미국 앤드류 멜런 재단(Andrew Mellon Foundation)의 지원을 받아서 1999년 뉴욕주립대학 올버니 캠퍼스(State University of New York, Albany)의 연구자들에 의해서 최초로 만들어졌다. 이후, 유니버티시 칼리지 런던(University College London), 홍콩침례대학(香港浸會大學), 홍콩중원대학(香港中文大學), 시안자통대학(西安交通大學), 중산대학(中山大學), 상하이사회과학원(上海社會科學院), 푸단대학(復旦大學) 등 유럽과 중국의 학술기관들의 중국도시연구자들이 함께 참여하는 연구자들의 네트워크로 확대되었고, 1999년 5월부터 2014년 5월까지 모두 17회에 걸쳐서 미국과 중국을 오가며 국제회의를 개최했다. 연구자들이 소속된 학술기관의 소재지는 중국, 홍콩, 마카오, 타이완, 캐나다, 미국, 유럽 등으로 다양하고 전공분야는 사회학, 정치학, 도시계획, 인류학, 인구학, 역사학, 지리학, 문학 등 인문학과 사회과학의 전반에 걸쳐있다.

본 연구에서는 UCRN을 대상으로 해서, 1990년대부터 본격화된 해외의 중국 도시연구자들의 학술논의를 분석하여 개혁기 중국의 도시에 관한 지식담론내용을 연대기적으로 추적한다. 연대기적 추적 방법을 취한 것은, 해외의 중국 도시연구에서 이뤄지는 논의는 기본적으로

대부분은 미국과 중국을 중심으로 전 세계에 주재하고 있다. 따라서 국제적인 네트워크라고 하면 이 네트워크에 포함된 다양한 국가에 소속된 연구자들이 상호교류 하는 측면과 중국 내에서 생산된 공간생산 지식이 해외에 투사하는 측면 중 전자의 측면만이 지나치게 강조될 수 있다. 또한 만약 미국이라고 할 경우 소재지만이 아니라 국민국가적 정체성이 지나치게 강조될 가능성이 있으므로, "국제", "미국" 등의 표현을 피하고 잠정적으로 북미라고 한다.

3) 중문명은 中國城市硏究網絡. 홈페이지는 다음과 같다. http://mumford.albany.edu/chinanet/. 이하의 UCRN 소개는 홈페이지를 참고.

1990년대 이래 중국 도시변화의 역동성을 그대로 반영하고 있기 때문이다. 따라서 본 논문에서는 중국 도시공간의 변화를 시기적으로 구분하고 이에 조응하는 UNCR의 논의를 매년 개최되어 온 국제회의의 중심주제와 발표논문을 중심으로 분석한다. 또한 UCRN 도시연구 논의에 대한 담론적 차원의 분석에 기초하여 중국과 북미의 도시연구자들이 어떤 인적 네트워크를 형성하고 있는지도 살펴본다.

Ⅱ. 중국 도시의 변화와 UCRN 국제회의의 논의

개혁기에 들어서 중국은 급속한 공업화와 도시화 과정에서 대량의 사회문제가 생겨났는데, 이러한 사회문제는 주로 도시부문에서 집중적으로 표출된다. 1990년대 이전 서방의 중국도시연구는 주로 소수의 화인(華人) 연구자의 전공분야로, 서방의 전체 도시연구 학계에서 비주류적 위치를 차지하였으나, 1990년대 이후 급속한 도시화와 함께 다양하고 복잡한 사회문제가 도시부문에서 집중적으로 생겨나자 중국도시연구에 대해 중국 국내는 물론 서방 학계에서도 많은 연구자들이 관심을 보이기 시작했다.[4)]

이렇듯 서방학계가 개혁기 중국의 도시연구에 관심을 보인 것은 다음과 같은 몇 가지 이유 때문이다. 첫째, 서방이 과거 산업혁명 이후 수백 년간에 걸쳐 경험해 온 거의 모든 도시문제들, 예를 들어 경제발전, 산업구조조정, 사회계층화, 주택결핍, 환경문제 등을 중국 도시는 1990년대부터 20여년이라는 단기간에 압축적으로 경험했다. 서방학계

4) 張京祥 胡毅 羅震東, 「海外中國城市研究的管窺與思考」, 『國際城市規劃』, 2013年 4期, 59쪽.

는 이와 같은 중국의 압축적 근대화가 어떻게 가능했고, 서방의 도시화와 비교해볼 때 중국의 도시화는 어떤 차별성을 가지고 있고, 그러한 차별성이 발생한 원인은 무엇인지에 관심을 집중시키게 되었다. 둘째, 중국 개혁기 도시변화는 토지 사용가치의 극대화를 위한 대규모 도시개발이 그 주요 동력이다. 중국은 사회주의 체제를 유지하고 있고 국가가 토지소유권을 독점하고 있는 상황에서 지방정부가 이러한 대규모 도시개발의 핵심이해당사자이자 지방정부-국유기업-부동산개발회사로 이뤄진 성장연합(growth coalition)[5]을 구축하는 주도세력이 된다. 구미에서도 성장연합은 주로 해당 지역주민, 부동산개발회사, 지방정부로 이뤄지지만, 중국의 경우 토지소유권을 장악하고 있는 지방정부가 사실상 토지개발을 기획 주도하고 그 수익의 상당부분을 획득한다는 점에서 중국의 지방정부가 성장연합에서 가지는 독특한 의미가 서방학계의 관심을 끌었다고 할 수 있다.[6] 셋째, 역사적 배경과 정치 경제 사회적 제도의 차이로 인해 개혁기 중국에서는 서방 도시가 경험하지 못했던 새로운 모순과 문제들이 발생했다. 예를 들어 도시주변부에 농민이 집중적으로 거주하는 빈민촌인 성중촌(城中村), 2억 6천만 명에 달하는 농민공의 도시이주, 단위(單位)의 사구(社區)로의 공간 거버넌스의 변화, 공유제 주택제도의 폐지와 상품방 위주의 주택시장의 형성 등은 서방도시에서는 일찍이 존재하지 않았던 중국 고유의 도시현상이다.

이러한 개혁기 중국 도시현상(Urban Phenomenon)의 고유함과 그것이 가지는 정치적 경제적 사회적 의미에 대한 서방 도시연구 학계의 급속한 관심증가를 배경으로 하여, UCRN 국제회의에서 이뤄진 논의는 주로 개혁기 중국 도시변화의 이러한 고유함과 그 의미에 대한 평가와

5) 중국어로는 증장연맹(增長聯盟)이라고 한다.
6) 지방정부 세수에서 토지개발 수익이 차지하는 비중에 대한 중국 측 연구문헌 제시!

분석을 중심으로 하고 있다. 또한 논의의 내용에서 도시연구에 대한 원론적 토론이나 철학적 탐구보다는 당대 중국 도시부문의 개혁의 진행이라는 현실의 역동성이 가져온 도시현상에 대응하여 기존 서방 도시연구 학계에서 축적되어온 개념과 이론을 비판적으로 적용하거나 중국 학계의 연구성과를 비판적으로 수용하는 측면이 두드러진다. 따라서 이 장에서는 1990년대 이래 현재까지 중국 도시변화의 현실에 대응하여 제기된 연구영역을 연대기적으로 3분하여 제시하고, 각 시기에 UCRN 국제회의에서 이뤄진 논의를 회의주제와 발표논문의 내용을 중심으로 일별한 후, 이러한 논의가 반영하고 있는 해당 시기 중국 도시변화의 실제를 살펴보기로 한다.[7)]

1) 1999년~2004년: 세계화(globalization)와 체제전환이 가져온 도시공간의 재구성

1999년 7월 상하이에서 UCRN과 상하이사회과학원 공동주체로 개최된 제2회 국제회의의 주제는 "중국 도시의 미래: 21세기 연구 아젠다(The Future of Chinese Cities: A Research Agenda for the 21st Century)"였다.[8)] 이 회의의 조직책임자인 존 로건은 기조연설을 통해 중국도시연

7) 이하의 시기구분에 대해서는 다음을 참고. 張京祥 胡毅 羅震東, 2013年 第4期, 59~61쪽.

8) UCRN의 제1회 국제회의의 제목은 "중국 국내 이주와 도시화에의 영향(Internal Migration and Its Impacts on Chinese Urbanization)"으로 1999년 5월 미국 뉴욕주립대학 올버니 캠퍼스에서 개최되었는데, UCRN의 국제회의 홈페이지(http://mumford.albany.edu/chinanet/ucrn2014/index.asp)에서 회의에서 발표된 논문의 제목이나 참관기록을 소개하는 글이 전혀 나와 있지 않다. 제2회 국제회의는 UCRN 국제회의 홈페이지에 발표논문은 나와 있지 않지만, 학술지에 게재된 낸시 네팅의 참관기를 통해서 분석하기로 한다. 이 참관기에도 발표논문의 제목은 나와 있지 않고, 회의의 전반적인 주제와 참가인원 및 주된 토론주제만이 제시되어있다. 제3회 국제회의는 2000년 12월 홍콩침례대학에서 "중국도시연구(Doing Research on Urban China)"라는 제목으로 되었는데, UCRN 홈페이지에는 발표논문

구와 관련하여, 세계화, 이주, 시장화개혁이라는 3가지 연구주제를 제시하였고, 중국과 해외의 120명의 연구자들이 26개의 세션에서 발표했는데, 혼인, 소수민족지역, 관광, 지역 거버넌스, 도시계획, 국제투자결정 등의 주제를 다뤘다. 발표된 논문들은 대부분 중국의 급속한 경제적 변화가 도시에 가져온 영향과 이러한 변화를 중개하는 제도의 구조와 과정을 분석했다. 특히 대부분의 논의는 농민공의 도시 이주에 관한 문제로, 생활조건, 주변화, 격리 및 귀향 등의 문제들에 집중되었다.

2002년 6월 뉴욕주립대학 올버니 캠퍼스에서 개최된 UCRN 제4회 국제회의는 "중국의 도시: 도시연구의 후속세대(Cities in China: The Next Generation of Urban Research)"로 주로 박사과정 학생들과 젊은 학자들 위주로 발표가 이뤄졌다. 이 회의는 4개의 세션으로 구성되었는데, 각 세션의 제목은 중국의 도시-농촌 이주, 도시의 정책과 정치, 중국 도시의 불평등, 도시의 변화이다. 발표논문의 주제를 살펴보면, 노동시장의 형성, 이주제한과 도시화, 호구제도 개혁과 이주, 사구발전과 NGO, 연금개혁, 사회적 불평등과 도시주민, "다공메이(打工妹)" 정체성, 개혁기 도시 상업공간, 농촌의 도시화, 사구건설과 정부기능 변화, 사구와 주민위원회(居民委員會), 사구건설과 민간조직, 상하이 노스탤지어와 사구건설 등이다.[9)]

의 제목이 나와 있지 않다. 2003년 12월 홍콩에서 개최된 제6회 회의 "중국의 도시: 도시연구의 후속세대 2부(Cities in China: The Next Generation of Urban Research Continued)"도 홈페이지에 제목만 제시되어있고, 발표된 논문제목은 나와 있지 않다. 따라서 이 논문에서 본격적인 담론분석은 2002년 6월 뉴욕주립대학 올버니 캠퍼스에서 개최된 제4회 국제회의부터 시작된다. 그 외, 2001, 2006, 2007, 2008, 2011년에는 회의가 개최되지 않았고 그 외는 2014년까지 매년 1, 2회 개최되었다. 따라서 본 논문에서는 참관기를 확보할 수 있는 제2회 국제회의를 제외하고, 제1회, 제3회, 제6회 국제회의는 분석대상에서 제외했다.

9) 이후 이 논문에서 나오는 UCRN 국제회의의 각 세션과 발표논문의 영문제목은

제5회 국제회의는 2003년 4월 미니애폴리스에서 "중국의 도시연구와 인구학(Urban Studies and Demography of China)"을 주제로 개최된다. 제4회 회의와는 달리 중견과 원로 연구자들이 중심이 되어서 논문을 발표한 이 회의는 2명의 연구자가 공동으로 논문을 발표하고 이에 대해서 토론자가 논평을 하는 방식으로 진행되었다. 이 회의는 모두 4개의 세션으로 구성되었는데, 각 제목은 공간불평등과 도시재구조화, 세계화와 중국 도시의 변화, 중국 이주와 사회적 의료적 결과, 중국의 사회적 불평등으로, 세션의 제목이 곧 발표된 논문의 제목이다.

제7회 국제회의는 "체제전환기 중국의 도시(Urban China in Transition)"라는 주제로 2004년 5월 산타모니카에서 개최되었는데, 모두 16개의 논문이 발표되었다. 논문의 주제를 살펴보면, 교외화, 출산율과 이주, 관광개발, 계급불평등, 빈곤, 여성노동, 조직변화, 공간불평등, 배타적 주거, 근린지역조직, 범죄피해, 농민공의 도시적응, 이주와 주거, 질병, 도시정체성, 탈사회주의 도시 등이다.

2004년 12월 홍콩침례대학에서 개최된 제8회 국제회의의 주제는 "중국의 도시: 도시연구의 후속세대 3부(CITIES IN CHINA: THE NEXT GENERATION OF URBAN RESEARCH: PART3)"였다. 이 회의에서는 모두 28편의 논문이 발표되었다. 지난 4회와 6회 회의처럼 이 회의도 기본적으로는 중국과 미국의 박사과정과 젊은 학자들이 주요 발표자였고, 공식세션이 끝난 후 맨 마지막에 2차례의 라운드 테이블에서 중국과 미국의 중견 연구자들의 발표가 진행되었다. 발표된 논문의 주제를 보면, 농민공 귀향, 이주통제, 농민공 자녀학교, 실업, 도시빈곤, 하강(下崗), 투자, 기업가주의, 사회적 자본, 계급구조, 역사도시, 도시재개발, 상하이의 사구건설, 호구문제 등이다.

〈첨부1〉에서 확인할 수 있다.

이 시기 UCRN 국제회의 논의는 다음과 같은 중국 도시변화의 현실을 반영하고 있다. 첫째, 농민공의 대규모 도시진입과 이에 따른 각종 사회문제의 발생이다. 1980년대 "농업에 종사하나 농촌을 떠나지 않고, 공장에서 일하나 도시로 들어가지 않고(離土不離鄕, 進廠不進城)", 주로 농촌에서 새로이 등장한 공업기업인 향진기업(鄕鎭企業)에서 일하던 농민공들이, 1990년대부터 본격화된 도시부문 국유기업의 개혁으로 저임금 노동력에 대한 수요가 급증하자, 도시로 대규모 진입하는 현상이 발생한다. 농민공들은 도시와 농촌을 구분하여 호적을 부여하는 호구제도로 인해서 도시에 진입하여 국유기업 노동자들과 동일한 노동에 종사해도 더 낮은 임금을 받고 국유기업 노동자에게 주어지는 각종 사회경제적 혜택을 누리지 못하는 저임금 노동자로 존재하게 된다. 또한 국유기업 개혁에 따른 도시민 노동자의 대량해고로 발생한 저임금 일자리의 충원을 둘러싸고 도시의 서민층과 농민공들이 경쟁관계를 형성하게 되어 도시지역에는 노동시장이 형성된다. 지방정부와 기업으로부터 일정정도의 노동력 재생산을 보장받는 도시민과 달리 농민공들은 아무런 보장도 받지 못하고 도시에서 각종 차별에 노출된다. 이 시기 농민공들은 주로 당시 도시공간구조의 변화가 초래한 건설수요의 급증에 따라 가족을 고향에 두고 단신으로 도시로 와서 주로 건설현장에서 육체노동에 종사하였으며, 얼마간의 수입이 축적되면 다시 고향으로 돌아가려고 했다. 따라서 이들은 도시에 적응하지 못하고 적응할 의사도 별로 없는 이방인으로 존재했다.

둘째, 중국 도시관리체제의 핵심기제인 단위가 서서히 해체되어 사구(社區)로 재편되는 공간 거버넌스의 변화이다. 1950년대 후반 형성되어 사회주의 시기는 물론이고 개혁기인 1980년대에도 유지되고 있던 중국의 단위제도는 1990년대 들어서 도시지역의 개혁이 본격화되자 해체되기 시작한다. 기존에 도시지역 주민의 정치적 경제적 사회적 삶의 사실상 모든 것을 포괄하던 조직이자 공간 거버넌스였던 단위는 시장화 개혁의 심화와 함께 본래 단위가 담당하던 주요한 사회경제적 기능이 시장에서 거래할 수 있는 상품이 되자 소속 인원에 대한 규율권력으로서의 성격이 점차 약화되었다. 특히 1998년 국무원 결정에 의한 도시지역의 공유제 주택제도의 공식 폐지는 단위 소속감 약화의 결정적 계기가 되었다. 이후 단위들은 자체보유하고 있던 주택들의 소유권의 일부를 주민에게 매각하고, 경제력을 갖춘 일부 주민들은 주택시장에서 상품방(商品房)을 스스로 구매하기 시작한다.

한편 국가는 이미 약화, 해체되고 있는 단위를 대체하여 도시주민을 관리할 수 있는 기제를 탐색하는 과정에서, 소속 직장이 아닌 거주지역을 중심으로 주민들을 관리하는 사구의 건설을 도시지역에서 추진한다. 특히 1999년~2004년 시기는 사구건설을 위한 실험이 전국적으로 추진되었다. 1999년 2월에는 국무원 민정부(民政部)가 전국적인 차원에서 '전국사구건설시험구(全國社區建設試驗區)'를 선정하여 사구건설을 실험했고, 2000년대 들어서는 각 지역의 사회정치적 조건을 반영한 지역별 모델들이 형성되기까지 한다.[10] 사구건설은 단위를 대체하여 국가와 사회가 만나는 기층 사회정치공간을 재구성하는 과정이므로, 기존 단위 내의 당조직을 통한 소속 인원의 지배를 대체하여 원래 도시주민의 약 5%만을 담당하던 주민위원회의 기능과 역할이 크게 강화된다. 행정권력의 최말단 기구인 가도판사처(街道辦事處)의 지도를 받는 명목상의 '자치기구'인 주민위원회는 1990년대 말 주택의 상품화와 함께 전국적으로 확산된 주택소유자조직인 업주위원회(業主委員會),

10) 사구의 지역별 모델의 형성과정과 그 의미를 "정부주도형" 사구와 "자치형" 사구를 각각 대표하는 상하이(上海)와 선양(瀋陽)의 사구의 역사적 비교분석을 통해서 밝힌 논문은 다음을 참고. 박철현, 「중국 사구모델의 비교분석: 상하이와 선양의 사례」, 『중국학연구』, 2014년 제69집.

원래 단위 소유의 주택을 관리하던 부서인 방관소(房管所)가 탈바꿈한 물업공사(物業公司) 등과 함께 사구를 구성하는 주요 조직이 된다. 이에 국가는 가도판사처 층위의 당공작위원회(黨工作委員會)의 하부조직인 당지부(黨支部)를 거주지역(주로 주민위원회 내부) 층위에 설치하여 기층정치공간에서 주민위원회, 업주위원회, 물업공사 등을 장악하고자 한다.

셋째, 이러한 도시거버넌스의 변화와 함께 개혁기 지방정부의 지상목표가 된 경제성장을 위해 도시공간구조가 상무지역, 거주지역, 생산지역 등으로 기능적으로 재편되는 현상이 발생하는데, 여기서 주목해야 할 것은 바로 지방정부의 성격과 역할의 변화이다.[11] 1990년대 이후 중국 지방의 도시정부는 특히 "도시 기업가주의(Urban Entrepreneurialism)" 혹은 "지방정부 기업화"의 성격을 보인다. 간단히 말해 이것은 도시정부의 업무중점이 기존의 주민의 복지와 행정에서 경제적 성장으로 옮겨가서 마치 이윤을 최우선시하는 기업가처럼 행동하는 현상을 가리키는데, 구체적으로는 다음과 같은 두 가지를 의미한다. 하나는 정부가 자신이 장악한 행정자원 혹은 독점자원(예를 들어, 토지, 환경인허가권, 세수 등)을 통해 지방의 경제적 이익을 최단 시간 내에 극대화하는 것이고, 나머지 하나는 가시적인 경제총량과 재정수입 등 지표의 증가가 지방정부의 전체목표에서 핵심을 차지하는 것이다. 게다가 도시정부는 도시의 토지자원에 대한 경영권을 행사하고 지방 국유기업의 소유권 주체로서 기업이윤을 재정수입으로 보유할 수 있기 때문에 대규

11) 현(縣), 향(鄉), 촌(村) 층위의 도시와 농촌의 지방정부의 성격에 대한 기존 연구를 정리한 것으로는 다음을 참고. Tony Saich, "The Blnd Man and the Elephant: Analysing the local state in China" *in* Luigi Tomba ed, *East Asian Capitalism: Conflicts and the Roots of Growth and Crisis* (Annali della Fondazione Giangiacomo Feltrinelli, 2002).

모 도시 개발프로젝트에서 부동산개발회사, 국유기업 건설회사 등과 함께 성장연합의 핵심세력이 된다.

2) 2005년~2010년: 도시공간 상품화와 도시의 사회문제

제9회 국제회의의 주제는 "체제전환기 중국의 도시(Urban China in Transition)"로 2005년 1월 뉴올리언즈에서 개최되었다. 이 회의는 기조연설을 포함해서 모두 15개 세션으로 구성되었는데, 발표된 논문의 주제를 보면, 이주, 계급 불평등, 여성노동, 도시빈곤, 범죄, 공간 불평등, 교외화, 배타적 거주, 근린조직, 조직변화, 이주노동자의 도시적응, 주택, 질병 등이었다.

제10회 국제회의는 "중국의 도시: 도시연구의 후속세대 4부(CITIES IN CHINA: THE NEXT GENERATION OF URBAN RESEARCH: PART4)"로 2005년 7월 상하이사회과학원에서 개최되었다. 이 회의에서 맨 마지막의 총회(plenary session)를 포함하여 모두 32편의 논문이 발표되었다. 발표된 논문의 주제를 모면, 도시공간구조 변화, 사회적 관계망, 국유기업 해체, 다국적 기업, 도시 불평등과 빈곤, 도시정책, 환경과 지속가능한 발전, 중국의 경험과 도시 사회과학 등이다.

2009년 1월의 제11회 국제회의는 "중국발전의 경향(TRENDS IN CHINA'S URBAN DEVELOPMENT)"를 주제로 해서 중산대학에서 개최되었는데, 5개의 세션과 3개의 워크샵으로 구성되었다. 발표된 논문의 주제는 도시화의 역동성, 농민공 도시이주가 농촌에 가져 온 충격, 농민공 노동계약, 농민공의 집합행동, 저층사회, 사구와 거버넌스, 도시연구에 있어서 학제적 접근 등이다.

제12회 국제회의는 2010년 5월 뉴욕주립대학 올버니 캠퍼스에서 "중국과 북미의 사회과학 시각(Social Science Perspectives from China And North America)"을 주제로 개최되었다. 모두 6개의 세션으로 구성된 이

회의에서는 발표된 논문의 주제는, 이주 노동자 노동시장, 성중촌, 농민공 시민권, 농민공 차별 등이었다.

중국의 WTO가입이라는 외부적 요인과 이와 맞물린 체제전환으로 도시공간의 구조적 변화가 처음으로 발생했던 전 시기에 비해, 이 시기는 중국경제가 연 평균 10% 이상의 경제성장률을 기록하는 경제적 변화를 배경으로 기존의 도시공간변화가 가져온 각종 사회문제가 집중적으로 표출되었다.

첫째, 도시공간 불평등 심화로 도시 공간구조의 위계화가 진행되었다. 사회주의 시기 중앙정부는 도시계획을 담당하는 주체인 지방정부를 통해서 개별단위에게 단위건설에 필요한 자원을 분배하는 것이 아니라, 지방정부를 거치지 않고 단위 인프라건설에 필요한 자원을 직접 지급하였다. 따라서 사회주의 시기 중국의 지방정부의 도시계획 부문은 그 기능을 제대로 발휘하기 힘들었고 단위는 지방정부 차원의 도시계획과 사실상 무관하게 단위 소속인원을 위한 인프라를 건설해나갔다.[12] 하지만 개혁기에 들어서는 재정분권화에 따라 지방정부 층위 도시계획 부문의 권한과 기능이 회복되었고, 동시에 지방정부는 소속 도시지역의 토지자원의 사용가치에 대한 직접적 관할권을 확보하게 되어서 재정수입 증가를 목표로 하는 도시개발에 착수한다. 이와 함께 1991년 도시지역 국유토지의 양도제도 실시를 계기로 토지시장이 형성되고 도심의 토지가치가 증가하여, 도심에는 상대적으로 높은 부가가치를 가진 고급주택지, 쇼핑몰, 중앙상무구역, 관공서 등이 자리잡게 되고, 사회주의 시기 도심에 존재하던 공업시설들은 극소수를 제외하고는 모

12) David Bray, *Social Space and Governance in Urban China* (Stanford, California: Stanford University Press, 2005) pp. 111-112; Duanfang Lu, *Remaking Chinese Urban Form: Modernity, Scarcity and Space, 1949-2005* (New York, NY: Routledge, 2006) pp.85-89.

두 교외로 이전되게 되는 등 도시공간구조의 급격한 재편이 발생한다. 또한 도심지역에 거주하던 주민들도 상품방을 구매할 수 있는 경제력을 보유한 소수를 제외하고는 대부분은 교외의 새로이 조성된 거주지역으로 이주해가거나 도심의 빈민촌에서 거주하게 되었다.

둘째, 도시공간의 위계화와 상품화는 각종 사회문제를 낳았고, 그 대표적인 것이 바로 젠트리피케이션(gentrification)[13]이다. 원래 젠트리피케이션은 1960년대 중반 영국 사회학자 루스 글래스(Ruth Glass)가 런던의 저소득층 노동자 거주지역이 중산층 거주지로 바뀌고 기존 노동자들이 쫓겨나는 현상을 가리키면서 만든 개념인데,[14] 여러 가지 원인으로 쇠락한 도시 내부공간은 상업개발자들에 의해 중산층의 거주지로 재개발되고 기존의 저소득층 거주자들은 교외로 밀려나거나 또 다른 빈민촌으로 이주하는 현상을 가리킨다.[15] 중국의 경우 젠트리피케이션은 주로 중산층 이상의 소득자들이 거주하는 “고급커뮤니티(高尙社區)”나 “현대적인 아파트(現代公寓)” 등의 형태로 드러나는데, 다음과 같은 특징을 가진다. 우선, 일찍이 1990년대 중후반 시작된 재정과 행정의 분권화가 심화되어 지방정부는 조세수입원 확보를 위해서 자신이 소유한 토지를 상업적으로 활용하기 시작한다. 그런데 2005년~2010년 시기에 들어오면, 기존에 지방정부나 단위(單位)가 직접 거주지역 재개발에 투자하던 것에서 부동산개발기업이 투자하는 것으로 바뀌게 된다.[16] 다음으로, 지방정부는 도시재생을 통해서 “도시의 현대화”를 추진했으

13) 중국어로는 “신사화(紳士化)”라고 번역한다.

14) Ruth Glass, *London: Aspects of Change* (London: MacGibbon & Kee, 1964).

15) 김걸, 「서울시 젠트리피케이션의 발생원인과 설명요인」, 『한국도시지리학회지』, 2007년 제10권 제1호, 37쪽.

16) 何深靜 劉玉亭, 「市場轉軌時期中國城市紳士化現象的機制與效應硏究」, 『地理科學』, 2010年 第30卷4 第4期, 498쪽.

며, 더욱 중요하게는 도시재생이 높은 토지수익률을 실현시키는 핵심 수단이라는 점을 인식하기 시작했다는 점이다. 이것은 바로 사회주의 시기와 개혁기 초기 내내 오랫동안 사실상 방치상태에 있던 도심의 거주지역에 대한 대대적인 개조작업으로 이어졌고, 이후 2005년~2010년 시기 도심에서의 젠트리피케이션으로 표출되었다.

셋째, 도시공간구조의 불평등과 함께 이 시기 중대한 사회문제로 제기된 것이 바로 2010년 이미 2억 4천만 명을 넘어선 농민공이 도시에서 사회적인 차별과 폭력에 노출되는 현상이었다.[17] 이러한 현상은 중국 특유의 사회주의 건설과정에서 구축된 제도에 의해서 조장되었다. 중화인민공화국 건국 초기인 1952년에 수립되었다가 2003년 8월에 비로소 폐지된 「수용송환제도(收容遣送制度)」가 바로 대표적인 제도이다.[18] 이것은 임시거주증이 없이 도시로 유입된 농촌인구를 가리키는 "맹목적 유동인구"를 수용한 후 다시 농촌으로 돌려보내는 제도로, 도시와 농촌을 분리하고 농촌에서 추출한 잉여가치를 도시 부문으로 이전하여 공업화를 추진한 중국 사회주의의 성장방식을 가능하게 한 호구제도(戶口制度)와 직접적인 관련을 가지고 있다. 간단히 말해 농민의 임의적인 도시유입을 금지하는 제도가 호구제도인데, 만약 농민이 이를 어기고 도시로 유입되었을 경우 「수용송환제도」에 의거 경찰이나 도시관리 단속반[城管]이 농민을 수용소에 수용한 후 다시 농촌으로

17) 사실 1958년 제정된 「중화인민공화국호구등기조례(中華人民共和國戶口登記條例)」에 의해서 수립된 호구제도가 농민공에 대한 차별과 폭력이 생겨난 근본원인이라고 할 수 있는데, 이 제도는 그것이 미치는 사회적 영향력이 광범위하기 때문에 개정과 폐지에 관한 논의는 이 시기에는 아직 본격적으로 이뤄지지 않는다.

18) 「수용송환제도」의 정식명칭은 「도시 유랑구걸 인원 수용송환방법(城市流浪乞討人員收容遣送辦法)」으로 성립, 변화 및 폐지에 이르는 일련의 과정에 대한 자세한 내용은 다음을 참고. 주쉬펑 저 박철현 이광수 공역, 『중국 정책변화와 전문가 참여』 (서울: 학고재, 2014).

돌려보내는 것이다. 이 수용송환의 과정에서 농민에 대한 인권유린, 불법구류, 강제노역 등 문제가 빈번히 발생하였고, 폭력으로 인한 사망사건까지 발생하자 정부의 결정으로 폐지된 것이다.

넷째, 2000년대 초 국가로부터의 자율성이라는 측면에서 다양한 사구모델이 성립되었던 것에서 더욱 진화하여 이제는 하나의 사구모델 내부에서도 해당 지역의 특성을 반영한 분화가 생겨나기 시작했다. 예를 "자율형 사구모델"로 종종 거론되는 선양(瀋陽)의 사구는 다시 4가지로 분화가 이뤄졌다.[19] 분화의 가장 큰 원인은, 이 지역에는 오랫동안 중대형 국유기업과 소속 노동자들이 집중적으로 거주했는데 2004년 노후공업기지 개조정책의 본격화로 공장의 철거와 이전이 진행되는 과정에서, 국유기업과 관련이 없는 주민들이 기존 노동자들의 거주지역으로 혼입(混入)된 것에 있다고 하겠다. 이와 같은 사구구성원의 동질성 약화와 이질성 증가는 동일한 사구모델 내부에서의 분화를 가져왔고, 당-국가는 정치적 사회적 통합을 유지하기 위해 사구 내부에서 공산당 기층조직을 강화한다.

한편 "주민의 다양성" 증대에 대응하여 기층의 당 조직을 강화하려는 시도는 선양보다 사구 주민의 이질성이 훨씬 더 큰 상하이에서 더욱 뚜렷하다. 1990년대 후반 가속된 푸동(浦東)개발을 배경으로 2003년 상하이의 유동인구는 이미 480만 명에 달했다. 따라서 2005년~2010년 시기에는 기존 주민들의 거주지역에 혼입된 유동인구와 푸동지역에 국가주도로 위계적으로 건설된 "행정사구(行政社區)"[20]의 주민을 대상으로 하는 당 조직을 건설해서 정치적 사회적 통합과 안정을 유지하려는

19) 4가지 분화형태는 "구역형(板塊型) 사구", "주택단지형(小區型) 사구", "단위형(單位型) 사구", "기능형(功能型) 사구"이다. 보다 자세한 내용은 다음을 참고. 박철현, 같은 논문, 2014, 337쪽.

20) 행정사구에 대해서는 다음을 참고. 박철현, 같은 논문, 2014, 345쪽.

노력을 하게 된다.

3) 2011년~2013년: 신세대 농민공과 신형도시화(新型都市化)

UCRN의 제13회 국제회의는 "포스트사회주의 도시(Cities after Socialism)"를 주제로 해서 2012년 3월 프로비던스에서 개최되었는데, 모두 6개 세션에서 6편의 논문을 발표되었고 주제는 도시 근린지역, 교육기획, 이주민, 도시계획과 관리 등이었다.

2012년 12월 홍콩에서 개최된 제14회 국제회의의 주제는 "중국 도시의 공간적 사회적 변화(Spatial and Social Transformation in Urban China"였다. 발표된 논문의 주제는 도시클러스터, 지속가능한 발전, 메가시티, 지속가능한 거버넌스, 토지와 주택 시장, 도시기업가주의, 거주 양극화, 범죄, 도시재생, 노동시장, 폐쇄적 거주지역(gated community), 저항, 다층적 거버넌스(multi-level governance) 등이다.

제15회 국제회의의 주제는 "차세대 중국도시연구자 양성(Fostering the Next Generation of Urban China Scholars)"으로 2013년 1월 중산대학에서 개최되었다. 발표된 논문의 주제는 농촌도시화, 사구교육의 건설과 참여, 도시의 공동체들, 소수자 집단, 사회자본 등이었다.[21)]

이 시기는 이전 시기에서 집중적으로 표출된 각종 사회문제가 여전히 해결되지 않은 상황에서 도시화가 가속화되는 시기이다. 특히 주목되는 것은 2011년을 계기로 중국의 도시화율이 50%를 넘어섰다는 사실로, 이것은 중국의 수천 년 역사상 처음으로 인구의 절반 이상이 도시에 거주하게 되었다는 것을 의미할 뿐만 아니라, 개혁기 중국 정부가

---

21) 제16회 국제회의는 2013년 12월 중산대학에서 "중국의 도시변화와 구조조정(China's Urban Transformation and Restructuring)"이란 주제로 개최되었는데, 관련 웹사이트에는 회의의 세부주제만 제시되어있고 발표된 논문의 제목이나 발표자 이름은 없다.

도시화를 장기적 거시적 경제발전을 위한 중요전략으로 구상하고 추진한 결과라는 점이다. 이러한 시대적 특징을 배경으로 UCRN 국제회의에서 발표된 논문들은 다음과 같은 중국 도시의 현실을 반영하고 있다.

첫째, 1980년대 후반 처음 발생하여 1990년대 중후반 본격적으로 사회적으로 중요한 의미를 가지게 된 농민공 집단도 분화가 일어나서 "신세대 농민공(新生代農民工)"이 등장하였다. 신세대 농민공은 대체로 1980년대와 1990년대에 태어난 세대로서 주로 1세대 농민공인 부모를 따라 어린 시절 도시로 왔거나 도시에서 태어난 농촌호구 소지자들이다. 2013년 기준 농민공 2억 6천만 명 중 신세대 농민공은 1억 6천만 명으로 61.5%를 차지하고 있는데, 주로 제조업과 서비스업에 종사하고 있는 저임금노동자인 이들은 1세대 농민공과는 확연히 다른 사회적 문화적 성향을 가지고 있다. 우선 도시는 돈을 벌기 위해서 잠시 머무는 공간이기 때문에 목적이 달성되면 농촌으로 돌아가려는 1세대 농민공과는 달리, 신세대 농민공은 도시를 자신이 평생 살아가야 할 공간으로 생각하고 있으며 농민 신분으로 인한 차별적 대우에 대해서 큰 불만을 가지고 권리의식이 강하다.

둘째, 신세대 농민공의 이러한 사회문화적 특징은 국가와 자본이 주도하는 자본주의적 공간생산이 진행 중인 중국의 도시에서 이전에는 좀체 드러나지 않는 형태의 행동을 낳는다. 대표적인 것이 바로 2010년 난하이(南海) 혼다(Honda) 자동차 부품공장 신세대 농민공의 파업이다. 도시공간에서의 노동을 마치 계절노동(seasonal employment)처럼 사고하는 1세대 농민공과는 달리, 신세대 농민공은 비록 신분은 농민이지만, 자신의 노동력 제공에 대한 정당한 대가를 쟁취하기 위해서 파업을 하는 것은 당연한 권리라는 의식을 보유하고 있다는 점에서 노동자의 정체성을 동시에 지니고 있다. 따라서 국가의 입장에서는 이러한 농민과 노동자의 정체성을 동시에 보유한 신세대 농민공을 도시공간에서 순조롭게 통합해내는 것은 도시의 안정을 위해서 중요한 과제이므로, 이들의 도시통합을 위한 정책을 시행하기도 한다.

셋째, 그럼에도 불구하고 국가와 자본에 의한 자본주의적 공간생산이 진행되고 있는 중국의 도시공간에서 신세대 농민공은 도시의 저소득층으로서 차별과 폭력에 노출되어 있다. 2009년 5월 16일 선양의 노점상인 샤쥔펑(夏俊峰)은 도시관리 단속반[22]의 단속과 집단구타에 저항하는 과정에서 도시관리 단속반 인원을 "고의로" 살해한 혐의로 체포되고, 2013년 9월 25일 결국 사형이 집행된다. 샤쥔펑은 기술학교를 졸업하고 농민공으로 도시의 공장에 취업했다가 공장이 파산하자 비정규직을 전전하다가 길거리 노점상으로 전락한다. 샤쥔펑의 부모도 환경미화원과 퇴직노동자로서 하위계층이며, 그의 아내도 같은 고향 출신인 농민공이다. 노점상 샤쥔펑의 단속부터 사형에 이르는 일련의 과정은 이 시기 중국의 도시정부가 신세대 농민공과 도시 저소득층에 대해서 어떤 태도와 입장을 취하는지를 보여주는 좋은 사례이면서, 당-국가가 추진하는 신형도시화와 글로벌시티가 장래 어떠한 "중국식 도시사회(a Chinese Urban Society)"를 가져올지 예측할 수 있게 해준다.

넷째, 국제적인 정치경제의 변수에 상대적으로 영향을 덜 받으면서도 비교적 안정적인 경제성장을 가능하게 하는 전략으로 채택된 것이 바로 내수증대를 목적으로 하는 신형도시화라고 한다면, 여기서 관건적인 것은 농민의 도시이주를 촉진하여 이제 갓 50%를 넘어선 도시화율을 제고시키는 것인데, 1958년부터 실시된 「중화인민공화국호구등기조례」에 의해 형성된 호구제도를 개혁하는 것이 이 도시화율 제고의

22) 정식명칭은 도시관리행정법률집행국(城市管理行政執法局)으로 1996년 반포된 「行政處罰法」에 의거하여 생겨난 조직인데, 그 주요 업무는 도시관리 방면의 법률, 법규, 규장(規章)에 따라 도시관리질서를 유지하고 보호하는 것이다. 주로 성관(城管)으로 약칭.

핵심적인 내용이다. 호구제도 개혁의 방법으로 채택된 것이 바로 "점수적립제 도시호구 취득(積分制入戶城鎮)" 방식이다. 그 구체적인 내용은 다음과 같다. 우선, 전국의 도시를 인구규모에 따라 초대도시(超大都市: 1천만 명 이상), 특대도시(特大都市: 5백만 명 이상), 대도시(大都市: 1백만 명 이상), 중등도시(50만 명 이상), 소도시(10만명 이상)로 분류하고 등급에 따라 도시호구 취득제한 정도를 차별화시킨다. 다음으로, 이 도시로 진입하여 도시호구를 취득할 때, 초대도시는 엄격한 제한, 특대도시는 제한, 대도시는 합리적 취득조건 제시, 중등도시는 순서에 따라, 소도시는 전면개방이라는 제한조건을 두는 것이다.[23] 이러한 방식은 신형도시화를 위한 호구제도 개혁의 핵심적인 내용으로 기존의 베이징(北京) 상하이 광저우 선전(深圳) 등과 같은 초대도시에 농민들이 진입하는 것을 엄격히 제한하고, 중간 규모 이하의 도시지역 및 성향결합부(城鄕結合部)로 진입하는 것을 유도하는 것이다. 이러한 전략은 고소득자, 투자자, 고학력자, 기술보유자 등만이 초대도시의 호구를 취득할 수 있게 해주고, 그 아래의 대도시, 중등도시는 그보다 낮은 "자격조건"을 갖춘 인원이 호구를 취득할 수 있게 하고, 저소득층 농민들은 가장 낮은 소도시에만 진입할 수 있게 한다는 점에서, 앞서 지적한 도시내부 공간구조의 위계화와 더불어 도시들 사이에서 시민권의 위계화도 진행될 것이라는 예측을 가능하게 해준다.

Ⅲ. UCRN의 지식네트워크

2장의 담론과 그것이 반영하고 있는 중국 도시변화에 대한 분석에

23) 國務院,「國家新型城鎮化規劃 2014-2020年」, 2014.3.16.)

기초해서, 이 장에서는 UCRN 소속 연구자들의 인적 네트워크를 분석한다. 본격적인 네트워크 분석에 앞서 UCRN 홈페이지에 공개되어있는 소속 연구자들의 소재국가를 정리할 필요가 있다. 여기서 소재국가는 국적과 상관없이 연구자가 실제로 소속되어있는 학술기관의 소재국가를 가리킨다. 예를 들어 중국국적의 연구자가 미국의 학술기관에 소속되어있으면 소재국가는 미국이 되는데, 이 경우 해당 연구자는 중국 내부의 도시연구자 지식네트워크가 UCRN과 연계되는 미국 측 중심인물이 될 가능성이 높다. 한편 중국국적의 연구자가 중국의 학술기관에 소속되어있으면 소재국가는 중국이 되는데, 이 경우에는 해당 연구자가 중국 내부의 도시연구자 지식네트워크가 UCRN과 연계되는 중국 측 중심인물이 될 가능성이 높다고 할 수 있다. 또한 국제회의의 개최지역도 중요하다. 국제회의를 개최한 지역은 다른 지역과 국가의 학술기관에 소속된 도시연구자들과의 관계 속에서 지식네트워크 중심에 있을 가능성이 높기 때문이다.

1. 연구자 소속 학술기관의 소재국가

UCRN 홈페이지의 소속회원정보 제공화면에서 수집한 회원명단과 소속 학술기관에 근거하여 소재국가별로 연구자의 인원수를 정리하면 〈표 1〉과 같다.[24] 2014년 12월 15일 기준으로 소속 전체회원수는 모두 109명이고, 그 중 중국과 미국을 합치면 79%를 차지한다. 당초 UCRN을 조직한 공동책임자가 미국 대학의 교수들이고, UCRN의 공식사무실이 뉴욕주립대학 올버니 캠퍼스에 있으며, "중국도시"연구에 관한 지식네트워크라는 점을 고려하면, 이러한 수치는 당연한 결과라고 할 수 있

24) http://www.s4.brown.edu/CProject/CreateUser.aspx

다. 또한 주목할 점은 홍콩이 16.5%를 차지한다는 점이다. 홍콩은 독립된 국가가 아니고 중국의 주권이 미치는 영토이지만, 특별행정구의 지위를 중국정부로부터 인정받고 있고, 무엇보다도 오랫동안 영국의 식민지로서 중국 본토와는 구분되는 교육과 학문체계에 기반한 연구가 축적되어왔다고 볼 수 있기 때문에, 도시연구자의 소재지로서 중국 본토와는 독립적 존재로서 구분될 수 있다고 본다.

〈표 1〉 UCRN 소속 연구자 소속 학술기관의 소재국가별 인원수와 비율

	인원수	비율(%)
중국	46	42.3
미국	29	26.7
홍콩	18	16.5
캐나다	7	6.4
프랑스	2	1.8
네덜란드	2	1.8
싱가포르	2	1.8
영국	2	1.8
아일랜드	1	0.9
합계	109	100

2. UCRN 국제회의 개최지역과 중국 지식네트워크

이상과 같은 연구자 소속 학술기관의 소재국가별 분류에 기초하여 UCRN 국제회의가 개최된 개최지를 분석하면 다음과 같다.

〈표 2〉 UCRN 국제회의 개최지별 분류(국가, 장소)

개최국가	개최장소	연도
미국 (7회)	뉴욕주립대학 올버니 캠퍼스	1999년 5월, 2002년 6월, 2010년 5월
	미니애폴리스	2003년 4월
	산타모니카	2004년 5월
	뉴올리언즈	2005년 1월
	브라운대학	2012년 2월
중국 (9회)	상하이 사회과학원	1999년 7월, 2005년 7월
	광저우 중산대학	2009년 1월, 2013년 1월, 2013년 12월
	홍콩 침례대학	2000년 12월, 2003년 12월, 2004년 12월, 2012년 12월

여기서 다음과 같은 사실을 알 수 있다. 첫째, 1999년 5월 미국 뉴욕주립대학 올버니 캠퍼스에서 최초로 국제회의가 개최된 이후 2013년 12월까지 모두 16회 국제회의가 개최되었는데, 미국에서 7회 중국(홍콩 포함)에서 9회가 개최되었다. 이러한 사실은 UCRN이 지향하는 것이 중국도시연구에 관심을 가진 연구자들의 국제 네트워크이므로 국제회의 개최횟수가 중국이 미국보다 많다는 것을 의미한다. 둘째, 미국의 경우 모두 7회 중 3회가 뉴욕주립대학 올버니 캠퍼스에서 개최되었는데, 이러한 사실은 UCRN이 특정한 곳에 기반을 둔 물리적 실체라기보다는 스스로가 표방하고 있는 것처럼 인적 "네트워크"이라고는 하지만, 네트워크 유지, 국제회의 개최, 회원관리를 위한 기구의 소재지는 현실적으로 필요하고 동시에 최초로 중국도시연구 연구자 네트워크를 구상하고 개최한 곳이라는 이유 때문이다. 실제로 뉴욕주립대학 올버니 캠퍼스는 현재 UCRN 관련 제반 사무처리를 하고 있기도 하다. 셋째, 모두 9회의 국제회의가 개최된 중국은 그 중 절반에 가까운 4회가 홍콩 침례대학에서 개최되었고, 3회가 광저우 중산대학에서 개최되었다는 사실은 해외 네트워크인 UCRN이 중국 현지의 지식네트워크와 만나는 관문이 광저우와 홍콩 지역임을 보여준다. 넷째, 특히 중국 내 도시계

획 전공 관련 대학 랭킹에서 항상 수위권을 다투는 통지대학(同濟大學), 칭화대학(清華大學), 동난대학(東南大學), 화중과기대학(華中科技大學) 등은 상하이나 베이징과 같은 화동(華東)과 화베이(華北) 지역에 위치해 있는데, 중국에서 개최된 UCRN 국제회의는 이들 대학에서 개최된 적이 한 번도 없다. 상하이에서 개최된 2번의 국제회의도 사회과학원이었다. 다섯째, 또한 UCRN 국제회의를 개최한 광저우, 홍콩, 상하이의 대학과 연구기관은 중국건축학회(中國建築學會)가 발표한 「도시-농촌 계획전공 심사평가(城鄉規劃專業評估)」[25]에 나와 있는 상위권 30여개의 대학에도 속하는 것이 한 군데도 없다. 이것은 UCRN 국제회의가 개최된 지역이 곧 해외 지식네트워크인 UCRN이 중국 내 지식네트워크와 연결되는 중요한 매개고리가 될 수 있다는 점을 고려하면, 해외 지식네트워크가 중국 내 지식네트워크와 연결되는하는 관문이자 매개고리는 중국 광저우와 홍콩을 중심으로 하는 동남연해지역이며, 해외의 지식네트워크인 UCRN은 광저우와 홍콩 지역에 있는 중국의 지식네트워크와 연결된 후, 다시 중국 다른 지역의 지식네트워크와 연결될 것이라고 추정할 수 있다. 여섯째, 따라서 국제회의 개최지역으로 판단해보면, UCRN은 미국 뉴욕주립대학 올버니 캠퍼스를 중심으로 형성된 해외 지식네트워크가 중국 동남연해지역 지식 네트워크와 연결된다는 것을 알 수 있다.

3. UCRN 운영위원회(Steering Committee)와 중국 지식네트워크

UCRN은 홈페이지에 운영위원회가 연구자 네트워크에서 핵심지도부

25) http://baike.baidu.com/link?url=zpVZQdu15HUDf9aa-vjP6E9x_m-6cjkjpf7Xi1w9QXzx2PeiM3sDGcRIiXXkD2TWvWAj-tSdxhQQG5cn0uEIlK(2015년 3월 1일 검색)

(core leadership)임을 밝히고 있으며, 운영위원회 위원들의 이름, 소속, 연락처, 이력서를 제공하고 있다. 이를 정리하면 아래의 〈표 3〉과 같다.

〈표 3〉 UCRN 운영위원회 위원들

이름	소속	학력[26)	
John Logan	브라운대학	학사	캘리포니아주립대학 버클리캠퍼스
		석사	컬럼비아대학
		박사	캘리포니아주립대학 버클리캠퍼스
Zai Liang	뉴욕주립대학 올버니 캠퍼스	학사	지린대학
		석사	시카고대학
		박사	시카고대학
Yanjie Bian	미네소타대학 시안자통대학	학사	난카이대학
		석사	난카이대학
		박사	뉴욕주립대학 올버니 캠퍼스
Cheng Chen	뉴욕주립대학 올버니 캠퍼스	학사	외교학원
		석사	펜실베니아대학
		박사	펜실베니아대학
Youqin Huang	뉴욕주립대학 올버니 캠퍼스	학사	베이징대학
		석사	베이징대학
		박사	캘리포니아주립대학 LA캠퍼스
Si-ming Li	홍콩 침례대학	학사	위스콘신대학
		석사	알버타대학
		박사	퀸즈대학
Hanlong Lu	상하이 사회과학원	경력	상하이 사회과학원 사회학연구소 연구원 및 전 소장, 통지대학 이수, 방문학자(뉴욕주립대학 올버니 캠퍼스, 듀크대학, 미네소타대학, 예일대학) 영국 『Sociology』 편집이사, 홍콩 『China Review』 편집이사, 홍콩인문사회과학연구소 집행이사
Steven Messner	뉴욕주립대학 올버니 캠퍼스	학사	컬럼비아대학
		석사	프린스턴대학
		박사	프린스턴대학
Yuan Ren	푸단대학	학사	푸단대학
		박사	푸단대학
Jianfa Shen	홍콩 중원대학	학사	화동사범대학
		석사	화동사범대학
		박사	런던정경대학
Fulong Wu	유니버시티 칼리지 런던	학사	난징대학
		석사	난징대학
		박사	홍콩대학
Wenzhong Zhang	상하이대학	학사	난카이대학
		석사	난카이대학
		박사	홍콩중원대학
Daming Zhou	중산대학	학사	중산대학
		석사	중산대학
		박사	중산대학

2절에서 분석했듯이, 중국도시연구의 해외 지식네트워크인 UCRN은 주로 중국 동남연해지역의 광저우와 홍콩을 통해서 중국 내부의 지식네트워크와 연결되는 것으로 나타났는데, 〈표 3〉에서 보이듯이 "핵심지도부"인 운영위원회 위원들의 소속과 학력을 고려하면 이러한 사실은 보다 명확해진다. 첫째, 미국 소속과 미국 대학 박사학위를 합쳐서 계산하면, 연구자 중 뉴욕주립대학 올버니 캠퍼스는 모두 6건을 기록하여, 다른 미국 소속과 미국 대학 박사학위가 모두 1건씩인데 비해서 압도적으로 높다. 둘째, 중국의 경우 앞서 미국 뉴욕주립대학 올버니 캠퍼스처럼 압도적으로 높은 횟수를 기록하는 단일한 대학이나 연구기관은 없지만, 2절에서 밝혀진 광저우와 홍콩 지역 소재 대학인 홍콩 침례대학, 홍콩대학, 홍콩 중원대학, 중산대학에 소속되어있거나 여기 박사학위를 소지한 연구자들을 중복을 포함하여 계산하면, 6건을 기록하고 있다. 셋째, 중국의 광저우와 홍콩을 제외한 상하이 지역은 비록 UCRN 국제회의를 개최한 것은 상하이 사회과학원에서 2회 뿐이지만, 표(3)의 소속과 최종학력(박사학위)을 기준으로 상하이를 포함하는 화동지역 전체를 보면, 상하이 사회과학원을 제외하고도 화동사범대학, 푸단대학, 상하이대학 등이 있다. 이렇게 보면 2절에서 분석했듯이 해외 지식네트워크는 중국 지식네트워크의 관문역할을 하는 광저우와 홍콩을 경유하여, 상하이를 중심으로 하는 화동지역의 지식네트워크와 연결된다는 점은 UCRN 운영위원회 위원들의 소속과 학력을 기준으로

26) 여기서 학력은 학·석·박사 학위 취득 대학 및 연구기관을 의미한다. 또한 중국 연구자 중 루한룽(盧漢龍, Hanlong Lu)은 특정한 학력이 없기에 경력을 표시하였다. 루한룽은 1980년 상하이 사회과학원 사회학연구소 연구원으로 채용되고, 동시에 통지대학 공업민용(工業民用) 건축학과를 이수하였다. 이후 그는 상하이 사회학연구소 연구원 자격으로 연구활동을 하면서, 뉴욕주립대학 올버니 캠퍼스, 듀크대학, 미네소타대학, 예일대학 등지에서 방문학자를 역임했다.

보아도 증명된다고 할 수 있다. 넷째, 〈표 3〉의 소속과 학력을 기준으로 보면, UCRN라는 해외 지식네트워크와 중국 내부의 지식네트워크를 연결해주는 중심적인 역할을 하는 인물은 루한룽이다. 〈표 3〉의 그의 '경력'에서 드러나듯이 그는 중국도시연구 관련 중국 내부 지식네트워크인 상하이 사회과학원 사회학연구소에서 오랫동안 연구원으로 재직해오고 있고 사회학연구소 소장과 중국사회학회 부회장을 역임했다. 이것은 그가 도시사회학 분야에서 상하이 및 화동지역은 물론 전국적인 지명도와 영향력을 가지고 있음을 의미하고, 해외 지식네트워크가 '관문' 광저우와 홍콩을 경유하여 중국 내부의 지식네트워크와 연결되는 데 중요한 매개중심이라는 것을 의미한다. 또한 그가 뉴욕주립대학 올버니 캠퍼스를 비롯한 UCRN 연구자가 소속되어있고 국제회의가 개최된 미국 대학들에서 방문학자를 역임했다는 점과 영국과 홍콩의 영향력 있는 학술저널의 편집이사로 활동한다는 사실은 그의 매개중심적 위상을 증명해준다. 다섯째, 루한룽과 마찬가지로 미국 측에서는 공동책임자인 존 로건과 량자이가 미국과 중국의 지식네트워크 연결에서 중심적인 역할을 한다. 이들은 UCRN이 1999년 최초로 성립할 때 주도적인 역할을 하고 지금까지 공동책임자로 있으며, 각각 브라운대학과 뉴욕주립대학 올버니 캠퍼스의 교수로서 UCRN 운영위원회에서 가장 중요한 역할을 담당하고 있고, 특히 앤드류 멜론 재단의 기금을 지원받아서 국제회의와 연구활동이 가능하게 만드는 데 핵심적인 역할을 했다는 측면에서 지식네트워크로서 UCRN의 '조정자(coordinator)' 역할을 담당하고 있다.

Ⅳ. 결론

UCRN이라고 하는 중국도시연구에 관심을 가진 국제적인 연구자들의 네트워크는 기본적으로 중국 외부에 있는 해외 지식네트워크이다. 그런데 연구자들의 소속이 중국 소재 대학이거나 박사학위 취득대학이 중국 소재인 경우가 있고, 동시에 중국 대학에서 학사나 석사 학위를 취득하고 미국 대학에서 박사학위를 취득한 연구자들도 있다. 따라서 UCRN은 중국 외부의 지식네트워크이면서 그 회원 연구자들의 소속과 학위취득 때문에 중국 내부의 지식네트워크와 연결될 수 있다고 하겠다.

지식네트워크로서의 UCRN에 대한 본 연구의 분석은 다음과 같은 몇 가지로 정리될 수 있다. 첫째, UCRN 국제회의의 전체주제와 개별세션에서 발표된 논문들은 당시 중국 도시현실을 정확하게 반영하고 있다. 따라서 1999년부터 2013년까지 개최된 국제회의에 발표된 논문의 주제는 본 연구에서 삼분한 중국 도시현실 변화의 매 분기와 대체로 조응한다.

둘째, 동시에 UCRN 국제회의는 학술연구로서 기본적으로는 중국 도시현실에 대한 사후적인 평가와 분석이 주를 이루기 때문에, 당시의 현실이 어느 정도 기간을 두고 국제회의의 주제와 발표논문에 반영되고 있다. 예를 들어, 중국에서 "민공조(民工潮)"라 불리는 농민공 도시이주의 흐름이 사회적 현실로서 부상한 것은 1980년대 말부터 1990년대 초반까지의 일인데, UCRN 국제회의에 이러한 농민공 도시이주가 본격적인 학술적 논의의 대상이 된 것은 1999년 7월 상하이 사회과학원에서 개최된 UCRN 제2차 국제회의에서였다. 따라서 UCRN 국제회의는 중국도시변화의 미래를 전망하고 이를 위한 정책적 탐구를 하기보다는, 기존에 발생한 현실에 대해서 사후적으로 평가하고 분석하는 학술적 성격이 강하다고 볼 수 있다.

셋째, 이런 이유로 UCRN 국제회의 전체주제 및 세션주제와 발표논문들은 도시연구에 대한 원론적 철학적 연구보다는 현실의 역동성이 제기하고 있는 구체적인 문제에 대해서 사례연구에 집중된다. 이것은 2013년까지 모두 16회의 국제회의 중 4회를 "중국도시연구의 학문후속세대"로 설정하여 박사과정재학생이나 박사학위를 막 취득한 젊은 연구자의 연구에 중견연구자가 공동으로 참여하거나 공동발표를 하게 할 때, 주로 현지조사를 전제로 하는 연구로 나타난다.

넷째, 이렇게 중국 도시현실과 현지조사에 기반한 연구를 강조하는 것은 해외 소재 연구자와 중국 소재 연구자 사이의 협업으로 이어져서, 연구의 설득력과 현장성이 확보될 뿐만 아니라, 연구자들 사이의 네트워크도 한층 강화된다.

다섯째, 연구자들 사이의 네트워크는 구체적으로 우선 UCRN 국제회의 개최지로 드러난다. 해외 지식네트워크가 중국 내부의 지식네트워크와 연결되기 위해서는 관문(portal)이 필요한데, UCRN의 경우에서는 국제회의 개최지가 곧 관문이 된다. 조사결과 UCRN은 미국에서는 뉴욕주립대학 올버니 캠퍼스에서 국제회의를 개최했는데 이것은 UCRN에서 이곳이 가진 위상을 생각하면 당연한 것이다. 중국에서는 주로 광저우와 홍콩의 대학에서 UCRN 국제회의를 개최했는데, 이것은 해외 지식네트워크로서의 UCRN이 광저우와 홍콩을 경유하여 중국 내부의 지식네트워크와 연결될 가능성을 보여준다고 하겠다.

여섯째, 광저우와 홍콩은 중국 지식네트워크가 해외와 연결되는 관문이면서도, 보다 중국 내부의 지식네트워크인 상하이와 화동지역과 연결되는데, 이것을 매개하는 인물이 바로 상하이 사회과학원 사회학연구소 연구원 루한롱이다. 루한롱은 박사학위를 소지하지 않으면서도 도시사회학 분야에서 상하이는 물론 전국적인 차원에서도 높은 영향력을 보유한 연구자로서, 그가 방문학자를 역임한 미국의 대학들과 편집이사로 있는 해외 학술저널을 고려하면 UCRN이 광저우와 홍콩을 경유하여 중국 내부 지식네트워크로 연결될 때 중심적인 역할을 하는 '문지기(gate keeper)'와 같은 역할을 하는 인물로 볼 수 있다. 또한 미국 측에서는 UCRN 운영위원회 공동책임자인 존 로건과 량자이가 UCRN의 창립, 자금, 운영에서 핵심적인 역할을 하는 것은 물론, 뉴욕주립대학 올버니 캠퍼스와 브라운대학에 기반을 두고 UCRN 지식네트워크의 조정자 역할을 하는 것으로 드러났다.

이상에서 분석했듯이, UCRN은 미국과 중국을 중심으로 두 국가의 소속의 연구자들을 중심으로 형성된 해외 지식네트워크이고 1990년대 들어서 증가한 중국 도시변화의 역동성을 반영하는 국제회의를 개최하고 있는데, 이러한 국제회의 개최지역 선정에서 광저우와 홍콩의 대학들이 해외 지식네트워크가 중국 내부의 지식네트워크와 연결되는 관문으로서의 역할을 하고 있으며, 중국의 루한롱과 미국의 존 로건 및 량자이가 각각 문지기와 조정자로서 UCRN과 중국 내부의 지식네트워크가 연결되는 데 중심적인 역할을 하는 인물이다.

| 참고문헌 |

〈국내자료〉

김걸, 「서울시 젠트리피케이션의 발생원인과 설명요인」, 『한국도시지리학회지』, 2007년 제10권 제1호.

박철현, 「중국 사구모델의 비교분석: 상하이와 선양의 사례」, 『중국학연구』, 2014년 제69집.

주쉬펑 저, 박철현·이광수 공역, 『중국 정책변화와 전문가 참여』, 서

울: 학고재, 2014.

〈국외자료〉

張京祥 胡毅 羅震東, 「海外中國城市研究的管窺與思考」, 『國際城市規劃』, 2013年 第4期.

何深靜 劉玉亭, 「市場轉軌時期中國城市紳士化現象的機制與效應研究」, 『地理科學』, 2010年 第30卷4 第4期.

Nancy S. Netting, "Conference on the Future of Chinese Cities: A Research Agenda for the 21st Century", International Journal of Urban and Regional Research, 2000 Vol.24.1.

Tony Saich, "The Blnd Man and the Elephant: Analysing the local state in China" *in* Luigi Tomba ed, *East Asian Capitalism: Conflicts and the Roots of Growth and Crisis* (Annali della Fondazione Giangiacomo Feltrinelli, 2002)

David Bray, *Social Space and Governance in Urban China* (Stanford, California: Stanford University Press, 2005) pp.111-112

Duanfang Lu, *Remaking Chinese Urban Form: Modernity, Scarcity and Space, 1949-2005* (New York, NY: Routledge, 2006) pp.85-89.

Ruth Glass, *London: Aspects of Change* (London: MacGibbon & Kee, 1964)

〈웹사이트〉

http://mumford.albany.edu/chinanet/(The Urban China Research Network)

미국 내 '화상사단(華商社團)' 네트워크 분석

● 서상민 · 이광수 ●

Ⅰ. 서론

이른바 'G2시대'로 접어들면서 중국의 강대국화가 진행되고 있다. 국제경제적인 측면에서 뿐만 아니라 외교안보, 국제협력 등 국제사회에서의 중국의 역할은 10년 전에 비해 확연하게 확대고 있으며, 그 만큼 영향력 또한 커지고 있다고 할 수 있을 것이다. 국제사회의 영향력 면에서 최대의 강대국이라고 할 수 있는 미국과 세계적 차원의 패권을 두고 다툴 정도는 아니라 할지라도 미국이 주도해 왔던 국제질서에 강력한 경쟁자이자 견제자로 등장하고 있는 것만은 사실이다. 최근 미국이 주도해 왔던 세계은행(World Bank)와 아시아개발은행(ADB: Asian Development Bank)에 대응하여 중국은 아시아인프라투자은행(AIIB: Asian Infrastructure Investment Bank)을 설립하고 세계 각국에게 참가를 요청하고 있다.

---

* 이 글은 「在美 華商社團의 네트워크 分析」, 『중국학논총』, 제48집, 2015. 5을 수정 보완한 것인데, 특히 독자의 이해를 돕기 위해 "Ⅱ. 미국 내 화상사단의 형성과 변화"의 내용 중 화상사단의 성립 배경과 관련된 설명을 대폭 추가하였다.

** 國民大學校 中國人文社會硏究所 HK硏究敎授

이렇듯 국제사회에서 중국과 미국의 접촉면이 많아지면 많아질수록 정치적 측면에서는 경제적 측면에서 자국의 이익을 실현하기 위한 양국간 경쟁의 강도는 증가할 것이며 경쟁의 과정에서 발생하는 갈등을 해결하기 위한 다양한 방안이 모색될 것이다. 이런 맥락에서 본다면 향후 '재미 중국인(화교, 화인)'에 대한 관심은 더욱 커질 수밖에 없다. 이들은 중국을 누구보다 잘 아는 '미국국적의 시민'이거나 '미국 거주자'이면서 동시에 미국을 잘 이해하고 있는 '중국인'이기 때문에 양국간 경제적, 외교적 관계를 풀어 나가는데 있어 양국정부로써는 활용이 가능한 중요한 자원이 될 수 있다.[1]

최근 중국의 국제사회에서의 정치적 역할이 확대되고 중국의 외교역량의 한 축으로써 해외중국인들의 역할이 강조되면서 경제적 측면을 넘어 국제정치적 측면에서도 해외중국인 네트워크는 다시 한 번 조명을 받고 있다.[2] 특히 최근 중국과 미국이 '신형대국관계'를 형성하면서 중국본토 뿐만 아니라 해외의 중국학자들 사이에서 재미 중국인 네트워크가 양국 간의 외교적, 경제적 협력과 양국관계 개선을 위한 중요한 조정자이자 매개자로서 주목받고 있으며, 지역적으로는 동남아시아지역에서 북미대륙과 유럽 그리고 호주지역 등으로, 역할영역의 측면에서 경제영역을 넘어서 외교, 문화 영역으로까지 관심이 확대되고 있다.

이는 중국의 국제적 역할 확대와 상당한 관계가 있는 것으로 파악되는데 재미 중국인사회를 놓고 보면 1990년대 이후 중국인 사회단체나 이익단체 그리고 향우회, 동창회, 친목회와 같은 이른바 넓은 의미에서의 '사단'(社團)의 설립이 활발하게 이루어지고 있다. 소수자로써 미국

1) 王義男, 「美國華商中美外交大使」,『國際人才交流』(2006年 第1期), pp.1-3.

2) 婁亞萍, 「美國華僑華人與中國對美公共外交:作用機制與政策思路』, 『美國問題研究』(2011年 第2期), pp.68-81; 郭玉聰, 「美國華僑華人在中美關系中的重要作用」, 『世界曆史』(2004年 第3期), pp.40-57.

사회 내에서의 자신의 정치적, 경제적 권리를 보호하기 위한 소극적인 수단으로 중국인 네트워크를 활용측면도 있을 뿐만 아니라 미국의 주류사회에 적극적으로 진입하는 발판으로 삼고자 하는 측면도 동시에 존재한다. 특히 재미 중국인 경제단체라고 할 수 있는 "화상사단(華商社團)"(Chinese Business Community)은 최근 급속히 증가하고 있는 추세이다.[3] 지역적으로도 미국의 동부와 서부 등 주요 도시지역 뿐만 아니라 미국 전 지역에 설립되고 있으며, 분야별로도 서비스업뿐만 아니라 과학기술, 금융, 부동산 등 다양한 영역에서의 경제단체들이 등장하고 있다. 이들의 미국사회내의 정치적, 경제적 영향력 또한 시간이 갈수록 커지고 있다.

이러한 흐름은 미국 중국인사회의 변화를 일정하게 반영하고 있는데, 제1세대 재미 중국인 이주자의 경우 미국에서 성공하여 대만이나 중국으로 돌아가려는 "낙엽귀근"(落葉歸根)이라는 성향이 농후했다면 1960년대 이후 이주한 제2세대나, 1980년대 이후 이주한 제3세대의 경우에는 현지에서 뿌리를 내리려 하는 "낙지생근"(落地生根)의 성향이 점점 강하기 때문이다. 이들 세대의 중국인 '사단'에 대한 인식도 제1세대의 인식과는 크게 다르다. 향우회와 친목회와 같은 소극적이며 정서적 모임으로 '사단'을 인식한 제1세대와는 다르게, 제2·3세대들은 적극적이며 실용적으로 사단을 인식한다. 미국시민으로서 자신의 권리를 재미 중국인 '사단' 등을 활용하여 실현하고자 하며, '이익정치'를 근간

3) 화상사단에 대한 영문표기는 아직 통일되어 있지 않다. 연구자에 따라 "Association"으로 표기하거나 이보다 넓은 의미인 "Social Organization"을 사용하기도 하는데, 본 논문에서는 결사단체의 집합적 의미를 더 잘 표현해 주는 "Community"라는 용어가 적합하다고 판단하여 이를 사용하고자 한다. 사단을 "Community"로 표기하고 있는 비교적 최근 연구성과인 任娜, 「海外華人社團的發展現狀與趨勢」, 『東南亞研究』(2014年 第2期), pp.96-102 참조.

으로 하는 미국정치과정에 이들 단체들을 통해 참여하고, 자기들의 이익과 연관된 정책에 압력을 행사하고자 하는 수단으로 '사단'을 인식하고 있다.[4]

미국 내에서나 미중간의 관계에 있어서 나날이 그 중요성이 커지고 있는 이러한 미국 '화상사단'에 대해 본 연구는 사회학 행위자간 관계구조와 관계의 성격을 파악하는데 많이 활용되었던 분석방법인 사회연결망분석(Social Network Analysis)을 통해 이해해 보고자 한다. 이를 위해 첫째, 미국 '화인사단' 중에서도 최근 가장 활발하게 조직되고 있으며, 가장 적극적으로 활동하고 있는 재미 중국인 경제단체인 이른바 '화상사단'이 어떤 과정을 통해 성장해 왔으며, 어떤 요인이 각 단체들을 묶어주는 매개 역할을 하는지를 파악하고자 한다. 둘째, 그렇게 형성된 미국 '화상사단'의 네트워크는 어떤 구조적 특성을 가지며, 전체 '화상사단' 네트워크를 유지하는데 있어 중요한 매개고리하는 단체와 조직은 무엇이며, 그들은 전체 '화상사단' 네트워크 내에서 위치해 있는지를 직관적으로 드러내고자 한다. 이를 중국과 미국이 '신형대국관계'로 접어든 시기, 양국간 관계발전의 촉진자 이면서 동시에 양국갈등의 조정자 역할을 할 수도 있는 재미 중국인 사회의 작동 메카니즘의 한 단면을 파악할 수 있을 것이다.

최근 미국정재계에서 중국인들의 약진이 눈에 띈다. 그런데 정계와 재계의 영향력 있는 이들 인물들은 거의 대부분은 "화상사단"이라고 하는 경제인단체를 중심으로 하여 명망을 쌓았거나 이 단체를 중심으로 활동인 재미중국인이라는 것을 알 수 있다.[5] 본 연구는 재미 중국

4) 朱慧玲, 「美國華人參政曆程及其發展態勢」,『八桂僑刊』(2008年 第3期); 萬曉宏, 「選區重劃對美國華人政治參與的影響」,『八桂僑刊』(2009年 第1期).

5) 袁源, 「論北美華僑華人專業人士跨境活動的載體」,『南方職業教育學刊』第4卷第6期(2014年 11月), pp.72-77.

인 경제단체들이 맺고 있는 네트워크를 분석함으로써 재미 중국 경제인의 전체적인 현황과 네트워크를 파악하기 어려운 상황 속에서 미국 내 중국 경제인 간 맺고 있는 네트워크를 추정할 수 있는 실증적 근거를 제공하는 것을 목표로 삼고자 한다.

Ⅱ. 미국 화상사단 네트워크의 형성과 변화

1. 미국 화인사단 형성의 요인

미국으로의 중국인 이주는 동남아시아와 비교해 역사가 짧고 그들의 정치적, 경제적 영향력 또한 상대적으로 약한 편이라 할 수 있다. 그러나 재미 중국인의 새로운 세대는 교육수준이 높고, 미국이 세계경제에서 차지하는 지위가 높기 때문에 미국 내 중국인들의 경제적 역할 또한 동남아시아 화교들에 비해 높다.

미국 이민국(Office of Immigration)의 10년 단위의 중국인 이민자 수 통계에 의하면[6] 1960년대 10년간 총 1.4천명, 1970년대 10년간 1.7천명에 지나지 않았던 중국대륙으로부터의 이민자의 수가 1980년대에 들어서면서 10년간 약 17만 명으로 대폭 증가하였는데 이런 추세는 1990년대 약 34만 명, 2000년대 약 60만 명으로 수직상승했다. 반면 대만이나 홍콩으로부터의 이민자의 수는 1990년대까지 소폭상승하거나 정체하다 2000년대에 들어서 감소하는 추세이다. 이렇듯 대륙으로부터의 이주를 가속화시켰던 것은 물론 미국이민법의 영향도 있었지만 개혁개방

6) Office of Immigration Statistics, *2011 Yearbook of Immigration Statistics*, pp.6-11, https://www.dhs.gov/sites/default/files/publications/immigration-statistics/yearbook/2011/ois_yb_2011.pdf(검색일 2014.10.24)

이후 1985년부터 시행된 중국의 「중화민국공화국 공민출입국 관리법」이 영향이 크다 할 것이다. 중국정부가 해외이민에 대한 법적근거를 마련함으로써 국제이민이 활발하게 진행되었고 미국으로의 이주 역시 이러한 흐름을 반영한 것이라 할 수 있다.[7)]

일반적으로 세계 어느 나라의 화교사회나 "다섯 가지 연줄망"(五緣: 親緣, 地緣, 神緣, 業緣, 物緣)에 의해 화교사회는 정체성과 결속력을 갖게 되고 이를 중심으로 한 네트워크가 형성되고 있다고 한다.[8)] 여기에서 친연(親緣)은 혈연관계를 포함한 혼연 등의 가족관계, 지연(地緣)은 같은 고향이나 출신지 관계, 신연(神緣)은 같은 종교나 신앙에 기초한 관계, 업연(業緣)은 같은 업종 관계 그리고 마지막으로 물연(物緣)은 거래 등 상품으로 연결되는 관계를 말하는데 이러한 연줄망은 중국사회의 전통적인 사회관계를 형성하는 일종의 사회자본(social capital)로서 신뢰를 기반으로 하는 네트워크라고 할 수 있다.[9)]

이러한 다섯 가지 연줄망 중에서 화교사회 특히 '화상'들은 지역적 연줄망인 지연을 통한 경제활동이 가장 중요하게 여겨졌다.[10)] 특히 비슷한 방언을 쓰기 때문에 의사소통이 상대적으로 용이할 뿐만 아니라 생활습관이나 토속문화를 공유하고 있다는 점에서 지역성에 기초한 상대적 친화력이 경제활동을 유리하기 때문으로 판단된다. 박기철의 연구에 따르면, 동남아시아에서는 '5대 화교방'을 중심으로 한 화상네트워크가 존재한다. 복건방, 광동방, 조주방, 객가방, 해남방 등을 동남아

7) 莫光木, 「二戰後美國華人社團的發展」, 『前沿』(2012年 第14期), pp.169-170.
8) 蒙英華, 「華商網絡內部信息交流機制研究」, 『南洋問題研究』(2009年 第2期), p.59.
9) Tong Chee Kiong & Yong Pit Kee, "Guanxi Bases, Xinyong and Chinese Business Networks," *The British Journal of Sociology*, Vol.49, No.1.(Mar., 1998), pp.75-96.
10) 김윤태, 「해외 화교화인 사회의 재구성과 네트워크 변화: 북미지역을 중심으로」, 『중소연구』 제38권 제2호(2014), p.16.

시아 화교들의 지연 네트워크로 구분할 수 있는데 예를 들면 민남어(閩南語)를 쓰는 복건방의 경우 싱가포르, 인도네시아, 필리핀 등지를 중심으로 활동하면서 무역이나 금융업에 종사하고 있고, 주강 삼각지를 중심으로 광동어(廣東語)를 사용하는 광동방은 북미대륙 뿐만 아니라 동남아시아의 최대 지역 네트워크로써 싱가포르, 베트남, 말레이시아를 중심으로 분포되어 있으며 금은세공업이나, 요식업, 건설업 등에 많이 종사하고 있다.[11]

이러한 지연에 따른 네트워크 형성은 미국 내 화교사회에서도 비슷하게 나타나는데 미국의 샌프란시스코 지역에서는 광동출신과 복건출신 화교들이 밀집해 경제활동을 하고 있으며, 뉴욕에서는 온주출신 화교들이 집중되어 있는 것으로 알려져 있다.[12] 이러한 출신지역 네트워크 형성은 최초 어느 곳에 지역 출신 중국이주자들이 많이 이주해왔는지에 따라 지역 네트워크가 결정될 가능성이 크다.[13] 같은 고향, 언어, 문화 등과 같은 친화성은 공동체를 형성하는데 있어 "인적 자본"(human capital)을 이루게 되고, 이는 새로이 이주해 오는 이주민들에게 안정적으로 새로운 사회에 적응하게 할 수 있는 더 많은 기회와 조건을 제공하게 된다. 따라서 새롭게 이주한 신이주민들은 이미 형성된 연고에 근거한 네트워크의 편입을 유도하는 유인요인이 되며, 네트워크는 재생산되고 확대되게 된다.[14]

11) 박기철(1999), p.486.

12) 윤성민, 「미국 이민정책의 변화가 화교사회의 발전에 미친 영향」, 『CHINA 연구』 제15집(2013), pp.14-15.

13) Min Zhou & Mingang Lin, "Commuity Trasformation and the Formation of Ethnic Capital: Immigrant Chinese Commuinties in the United States," Journal of Chinese Overseas, Vol.1, No.2(Nov., 2005), pp.260-284.

14) Alejandro Portes and Min Zhou, "Immigrant Trans-nationalism and development: Mexican and Chinese Immigrant Organizations in the United State," *Population and*

2. 미국 '신' 화상사단의 출현과 특징

제2차 세계대전 이후 미국으로 이주 중국인들이 대폭 증가하면서 새로운 형식의 경제단체들이 결성되기 시작한다. 이러한 변화에 맞춰 제2차 대전 이전에 이주해 있던 재미 중국인들의 '구'사단'과 새롭게 설립된 '신'사단('新'社團)과는 몇 가지 점에서 다른 특성을 보인다. 첫째, 조직적 운영과 관련해 제1 세대 재미 중국인의 사단은 혈연, 지연 등을 기반으로 하는 회관, 협회나 상방(商幇)과 같은 수직적이며 권위적인 조직이었다면, 제2·3세대 재미 중국인들이 중심이 되어 설립한 새로운 '사단'은 혈연, 지연 등 연줄관계에 굳이 얽매이지 않고 다양한 형식과 구조를 가진 네트워크를 형성할 뿐만 아니라 단체의 운영에 있어서도 수평적이며 실용적인 운영을 특징으로 한다.[15)]

둘째, '사단'의 개방성과 관련 제1세대 중심의 사단은 조직의 '순혈주의'(純血主義)를 표방하고 이를 고수하고자 했으며, 사단의 가입과 탈퇴가 자유롭지 못한 폐쇄적 조직이었다. 그러나 제2·3세대가 중심이 되어 설립한 '사단'은 민족적 정체성 보다는 기능성과 실용성을 기준으로 한 설립과 자유로운 출입이 가능한 개방적 성격을 지닌다. 현지 주민뿐만 아니라 비중화권 이주민까지를 포괄하는 넓은 범위의 네트워크를 형성하고 있다고 할 수 있다.[16)]

셋째, 조직결성의 목적에서 다른 특징을 보인다. 제1세대 재미 중국인이 설립한 사단은 중국인들 간 상부상조와 단결 그리고 고향소식을 전하는 목적을 가진 일종의 친목단체적 성격의 조직이었다고 한다면, 이후 세대들이 주축이 된 '신'사단'은 각 분야와 영역에서의 전문적 지

Development Review, Vol. 38 Issue 2(2012), pp.191-220.

15) Min Zhou & Mingang Lin(2005), p.263.

16) 趙和曼, 「美國新華僑華人的若幹變化」, 『八佳僑刊』,(2003年 第1期), p.23.

식을 공유하거나 미국과 중국의 문화교류나 사업협력 그리고 공동의 프로젝트 등 수행하는데 있어 필요한 정보교류와 친교에 그 목적을 두고 있다. 모국에 대한 '정서적' 유대보다는 미국 주류사회로의 진출에 있어 자신이 필요한 것을 제공해 주는 '기능적' 필요에 따른 '사단'에의 참여 더 많은 관심을 가지고 있었다.[17)]

이러한 개방성, 포괄성, 실용성을 강조한 '신'사단의 확산은 다양한 분야와 관심영역에 따른 단체설립으로 이어졌다. 특히 IT와 과학기술 그리고 경제적 정보교류를 목적으로 하는 '사단'들의 확대는 중국의 개혁개방과 함께 급속하게 증가하게 시작했다. 이는 중국대륙으로부터 유입된 유학생의 증가와 이들 유학생들이 고국으로 회귀하지 않고 자신이 가진 전문지식을 활용하여 미국기업에 취업하거나 창업하는 사례가 급격하게 증가했기 때문이다.

1980~90년대의 설립된 '사단' 중 IT· 및 과학기술 분야의 단체의 수가 급속히 증가하는데 대표적으로 1979년에 설립된 북미화인컴퓨터상회(北美華人電腦商會)을 비롯해 실리콘밸리중화정보네트워크협회(矽穀中華信息網絡協會, 1991) 등이 있다. 이들 단체들은 전 미국을 포괄하면서도 전문성을 띤 단체들로서 규모면에서도 이전의 단체들에 비해 상대적으로 큰 규모로 결성되었다.

또한 경제정보를 교류하고 경제적 이익을 확대하기 위해 설립된 이른바 '화상사단' 또한 이 시기 우후죽순처럼 전국 조직 또는 지역조직으로 설립되게 되었다. 대표적인 '화상사단'으로 1980년 2월에서 샌프란시스코에서 설립된 미국화상총회(美國華商總會), 1981년 워싱턴에서 설립된 미국화인상회(美國華人商會), 1983년의 시카고화상회(Chicago 華商會), 1989년의 캔자스화상회(Kansas 華商會), 1992년 미국미중무역

17) 周敏, 『美國華人社會變遷』,(上海: 上海三聯書店, 2006), p.127.

촉진회(美國美中貿易促進會), 1996년 미국중국상회(美國中國商會) 등이 현재까지도 '화상사단'을 대표하는 단체로 남아있다.[18]

과학기술과 경제분야 '사단'이 재미 중국인 간 정보교류와 경제적 이익의 확대를 위해 설립된 단체들이라고 한다면 중국인의 권익보호와 본국의 대외정책에 영향력을 행사하고 재미 중국인정책결정과정에 참여하기 위한 정치적 목적을 가진 이른바 '압력단체' 성격을 가진 단체들도 만들어졌다. 1978년 이전에는 주로 대만과 홍콩 출신 단체들이 있었지만 중미수교 이후에는 중국대륙 출신이나 중국대륙 정책과 관련해 압력을 행사하고자 하는 단체들의 수가 점차 증가하기 시작하였다.[19]

정치적 목적을 가진 대표적인 재미 중국인 단체로는 1972년 설립된 화인권익촉진회(華人權益促進會)를 비롯하여, 전미화인협회(全美華人協會, 1977), 로스엔젤레스화인참정촉진회(Los Angeles 華人參政促進會, 1983), 플러싱화인참정촉진회(Flushing 華人參政促進會, 1988), 백인위원회(百人委員會, 1990), 미국국적화인정치행동위원회(美籍華人政治行動委員會, 1996), 화인참정촉진회(華人參政促進會, 1996), 80/20촉진회(80/20促進會, 1998) 등이 미국 내에서 비교적 큰 영향력을 행사하고 있는 정치 목적의 사단이라고 할 수 있다.[20]

이들 중 전미화인협회는 미국 애틀랜타(Atlanta)에서 비정치적이고 비종교적, 비영리적 성격을 갖는 단체로 중국과 미국의 수교 전 양국관계 개선과 양국간 국교수립을 실현하고 촉진하기 위해 설립된 민간단체였으나, 양국간 국교가 수립된 후 문화교류와 재미 중국인 지도자의 양성 그리고 중국인사회의 권리보호와 복리향상을 목표로 활동하고

18) 歐德強, 『海外華僑華人社團的發展趨勢國際研討會論文集』, (香港: 榮譽出版有限公司, 2006), p.167.
19) 萬曉宏, 『當代美國華人政治參與研究(1965－2004年)』, (廣州: 暨南大學出版社, 2005)
20) 莫光木, 「二戰後美國華人社團的發展」, 『前沿』,(2012年 第14期), p.170.

있다.21) 정치분야에서 또 하나의 대표적인 '사단'인 백인위원회는 1990년에 뉴욕을 중심으로 하여 결성되었는데, 미국 정재계뿐만 아니라 학계와 관계를 포괄하는 재미 유력인사들을 회원으로 두고 있다. 재미중국인 '사단' 중 영향력이 가장 큰 최고위급 단체라고 할 수 있으며, 이 '사단'은 중미관계 뿐만 아닌 '양안관계' 개선에 많은 관심을 가지고 있는 것으로 알려져 있다.22)

Ⅲ. 화상사단 네트워크와 미국 '신' 화상사단

1. 화상사단 네트워크 구축 모델

일반적으로 '화상사단'이 네트워크를 구축해 나가는 과정을 간단한 도식으로 표현한다면 〈그림 1〉와 같다. 이 그림은 화상네트워크와 관련된 기존의 연구성과를 기초로 필자가 나름대로 재구성한 것인데,23)

21) 전미화인협회 홈페이지, http://www.naca-atlanta.org(검색일, 2014.11.15)

22) 餘惠芬, 「百人會對中美關系發展的曆史貢獻及新時期的獨特作用」, 『東南亞研究』(2014 年 第6期), pp.100-105; 沈燕清, 「百人會與美國華人社會」, 『華僑華人曆史研究』(2004 年 第1期), pp.28-34.

23) Gary G. Hamilton, (ed.), *Asian Business Network*, (Berlin: Walter de Gruyter, 1996); Lui Hong, "Old Linkage, New Networks: The Globalization of Overseas Chinese Voluntary Association and Its Implications," *The China Quarterly*, No.155(1998),pp.582-609; Kevin D. Lo, "Chinese Guanxi and Anglo-American Networking: A Comparative Investigation of Cross-Cultural Interpersonal Business Relationships," *The Journal of International Management Studies*, 216 Vol.7, No. 2,(Oct., 2012); 劉權、「董英華:5海外華商網絡的深人研究及資源利用」, 『東南亞縱橫』 第7期(2003); 李勝生, 「5華商網絡的神話與現實」, 周望森, 『華僑華人研究論叢』, (北京: 中國華僑出版社, 2001), pp.183-204; 蒙英華(2009); 김재기, 「중화경제권의 초국적 화교네트워크 부상과 한민족의 대응: 한상네트워크 활성화", 『제3회 동북아

이 그림에서 주목해야 할 부분은 네트워크에서 중간수준의 매개역할을 하고 있는 '화상사단'의 역할이다. 미국 중국인의 '화상사단'이 1990년 이후 급속히 증가하고 있는 것은 재미 중국인 기업가들이 증가에 따른 것이며, 이는 세계적 네트워크와 결합되는 매개 고리 역할을 한다. '오연'에 기초한 기초적인 연결망은 출신지역별, 업종별, 현지 지역별 '사단'을 통하여 거대 네트워크와 연결되며 직접적으로 연결될 가능성이 높다고 할 수 있다.

〈그림 1〉 五緣에 기초한 화상사단 네트워크 모델

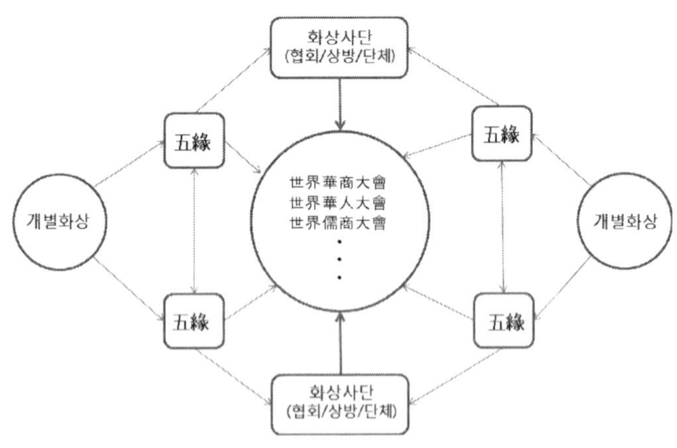

일반적으로 정보와 지식은 행위자간 관계연결망을 통해 공유되고 확산된다. 그리고 같은 정보와 지식을 공유하는 사람들은 특정한 인적 연결망을 형성하게 된다.[24] 이렇게 형성된 정보와 지식의 연결망은 시

코리안네트워크 국제회의 자료집』(2004); 전형권, 「초국가주의 관점에서 본 화교 디아스포라와 네트워크」, 『대한정치학보,』 Vol.13, No.2(2005); 김윤태(2014) 등을 참조.

장이라는 환경 속에서 비즈니스의 성공과 실패에 영향을 주는 중요한 요소가 될 수 있기 때문에 고급 정보와 지식을 획득하기 위한 연결망 내에 진입하려는 노력을 하게 되는 것이다. 인간관계가 '오연'에 의해 작동하는 중국사회에서는 지연 또는 같은 업종에 종사하는 사람들을 찾아 정보를 얻거나 전달하려는 경향을 가지고 있다. 즉 경제활동과 정보의 수용과 유통 그리고 확산과정이 기존에 맺고 있던 사회적 관계와 밀접하게 연관되어 있기 때문이다. 그렇기 때문에 이들을 묶어 내는 중간단위의 네트워크가 형성되었는데 '화상사단'이 네트워크 상에서 매개역할을 하고 있다고 할 수 있다.

'화상사단'은 기본적으로 '다섯 가지 연줄망'을 중심으로 거미줄처럼 연결되어 있는데, 이를 일반적으로 "화상네트워크"라고 한다.[25] 해외 중국경제인들의 네트워크는 비단 일국에 머는 것이 아니라 세계적인 연계망을 구축하고 있다. 이들은 정기적으로 세계대회를 개최함으로써 연결망을 확대하거나 심화시키고 있다. 특히 세계화상대회도 출신지역별, 업종별, 거주국가별로 다양하게 개최함으로써 연결망이 상호 중첩되게 함으로써 연결의 강도를 강화하고 밀집도를 높이고 있다. 예를 들면 화상들의 세계대회라고 할 수 있는 것만 약 20개에 달하는데, "世界華商大會"를 비롯하여, "世界華人大會", "國際潮團聯誼大會", "世界儒商大會", "世界舜裔宗親聯誼會" 등 종합적 모임 뿐만 아니라 활동지역별 모임인 "歐洲華僑華人大會", 그리고 출신지역별 모임인 "世界浙江旅外大會", "世界客屬祭祖大殿", "世界海南鄉團聯誼大會" 등 '五緣'을 기초

24) 서상민, 「상하이지역 경제엘리트의 사회연결망분석」, 『한국동북아논총 』제71호(2014), pp.92-93.

25) 張禹東, 「海外華商網絡的構成與特徵」, 『社會科學』(2006年 3期), pp.106-111; 장공자, 「중국의 화교정책과 화상망에 대한 연구」, 『통일전략』第7권 3호(2007.12), pp.349-392.

로 한 세계적인 대회를 통해 네트워크를 강화하고 있다.

이러한 세계적 네트워크는 작은 조직에서 큰 조직으로 결집되는 체계를 가지고 있다. 소규모의 모임이나 단체가 현지 지역단위에서 중간 수준의 단체를 결집되고, 이들 지역단위의 단체는 다시 국가단위의 단체로 결집되고 또 다시 세계적 수준의 네트워크로 통합되어 가는 과정을 거치게 된다.[26] 이렇게 형성된 네트워크는 해외 중국경제인 간 경쟁의 격화를 예방하고 갈등과 분쟁이 발생할 경우 이를 조정하는 상위의 권위구조를 가지게 되기 때문에 상호경쟁보다는 상호협력과 합작으로 연결될 가능성이 높은 것이다. 즉 네트워크상의 '조정자'와 매개자 역할을 하는 인사들이 네트워크의 막힌 의사소통을 매개할 수 있기 때문이다. 특히 네트워크가 갖는 평등하고 수평적인 특징이 무질서와 경쟁을 야기할 수 있는 가능성이 존재하나 '화상 네트워크'는 정기적인 세계적 수준에서의 업종별, 지역별 대회를 개최하고 이들 대회가 갖는 권위를 빌어 갈등조정능력을 확대하고 있다고 할 수 있다.

2. 미국 '신' 화상사단의 지연(地緣)과 업연(業緣)

'화상사단'의 성장은 미국 내 중국인 기업의 성장과 밀접하게 연관되어 있다고 할 수 있겠다. 미국 내에서 중국인 즉 화교와 화인 기업이 큰 폭으로 증가한 원인은 개혁개방 이후의 중국 경제성장이 만들어낸 결과라고 할 수 있는데 이는 재미 중국인 기업의 수의 증가를 제시한 것만으로도 설명이 가능하다. 1977년 재미 중국인 기업은 총 23,270개에 지나지 않았으나 1987년에 89,717개 기업으로 10년 만에 3배 이상 증가하였다. 그리고 10년 후인 1997년에 이르면 252,577개, 2002년

26) 김재기, 「중화경제권의 초국적 화교네트워크 부상과 한민족의 대응: 한상네트워크 활성화」, 『제3회 동북아코리안네트워크 국제회의 자료집』(2004), p.68.

286,041개 기업으로 증가하고 있다. 이는 1977년에 비해 약 11배 이상 증가한 수치이며 2002년 재미 중국인 기업의 비중은 전체 미국 내 아시아인 기업 기업의 25.9%에 해당하고, 전미 기업 총수의 1.2%를 차지하고 했다.[27)]

재미 중국인 기업의 성장은 자연스럽게 재미 '화상사단'의 발전으로 이어지게 된다. 저우민(周敏)에 따르면, 미국 전역에 약 1,370개의 각종 재미 중국인 단체가 활동하고 있는 것으로 파악하고 있다.[28)] 그 중에서 경제단체(Economic Organizations)가 약 74개가 설립되어 활동하고 있으며, 업종별 단체(Professional Organizations)는 약 146개 정도인 것으로 조사되었다. 이들 두 종류의 단체를 종합하면 현재 미국에서 활동 중인 '화상사단'이라고 할 수 있는 단체 수는 약 220개가 된다.[29)]

이들 화상사단의 대부분 미국의 대도시를 중심으로 분포되어 있으며, 중국대륙의 출신성시와 밀접한 관련을 맺고 활동하고 있다. 대표적으로 지역적 특성을 띤 '화상사단'으로는 "美國浙江總商會", "美國上海總商會", "美國福建商會", "美中廣東商會", "美國山東總商會" 등이 있다. 업종별 '화상사단'은 은행업을 포함해 부동산, 금융, 과학기술, 의약, 여행, 법률, 회계 등 업종과 관련된 사단이 조직되어 있으며, 이들 중 1965년 설립된 유통업 단체인 "中國華僑進出口商會"가 첫 번째 업종별 '화상사단'이다. 70년대에는 법률가들의 모임인 "南加華裔律師協會"가

27) 郝時遠 主編, 『世界華商經濟年鑒(2007~2008)』, (北京: 世界華商經濟年鑒出版社, 2009), pp.23-27.

28) Zhou Min, "Traversing Ancestral and New Homelands: Chinese Immigrant Transnational Organizations in the United States," http://www.princeton.edu/cmd/working-papers/2011-immigrant-organizati/11-03gZhou_Final-report-on- Chinese-immigrant-transnational-organizations-in-US_Feb5-2011.pdf.(검색일, 2014. 11.20)

29) Zhou Min(2011), p.33. 저우민의 이 통계가 정확한 것은 아니다. 연구를 위해 직접 조사하여 집계한 것이라고 밝히고 있다.

설립되었고, 80년대에는 보석가공업자들이 단체인 "美國華人寶珠商會"와 은행업 단체인 "美華銀行公會" 등이 설립되었다. 그리고 90년대에 이르게 되면 업종별 단체들이 전미지역으로 확산되어 우후죽순처럼 등장하게 된다.[30)]

1990년 이후 미국에서 설립된 화상사단 중 중국의 출신지역별 사단 44개와 업종별 사단 34개 등 총 78개를 조사하였다.[31)] 출신지역별 사단의 조사항목은 설립년도와 사단의 소재지 그리고 출신지역 등 3가지 항목을, 업종별 사단은 출신지역을 대신한 업종을 조사하였다. 사단구분과 관련해 지역별 구분은 명확하지만, 업종별 구분 불분명하고 복합적이어서 사단 설립의 목적을 중심으로 하여 구분했다. 예를 들면 '美國華商自創品牌協會'와 같은 경우 재미 중국인에 의해 개발된 상표의 저작권과 관련한 이익단체의 성격을 띠고 있어 업종으로 구분하기 쉽지 않아 이를 따로 분리하여 하나의 업종으로 처리하였다.

'오연' 중 하나인 출신지역별 화상사단의 분포를 보면, 동남아시아의 '5대 화교방'이라고 하는 화상네트워크와는 전혀 다른 특징을 보이고 있다. 앞에서도 언급했지만 동남아시아는 '복건방', '광동방', '조주방', '객가방', '해남방' 등이 5대 화교방인데, 재미 중국인의 화상사단을 보면 총 44개의 사단 중 절강출신 중심이 된 사단은 11개 사단으로 가장 많았고, 강소가 5개 호남이 4개, 산동이 3개 등을 순서를 보였다. 출신지역별 미국의 '4대 화상사단'이라고 한다면 '절강방', '강소방', '호남

30) Zhou Min(2011), p.10.

31) Zhou Min의 연구에서는 단체의 수에 대한 정보만을 제공하고 있지 '사단'의 이름을 밝히고 있지 않다. 따라서 네트워크 분석이 가능할 정도의 정보가 파악되는 '화상사단'을 인터넷에서 관련 검색어를 입력한 후 리스트를 작성하고, 각 '사단'의 홈페이지에 접근하여 네트워크 데이터를 수집하였다. 따라서 조사대상인 '화상사단'은 재미 화상사단의 전체 네트워크를 보여주지는 못한다.

방', '산동방'이라고 할 수 있다. 이는 1990년대 이전에 광동이나 복건 출신의 재미 중국인들이 전국규모의 사단을 형성함으로써 출신지역별 사단을 별도로 설립할 필요성이 많지 않았던 것으로 해석할 수 있다. 그럼에도 불구하고 여기에서 특이한 점은 절강이나 강소, 산동은 연해지역으로 경제발전 속도가 높아 해외진출에도 적극적이라고 할 수 있는데, 비교적 내륙에 위치한 호남이 지역별 분포로만 놓고 본다면 상해나 천진 등에 비해 지역별 사단이 많은 것으로 조사되었다.

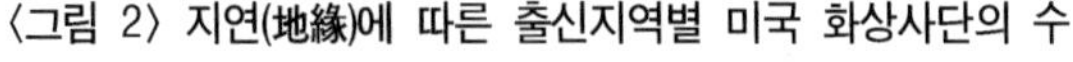
〈그림 2〉 지연(地緣)에 따른 출신지역별 미국 화상사단의 수

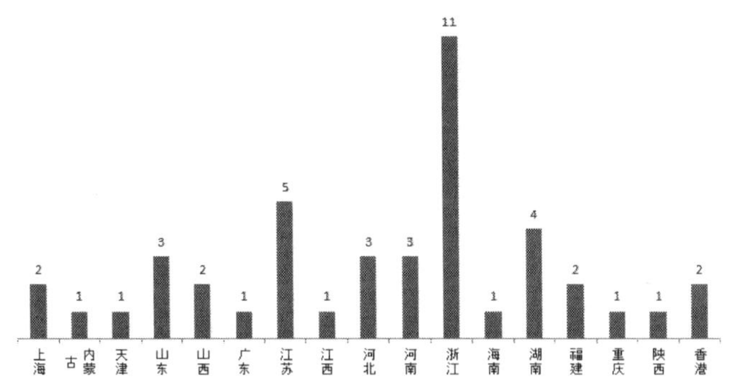

출신지역별 사단의 소재 분포를 보면, 뉴욕을 근거로 한 사단이 압도적으로 많았다. 전체 44개 사단의 59%가 미국의 중심부라고 할 수 있는 뉴욕에 소재했으며, 실리콘밸리가 있는 캘리포니아 주에 21%가 자리를 잡고 있는 것으로 조사되었다. 뉴욕은 미국의 경제와 문화의 중심지이기 때문에 재미 중국경제인들은 이곳을 출신지역 경제단체 등을 설립하고 중심으로 활동하고 있다. 특히 이 지역은 1990년 이전부터 이주중국인들이 가장 많이 거주하던 지역이었다는 점도 동향회나 고향친목회 같은 소규모 단체들이 많았는데 이러한 이유 때문에 1990년대 이후에도 지속적으로 중국인들이 모여들고 있는 것으로 보인다.

시기별로는 1990년대에서 2010년대 중반인 최근까지 출신지역별 화상사단의 설립이 지속적으로 증가되고 있음을 알 수 있다. 총 44개의 지역연고를 가진 사단 중 1990년대에 설립된 사단이 29%, 2000년대에 설립된 사단은 34%, 그리고 2013년까지 2010년 3년간 설립된 사단이 비율이 39%에 이른다. 2010년대 말이 되면 이를 훨씬 상회한 사단이 설립될 것으로 추정해 볼 수 있다.

다음으로 '오연' 중 하나인 업종별 화상사단의 분포를 살펴보면, 과학기술분야의 사단이 수가 조사대상 34개 사단 중 7개로 가장 많았다. 이는 중국의 과학기술 고급인력들이 유학을 떠났다 본토로 회귀하기보다는 미국 현지에서 전공관련 회사를 설립하여 활동한 것이 주요 원인이라고 할 수 있다. 그리고 이들이 관련 업종의 정보교류와 인적교류 등을 목적으로 한 사단을 설립했다고 할 수 있다. 특히 미국 서부의 실리콘 벨리 등을 중심으로 하여 과학기술과, IT산업에 많은 재미 중국경제인들이 포진되어 있다는 것은 잘 알려진 사실이다. 과학기술과 IT 외에 여행업 종사자와 투자자문 협회나 단체들이 많이 설립되어 활동하고 있는 것으로 조사되었다. 이와 함께 변호사들이 중심된 사단 그리고 부동산과 의약산업의 사단들이 설립되어 있었다.

〈그림 3〉 업연(業緣) 업종별 미국 화상사단의 수

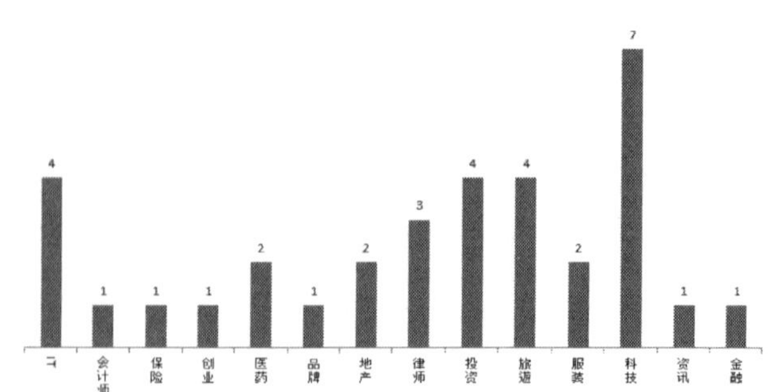

지역별 화상사단에 비해 낮은 비율이지만 뉴욕을 중심으로 한 업종별 화상사단이 많이 분포되어 있음을 발견할 수 있었는데, 조사대상 34개 사단 중 35%가 뉴욕에 소재했으며 다음으로는 캘리포니아 주로 20%, 그리고 LA에 12%가 사단의 사무실을 두고 있었다. 보스턴이나 뉴저지, 워싱턴DC, 샌디에고, 휴스턴 등이 그 뒤를 잇고 있다. 재미 중국인 사단 중 업종별 사단은 지역별 사단에 비해 최근 그 설립빈도가 낮다. 1990년대 34개 중 약 절반이 설립되고 2000년대에 44%가 설립되었으나 조사대상 사단 중 최근 4년간 설립된 업종별 사단은 2개에 지나지 않았다. 이는 이미 주요 업종별 사단들이 이미 네트워크화 되었다고 해석될 수 있을 것이다.

Ⅳ. 미국 '신' 화상사단의 네트워크 분석 결과

1. '신' 화상사단의 지연/업연 네트워크 구조

미국 화상사단의 전체규모를 파악하기는 무척 힘들다. 한 조사에 따르면 미국 화인사단 중 경제영역과 관련된 화상사단은 약 205개 정도 설립되어 있다고 한다.[32] 그러나 이들 화상사단 중 상당수는 사단명만 알 수 있을 뿐 무엇을 목적으로 하여 설립된 단체이며, 어디에 소재에 있는지를 확인하기 어렵기 때문에 전수조사를 통해 그 네트워크를 파악하기란 불가능하다고 할 수 있다.

따라서 본 연구에서는 네트워크를 구성할 수 있는 정보를 가지고 있

32) 姚定康, 「美國的商會團體」, http://yaodingkang.com/2013/0820/72.html(검색일, 2014.11.26)

는 화상사단만을 조사하여 데이터를 구축하고 이를 사회연결망분석에 적합한 데이터로 가공하였다. 데이터는 지연과 업연을 파악할 수 있는 네트워크 정보와 함께 소재지와 설립연도 속성정보를 함께 수집하였는데, 이는 소재지가 같다면 각 화상사단 간 연결될 개연성이 크다고 판단했기 때문이다. 설립년도의 경우 어느 시점에 어떤 유형의 사단이 설립되었는지를 파악할 수 있는 정보이기는 하지만 본 네트워크 분석에서는 속성변수로만 활용하였다.

- 검색방법 : 검색엔진 Google 활용
- 검 색 어 : (中文)美國華商, 北美華商, 華人社團, 中美, 協會 등
- 추출대상 : 지연, 업연, 소재지, 설립연도 정보가 있는 단체
- 추출결과 : 지연 관련 사단 44개 + 업연 관련 사단 34개
- 분석방법 : 지연/업연 네트워크 지표 + 소재지/설립연도 속성변수로 한 데이터 처리
- 분석목표 : 네트워크 밀도, 연결중심성, 매개중심성
- 프로그램 : Netminer 4

사회연결망분석에서 네트워크의 구조적 특성을 파악할 수 있는 척도 중 하나가 '밀도'(density)이다. 네트워크의 밀도는 네트워크에서 연결이 가능한 총 관계 수에서 실제 연결되어 있는 관계의 비율을 나타낸다. 네트워크의 밀도라는 척도를 통해 해당 네트워크 내에서 각 행위자들이 얼마나 긴밀하게 연결되어 있는지를 파악할 수 있게 된다. 밀도가 높은 네트워크일수록 접근에 필요한 거리는 짧아지게 되고, 접근에 필요한 거리가 짧은 만큼 정보의 교류와 정보의 확산 역시 빠르게 된다. 이를 통해 출신지역별, 업종별 '화상사단'들이 각자 서로서로 연결되고 있는지의 밀도를 알 수 있는 것이다. 이를 구하는 식은 아래와 같다.

$$\frac{1}{n(n-1)/2}$$[33)]

지역별 화상사단과 업종별 화상사단은 지역이나 업종이라는 직접적인 공통속성 뿐만 아니라 소재지와 설립연대 등을 다른 속성들을 포함하여 연결될 가능성을 측정하였다. 이는 미국 내 같은 지역에 사단이 설립되었다고 한다면 구성원들이 중복될 가능성이 높을 뿐만 아니라, 미국내 화교사회에서 사단에 대한 정보를 공유할 수 있을 것이며, 설립연대가 비슷하다고 한다면 미국 내 화교사회의 비슷한 사회경제적 영향을 받아 설립된 사단뿐만 아니라 사단의 성격 또한 전체 화교사회의 공통된 변화흐름 속에서 출현한 것이라는 가정에 기초한다. 따라서 이들 사이에는 직접적으로 연관되거나 연결되어 있지 않다 할지라도 상당한 '유사성'을 공유하고 있다고 할 수 있기 때문이다.

이렇듯 세 가지 속성을 중심으로 하여 출신지역과 업종의 화상사단의 밀도를 측정한 결과 두 네트워크의 구조가 서로 상이했다. 네트워크의 구조의 측정척도인 밀도는 화상사단 전체 44개와 34개의 사단들이 모든 사단 간에 연결되었다는 것을 가정할 때의 밀도가 1.0(=100%)라는 것을 기준으로 한다면 〈표 1〉에서 보는 바와 같이 지역별 화상사단의 네트워크와 업종별 화상사단의 네트워크는 0.606(=60.6%), 0.547(=54.7%)로 밀도가 비교적 높게 나타났다. 즉 두 네트워크 모두 한 사단이 절반이상의 사단에 연결될 수 있는 가능성이 있다는 것이다. 두 네트워크 중에서 지역별 네트워크(地緣)가 상대적으로 촘촘하다고 해석할 수 있다.

33) 김용학, 『사회연결망분석』,(서울: 박영사, 2007), p.33. 이 식에서 n은 분석하고자 하는 대상의 수를 나타내는데, 본 논문에서는 '화상사단'의 수가 된다.

〈표 1〉 재미 화상사단의 지역별, 업종별 네트워크 밀도 비교

구분	출신지역별 네트워크	업종별 네트워크
네트워크 밀도	0.606	0.547
총 연결수	1146	614
평균 연결수	26.045	18.059
최대 연결수	38	24

총 연결된 수를 측정한 결과 44개의 출신지역별 네트워크는 총 1,146번 연결되었으며, 업종별 네트워크는 614번의 연결수를 나타났고, 평균 연결수 또한 26.045와 18.059로 차이를 보이고 있다. 네트워크의 구조적 특징만을 가지고 출신지역별 네트워크와 업종별 네트워크를 비교한다면 출신지역별 네트워크가 업종별 네트워크에 비해 상대적으로 촘촘하게 연결되어 있다는 것을 알 수 있다. 따라서 미국 내 화상사단 간의 정보의 흐름은 업종별 네트워크 보다는 출신지역별 네트워크가 더 빠르게 정보를 공유하거나 더 빠르게 확산시킬 수 있다고 해석할 수 있다.

2. '신' 화상사단 네트워크 내 각 단체의 위치 분석

밀도가 네트워크의 구조적 특성을 파악할 수 있는 척도라고 한다면, 사회연결망 분석 방법론에서의 네트워크의 "중심성"(Centrality) 분석은 행위자적 측면에서의 네트워크 특성을 파악할 수 있는 척도이다. 이는 어떤 행위가가 네트워크 내에서 어떤 위치에 있으며 얼마나 중요한지를 파악할 수 있도록 해준다.[34] 일반적으로 중심성 분석은 "연결중심성"(Degree Centrality), "인접중심성"(Closeness Centrality), "매개중심성"

34) Stanley Wasserman & Katherine Faust, *Social Networks Analysis: Methods and Applications*, (Cambridge: Cambridge University Press, 1994). pp.177.

(Betweenness Centrality)으로 나누어지는데,[35] 본 연구에서는 어떤 한 행위자가 자신과 인접한 행위자와 어느 정도 관계를 맺고 있는지를 파악할 수 있는 "연결중심성" 척도와, 어떤 행위자가 매개역할 정도를 알 수 있는 "매개중심성" 척도를 활용하여 미국 내 출신지역별 · 업종별 네트워크를 분석하고자 한다.

먼저 "연결중심성"은 행위자들과의 관계의 정도를 가지고 측정한다. 즉 연결중심성이 높다는 것은 많은 다른 행위자와 연결되거나 연결될 가능성이 높다는 것을 나타낸다. 연결정도가 절대적인 기준이 되어 네트워크의 중심적 위치를 파악하게 된다. 따라서 연결중심성이 높은 행위자들이 네트워크의 중심으로 이동하게 되고 그 연결정도에 따라 중심으로부터 동심원을 그리면서 거리가 멀어진다. 미국 내 화상사단의 출신지역별, 업종별 네트워크에서 연결중심성을 분석한 결과 〈표 2〉와 같은 상위 5개 사단이 조사되었다. 먼저 출신지역별 화상사단 중 연결중심성이 가장 큰 화상사단은 "미국무석상회"(美國無錫商會)로 나타났으며, 미국하북공상총회, 미국하북총상회, 미국호남상회, 미국중경총상회 등 4개 사단이 두 번째로 연결정도가 컸다. 이들 다섯 개 사단이 출신지역별 화상사단 네트워크 내에서 다른 사단과 직접적 연결정도가 가장 크며 네트워크의 중심에 자리한다.

반면 업종별 화상사단 네트워크의 경우는 화인창업투자협회(華人創業投資協會)와 미중패션협회(美中時裝協會)의 연결중심성이 가장 컸으며, 실리콘벨리재미박사기업가협회(矽穀留美博士企業家協會), 국제화인과학기술공상협회(國際華人科技工商協會), 중국재미과기협회(中國旅美科技協會) 등이 중심에 위치한 것으로 조사되었다. 지역적으로는 절강성과 호북성 출신 사단들이 상대적으로 네트워크의 중심에 있다고

35) Stanley Wasserman & Katherine Faust(1994), pp.178-191.

할 수 있고, 업종별로는 창업투자와 과학기술 관련 사단들이 네트워크의 중심에 있다고 할 수 있다.

〈표 2〉 미국 화상사단의 지연/업연의 연결중심성

출신지역별 화상사단		업종별 화상사단	
사단명	값	사단명	값
美國無錫商會	0.884	華人創業投資協會	0.727
美國河北工商總會	0.837	美中時裝協會	0.727
美國河北總商會	0.837	矽穀留美博士企業家協會	0.697
美國湖南商會	0.837	國際華人科技工商協會	0.697
美國重慶總商會	0.837	中國旅美科技協會	0.697

"매개중심성(C_B)" 척도는 네트워크를 구성하는데 있어 매개역할을 하는 정도를 밝히기 위한 것으로서, 재미 화상사단의 네트워크의 경우 지역별 네트워크에서 각 지역이 서로 연결되게 하는 역할을 누구하고 있는지를 밝혀내는 것이며, 업종별 네트워크에서도 각 업종의 사단들이 연결되기 위해서는 어떤 사단이 필요한가를 파악할 수 있다. 즉 "네트워크에서 각 행위자 간을 누가 매개하고 있는가?"를 측정함으로써 사단과 사단의 정보흐름의 연결지점에 어떤 사단이 위치해 있는지를 파악할 수 있도록 해준다. 이 값을 구하는 수식은 다음과 같다.

$$C_B(n_i) = \sum_{j<k} g_{jk}(n_i)/g_{jk}$$ [36)]

36) Stanley Wasserman & Katherine Faust(1994), p.183. 이 식에서 g_{jk}는 j와 k 두 노드 사이에 존재하는 최단경로 경우의 수를 나타내며, $g_{jk}(n_i)$는 j와 k 두 노드의 최단경로 중 노드 i가 포함할 경우의 수를 말하며 $g_{jk}(n_i)/g_{jk}$는 최단경로 중 노드 i가 포함될 확률을 의미한다.

〈표 3〉 미국 화상사단의 지연, 업연의 매개중심성 비교

지역별 화상사단		업종별 화상사단	
사단명	값	사단명	값
美國洛杉磯溫州總商會	0.0361	華人創業投資協會	0.0525
美國無錫商會	0.0348	美中時裝協會	0.0525
美國河北工商總會	0.0298	矽穀留美博士企業家協會	0.0347
美國河北總商會	0.0298	台裔美國人律師協會	0.0309
美國湖南商會	0.0298	美國華人創業投資協會	0.0269

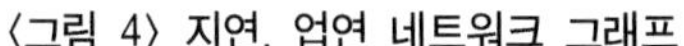
〈그림 4〉 지연, 업연 네트워크 그래프

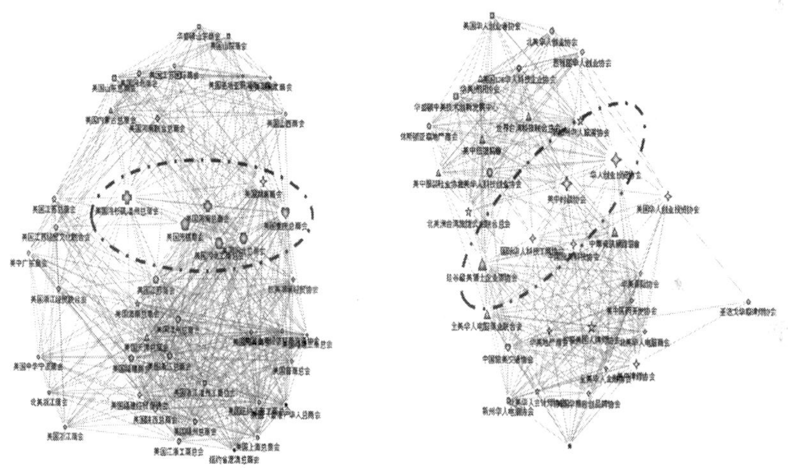

미국 내 화상사단의 출신지역별, 업종별 네트워크에 내에서 사단과 사단을 연결해 주는 매개고리 역할을 하는 사단을 조사해 봤더니, 〈표 3〉에서와 같이 지역별 네트워크에서는 "로스엔젤레스온주총상회"(美國洛杉磯溫州總商會)가 가장 높은 "매개중심성"을 보였다. 이 단체는 2011년 LA에서 설립되었는데 미국 내에서 가장 활발하게 활동하고 있는 절강성 출신의 기업가들의 모임이다. 그렇기 때문에 온주라는 출

신지역이 다수의 화상사단과 연계되고, 로스엔젤레스라는 단체의 소재지 속성이 타 지역출신의 화상사단과 연결될 수 있기 때문에 이와 같은 결과가 나왔다고 해석할 수 있다. 다음으로 매개중심성이 높은 화상사단으로는 "미국무석상회"(美國無錫商會), "미국하북공상총회"(美國河北工商總會) 순이다.

한편 업종별 화상사단 중에서는 "화인창업투자협회"(華人創業投資協會), "미중패션협회"(美中時裝協會". "실리콘벨리 박사기업가협회"(矽穀留美博士企業家協會) 등의 순으로 나타났다. 화인창업투자협회는 2009년 뉴욕에서 설립된 투자자들의 모임으로 재미 화인들에게 효율적 창업을 지원하고, 각계 유명인사들을 초빙하여 그들의 성공경험을 공유하고 상호교류하며 창업에 필요한 자금을 지원하고 있는 단체이다.

지역별 · 업종별 매개중심성 값이 높게 나온 사단들은 다른 사단과의 비록 직접적인 연결의 정도는 낮다고 할지라도 전체 네트워크에를 유지하고 통합하는데 있어 상대적으로 중요한 역할을 하고 있다고 해석할 수 있다. 이를 네트워크 그래프로 구현하면 〈그림 4〉와 같다. 점선 원 안에 위치해 있는 사단이 각각 두 네트워크의 매개중심성이 큰 사단인데, 이들 사단이 출신지역별 화상사단 네트워크와 업종별 네트워크의 정보의 흐름을 매개하고 정보의 흐름을 통제하는 위치에 있다고 할 수 있다.

Ⅴ. 결론

미국 중국인사회에서의 화상사단이 어떻게 발전되어 왔고 현재에는 어떤 네트워크를 구축하고 있는지를 본 연구를 통해 파악해 보고자 하였다. 중국인들의 미국이주사는 동남아시아에 비해 그 역사가 짧은 뿐 아니라 미국사회에서의 중국인들의 영향력 또한 동남아시아 국가에 비해 상대적으로 약한 편에서 속한다. 그럼에도 불구하고 중국이 경제대국화 그리고 국제사회에서의 영향력 확대 흐름 속에서 중국뿐만 아니라 미국 역시 미국 화상사단에 대해 주목하고 그들의 역할을 기대하고 있다.

미국의 입장에서 본다면 약 400만의 이민자들이 가지고 있는 물질적, 인적, 문화적 자원은 대중국 정책이나 대동아시아정책을 입안하고 실행하는데 있어 중요한 자산이 될 수 있을 뿐만 아니라 공식적 비공시적 차원에서 미중관계를 발전시킬 수 있는 매개 고리가 될 수 있다. 한편 중국정부에 있어 재미 중국인이나 재미 중국경제인들은 중국을 글로벌 수준으로 선진화시키는데 있어 중요한 과학기술과 기업경영 그리고 경제적 지식과 정보를 습득하고 수입할 수 있는 중요한 인적 자원일 뿐만 아니라 중국경제의 미국진출과 시장 확대의 교두보 역할을 할 수 있는 무형의 자산이라고 할 수 있다.

앞에서도 지적했지만, 세계 양대 대국의 중간에서 세계정치와 경제적 영역에서 주요 행위자로 떠오르고 있는 재미 중국인들이 어떤 네트워크를 통해 이들 상호간 정보를 교류하고 중국과 미국의 경제인과 연결되고 있는지는 이들에 대한 연구의 중요한 주제임에 분명하다. 특히 중국인들의 보편적 네트워킹의 매개체라고 하고 있는 '오연'의 연결망이 미국사회 내에서 어떻게 이익단체 작동하고 동시에 중국경제와 미국경제, 중국사회와 미국사회 그리고 중국문화와 중국문화를 연결하는 통로가 되고 있는지를 '화상사단'에 대한 분석을 통해 더 잘 이해할 수 있다.

본 연구결과에 따르면, 미국 화상사단 네트워크를 구성하는 연줄망 중에서 업종별 네트워크 보다 출신지역을 중심으로 하는 네트워크이 상대적으로 더 긴밀하게 구성되어 있으며, 그렇기 때문에 지연 네트워크 내의 각 사단을 연결해 주는 거리가 짧아져 정보의 흐름이 빠를 것이라는 것을 알 수 있다. 그리고 네트워크의 중심에 각 사단을 연결함으로써 정보의 허브역할을 하는 화상사단은 출신지역 네트워크에서는 미국의 서부지역인 로스엘젤레스를 소재지로 하는 절강성 출신 화상사단, 업종별 네트워크에서는 동부지역인 뉴욕을 중심으로 하는 창업투자 화상사단이 미국 화상 네트워크 내에서의 영향력이 상대적으로 높다는 것을 알 수 있다. 여기에서 우리가 주목해야 할 것은 미국 화상사단의 네트워크에 접속하기 위해서 어떤 화상사단에 접근해야만 가장 빠르게 이들과 연결될 수 있지를 파악할 수 있다는 점이다.

미국사회 내에서의 '화상사단'은 미국사회 내에서 기능적 그룹이라고 할 수 있는 이익단체나 압력단체의 역할을 갖으면서 동시에 중국특성의 정서적, 민족적, 경제적 네트워크의 중요한 기제로서의 역할을 가지고 있음을 발견할 수 있다. 아울러 최근 중국이 공공외교와 민간외교를 강조하면서 외교 및 경제 영역에서 뿐만 아니라 중국문화를 홍보하고 파급시키는데 사단들을 활용하고자 하는 의지를 보이고 있다. 미국 화상사단이 향후 미국 내에서 어떤 확대된 역할을 하고 그 중심에서 핵심역할을 할 화상사단은 무엇인지에 대해 관심을 가지고 지켜봐야 한다. 본 연구에서 다루지 못한 미국 중국경제인 사이의 네트워크가 어떻게 발현되고 작동하고 있는지에 대한 분석은 향후 연구과제로 남겨두고자 한다.

| 참고문헌 |

〈국내자료〉

김용학, 『사회연결망분석』, 서울: 박영사, 2007.

김윤태, 「해외 화교화인 사회의 재구성과 네트워크 변화: 북미지역을 중심으로」, 『중소연구』 제38권 제2호, 2014.

김재기, 「중화경제권의 초국적 화교네트워크 부상과 한민족의 대응: 한상네트워크 활성화」, 『제3회 동북아코리안네트워크 국제회의 자료집』, 2004.

박기철, 「'화교네트워크'의 정치적 함의 연구」, 『중국학연구』 제20집, 1999.

서상민, 「상하이지역 경제엘리트의 사회연결망분석」, 『한국동북아논총』 제71호, 2014.

윤성민, 「미국 이민정책의 변화가 화교사회의 발전에 미친 영향」, 『CHINA 연구』 제15집, 2013.

장공자, 「중국의 화교정책과 화상망에 대한 연구」, 『통일전략』 第7권 제3호, 2007.

전형권, 「초국가주의 관점에서 본 화교 디아스포라와 네트워크」, 『대한정치학보』 제13권 제2호, 2005.

〈국외자료〉

郭玉聰, 「美國華僑華人在中美關係中的重要作用」, 『世界歷史』, 2004年 3期.

歐德強, 『海外華僑華人社團的發展趨勢國際研討會論文集』, 香港: 榮譽出版有限公司, 2006.

婁亞萍, 「美國華僑華人與中國對美公共外交:作用機制與政策思路」, 『美國問題研究』, 2011年 第2期.

劉 權、「董英華:5海外華商網絡的深人研究及資源利用」, 『東南亞縱橫』 第7期, 2003.

李勝生, 「5華商網絡的神話與現實」, 周望森, 『華僑華人研究論叢』, 北京: 中國華僑出版社, 2001.

莫光木, 「二戰後美國華人社團的發展」, 『前沿』, 2012年 第14期.

萬曉宏, 「選區重劃對美國華人政治參與的影響」, 『八桂僑刊』, 2009年 第1期.

萬曉宏, 『當代美國華人政治參與研究(1965－2004年)』, 廣州: 暨南大學出版社, 2005.

蒙英華, 「華商網絡內部信息交流機制研究」, 『南洋問題研究』, 2009年 第2期.

山岸猛, 「僑鄉與海外華僑華人(下)」, 『南洋資料譯叢』, 2009年 第2期.

胥思省, 「聯邦政策與華人華僑」, 『銅仁師範高等專科學校學報』, 第7卷 第6期, 2005.

吳元黎, 『海外華人與東南亞的經濟發展』, 臺北: 正中, 1985.

王義男, 「美國華商中美外交大使」,『國際人才交流』, 2006年 第1期.

袁 源, 「論北美華僑華人專業人士跨境活動的載體」, 『南方職業教育學刊』 第4卷 第6期, 2014.

任 娜, 「海外華人社團的發展現狀與趨勢」, 『東南亞研究』, 2014年 第2期.

莊國土, 『華僑華人與中國的關系』, 廣州: 廣東高等教育出版社, 2001.

張禹東, 「海外華商網絡的構成與特徵」, 『社會科學』 2006年 第3期.

趙和曼, 「美國新華僑華人的若幹變化」, 『八佳僑刊』 2003年 第1期.

周繼紅, 「試論戰後美國華人社團發展的特點及其在中美關系中的作用」, 『國際關系學院學報』 2008年 第6期.

周 敏, 『美國華人社會變遷』,上海: 上海三聯書店, 2006.

朱慧玲, 「美國華人參政曆程及其發展態勢」,『八桂僑刊』 2008年 第3期.

沈燕清, 「百人會與美國華人社會」, 『華僑華人曆史研究』 2004年 第1期.

郝時遠 主編, 『世界華商經濟年鑒(2007~2008)』, 北京: 世界華商經濟年鑒出版社, 2009.

惠 芬,「百人會對中美關系發展的曆史貢獻及新時期的獨特作用」,『東南亞研究』2014年 第6期.

Shih-shan Tsai, "Chinese Immigration to America: Political and Legal Aspects," Lee Lai To, (ed.), In Early Chinese Immigrant Societies, Singapore: Heinemann Publishers, 1988.

Alejandro Portes and Min Zhou, "Immigrant Trans-nationalism and development: Mexican and Chinese Immigrant Organizations in the United State," Population and Development Review, Vol. 38 Issue 2, 2012.

Gary G. Hamilton, (ed.), Asian Business Network, Berlin: Walter de Gruyter, 1996.

Kevin D. Lo, "Chinese Guanxi and Anglo-American Networking: A Comparative Investigation of Cross-Cultural Interpersonal Business Relationships," The Journal of International Management Studies, 216 Vol.7, No. 2, 2012.

Lui Hong, "Old Linkage, New Networks: The Globalization of Overseas Chinese Voluntary Association and Its Implications," The China Quarterly, No.155, 1998.

Min Zhou & Mingang Lin, "Commuity Trasformation and the Formation of Ethnic Capital: Immigrant Chinese Commuinties in the United States," Journal of Chinese Overseas, Vol.1, No.2, 2005.

Office of Immigration Statistics, 2011 Yearbook of Immigration Statistics, (https://www.dhs.gov/sites/default/files/publications/immigration-statistics/yearbook/2011/ois_yb_2011.pdf(검색일

2014.10.24.)

Tong Chee Kiong & Yong Pit Kee, "Guanxi Bases, Xinyong and Chinese Business Networks," The British Journal of Sociology, Vol.49, No.1., 1998.

Stanley Wasserman & Katherine Faust, Social Networks Analysis: Methods and Applications, Cambridge: Cambridge University Press, 1994.

U.S. Census Bureau, "2010 Census Briefs: Asian Population", March. 2012.(http://www.census.gov/prod/cen2010/briefs. 검색일, 2014.11.12.)

Zhou Min, "Traversing Ancestral and New Homelands: Chinese Immigrant Transnational Organizations in the United States," http://www.princeton.edu/cmd/working-papers/2011-immigrant-organizati/11-03gZhou_Final-report-on-Chinese-immigrant-transnational-organizations-in-US_Feb5-2011.pdf. 검색일, 2014.11.20.)

〈웹사이트〉

百人委員會 http://committee100.org(검색일, 2014.11.15.)

全美華人協會 http://www.naca-atlanta.org (검색일, 2014.11.15.)

과학대국 중국에 대한 재인식과 한국의 대응 구상

◉ 은종학 ◉

Ⅰ. 서론

한국은 더 이상 앞선 국가의 제품·서비스를 모방하거나 그들이 만들어 놓은 길을 그대로 따라가는 추격을 통해서는 성장을 지속하기 힘든 단계에 이르렀다는 공감대가 확산되고 있다. 더욱이 중국 등 개발도상국들이 낮은 생산원가를 바탕으로 저가의 범용제품을 세계 시장에 쏟아내고 있을 뿐 아니라 그들의 제품·서비스 또한 업그레이드를 거듭하고 있어, 우리가 성장을 지속할 수 있는 새로운 경로를 개척하는 것은 후대에 제시해야할 미래 비전일 뿐 아니라 당장 숨 쉴 공간을 확대하기 위한 시급한 정책과제이기도 하다. 현 정부가 '과학기술'과 '창조'를 강조하는 것도 위와 같은 맥락에서 일 것이다.

돌이켜보면 지난 19, 20세기는 과학기술이 창조를 통해 경제성장을 견인할 수 있음을 보여준 가장 극적인 시기였다. 지질탐사, 토목, 화학공학 등 과학기술 지식의 축적 속에서 석유가 새로운 산업 에너지원으

---

* 국민대학교 국제학부 중국학과 교수

** 본 연구는 2013년 STEPI Fellowhship의 연구비 지원을 받아 수행되었다.

로 광범위하게 활용되면서 세계 경제의 성장을 떠받쳤고, 건축 및 도시공학은 초고층 빌딩과 대도시의 탄생을 가능하게 해 효율성을 배가하고 소비경제를 활성화하였다. 자동차, 항공기 등 새로운 교통수단의 발명과 광범위한 확산은 수많은 연관 산업의 발전을 이끌었을 뿐 아니라 세계인의 삶을 새롭게 주조했다. 컴퓨터와 인터넷이 이끈 정보통신 혁명은 기업 활동과 일반인의 일상을 재편하며 수많은 비즈니스 기회를 만들어냈다. 그렇게 과학은 끊임없이 새로운 가능성을 제시하는 'Endless Frontier(Bush, 1945)'로 많은 이들에게 각인되었다.

따라서 모방의 경로 끝자락에서 중국과 같은 경쟁국을 바라보며 한국이 과학기술과 창조를 재차 강조하는 것은 일견 자연스런 일이다. 하지만 과학 연구에 대한 투입 증대만으로 궁극적 목표라 할 수 있는('새로운 아이디어를 시장에 성공적으로 도입하는 것'으로 정의되는) 혁신과 지속적인 경제성장이 보장되지는 않는다는 점에 유의할 필요가 있다. '혁신의 과정은 선형적(linear)이지 않다'는 혁신이론계의 검증된 발견(Kline & Rosenberg, 1986; Fagerberg et al., 2005)과 더불어, 다음과 같은 사실들도 간과할 수 없기 때문이다.

'19, 20세기의 급속한 경제성장은 오히려 인류 역사상 특수한 현상이었으며 그때처럼 굵직한 발명과 혁신이 앞으로도 연이어 발생하길 기대하는 것은 과도한 낙관'이며 '세계는 이미 양적 성장의 여지가 줄어드는 비물질적 단계에 접어들었다'는 성장한계론도 완전히 무시할 수는 없을 것이다(Meadows et al., 2004).[1)]

1) 현재 활발하게 진행중인 정보통신 과학기술의 진화는 21세기 인류의 일상을 재편하고 새로운 산업을 탄생시키고 있는 것이 사실이지만, 그것이 20세기의 주요 산업들만큼 대규모의 신규고용을 창출하지 못하고 있는 것도 사실이다. 예컨대 20세기 자동차 기업들은 수백만의 고용을 신규 창출했지만 21세기의 구글과 페이스북, 트위터 등은 그에 훨씬 미치지 못한다. 수많은 사람들이 인터넷과 SNS를 사용

본질적 회의론이 아니더라도, 과학에 대한 투자를 산업 생산으로 전화(轉化)하는데는 (특히 신산업을 창출할 만큼 근본적인 과학 연구의 경우) 높은 실패율과 상당한 소요시간을 감내해야 할 뿐 아니라, (불가피하게 불완전하게만 보호되는 지식재산권으로 인해) 투자주체와 수익주체가 같지 않을 가능성도 크다는 점에도 유념할 필요가 있다. 특히, 연구대상의 복잡성이 커진 현대에는 연구가 개별적인 과학자들에 의해 분산적으로 이뤄질 경우 그 주된 성과가 학술논문 등에 '명백지(explicit knowledge)'로 남을 뿐 연구과정에서 축적되었던 경험적 노하우 등 '암묵지(tacit knowledge)'는 기업조직의 경쟁력으로 전환되지 못한 채 유실 혹은 미활용되는 경우가 많아, 연구의 성과와 그로 인한 산업적 결실을 투자주체이 온전히 누리지 못하는 경우가 많다.

따라서 한국의 미래를 밝히고자 하는 정책적 노력이 과학기술 연구예산을 단순 증액시키고 더 많은 수의 과학자들이 수혜를 입도록 하는 단순한 조치만으로는 소기의 목표를 이루기 어려울 것이다. 즉, 미시적 현장의 실제를 감안한 보다 전략적인 접근과 고려가 필요할 것이다.

과학 정책과 관련하여 우리 사회에 퍼진 인식의 오류 중 또 다른 한

하고 그 가상공간에 참여하지만 그 대부분의 행위는 경제적 부가가치 창출과 직접 연결되어 있지 않고 참여가 곧 고용을 의미하지는 않는다는 점에서 20세기 주된 산업의 모습과는 판이하다. 따라서 물질적 생산의 확대에 기초한 고도성장으로 요약되는 20세기와는 달리 21세기의 사회경제는 상대적으로 비(非)물질적이며, 같은 맥락에서 물질적 성장의 속도는 종래에 비해 낮아질 것이라는 주장이 설득력을 가진다. 더불어 물질적 생산 그 자체에 있어서는, 제3차 산업혁명의 핵심으로 손꼽히기도 하는 3D 프린터의 확산으로 생산공정이 크게 간소화될 가능성이 있는데, 이는 장기적으로는 (적어도) 물질적 생산 혹은 제조공정 부문의 고용을 축소시킬 가능성이 있다. 물론 그와 같은 변화 속에서 새로운 (비물질적) 섹터의 등장과 확대를 기대할 수 있는데, 그러한 신규 섹터의 기여만으로 종래의 높은 GDP 성장속도를 유지하는 것은 어려울 수 있다. 그럼에도 이 섹터에 대한 관심과 정책적 촉진은 중요한 만큼 이에 관해서는 본고 4절에서 보다 자세하게 다룬다.

가지는, '과학기술에 대한 투자와 그를 통한 창조행위의 촉진이야말로 저임 노동력에 기대어 저기술·저부가가치 부문에 머물러 있는 중국과 차별화할 수 있는 한국의 새로운 경로'라는 생각이다. 이러한 인식과 달리 (이하 본문에서 상술하듯) 사실 중국은 가파르게 '과학대국'으로 발돋움하고 있으며, 많은 과학기술 연구영역에서 이미 한국을 앞선 것으로까지 추정된다.

따라서 단순히 제조업 대국 중국과의 차별화를 기치로 내걸고 과학진흥에 나서는 것은 효과적인 국가전략이 되지 못한다.

본 연구는 위와 같은 문제의식을 염두에 두고, '과학 연구에 대한 과감한 투자만이 신산업을 창출하고 경제성장을 이끌 수 있으며, 그것만이 떠오르는 중국 위에 설 수 있는 한국의 길'이라는 다소 부정확하거나 과도하게 단순화된 믿음을 수정하고 현실에 보다 부합하는 전략적 사고와 정책적 대안을 제시하는 것을 목적으로 한다.

본고 역시 한국의 창조경제 이니셔티브(initiative)에 있어 과학기술의 핵심적 위치를 분명히 인정하지만 실효성 있는 정책을 위해 보완하고 강화해야 할 추가적 정책적 노력이 무엇인지 점검하고자 한다. 특히 과학기술 분야에서 급부상하고 있는 중국의 특징과 한계를 밝히고, 그 속에서 한국의 가능성을 찾고 그를 구현하기 위한 정책적 대안을 논하고자 하는 본 연구는 우리의 창조경제 이니셔티브가 주목해야 할 지점들을 드러내는데 유용할 것으로 판단된다.

이하 본론의 구성은 다음과 같다. 2절에서는 국제적인 주요 과학기술 학술지에 실린 중국 과학자들의 논문과 중국 내에서 출원된 특허를 분석해 중국의 과학대국화 추세를 점검하고 중국의 과학 및 기술 역량을 논한다. 3절에서는 중국과의 역사적·지리적 관계 및 현재의 경제적 위상 측면에서 상호유사성이 큰 한국, 대만, 싱가포르 등 이른바 '아시아의 작은 용(龍)'으로 불리는 국가들이 '과학대국화'하는 중국과 어떠한 과학연구협력관계에 있는지를 분석하고 그 정책적 함의를 논하고자 한다. 4절에서는 과학대국화하는 중국에 여전히 한계로 남아 있는 소프트한 영역에서의 혁신과 창조와 관련하여 한국이 취할 수 있는 틈새 및 경쟁우위 전략을 논한다. 마지막 5절에서는 본고의 논의를 요약하고 마무리한다.

Ⅱ. 현대 중국 과학·기술 역량에 대한 재인식

앞서 언급한 바와 같이, 중국의 과학 및 기술 수준에 대한 국내의 인식은 때로 부정확하며 모순적이기까지 하다. 간헐적으로 중국의 과학기술 역량을 대단히 높이 평가하다가도, 이내 중국을 단순 제조기지로 묘사하며 과학기술에 대한 투입 증대만으로 그들과 차별화할 수 있을 것처럼 이야기하기도 한다.[2] "과학에 대한 투자를 늘려 중국과의 격차를 더욱 확대하자"는 일견 당연한 듯 들리는 주장 속에도 그러한 부정확한 인식은 부분적으로나마 숨어있다. 이와 같은 인식상의 혼란이 정리되지 않으면 올바른 대중국 전략을 기대하는 것은 어렵다.

따라서 본 절에서는 현대 중국의 과학과 기술 수준 및 역량을 검토하고 이를 이후 본격적인 전략적 논의의 기초로 삼고자 한다. 구체적으로 본 절에서는 국제적인 과학기술 학술지라 할 수 있는 이른바 SCIE(Science Citation Index Expanded) 학술지에 실린 중국 학계 및 산업계 연구자들의 논문과 중국의 지식산권국(知識産權局, 우리의 특허

2) 이른바 '중국의 과학 대국화' 현상이 국내에 전혀 알려지지 않았던 것은 아니지만(은종학, 2013a; 한중과학기술협력센터, 2010; 은종학, 2009), 중국을 값싼 제품의 생산기지로만 인식하고 그 안에 갖춰지고 있는 과학 기반에 대한 우리의 각성이 미흡했던 것으로 판단된다.

청에 해당)에 출원된 특허를 분석해 중국의 과학 및 기술 수준을 가늠하는 한편 그에 기초한 우리의 전략적 인식을 새롭게 하고자 한다.

1. 중국의 과학대국화

SCIE 학술지에 실린 논문들의 서지정보를 담고 있는 Web of Science(WOS) DB에서 1997년 이후 격5년으로 각국 소속 연구자가 출판한 논문편수를 집계하여 연도별로 상위 20개국을 나열하면 〈표 1〉에 보는 바와 같다.[3] 중국의 비중은 1997년 2.38%에서 2002년 4.77%, 2007년 9.53%로 빠르게 증가하며 세계 순위가 13위에서 2위로 상승하였다. 그리고 2012년에는 중국의 비중이 15.18%로 더욱 커지며 미국에 이은 세계2위로서의 자리를 더욱 공고히 하였다. 반면 미국은 세계1위의 지위를 줄곧 유지하고 있지만 그 비중은 1997년 33.24%에서 2012년 26.48%로 점차 감소하고 있음을 알 수 있다.

3) 국가별 논문편수의 집계는 서지계량학의 일반적 관행에 따라 다음과 같은 방식으로 이뤄졌다. 즉, 논문에 표기된 저자의 소속기관이 어느 나라에 위치하는지에 따라 해당 논문이 어느 나라의 것인지를 판별한다. 만약 A국과 B국에 있는 연구자들이 국제협력연구를 통해 공저자로 한편의 논문을 출간한 경우 그 논문은 A국의 논문이자 동시에 B국의 논문으로 집계된다. 주의할 것은, 논문의 국별 집계가 저자의 국적(이를 기준으로 논문을 집계하는 것은 현실적으로 불가능하다)이 아닌 소속기관의 지리적 위치에 따라 이뤄지는 만큼, 국경을 넘는 민족적 연계와 그에서 기인하는 특정 국가의 역량에 대한 평가는 명시적으로 이뤄지지 못한다. 예컨대 중국인 과학자가 미국의 연구기관에 적을 두고 논문을 발표하는 경우 그것은 미국의 논문으로 집계될 뿐 그러한 사실이 중국의 과학 역량에 기여하는 바는 수치화되지 못한다.

〈표 1〉 과학대국으로 부상하는 중국

순위	2012년	N=1,123,396	2007년	N=895,150	2002년	N=706,423	1997년	N=641,560
1	미국	26.48%	미국	29.17%	미국	31.54%	미국	33.24%
2	중국	15.18%	중국	9.53%	일본	10.03%	일본	9.64%
3	독일	7.20%	일본	8.01%	독일	8.21%	독일	7.97%
4	일본	6.37%	독일	7.42%	잉글랜드	7.26%	잉글랜드	7.50%
5	잉글랜드	6.06%	잉글랜드	6.65%	프랑스	5.88%	프랑스	5.88%
6	프랑스	5.11%	프랑스	5.34%	중국	4.77%	캐나다	4.48%
7	이탈리아	4.43%	이탈리아	4.65%	이탈리아	4.58%	이탈리아	4.25%
8	캐나다	4.42%	캐나다	4.58%	캐나다	4.27%	러시아	3.15%
9	한국	4.06%	인도	3.53%	러시아	3.28%	스페인	2.70%
10	인도	4.02%	스페인	3.48%	스페인	3.18%	호주	2.68%
11	스페인	3.90%	한국	3.12%	호주	2.78%	네덜란드	2.55%
12	호주	3.40%	호주	2.96%	인도	2.64%	인도	2.40%
13	브라질	2.62%	러시아	2.63%	네덜란드	2.53%	중국	2.38%
14	네덜란드	2.55%	네덜란드	2.43%	한국	2.42%	스웨덴	2.06%
15	러시아	2.25%	브라질	2.12%	스웨덴	2.07%	스위스	1.75%
16	대만	2.20%	대만	2.07%	스위스	1.79%	한국	1.33%
17	이란	2.01%	터키	1.84%	브라질	1.65%	벨기에	1.31%
18	스위스	1.96%	스위스	1.84%	대만	1.60%	이스라엘	1.25%
19	터키	1.90%	스웨덴	1.82%	폴란드	1.52%	대만	1.24%
20	스웨덴	1.75%	폴란드	1.61%	벨기에	1.40%	스코틀랜드	1.20%

자료: WOS DB로부터 필자 정리

한편 한국과 대만은, 그 역동성을 반영하는 듯, 중국과 함께 그 세계적 순위를 꾸준히 높여왔다. 지난 15년 사이 한국은 세계 16위에서 9위로 크게 도약하였으며, 대만은 19위에서 16위로 올라섰다. 〈표 1〉에는 포함되지 않았지만, 아시아의 또 다른 역동적 국가라 할 수 있는 싱가포르도 1997년 38위(세계적 비중은 0.34%)에서, 2002년 32위(0.60%), 2007년 32위(0.70%), 2012년 30위(0.84%) 등으로 그 지위가 상승하였음을 알 수 있었다.

하지만 중국의 증가속도가 워낙 빨라 중국과 동아시아 소국들 간의 세계적 비중 차이는 계속 벌어지고 있는 것도 사실이다. 한국의 경우 중국과의 세계적 비중 차이가 1997년에는 1.8배였는데, 2002년에는 2.0배, 2007년에는 3.1배, 2012년에는 3.7배로 늘어났으며 여타 동아시아 국가들의 경우 그 격차의 확대는 더욱 급격하게 나타난다. 오랫동안 아시아의 과학강국 자리를 지켜온 일본은 그 세계적 비중이 2002년 이래 감소하고 있고 2007년부터는 그 자리를 중국에 내어줌으로서 위상의 하락이 두드러지게 나타난다.

물론, 위의 추세 분석은 개별 논문의 내용과 질적 수준을 세부적으로 고려하지 않은 것이므로 위 분석 결과만으로 국가별 과학 연구의 역량을 평가하는 데는 한계가 있다.[4] 또한 최근의 과학 연구 논문은 단독저자보다는 다수의 공동저자가 국제적 협력을 거쳐 출판하는 경우가 늘고 있는데(NSF, 2012), 중국 연구자들의 경우 그러한 국제협력 속에서 일반적으로 '주도적 · 핵심적' 역할을 하는지 아니면 '추종적 · 지엽적' 역할만을 수행하는지에 따라 중국의 과학 역량 평가는 달라질 수 있다.

위와 같은 문제의식에서 필자는 최근, SCIE 학술지 중에서 인용빈도가 높아 고품질의 학술지로 꼽히는 10대 및 2대 학술지로 분석대상을 좁히는 한편, 중국인 연구자가 제1저자로 참여했는지 아닌지를 기준으로 중국 연구자의 '학문적 리더십' 정도를 분석해 본 바 있다.[5] 분석 결과, 전체 학술지에서 10대, 2대 학술지로 분석대상을 좁혀 볼수록 중국의 세계적 비중이 점진적으로 감소하고, 국제공동연구에서 중국인 연구자가 주도적 역할(제1저자)을 한 경우가 줄어드는 것을 확인할 수 있

4) 단, 수많은 과학 연구 논문 중 국제적으로 공인된 SCIE 학술지에 수록된 논문만을 대상으로 한 분석인 만큼, 개별 논문에 대한 질적인 측면의 고려가 전혀 이뤄지지 않은 것은 아니다.

5) 이 연구의 자세한 내용은 은종학(2009a)을 참조할 것.

었다.[6] 하지만 10대, 2대 학술지에서도 최근 중국의 비중 증대가 두드러지고, 이른바 중국논문(중국 연구자가 1명이라도 참여하여 출간된 논문) 중 중국인이 제1저자인 경우가 10대 학술지의 경우 77.2%, 2대 학술지의 경우도 그 비율이 65.9%에 달해 중국의 주도적·핵심적 역할도 주목할 만함을 확인할 수 있었다.

2. 중국 기술혁신 주체의 역량과 특성

과학 연구는 때로 실제 응용과는 (적어도 사전적으로) 별개로 인간의 지적 호기심을 충족시키기 위한 목적 하에 진행되기도 한다. 물론 그러한 지적 축적이 추후 사회경제의 근본적 혁신을 촉발하는 경우도 있어 과학 연구에 과도한 족쇄를 채우는 것은 장기적으로 바람직하지 않다. 하지만 본고에서처럼 사회경제적 부가가치의 창출과 성장이라는 경제적 측면의 전략적 지향을 갖는 논의에서는 과학 연구의 성과에 대한 기술적, 산업적 응용기제에 주목하지 않을 수 없다. 특히, 새로운 지식과 아이디어를 산업적으로 활용해 부가가치를 창출하는 혁신의 주체인 기업에 초점을 맞출 필요가 있다.

이에 아래에서는 중국 기업의 과학기술 혁신 역량을 살펴보고자 한다.[7] 이를 살피는 한 가지 방법은 과학 연구에 참여하는 중국 기업들을 관찰하는 것이다. 기업의 과학 연구 참여는 그들의 '흡수능력(absorptive capacity, 외부지식을 체화할 수 있는 능력)'과 '혁신의지'를 가늠할 수 있다는 점에서 중요한 관찰대상일 수 있다. 또 다른 한 가지

6) 중국인 여부는 이름의 영문 표기방식으로 판별하였다. 중국, 대만, 홍콩, 한국의 인명은 유사한 경우가 많지만 그 나름의 표기법이 독특하여, 특별한 경우가 아니고서는, 중국인임을 판별하는 것이 가능했다.

7) 이하 본 소절의 논의는 은종학(2012a), 은종학(2013a)을 주로 참고하였다.

방법은, 중국 내의 특허출원 주체를 분석하여 중국 기업들의 기술 역량을 보다 직접적으로 파악하는 것이다.[8)]

우선, SCIE 학술지에 산학협력 연구 논문을 해당년도에 5편 이상 발표한 중국 국내 기업(IBM 등 중국에 설립한 외자계 기업 포함)을 추출해보면 그 수가 2001년 5사(社), 2006년 22사, 2011년 24사로 비록 그 절대수가 많지는 않지만 증가하고 있음을 알 수 있다(〈표 2〉 참조).

구체적으로 과학 연구에 참여하는 중국 기업들을 살펴보면 다음과 같은 사실을 확인할 수 있다. 산학협력 연구의 주체로 가장 높은 비중을 차지하는 기업군은 석유 분야의 中國石油, 中國石化, 中國海洋石油 등과 철강 분야의 寶山鋼鐵, 武漢鋼鐵, 安鋼 등 대형 국유기업들이다. 이들은 자체적으로 기업 연구소를 보유하고 있어 학계와 연구차원의 협력이 비교적 용이할 뿐 아니라, 해당 산업 분야에 전업성(專業性) 대학들과 역사적으로 긴밀한 유대관계를 발전시켜와 여타 기업군에 비해 산학협력 연구가 활발한 것으로 판단된다.[9)]

8) 물론 기업의 혁신 역량을 위 두 가지 요소만으로 완벽히 파악하기는 어렵고 보다 엄밀한 판단을 위해서는 복합적이고 종합적인 조사 분석이 필요하다. 그러나 중국 전반을 포괄하는 최근까지 업데이트된 연구가 부족해 본고에서는 위 두 가지 요소를 중심으로 중국 기업의 혁신 역량을 추정하였으며 그에 중국경제에 관한 다양한 질적 논의들을 간접적으로나마 참고하였다.

9) 기업이 자체적으로 연구소를 보유하면, 연구소 연구진의 대외적인 인적 네트워크와 학술 영역에 대한 (일반 임직원에 비해) 높은 이해에 힘입어, 해당 기업이 학계의 새로운 과학기술연구를 받아들일 수 있는 '흡수능력(absorptive capacity)'이 향상된다는 것이 기술경제학계의 일반적인 이해이다. Cohen and Levinthal(1990) 참조.

〈표 2〉 산학협력에 참여하는 중국 내 기업들

2001년		2006년		2011년	
기업	산학협력 SCI 논문편수	기업	산학협력 SCI 논문편수	기업	산학협력 SCI 논문편수
IBM	11	中國石油(CNPC)	28	中國石油(CNPC)	80
中國石化(SINOPEC)	11	寶山鋼鐵	25	中國石化(SINOPEC)	66
中國石油(CNPC)	8	中國石化(SINOPEC)	23	寶山鋼鐵	43
武漢鋼鐵	6	杰事杰新材料 (SHANGHAI GENIUS)	18	華為	28
聯合基因 (UNITED GENE)	5	IBM	11	中國海洋石油 (CNOOC)	27
		海正藥業(HISUN)	10	中國電子科技集團	17
		JST	9	SIEMENS	14
		中國電子科技集團	9	武漢鋼鐵	14
		ASM	7	天津BIOCHIP	12
		博奥生物 (CAPITALBIO)	6	上海SHIMADZU	10
		海通食品(HAITONG)	6	大慶油田	9
		中國航天科技集團	6	安鋼	9
		GE 중국R&D센터	6	中芯國際集成電路(SMIC)	7
		華北製藥	6	杰事杰新材料 (SHANGHAI GENIUS)	7
		武漢鋼鐵	6	漢邦科技(HANBON)	6
		華海藥業	6	上海宏力半導體 (GRACE)	6
		FUJITSU	5	光明乳業 (BRIGHT DAIRY)	6
		北京燕山石化	5	天威集團	5
		上海宏力半導體 (GRACE)	5	GSK R&D센터	5
		有研稀土新材料 (GRIREM)	5	陝西北美基因 (LIFEGEN)	5
		山東機電	5	博奥生物 (CAPITALBIO)	5
		中環三津	5	中興通迅(ZTE)	5
				二灘水電開發	5
				華北製藥	5

※ 자료: 은종학(2013:226)

이밖에, 최근 들어 BT 산업(天津BIOCHIP, 陝西北美基因(LIFEGEN), 博奧生物(CAPITALBIO),海正藥業(HISUN), 華北製藥, 華海藥業), IT 산업(華爲(HUAWEI), 中興通迅(ZTE), 中芯國際(SMIC), 上海宏力(GRACE SEMICONDUCTOR)), 신재료 산업(杰事杰(SHANGHAI GENIUS), 有研稀土新材料) 분야의 민영기업들도 산학협력을 통해 기업 외부의 연구개발 자원을 전략적으로 활용하기 위한 노력을 경주하고 있는 것을 확인할 수 있었다.

더불어, 흔히 중위기술 산업으로 분류되는 산업 분야의 일부 중국 기업들(음식료 산업의 光明乳業, 海通食品, 기계설비 산업의 天威集團, 漢邦科技, 토목건설 산업의 二灘水電開發 등)도 SCIE 논문을 공동 출간할 정도의 산학협력을 수행하고 있다는 사실은, 중국의 산학협력이 고위기술(하이테크) 산업에 국한된 현상이 아님을 시사한다(은종학, 2012a).

다음으로는, 보다 직접적으로 중국 내 특허출원 주체를 분석하여 중국 기업들의 기술 혁신 역량을 가늠해보자. 중국 지식산권국(知識産權局, 특허청에 해당)에 출원된 발명특허는 최근 가파른 증가세를 보이고 있는데, 특히 중국 국내주체에 의한 특허출원이 외자기업 등 해외주체에 의한 것보다 더 빠르게 증가하고 있다. 그 결과, 2006년 58.1%에 지나지 않던 중국 국내주체에 의한 발명특허 출원비율은 2010년 74.9%로 크게 상승하였다(2011中國知識産權年鑑, 2011:623).

그런데, 필자가 산업기술 영역을 (세계지식재산권기구(WIPO)가 제안하는 특허 재분류 방식에 준하여) 35개로 세분화하고 각 영역에서 가장 주도적인 특허출원 주체를 확인해본 결과, 각 영역별 주요 주체는 여전히 중국의 대학 등 연구기관과 외자기업임을 알 수 있었다.

중국 로컬기업 등 국내주체의 발명특허 출원은 그 총수(總數)면에서는 (외국인투자기업을 포함한) 해외주체의 발명특허 출원보다 많았지만, 그것이 여러 기업에 분산되어 있어 실질적으로 강력한 기술역량을 확보했다고 볼 수 있는 중국 로컬기업의 수는 많지 않았다.

반면 일부 외자기업(특히 대만계 기업)들은 중국 내에 자회사를 설립하고 이들로 하여금 많은 수의 발명특허를 중국 내에서 출원·등록하고 있음을 알 수 있었다. 대표적으로는 대만계 거대 IT 기업인 鴻海정밀(Foxconn)이 그러하고, 이 밖에도 대만계 TFT-LCD 설계 및 생산기업인 友達광전(AUO), 일본계 토레이(東麗)섬유, 홍콩계 엔지니어링 플라스틱 생산업체 科聚신재료(Polymer Science New Material) 등도 중국 내 자회사가 상당한 발명특허를 보유하고 있는 것으로 나타났다. 이는, 중국 내에 풍부한 엔지니어들을 적극적으로 활용하고, 중국 자회사가 생산·판매하는 제품과 그 공정에 대한 지식재산권 보호를 강화하기 위한 조치로 판단된다(은종학, 2012a).

이상 본 절의 논의를 요약하면 다음과 같다. 중국의 일부 선도적인 로컬기업들은 최근 산학협력연구에 보다 적극적으로 참여하면서 과학계로부터 혁신의 동력을 제공받는 한편, 자체 연구개발을 통해 발명특허와 같은 지식재산권을 확보하면서 점차 혁신의 주체로 성장하고 있다. 더불어 혁신에 필요한 과학기술 지식기반을 넓혀가는 모습은 전형적인 고위기술 산업에 국한되지 않고 중위기술 산업에까지 확장되고 있다는 점도 주목할 만하다. 그러나 중국 내에서 발명특허를 출원하는 핵심적 주체 중 상당수는 여전히 중국 내의 이공계 인재들을 활용하기 위해 직접 투자한 외자계 기업이거나 중국 내 연구기관이어서 아직 중국 자생의 민영 경제주체가 과학기술 혁신의 주체로 확립되지는 못한 측면이 있는 것으로 판단된다.

3. 중국의 과학과 기술에 대한 인식의 전환

위의 논의로부터 우리는, 과학 연구 차원에서는 중국이 이미 한국을 넘어 대국화하고 있는 반면, 과학적 지식을 산업기술로 전화하고 혁신을 통해 경제적 부가가치를 창출하는데 있어서는 중국 기업들의 역할이 비록 개선 중에 있으나 아직은 미진함 상태에 있음을 알 수 있었다. 이러한 중국의 복합적인 사정 속에서 한국 내의 관찰자들은 중국의 과학기술을 때로 과도하게 높게 그리고 때로는 과도하게 낮게 평가하는 인식의 혼란을 겪어 왔다.

그런데 그 잦은 인식의 오류를 수정하고 올바른 전략적 기조를 설정하기 위해 보다 근본적인 오류의 연원을 따져보면 다음의 두 가지를 지적할 수 있겠다. 하나는, 과거 한국이 걸어온 경제발전의 경로를 중국이 그대로 답습하고 있으리라는 잘못된 가정이다.

한국의 경제 발전 혹은 추격의 과정은, ① 저임노동력을 중심으로 한 원가경쟁력을 활용한 단계, ② 생산 노하우 및 응용기술의 축적을 통한 품질-가격 비례의 개선 단계를 거쳐 비교적 최근 ③ 과학기술 지식을 창출하고 활용하는 혁신 단계로 접어들었다. 즉, ①, ② 단계를 충분히 거친 다음에야 ③ 단계에 접어든 우리 스스로의 경험 탓에, 현재 저가 제품을 대량 생산하는 중국을 과거 한국과 같이 기초 과학기술 지식이 부족한 국가(위 ①, ② 단계에 해당)로 인식하려는 경향이 강한 듯하다.

일반적으로 경제개발의 역사적 경로에 한-중 유사성이 존재하는 것은 사실이지만, 과학 역량의 구축과 관련해서는 양국간 차이점(과학 역량 구축을 본격화하는 단계/시점, 구조 및 체제, 규모와 범주 등)이 존재하는 만큼 현재 중국의 발전단계를 단순히 '과거의 한국'으로 인식하는 우(愚)를 범하지 말아야 할 것이다.[10] 요컨대 중국은 위에 언급한 발전단계 ①, ②, ③ 단계가 섹터에 따라 동시 진행중인 국가라 할 수 있다.

과학기술과 관련된 한국과 중국의 상대적 지위에 관한 우리 인식의 오류 혹은 혼란의 또 다른 연원은 '과학'과 '기술'의 개념에 대한 부정확한 이해 탓도 있는 듯하다. 과학과 기술의 개념적 이해와 구별에 관한 본격적 논의는 본고에 허용된 지면을 넘어서는 것일 수 있다. 하지만 간단히 논한다면, '과학(science)'은 자연의 현상 이면의 원리를 밝히는 학술적 작업 혹은 그 축적된 결과물로서의 체계적 지식이고, '기술(technology)'은 인간의 필요에 따라 자연을 통제하거나 인공물을 고안·운용하는 실천적 능력·노하우·지식을 통칭한다고 할 수 있다.

최근 과학을 '응용'하여 새로운 기술을 창출하려는 노력이 여러 산업 분야에서 나타나고 있지만, 역사적으로나 현실적으로 과학이 항상 기술에 선행(先行)하는 것은 아니다. 오히려 과학이라는 '명시적 지식'은, 근본 원리가 완전히 구명되지 않은 채 경험에 의거하여 구현되고 실제 사용되고 있는 기술의 이면을 탐구해 추후에 정립된 경우가 오히려 더 많다.[11)]

도서관 등에서 누구나 열람할 수 있는 과학 논문에 담긴 명시적 지식만으로 관련 산업에서 남다른 경쟁력을 갖는 것은 (지식에 대한 배타적 권한이랄 수 있는 '지식재산권'의 강력한 보호 하에 생물·의약 등 일부 과학기반산업에서 어느 정도 가능하기는 하지만) 일반적으로는 매우 어려운 일이다. 이는, 궁극적으로 산업의 경쟁력은 관련 '과학' 그 자체에 있지 않고, 과학 연구 결과를 활용할 수 있는 흡수능력

10) 중국의 발전모델이 서구는 물론 한국 등 동아시아 국가들의 모델과 어떻게 다른지에 관한 자세한 논의는 Lee et al.(2011)을 참조할 것.

11) 일례로 19세기에 정립된 열역학의 법칙은 그 이전부터 사용해오던 증기기관의 작동 원리를 이해하려는 사후적 노력 속에서 이뤄진 것이다.

(absorptive capacity)과 현장에서 축적된 경험적 노하우와 기술(이는 '암묵적 지식(tacit knowledge)'에 해당)을 조직 속에 체화하고 있는 '기업'에게 부여되는 것이기 때문이다.

물론, 새로운 과학 지식이나 아이디어를 기술로 응용하고 제품으로 구현하는 것을 수월하게 하는 이른바 '메타(meta) 기술'(컴퓨터 소프트웨어, 시뮬레이터, 3D프린터 등)의 발전으로 인해 과학이라는 '머리'의 중요성이 기술이라는 '팔 · 다리'에 비해 갖는 중요성이 증대되는 추세에 있는 것은 사실이다(이민화 · 차두원, 2013). 하지만, (과학 연구 그 자체가 아닌) 수많은 유관 기술을 유기적으로 결합 · 체화한 기업의 종합적 구현 · 집행 능력이 경쟁력의 요체라는 사실은 여전하다. 따라서 실험실에서의 과학 연구 자체가 혁신(innovation)과 경쟁력의 지배적인, 심지어 거의 유일한 결정요인인 것처럼 주장하는 것은 (생물 · 의약 등 일부 이른바 과학기반산업의 경우를 제외하고서는) 상당한 과장일 수 있음에 주의해야 한다.

실제로 미국 역대 최고의 연구소 중 하나로 꼽히는 벨 연구소(Bell Lab)에서 근무했던 Fitzgerald 등은 『Inside Real Innovation』(2010)이란 저서에서 '근본적 혁신(fundamental innovation)'을 일구어내기 위해서는 연구 초기 단계에서부터 과학자와 기업 간에 매우 여러 차례에 걸친 '반복적인 상호작용(iterative interaction)'과 조율이 필수적임을 강조하고 있다. 또한 이들은 수요를 고려하여 기술을 구체적으로 구현해야 하는 기업의 목소리가 배제된 채 이뤄지는 연구실 내 과학 연구는 비록 많은 연구 논문을 양산할 수는 있을 지라도 실질적 가치를 창출하는데 있어서는 심각한 한계를 갖는다고 주장한다. 또한, 현재 세계적으로 가장 주목받는 연구소 중 하나인 MIT 미디어 랩(Media Lab)의 경우도, 창의적 아이디어의 자유로운 개진을 최대한 허용하면서도 아이디어를 실제로 집행 · 구현하고 기업 등 수요측의 목소리를 상시 반영하는 것의 중요성을 무엇보다 강조하는 것도 이와 같은 맥락에서다(모스, 2011).

따라서 실험실의 과학 연구 결과를 응용하여 신기술 제품·서비스를 구현하는 경우를 상정하더라도 실험실의 과학자뿐 아니라 기업의 역할과 역량의 중요성에 대한 인식이 균형 있게 이뤄져야 할 것이다. 더 나아가, 중국의 과학 기반이 규모와 범주에 있어 한국에 앞서는 반면 주요 기업의 효율성과 혁신 역량은 한국이 중국에 앞서는 상황을 고려하여, 한중간 국제 산학협력 체제를 구축하고 그 안에서 한국의 편익을 극대화하기 위한 제도적 정비와 정책적 노력(이에 관해서는 뒤에 상술함)이 필요할 것이다.

Ⅲ. 과학대국 중국과 동아시아의 네트워킹

앞 절에서 우리는 현대 중국의 과학과 기술 수준에 대한 국내의 인식상의 혼란을 바로잡음으로써, 갈수록 중요성이 증대되고 있는 중국이라는 변수를 고려하여 우리의 전략과 정책을 새로이 하는데 기초로 삼고자 하였다.

위의 논의 속에서 얻을 수 있었던 함의 중 하나는, 일반적인 '과학기술 중시(重視)'만으로는 대중국 차별화를 쉽게 이룰 수 없다는 것이다. 물론 과학 연구 역량을 강화하기 위한 우리의 노력과 그를 뒷받침하기 위한 정부의 정책은 선택이 아닌 필수에 가깝다. 다만, 정치, 경제 등 여러 차원에서 세계적 지형을 변화시키며 부상(浮上)하는 중국이 우리의 가장 가까운 이웃나라이고 과학 연구 차원에서도 대국화하고 있는 그들의 변화를 감안한다면 우리의 과학기술 정책에 보다 전략적인 고려가 추가될 필요가 있다는 것이다.

이러한 문제에 답하기 위해 본 절에서는 우선, 중국과의 역사적·지리적 관계 및 현재의 경제적 위상 측면에서 한국과 유사성이 큰 대만, 싱가포르가 '과학대국화'하는 중국과 과학연구 협력관계를 어떻게 만들어 가고 있는지 살펴 그로부터 정책적 함의를 도출하고자 한다. 이어서, 과학을 궁극적으로 산업에 연결시키는 이른바 산학연계 메커니즘과 관련된 중국과 한국의 현실을 진단하여 우리의 정책적 노력이 어디에 맞춰져야 하는지 논하고자 한다.

1. '과학대국화'하는 중국에 대한 아시아 소국(小國)의 대응과 함의[12)]

본 소절에서는 한국, 대만, 싱가포르가 중국과 과학 연구 분야에서 어떻게 협력 관계를 만들어 가고 있는지를 비교 관점에서 살펴보고자 한다. 최근 과학 연구는 여러 나라에 산재한 다수 과학자들의 협력과 분업 속에서 이뤄지는 경향이 강화되고 있고(NSF, 2012), 그렇게 형성된 과학 연구 협력 네트워크는 해당 국가간 관계의 중요한 한 측면을 드러낼 수 있으며 때로 양국간 관계를 규정하거나 그 발전에 영향을 미칠 수도 있다(Adams, 2012). 따라서 한국과 역사적, 지리적, 경제적으로 유사한 처지에 있는, 흔히 '아시아의 작은 용(龍)'이라고도 불리는 국가들의 대(對)중국 과학 연구 협력 관계를 살펴보는 것은 우리의 전략적 사고에 기여하는 바가 있을 것이다.

이와 같은 판단에서, 필자는 다음과 같은 분석을 실시하였다. 중국의 과학 연구가 급팽창한 지난 10년 사이 한국, 대만, 싱가포르의 대중국 협력 연구 네트워크가 어떻게 변화하였으며, 3국의 차이가 무엇인지를 살펴보고자 하였다. 이를 위해 필자는 또다시 SCIE 학술지에 실

12) 본 소절은 필자가 2013년 12월 한중사회과학학회(KCSSS) 학술대회에서 발표한 논문 "How have the Little Dragons dealt with the rise of China as a science superpower?"의 내용을 발췌 정리한 것이다.

린 모든 논문들의 서지정보를 담고 있는 WOS DB로부터 3국 관련 자료를 추출하여 서로 다른 시점간, 국가간 비교분석을 실시하였다.[13)]

그로부터 우선 발견할 수 있었던 것은, 싱가포르의 경우 2008년(홍콩을 포함할 경우에는 2005년)을 즈음하여 중국이 미국보다 더 잦은 과학연구 양자 협력의 대상국으로 등장하였다는 사실이다(〈그림 1〉 참조). 이는, 싱가포르가 1965년 국가성립 이후 줄곧 서구친화적 체제를 추구하면서 중화인민공화국과의 연대에 대해서는 의식적으로 전략적 거리를 두어왔음을 감안할 때, 주목할 만한 변화로 평가할 만하다(리콴유, 1998, 2000). 즉, 싱가포르는, 비록 공개적인 전략의 변화를 선언한 적은 없지만, 과학대국으로 부상하는 중국과의 관계를 새롭게 조정하고 있는 것으로 보인다.

13) 물론 국가간 과학기술협력은 SCIE 학술지에 공동 연구논문을 출간하는 것 외에도 다양한 방식으로 이뤄질 수 있다. 양국간 국제학술대회나 세미나 개최도 그 예일 수 있다. 사실 한국은 중국과 국제학술대회 및 세미나를 상당히 자주 개최하는 것으로 알려져 있다. 하지만 그것이 의례적인 행사에 그치는 경우도 없지 않아 교류·협력의 질적 측면을 파악하기 어려운 측면이 있다. 따라서 본고에서는 일정 수준 이상의 실질적 과학연구 협력을 확인할 수 있는 SCIE 공동 연구논문을 분석하였다.

〈그림 1〉 한국, 대만, 싱가포르의 과학 연구 협력 파트너

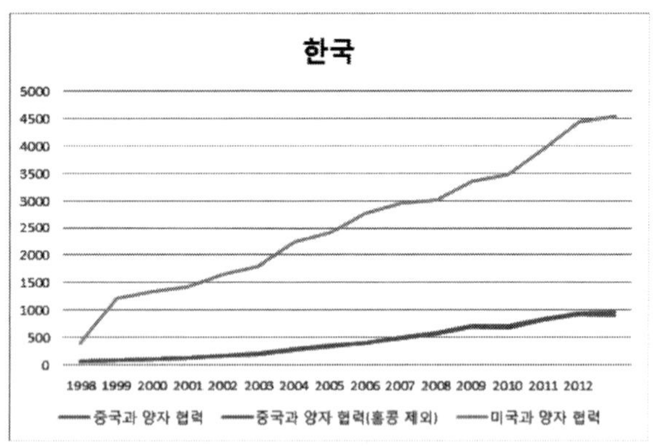

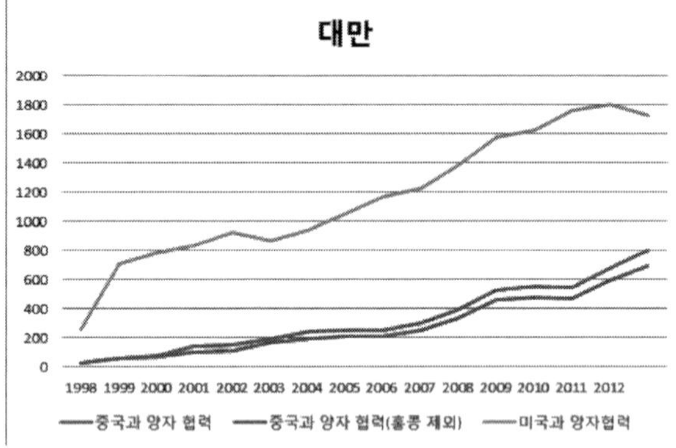

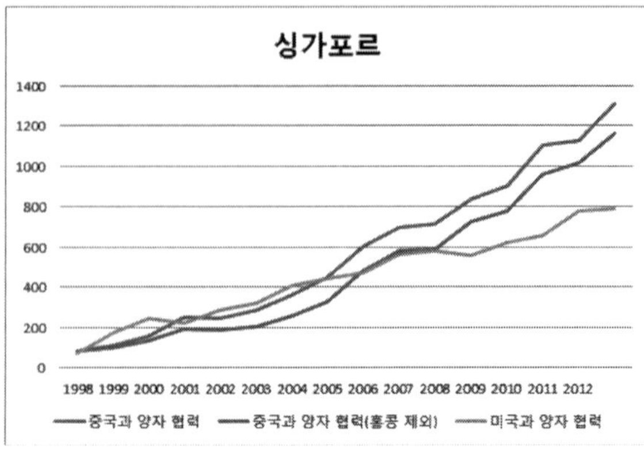

※ 자료: WOS DB로부터 필자 정리

반면, 한국은 여전히 미국을 가장 중요한 양자 협력 파트너 국가로 활용하고 있으며 중국의 과학대국화에도 불구하고 한국의 양자 협력 대상국으로서 미국과 중국의 비중은 오히려 더 벌어지고 있다. 대만은 싱가포르보다는 한국에 유사한 패턴을 보이고 있지만, 최근 대중국 양자협력의 비중이 빠르게 늘고 있고 대미국 의존도는 줄어들고 있다는 점에서 한국과 구별된다(〈그림 1〉 참조).

물론 위와 같이 서로 다른 아시아 3국의 대중국 협력 패턴이나 전략 중 어느 것이 다른 것에 비해 더 우월하거나 현명한 것이라는 판단을 하기에는 아직 이르다. 하지만 부상하는 중국에 대한 아시아 작은 용들의 조응 방식이 다름을 알고 한국의 미래 전략을 조심스레 구상하는 것은 필요한 일일 것이다.[14)]

이에 필자는 한국, 대만, 싱가포르 3국이 과학기술 전(全)분야에 걸쳐 갖고 있는 이른바 연구 포트폴리오가 중국의 그것과 얼마나 유사한지, 그리고 3국이 각각 맺고 있는 국제협력 연구 중 중국과의 양자 협력 비중이 얼마나 높은지를 2002년과 2012년에 대해 분석해보았다. 그 결과 다음과 같은 사실을 확인할 수 있었다.

싱가포르는 지난 10년 사이 과학연구 포트폴리오 측면에서 중국과의 유사성이 크게 증가하였으며 중국과의 양자 협력 연구 비중도 크게 늘어 싱가포르-중국의 관계가 '협력적 수렴'의 전형적 모습을 띠게 되었다. 대중국 협력의 긴밀도와 과학 연구 포트폴리오의 유사성이 증대되는 추세는 대만과 한국에서도 발견되었다.

그런데 한국의 대중국 관계는 '경쟁적 수렴'(양자간 협력이 미진한

14) 싱가포르, 대만은 중국어를 사용한 중국과의 교류가 용이하다는 점에서 한국과 구별될 수 있다. 따라서 한국의 전략적 움직임이 반드시 싱가포르, 대만과 동일해야 하는 것은 아니다.

상태에서 유사성만 높아짐)의 양상이 두드러졌다. 즉, 한국은 대만, 싱가포르에 비해 '부상하는 중국'과 과학연구 포트폴리오에 있어서는 유사성이 매우 높은 반면, 중국과 직접적으로 과학연구 협력을 추진하는 데 있어서는 상대적으로 소극적이며 전통적인 과학협력 대상국인 미국에 대한 의존도가 상당히 높은 특징을 보여주었다.

대만의 경우, 대중국 협력 긴밀도에 있어서는 한국보다는 높고 싱가포르보다는 낮은 중간 정도이지만, 과학연구 포트폴리오에 있어서는 중국과의 유사성이 3국 중에서는 제일 낮아 비교적 특색 있는 과학연구를 진행하고 있음을 보여주었다.

앞서도 언급한 바와 같이, 이와 같은 차이가 어느 특정국가의 문제점인 것은 아니다. 중국의 과학대국화에 대한 아시아 3국의 서로 다른 조응 패턴은 아직 어느 것이 더 우월하다고 말할 수 없기 때문이다.

하지만, 중국과 협력이 미진한 상태에서 그들과 유사성이 높은 한국은 부상하는 중국으로부터 강한 경쟁압력을 받는다는 점에서는 전략적 고민의 여지가 있다. 물론, 뒤집어보면, '높은 유사성'과 '아직 본격화되지 않은 협력'이란 향후 매우 광범위한 분야에서의 협력 가능성을 시사하는 것이기도 하다. 즉, 한국은 중국과 현실의 경쟁압력 속에서 미래의 협력가능성을 안고 있다. 한국은 이 두 가지 측면을 현명하게 다룰 수 있어야 하며, 특히 과도한 대결적 경쟁은 줄이면서 협력 속에서 한국의 틈새를 찾고 경쟁우위를 강화하는 방안을 마련해야 할 것으로 보인다.

2. 팽창하는 중국 과학에 대한 한국의 산학연계 전략

본고의 논의는, 과학이 인간의 순수한 지적 호기심을 충족시키는 기능을 부인하지 않지만, 혁신을 통해 사회·경제적 가치 창출에 기여하는 기능에 주목한다는 것이었다. 그런 만큼 우리는 팽창하는 중국 과학이 중국과 한국의 산업 발전 가능성으로 연결되는 고리에 관심을 갖는 것은 자연스러운 것일 뿐 아니라, 2절에서 살펴본 바와 같이 중국은 과학 연구에 있어서는 대국적 면모를 드러내는 반면 기술혁신의 주체가 되는 기업의 역량은 다소 미진함이 남아 있는 만큼 과학-산업의 연결고리에 존재하는 그러한 괴리를 전략적으로 활용하기 위한 우리의 고민은 필요한 것이기도 하다.

앞 절에서 밝힌 바와 같이, 현재 한국의 대중국 양자협력 연구는 적어도 대만, 싱가포르에 비해서는 소극적이라 할 수 있어 그만큼 향후의 대중국 협력 여지는 크다고 할 수 있다. 그러나 '어느 나라가 됐건 무조건 더 많은 양자협력이 더 좋은 것'이라 믿는 것은 비현실적이다. 과학 연구의 사회·경제적 편익은 제도와 경제주체의 역량에 따라 불균등하게 분배될 수 있기 때문이다. 이에 아래에서는 팽창하는 중국 과학과의 연계를 통해 한국의 사회·경제적 편익을 극대화하기 위한 전략적 고려사항과 제도적 보완책을 논해 보고자 한다.

최근 중국 과학 연구의 폭발적 양적 성장을 감안할 때 그 질적 수준의 향상이 그에 미치지 못할 수 있다는 것은 부분적으로나마 합리적인 추정일 수 있다. 이는, 과학대국으로 급부상한 중국이라 하더라도 그들과의 과학 연구 협력을 통해 한국의 과학기술 수준 향상을 기대하는 데는 일정한 한계가 있을 수 있다는 것을 의미한다. 또한, 인구, 보유할 수 있는 과학자 집단의 규모, 실질적 사회경제적 필요 등을 고려할 때 한국이 모든 과학 연구 영역에서 중국과 대등하거나 그를 넘어서는 수준을 갖고자 하는 것은 비현실적일 수 있다.

따라서 한국이 중국과의 과학 교류 속에서 좀 더 주목할 만한 것은, 중국이 과학의 힘을 빌려 풀고자 하는 자국 내의 긴요한 사회·경제적 문제가 무엇인지를 정확하게 이해하고, 그러한 접근 및 문제해결의 과정에서 생겨날 수 있는 (중국 국내 뿐 아니라 유사 환경의 여타 국가 내의) 시장 기회에 한국의 과학기술계와 기업들이 조속하고도 유기적이며 효과적인 준비 태세를 갖춰 향후 경제적 가치를 창출할 수 있도록 하는 것이다.

21세기 강대국을 꿈꾸는 중국에게 있어 과학은 기존의 선진국들과 벌이는 자존심을 건 경주(競走)이기도 하지만, 광대하면서도 거친 국토, 거대한 인구, 에너지와 환경 문제 등 결코 간단치 않은 사회·경제적 문제를 풀기 위해 써야 하는 실질적인 도구이기도 하다. 역설적이지만 그렇게 '골치 아픈' 중국이니 만큼 과학기술의 잠재적 역할이 크고 관련 시장 기회가 큰 것이다.

그런 기회를 한국이 실제로 활용하려면 우선, 중국의 미래 발전과 변화의 과정 속에서 생겨날 혁신에 대한 잠재적 수요와 그를 실제로 구현할 수 있는 과학기술 지식이 어떤 것인지를 포착할 수 있어야 한다. 즉, 국내 과학기술계 및 혁신주체들의 대중국 이해가 지금보다 현저히 제고될 필요가 있다. 이를 위해서는, 중국에서 그러한 정보를 체계적으로 수집하고 모니터하는 기능을 강화해야 한다.

더불어 중국 내 여러 대학과의 분산적 연구 협력뿐 아니라 '중국과학원(Chinese Academy of Sciences, CAS)' 산하 연구소들과의 전략적 협력을 고려할 필요도 있는 것으로 판단된다. 중국과학원 산하 연구소들은 중국 정부의 전략적 과학기술 연구의 핵심적 주체일 뿐 아니라 첨단 과학기술 영역에서의 연구 성과가 중국 내 연구중심대학들에 비해서도 더 집중되어 있는 경우가 많음에도 불구하고, 한국의 대중국 과학기술 협력이 중국 내 주요 대학들을 중심으로 이뤄지고 있어 상대적으로 접근성이 아직 높지 않은 측면이 있는 것으로 판단된다.[15)]

15) 중국과학원의 역할과 비중에 관해서는 은종학(2009a)을 참조할 것.

그 다음으로는, 그러한 과학 지식을 기술혁신과 경제적 가치 창출로 연결시킬 수 있는 준비가 한국 산업계에서 이뤄져야 한다. 이를 위해서는, 중국 내 과학지식의 수요와 그를 충족시키기 위한 연구 진척 상황에 대한 이해가 깊은 한국 과학자들과 한국 기업들 간의 긴밀한 산학연계 및 지식산업화 토의 체제가 구축되어야 할 것이다.

현재도 한-중 과학자 간 교류는 다양한 채널을 통해 이뤄지고 있으며 증가 추세에 있다. 하지만 중요한 것은 교류 그 자체가 아니라 중국과의 교류를 통해 우리의 혁신과 부가가치 생산의 가능성을 높일 수 있느냐 하는 것이다. 교류의 확대 그 자체가 자동적으로 한국에 이득을 가져다주지는 않으며, 양국의 Win-Win이라는 흔한 구호도 세심한 설계 없이 달성할 수 있는 것은 아니기 때문이다. 따라서 종래와 같이 과학자는 과학자만을 만나고 기업은 기업만을 만나는 방식의 한중교류를 넘어설 필요가 있다.

산-학이 어우러진 자리라 하더라도 전략적 인식 부족으로 인해 한국 과학자의 지식이 중국의 과학계나 산업계에 일방적으로 유출되게 하는 일은 예방해야 한다. 역으로, 중국 현실의 필요와 중국 과학계의 실질적 동향에서 영감을 얻어 한국 기업들이 혁신의 방향을 찾을 수 있도록 해야 한다. 이것은 중국에 비해 한국이 갖고 있는 기업부문 경쟁력을 충분히 활용할 수 있는 방법이기도 하다.

더 나아가 한국 내 다양한 분야의 혁신주체들(대기업, 중소기업, 과학기술자, 청년 창업가, 디자이너, 예술가 등)이 미래 중국의 사회·경제 발전방향과 그 속에서 새로이 창출될 시장 기회, 그를 구현하기 위한 과학기술의 역할과 관련된 고품질 정보를 공급받고 그를 바탕으로 창의적 기획을 할 수 있는 오프라인의 혁신 공간을 마련하는 것도 필요할 것으로 판단된다. 그것은 단순한 회의체를 넘어, 다양한 주체들이 새로운 아이디어를 공유하고 실험하며 새로운 서비스를 창출하고 또 소비하는 커뮤니티의 한 부분일 수도 있을 것이다.

요컨대, 중국적 수요와 과학 연구에 기반한 창의적 기획이 '실현되지 않은 아이디어'에 그치지 않도록 중국을 겨냥한 국제산학연계 시스템과 빠르고 효과적인 제품·서비스 개발 플랫폼을 국내에 구축하는 것이 필요하다는 것이다. 그리고 이러한 정책의 기획을 위해서는 아래 논의하는 바와 같은 중국적 맥락과 사정, 한국의 선결과제에 대한 고려도 함께 이뤄져야 할 것으로 보인다.

중국은 자국의 과학기술 발전 계획을 중장기적으로 수립(국가 중장기 과학기술 발전계획, 제12차 5개년 계획 등) 하여 추진하는 대표적인 국가다.[16] 더불어 973 계획, 863 계획 등 국가가 전략적으로 추진하는 과학기술 프로그램들도 있어 이들을 통해 중국이 추구하는 과학기술 발전 방향의 대강을 파악할 수 있다. 그러나 국책연구 과제를 선정하는 거버넌스 상의 문제와 부패 등으로 인해 선정된 연구 프로젝트가 진정 미래 중국의 과학기술 지식 수요를 제대로 반영하고 있는지에 대해서는 중국 내에서도 많은 문제제기가 있다(은종학, 2012b; Shi & Rao, 2010). 따라서 우리가 중국 사회·경제의 실질적 지식수요와 그를 충족시키는 내실 있는 과학 연구 동향을 파악하기 위해서는 단순히 중국의 국책 연구 과제를 살펴보는 것 이상의 노력을 필요로 한다.

중국은 국가 R&D 예산의 증대와 과학 연구 기관의 증설, 증원 등으로 인해 과학 연구에 있어 세계적 이목을 끌 정도의 양적 팽창을 이뤄내고 있지만, 그를 기술혁신과 경제적 가치의 창출로 연결시키는데 있어서는 어려움을 겪고 있다. 과거 1980~1990년대 중국에서는 대학 및 연구소가 자체 연구 성과를 상업화하기 위한 채널로서 이른바 교판(校

16) 중국의 '국가 중장기 과학기술 발전계획'의 내용과 성격에 관해서는 은종학(2009b: 685-695)을 참조할 것.

辦)·원판(院辦)기업들을 설립, 운영하기도 하였으나, 그 성과가 제한적이고 국·공유 지식자산의 독점 등 폐쇄성과 사회적 형평성 문제가 불거져 보다 수평적인 산학연계로의 전환이 시도되고 있다. 현재는 성(省)·시(市)급 지방정부가 과학기술 지식의 수요처(기업)과 그의 공급 가능주체(대학 및 공공 연구소)를 연계시키는데 보다 적극적인 역할을 하기도 하며, 대규모 기업(예컨대 앞서 소개한 ZTE)들은 공공 영역에서 창출되는 과학기술 지식을 효과적으로 흡수하여 상업화하기 위한 다양한 산학연계 채널을 시행착오 속에서 진화시켜가는 중이다.

하지만 총평컨대, 중국의 지식산업화 혹은 산학연계는 '과학대국화'로 일컬어지는 과학 연구의 팽창에 걸맞게 효과적으로 확대되지는 못하고 있는 것으로 판단된다. 이 같은 미진함의 근본적인 원인은, 중국의 과학 육성이 국가가 주도하는 톱-다운(top-down)식 집행에 크게 기대고 있고, 그런 까닭에 과학자(개인 혹은 집단)의 연구 성과가 과학계 내부의 엄정한 평가나 지식 수요처(기업 등)의 실질적 평가에 의해 이뤄지기보다는 관할 행정 관료의 형식적·피상적 평가에 기대고 있어, 연구 성과 자체에 거품이 끼어 있기 때문으로 판단된다(Shi & Rao, 2010).

연구 성과의 질(質)과 실질적 가치보다는 단순히 논문편수를 세는 형식적인 업적 평가 체제와 그에 순응하는 기회주의적 과학자 집단의 행태에 대한 비판은, 중국의 대표적인 국가급 연구센터의 핵심연구자들 사이에서도 비판이 제기되고 있는 실정이다. 수요와 기술응용에 대한 현실적 고려 없이 진행되는 과학 연구는, Fitzgerald 등(2010)이 지적하는 것처럼, 비록 연구 논문을 양산할 수 있을지라도 그것이 기술혁신과 경제적 가치 창출에 기여하는 바는 기대에 크게 못 미칠 가능성이 크다.

물론, 한국의 경우도 비슷한 문제의 심각성이 작지 않은 것으로 보인다. 연구의 내용보다는 이른바 SCI 논문편수에 주목하고 그를 중심으로 개인 및 기관 평가를 하는 것이 일반화된 한국도, 중국의 과학자들이 고백하는 바와 같은 '중요한 연구주제보다는 학술지에 발표하기가 용이한 연구주제를 택하는 경향'으로부터 자유롭지 않을 것이다. 즉, 이러한 형식주의와 기회주의는 우리가 중국의 상황을 파악할 때 고려해야 할 것이기도 하지만, 우리가 과학 분야에서 의미 있는 성과를 내기 위해 극복해야 할 문제이기도 하다. 한국은 위에서 언급한 바와 같은 형식주의와 기회주의의 극복을 선결요건으로 하여, 중국 과학 연구의 옥석을 가려 효과적인 국제 산학연계 체제를 구축해야 할 것이다.

Ⅳ. 과학대국 중국의 한계와 한국의 틈새 전략: 소프트 영역의 혁신

앞서 논의한 바와 같이, 중국은 과학강국으로서의 국제적 위상을 갖기 위해서 뿐 아니라 자국의 여러 사회 · 경제적 문제를 완화하기 위해서라도 과학기술에 의지할 것이기 때문에, 대규모 인프라나 하드웨어 등 분야에서 산업적으로 활용할 수 있는 과학기술 지식을 앞으로도 지속적으로 추구할 것이다. 따라서 한국은 그러한 중국의 과학기술 지식 축적의 과정을 함께하는 한편, 그를 산업적으로 활용하는데 있어서는 중국보다 신속하고 효과적인 집행을 할 수 있는 체제를 갖춰야 할 것이다.

하지만 한국이 창조경제를 추구함에 있어 중국에서 혹은 중국을 감안하여 찾을 수 있는 기회가 위에서 언급한 바와 같은 하드(hard)한 분야의 과학기술 혁신만은 아니다. 오히려 보다 본질적인 측면에서 한국이 중국과의 차별성을 강화하고 경쟁우위를 확보할 수 있는 지점은 보다 유연한 민주적 체제의 강점을 활용한 소프트(soft)한 영역의 혁신일 수 있다.

중국은 1978년 개혁 · 개방과 함께 종래의 계획경제를 시장화 · 자유화하면서 이후 30여 년에 걸쳐 연평균 10%에 육박하는 경제성장률을 기록하는 등 괄목할 만한 성장을 이룩하였다. 그 결과, 2012년 기준, 중국의 1인당 GDP는 6천 달러(구매력평가 기준으로는 9천 달러)를 넘어서서 더 이상 저소득국가가 아닌 중위 개발도상국으로 당당히 자리매김하고 있다.

하지만, 중국은 여전히 공산당 1당 지배 하에서 자유와 민주주의의 발현이 제한되어 있는데, 이처럼 구조적으로 경직된 체제가 갖는 한계는 앞으로도 상당한 기간 동안 해소에 어려움을 겪을 것으로 판단된다. 실제로 중국 당 · 정부는 최근 북아프리카와 터키 등지에서 발생한 독재 및 권위주의 정권에 대한 대중의 도전에 촉각을 곤두세우고 있으며 그러한 흐름의 중국 내 확산을 방지하기 위한 예방적 조치에 심혈을 기울이고 있다. 그러나 그 근본적 해결에는 상당한 시일을 요할 것으로 전망된다.

한편, 중국 국민들의 소득수준의 향상과 더불어 제품 · 서비스에 대한 기대 수준이 크게 높아지고 있는데 반해 중국산 제품 · 서비스의 품질은 그에 미치지 못하는 '미스 매치(mis-match)'가 널리 퍼져 있다. 이는, 중국산 제품 · 서비스 품질의 개선이 없어서라기보다는, 평균 소득수준과 그에 준하는 제품 · 서비스 품질 수준의 향상속도보다 빠른 중국 중산층 및 상위 계층의 소득 증가가 이들의 소비 눈높이를 더욱 높여놓았을 뿐 아니라 이들의 외국산 제품 사용과 해외여행 및 체류 경험 등이 소비 눈높이의 제고를 가속화한 때문인 것으로 판단된다. 2008년 멜라민 파동으로 촉발된 중국산 분유에 대한 안전성 우려가 최근까지도 잦아들지 못하고 오히려 중국인들의 해외(홍콩 포함) 분유사재기 등

기현상이 발생하는 것은 이를 웅변하는 것이라 할 수 있다. 다시 말해 중국 내 제조 및 상업 분야가 적절한 감독체제 및 거버넌스(governance)를 구축하지 못해 소비자 신뢰를 얻지 못하고 있는 것이다.

이상에서 살펴본 바와 같이 민주적 · 인간적 가치를 구현하는데 일정한 한계를 갖고 있는 현재 중국의 약점을 감안한다면, 한국은 그러한 소프트한 영역에서 확고한 경쟁우위를 구축하려는 전략적 노력이 필요하다.

본고에서 논하는 소프트한 영역이란, 단순히 건물 · 기계 등 하드웨어 산업에 대비되는 컨텐츠 · 문화 · 예술 등 산업을 지칭하는 것이 아니라, (어떤 산업에서든) 새로운 제품 · 서비스로 경제적 가치를 창출하는데, 즉 '혁신'을 수행하는데 소요되는 과학기술적 지식 이외의 사회 · 경제적 요소를 통칭하는 개념이다. 특히 그 중 강조할 만한 것으로는, 인간 중심의 감성적 가치를 소중히 다루고 소비자 신뢰를 확보할 수 있는 합당하고 투명한 거버넌스이다. 요컨대, 한국의 중요한 대중국 경쟁력의 원천은 유연한 민주적 체제와 신뢰를 보증하는 거버넌스일 수 있다는 것이다.

보다 구체적으로, 한국은 '청정', '위생', '건강', '품질'을 보증할 수 있는 생산 · 유통체제를 갖춤으로써 대중국 경쟁우위를 확보할 수 있을 것이며, 이는 일반적으로 중국에 열위에 처한 것으로 알려져 있는 농업분야에서도 (현대적 시설을 갖춘 청정 수경농업, 높은 수준의 품질을 보증하는 거버넌스를 갖춘 농민조합 등을 통하여) 일부 가능할 수 있을 것으로 판단된다. 물론, 이는 우리의 거버넌스를 개선하여 매우 높은 수준의 신뢰를 쌓아야한다는 전제 위에서다.

더 나아가 한국은 인간적 · 민주적 가치를 구현하는 '인간 중심의 디자인'을 각 분야에 적용함으로써 중국이 쉽게 따라올 수 없는 소프트한 영역에서의 경쟁우위를 강화해야 할 것이다. 여기서 디자인이란, 단순히 시각적 세련도를 높이는 겉포장에 관한 것이 아니고, '사회 · 경제적 문제에 대한 독특하고 창의적인 접근법' 그 자체를 뜻한다.

중국이라는 과학대국, 하드웨어강국과 이웃하며 살아야 하는 아시아 소국들 중에서 이러한 경쟁우위 전략에 대한 각성이 비교적 빠른 곳은 싱가포르인 듯하다. 싱가포르는 대학의 수가 매우 적은 나라로 유명한데, 국공립 대학은 싱가포르국립대학(National University of Singapore, NUS), 남양이공대학(Nanyang Technological University, NTU), 싱가포르관리대학(Singapore Management University, SMU)의 3자 구도였는데, 최근(2011년) 그에 싱가포르기술디자인대(Singapore University of Technology and Design, SUTD)를 추가로 설립하는 조치를 취했다.

싱가포르기술디자인대는 기존 디자인 관련 대학들과 달리, 디자인을 사회 · 경제적 문제에 대한 접근법으로서 정의하고, 싱가포르와 인근(중국 및 동남아) 국가들의 현실적 사회 · 경제적 문제들에 대한 효과적인 해법을 찾기 위해 디자인적 접근을 중심으로 여러 분야의 과학기술과 인문사회과학적 지식까지를 융합적으로 활용하는 법을 가르치고 익히는 혁신적인 커리큘럼을 갖추어 가고 있다.[17] 미국 MIT의 교수진과 프로그램을 차용하는 한편, 중국의 미래 거대 시장 수요를 감안하여 저장(浙江)대학과 협력체제를 구축하고 있는 싱가포르기술디자인대학의 실험은 우리에게 시사하는 바가 크다고 하겠다.

싱가포르는 2000년대 들어 종래 석유화학과 IT제조에 대한 과도한 의존도를 낮추기 위해 새로이 생물 · 의약 산업을 키우고 건축물과 도

17) SUTD 연구 및 산업협력부(research & industry collaboration) 책임자인 퀑윙운 박사와의 인터뷰. 한편 싱가포르국립대학 내에도 인도 등 개발도상국의 수요특성을 고려한 새로운 종류의 혁신, 이른바 '알뜰한 혁신'(은종학, 2012b)을 기획하는 연구팀인 Frugal Innovation Lab이 갖춰져 있다. http://www.eng.nus.edu.sg/IEL/fil.html 참조.

시 인프라에 디자인 개념을 십분 고려하여 도시 경관을 크게 개선하였을 뿐 아니라, '디자인적 사고'를 광범위한 사회·경제적 문제에 적용하기 위한 인적 자원의 개발 쪽으로도 선도적인 노력을 기울이고 있는 것으로 판단된다. 이와 같은 점에서 싱가포르는, 널리 알려진 공공분야의 효율적 거버넌스(Neo & Chen, 2007)와 더불어, 중국과 경쟁하는 아시아 소국이 갖춰야할 소프트 영역의 경쟁력이 무엇인지를 잘 보여준다고 하겠다.

한국은 싱가포르의 경쟁전략을 부분적으로 벤치마킹하되, 중국은 물론 싱가포르도 갖지 못한 한국의 자유주의적·민주주의적 환경(Rajah, 2012)이 자아낼 수 있는 한국만의 강점을 충분히 살리고 그 저력을 키우는데도 인내심 어린 주의를 기울일 필요가 있다.

일례로, 한국적 특성과 스토리(story)를 갖는 휴전선 인근 어느 지역이나 종래의 도심 소외지역에 인간적 디자인을 구현한 세련된 인프라를 구축하고, 그곳에 디자이너와 예술가, 엔터테이너가 자유롭게 활동할 수 있게 하여 창의적 분위기를 북돋고 청년 과학기술자들이 그들과 교류하며 '디자인과 기술', '예술과 과학'의 거리를 좁히고 융합적 혁신의 싹을 띄울 수 있는 공간을 조성하는 것이다. 또한 그러한 융합을 촉진할 수 있는 융합적 인재의 양성과 그에 필요한 교육 프로그램의 개혁 또한 함께 이뤄져야 할 것이다. 이것이 가능하다면 전통적인 산업단지를 조성하는 것에 못지않은 가치를 창출할 수 있을 것이다. 특히 주의할 것은, 공간이 인상적인 스토리를 갖기 위해서는 그 창출의 과정이 중요함을 인식하고 그 진화의 과정을 잘 다룰 수 있어야 한다는 점이다. 창의적인 인재들과 중소·중견기업, 대기업, 그리고 협동조합 등 다양한 주체를 아우르는 그러한 공간의 조성은 자유 속에서 민주성과 책임성을 지켜야하고 신뢰를 지켜 명성을 쌓아야 하는 것이니 만큼 쉽지만은 않은 일일 것이다. 하지만 그렇기에 중국이 쉬이 따라 할 수 없는 일이며 한국이 경쟁우위를 지킬 수 있는 길이다. 더불어 이는 국내 서비스업의 발전과 중견·중소기업 및 창업기업의 기회 확대라는 점에서도 기여할 수 있을 것이다(은종학, 2013b).

최근 크게 증가하고 있는 중국인 관광객으로 인해, 중국을 향한 한국의 산업은 수출산업에 국한되지는 않는다. 한국 방문자수 면에서 중국은 오랜 1위였던 일본을 2013년 추월한 뒤 크게 증가하고 있다. 이것이 시사하는 바는, 중국의 국경과 시장진입 장벽을 뚫고 들어가기 위한 한국 수출산업(주로 대기업 중심)의 기술경쟁력 강화와 제품 및 공정혁신이 필요할 뿐 아니라, 한국의 국경을 넘어 들어오는 중국인 관광객과 그들의 한국 내 소비 및 귀국 후 지속구매를 촉진하기 위한 보다 폭넓은 '소프트 혁신(soft innovation)', '디자인 주도 혁신'이 필요함을 의미한다. 같은 맥락에서, 한국적 스토리를 담고 있는 소프트한 혁신 공간들은 중국인 관광객을 보다 지속적으로 확대 유치하는데도 기여할 수 있을 것으로 판단된다.

혁신이론의 선구자인 슘페터(Schumpeter, 1883-1951)는, 젊어서는 창업 벤처기업에서 역동성(이른바 슘페터 Mark I)을 보고 자본주의를 낙관했으며,[18] 나이 들어서는 대규모 기업의 혁신역량(이른바 슘페터 Mark II)을 높이 평가했지만(Nelson & Winter, 1982; Kamien & Schwartz, 1982,[19] 민주주의의 확산은 혁신을 둔화시킬 것으로 비관했다. 물론 '오픈 이노베이션(open innovation)'의 확산 등에서 보듯 기술의 민주적 성격이 커지는 등 현대의 세상은 슘페터가 바라본 20세기 초중반과 많이 달라졌지만, 민주주의 위에서 혁신을 지속시키는 것은 여전히 도전적인 과제이다.

---

18) 이를 밝힌 주요저작은 1934년 출간된 『경제발전의 이론』이다.

19) 이를 밝힌 주요저작은 1942년 출간된 『자본주의, 사회주의, 민주주의』이다.

따라서 창업기업가가 중심이 되는 슘페터 Mark I과 대규모 기업이 중심이 되는 슘페터 Mark II의 혁신을 지속시키기 위한 노력은 앞으로도 계속되어야 할 것이다. 하지만 그와 동시에 한국이 가진 민주주의적 역량을 활용하여 인간적 가치를 실현하는 소프트 혁신을 촉진하고 그러한 행위의 집적지로서의 새로운 혁신 공간의 창출에 관심을 기울여야 할 것이다. 바로 그 지점이 현재의 중국이 쉽게 따라올 수 없는, 다시 말해 한국의 경쟁우위를 확보할 수 있는 영역이기 때문이다.

Ⅴ. 결론

한국은 더 이상 모방에 기대어 경제성장을 지속할 수 없는 단계에 다다랐다는 것이 본고 논의의 시작이자, 창조경제 이니셔티브의 발원이었다. 그러나 과학 연구에 대한 단순 투입 증대만으로 '창조'를 기반으로 하는 새로운 성장 동력이 자동적으로 만들어지지는 않으며, 활발한 창업기업가들의 활동으로 세계적 주목을 받고 있는 미국 실리콘밸리의 모델도 우리의 문화적, 사회적 맥락과 무관하게 단순 수입·복제되어서는 큰 성과를 낼 수 없다. '창조경제'의 이러한 복잡성에 더해, '과학대국'으로 부상하고 있는 이웃나라 중국의 특성과 그들의 경로를 감안하여, 한국의 창조경제 이니셔티브가 어디에 전략적 초점을 두어야 하는지 논하는 것이 본고의 취지였다.

본고의 논의로부터 우리는, 과학 연구 차원에서는 중국이 이미 한국을 넘어 규모와 범주에 있어 대국화하고 있는 반면, 과학적 지식을 산업기술로 전화하고 혁신을 통해 경제적 부가가치를 창출하는데 있어서는 중국 기업들의 역할이 비록 개선중에 있으나 아직은 미진한 상태에 있음을 알 수 있었다.

또 과학연구에 있어 한국은 (대만, 싱가포르에 비해) 연구의 포트폴리오(혹은 연구 영역의 분포)에 있어 중국과 유사성이 매우 높은 반면 한–중 양자간 직접적 과학 연구 협력 긴밀도는 낮아 이른바 '경쟁적 수렴' 관계에 있음이 본고 연구 결과 밝혀졌다. 이는, 한국과 중국 사이에 강한 경쟁압력과 동시에 상호 유사성에 기초한 광범위한 미래 협력의 잠재력이 공존함을 의미하는 것이다. 한국은 그러한 두 가지 측면을 현명하게 다루며 자체 경쟁우위를 강화해가야 하는 과제를 안고 있다.

그러한 과제의 효과적 수행을 위해, 본고는 중국의 과학기술 동향과 경제 · 사회적 실질적 수요를 심도있게 파악하여 국내 혁신주체들이 공유할 수 있는 모니터링 시스템과 그러한 정보 · 지식을 바탕으로 중국 시장에 적합한 새로운 제품 · 서비스를 개발할 수 있는 효과적인 플랫폼을 국내에 구축할 것을 제안하였다. 그리고 왜곡된 평가체제에서 기인하는 과학 연구계의 형식주의와 기회주의를 중국보다 앞서 극복하는 것이 선결과제임을 지적하였다.

더불어 한국이 창조경제를 추구함에 있어 중국과의 차별성을 강화하고 경쟁우위를 확보할 수 있는 또 다른 중요한 지점은, 중국보다 유연한 민주적 체제의 강점을 활용한 소프트 영역의 혁신과 소비자 신뢰를 확보할 수 있는 거버넌스의 구축이란 점을 분명히 하였다. 이를 위해 인간적 · 민주적 가치를 구현하는 '인간 중심의 디자인'을 각 분야에 적용하고, 한국적인 특성과 스토리를 갖는 인상적인 지역에 국내의 다양한 혁신주체들(청년 창업가, 과학기술자, 디자이너, 예술가, 엔터테이너, 대기업 및 중소기업)이 입주하여 활발하게 소통하며 창의적 기획을 할 수 있는 오프라인 공간을 구축하고 그를 외국인들의 관광명소로까지 발전시킬 것을 제안하였다.

| 참고문헌 |

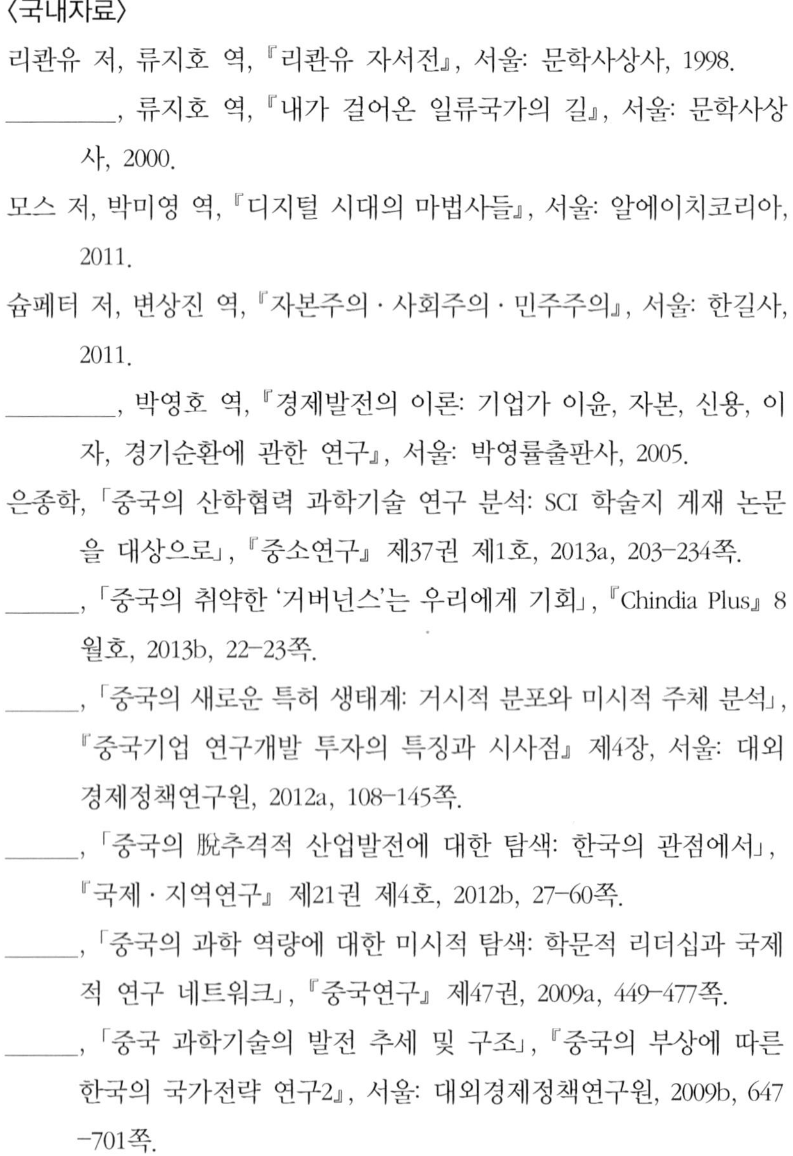

〈국내자료〉

리콴유 저, 류지호 역, 『리콴유 자서전』, 서울: 문학사상사, 1998.

________, 류지호 역, 『내가 걸어온 일류국가의 길』, 서울: 문학사상사, 2000.

모스 저, 박미영 역, 『디지털 시대의 마법사들』, 서울: 알에이치코리아, 2011.

슘페터 저, 변상진 역, 『자본주의 · 사회주의 · 민주주의』, 서울: 한길사, 2011.

________, 박영호 역, 『경제발전의 이론: 기업가 이윤, 자본, 신용, 이자, 경기순환에 관한 연구』, 서울: 박영률출판사, 2005.

은종학, 「중국의 산학협력 과학기술 연구 분석: SCI 학술지 게재 논문을 대상으로」, 『중소연구』 제37권 제1호, 2013a, 203-234쪽.

______, 「중국의 취약한 '거버넌스'는 우리에게 기회」, 『Chindia Plus』 8월호, 2013b, 22-23쪽.

______, 「중국의 새로운 특허 생태계: 거시적 분포와 미시적 주체 분석」, 『중국기업 연구개발 투자의 특징과 시사점』 제4장, 서울: 대외경제정책연구원, 2012a, 108-145쪽.

______, 「중국의 脫추격적 산업발전에 대한 탐색: 한국의 관점에서」, 『국제 · 지역연구』 제21권 제4호, 2012b, 27-60쪽.

______, 「중국의 과학 역량에 대한 미시적 탐색: 학문적 리더십과 국제적 연구 네트워크」, 『중국연구』 제47권, 2009a, 449-477쪽.

______, 「중국 과학기술의 발전 추세 및 구조」, 『중국의 부상에 따른 한국의 국가전략 연구2』, 서울: 대외경제정책연구원, 2009b, 647-701쪽.

이민화 · 차두원, 『창조경제』, 서울: 북콘서트, 2013.
한중과학기술협력센터, 『중국의 나노기술 개발정책 및 동향』, 베이징: 한중과학기술협력센터, 2010.

〈국외자료〉

國家知識産權局 編, 『2011 中國知識産權年鑑』, 北京: 知識産權出版社, 2011.
Adams, J., "The rise of research networks," *Nature* Vol.490, 2012, pp.335-336.
Bush, V., *Science: The Endless Frontier*, A Report to the President by Director of the Office of Science Research and Development, 1945.
Cohen, W. M. and D. A. Levinthal, "Absorptive Capacity: A New Perspective on Learning and Innovation," *Administrative Science Quarterly* Vol.35, No.1, 1990, pp.128-152.
Eun, Jong-Hak, "How have the Little Dragons dealt with the rise of China as a science superpower?", *The KCSSS conference on Cooperation and Challenge of East Asia Era*, Zhejing University, 13th~16th December 2013.
Fagerberg, J., D. Mowery and R. Nelson, *The Oxford Handbook of Innovation*, Oxford University Press, 2005.
Kamien, M. I. and N. L. Schwartz, *Market Structure and Innovation*, Cambridge: Cambridge University Press, 1982.
Kline, S. J. and N. Rosenberg, "An Overview of Innovation," In. R. Landau and N. Rosenberg(Eds.), *The Positive Sum Strategy: Harnessing Technology for Economic Growth*, Washington, DC: National Academy Press, 1986.

Lee, K., M. Jee and J.-H. Eun, "Assessing China's Economic Catch-Up at the Firm Level and Beyond: Washington Consensus, East Asian Consensus and the Beijing Model", *Industry and Innovation* Vol.18(5), 2011, pp.487-507.

Meadows, D., J. Randers and D. Meadows, *Limit to Growth: The 30-Year Global Update*, Chelsea Green Publishing, 2004.

NSF, http://www.nsf.gov/statistics/seind12/pdf/overview.pdf, 2012.

Nelson, R. R. and S. Winter, *An Evolutionary Theory of Economic Change*, Cambridge: Harvard University Press, 1982.

Neo, B. S. and G. Chen, *Dynamic Governance: Embedding Culture, Capabilities and Change in Singapore*, Singapore: World Scientific, 2007.

Rajah, J., *Authoritarian Rule of Law: Legislation, Discourse and Legitimacy in Singapore*, Cambridge: Cambridge University Press, 2012.

Shi, Y. and Rao, Y., "China's Research Culture," *Science* Vol.329, 2010, p.1128.

III
지식네트워크와 **소프트 파워**

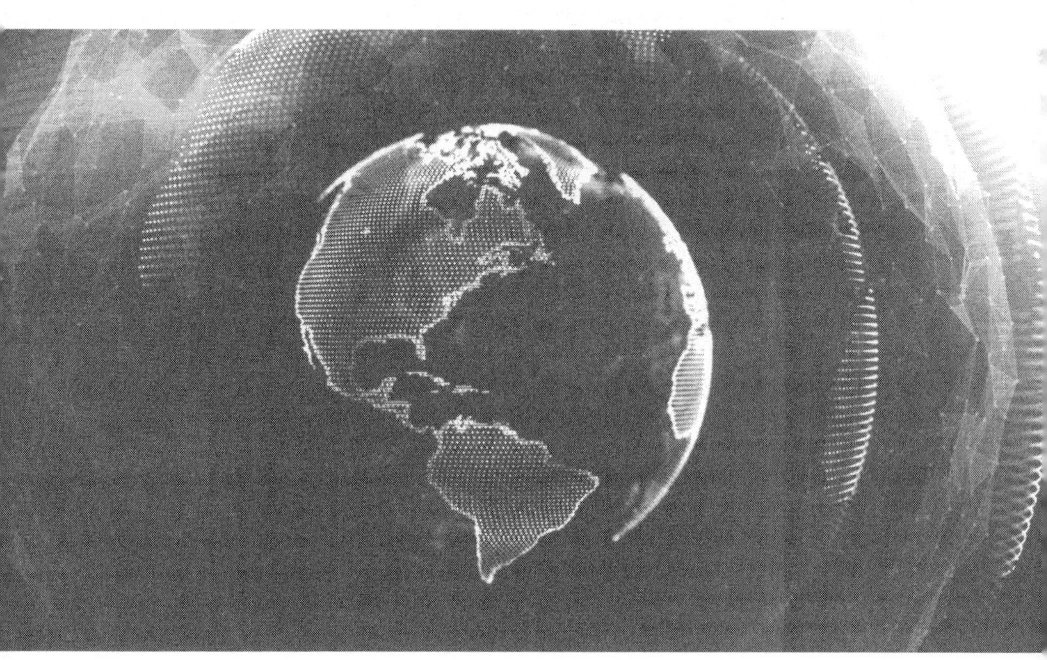

화인 디아스포라문학지형과 네트워크: 가오싱젠을 중심으로*

박영순

Ⅰ. 시작하며

화인 디아스포라문학의 핵심세력은 북미 지역이 중심을 이루고 있다.[1] 이들은 주로 타이완에서 건너간 작가와 학자들로 구성되어 활발한 네트워크를 형성하고 있다. 한편, 최근 중국에서는 화인 디아스포라문학을 중국 문학의 일부로 간주하려는 경향을 보이고 있다. 그러자 북미 지역의 문학적, 학술적 헤게모니를 장악하고 있는 화인 작가와 연구자들은 문학사단, 학회와 협회, 문학사이트 등 다양한 네트워크와 담론을 형성함으로써 주도권을 유지하려고 한다. 물론 1990년대 이후 중국의 신 이민 작가들이 많아짐에 따라 중국과의 네트워크가 상대적으로 늘어나는 현상을 보이긴 하지만, 화인 디아스포라작가들의 주요

---

* 이 글은 「화인 디아스포라문학지형과 네트워크: 가오싱젠을 중심으로」, 『중국학논총』, 제47집, 2015를 수정 · 보완한 것이다.

** 국민대학교 중국인문사회연구소 HK연구교수

1) 일반적으로 '화교'는 해외에 거주하는 중국 국적을 가진 사람을 가리키며, '화인'은 해외에 거주하면서 정주국의 국적을 취득한 중국인 혹은 그 후예들을 말한다. 이 글에서 논의한 화인문학가는 주로 후자에 속한다.

네트워크는 여전히 타이완, 홍콩 등을 거점으로 하고 있다. 특히 타이완, 홍콩 등을 거점으로 하여 활동하고 있는 디아스포라 작가 중의 한 명이 바로 가오싱젠(高行健, 1940~)이다. 현재 가오싱젠의 모든 저서와 연극 활동은 유럽과 미국을 제외하면 거의 타이완과 홍콩을 거점으로 하고 있다. 그는 이를 기반으로 하여 한 경계인으로서 '바깥(정주국)'에서 '안(본국)'을 넘나들며 다양한 네트워킹하면서 자신의 문학지형을 그려나가고 있다.

이처럼 최근 대다수의 화인문학 작가들, 특히 홍콩과 타이완 출신의 작가들은 중국으로부터 발산되는 구심력을 거슬러 화인문학 고유의 원심력을 구성하고자한다. 이 두 힘 간의 긴장이 화인문학을 이슈화하고 있는 것이다. 그 가운데서 가오싱젠은 타이완·홍콩과 주요 네트워크를 형성하면서 중국 문학의 본질에 대해 끊임없이 문제제기를 하고 있다. 게다가 망명 작가라는 특수한 신분은 중국이 화인문학을 중국 문학 내부로 흡수하려는 시도에 대해 무엇보다 회의적일 것이다. 때문에 본고는 가오싱젠을 통해 화인문학의 동향과 네트워크의 특징을 재조명해보는 것은 화인문학을 둘러싼 여러 장력들의 관계를 조망할 수 있을 뿐 아니라, 가오싱젠의 문학적 특징과 네트워크의 특징을 보다 잘 파악할 수 있을 것이라 생각한다.

1949년 이후 근 30년간의 중국 현대문학은 정치담론이 문학담론을 장악해왔다. 문학의 본령은 찾을 수 없었고 가오싱젠의 '도망'의 결심은 이러한 '문학의 불행'속에서 탄생하였다. 최근 중국 문학계는 세계화로 인해 일부 북미 화인작가들이 타이완과 홍콩을 넘어 중국과의 네트워크(매체·출판·영화)를 통해 문학의 생산주체로 떠오르자 화인디아스포라 작가들을 주목하기 시작했다. 이런 상황에서 10여 년을 잊힌 망명 작가로서 지내다가 2000년 노벨문학상을 받은 가오싱젠에 대한 관심도 서서히 보이기 시작했다. 하지만 아직도 중국의 문예계는 가오싱젠과의 만남이 적으며 그의 문학사상에 대한 진지한 고민과 객관적인 평가도 부족하다. 망명 작가라는 신분을 갖게 된 배경과 그의 문학 주장과 관념이 중국 현대문학의 문제점과 맞물려 있기 때문이기도 하다. 그러므로 연구 내용도 주로 노벨상 수상이나 문학 작품 자체에 중점을 두고 있으며, 중국 문학의 진지한 반성과 병행하여 논의한 연구 성과물은 상대적으로 미진한 편이다.

가오싱젠에 대한 연구는 CNKI(中國知網)에서 가오싱젠을 '제목'으로 검색한(2014년 12월 5일) 결과 총92편의 논문이 검색되었고, '주제'로 검색한 결과 총40편의 석·박사논문이 검색되었다. 주로 노벨문학상, 희곡과 소설적 특징, 작품의 서술방식, 전통사상의 요소, 무대예술 등에 대한 전반적인 연구가 이루었으며 대부분 2000년대 전후로 진행되었다. 한국의 화인 디아스포라문학에 대한 연구도 2000년 전후로 진행되었으며,[2)] 북미 화인문학의 문학경향과 담론 및 작품분석을 두루 다루고 있다. 가오싱젠에 대한 연구는 작품분석을 위주로 하고 있으며, 네트워크와 문학적 사유 및 정체성 등을 유기적으로 논의한 연구는 거의 없다.

이 글은 기존의 연구 성과 위에서 먼저 큰 틀에서 화인 디아스포라문학을 배경으로 삼고, 구체적으로는 가오싱젠을 대상으로 하여 그의

2) 관련 논문으로 고혜림, 『북미 화인화문문학에 나타난 디아스포라문학적 특징』(부산대 박사논문, 2013); 허세욱, 「華文文學與中國文學」(『중국어문논총』, 제10집, 1996); 왕더웨이 저, 김혜준 역, 〈화어계문학: 주변적 상상과 횡단적 구축〉(『중국현대문학』, 제60호, 2012); 김혜준, 〈화인화문문학 연구를 위한 시론〉(『중국어문논총』, 제50호, 2011) 등이 있다. 가오싱젠의 연구 논문으로 이정인, 「'이방인'과 '국가인'의 경계에서 선 가오싱젠: 가오싱젠의 망명이후 희곡을 중심으로」(한국연구재단, 2008); 강경구, 「고행건의'一個人的聖經'탐색」(『중국현대문학』, 제31호, 2004); 이강인, 「중국문학과 노벨문학상의 의미적 해석: 가오싱젠과 모옌을 중심으로」(『동북아문화연구』, 제35집, 2013) 등이 있다.

문학적 사유와 창작 및 네트워크를 살펴봄으로써 디아스포라 작가의 문학지형을 파악하고자 한다.[3] 주요 내용은 첫째, 화인디아스포라 문학계의 네트워크와 가오싱젠의 문학네트워크를 살펴보고, 둘째, 가오싱젠의 문학적 사유와 창작 특징을 논의하며, 셋째, 디아스포라 작가로서의 '정체성'에 대해 살펴본다. 이런 과정에서 가오싱젠의 문학적 사유와 창작실천 및 네트워크를 지나치게 '망명'이라는 신분에 중점을 두어 문학과 정치에 국한하지 않고, 가오싱젠이라는 개별적 작가가 갖는 문학적 고민과 사유 및 관련 문학배경과의 연관성에도 주목할 것이다. 그래야 가오싱젠의 "관습과 규범을 낯설게 보는 시선과 고민"을 통해 그가 논의하고 있는 중국 문학의 문제를 보다 객관적인 시각에서 바라볼 수 있을 뿐 아니라, 가오싱젠의 문학지형과 네트워크의 특징을 보다 잘 이해할 수 있을 것이다.

일반적으로 네트워크의 기능은 조직·기구·단체 및 주제·영역 등 다양한 노드(Node)와 노드간의 결합으로 인해 발생한다. 네트워크의 중요성은 '관계'자체에 있다기보다 연계를 통한 '재생산'에 있다. 연계로부터 재생산에 이르기까지 거시적인 외적 연계망 못지않게 미시적인 내적 콘텐츠가 중요한 작용을 한다. 특히 문학이나 문화 등 비가시적인 인문학적 함의를 지닌 텍스트(작품 외에도 작가의 문학사유와 관점도 포함)는 네트워크를 가능케 하는 일차적인 요인으로 작용한다. 따라서 문학네트워크의 의미를 파악하기 위해서는 외형적 관계를 이루는

3) 2장에서 다룰 화인문학의 네트워크의 대상은 '세계화문문학자료고'의 문학사단·문학사이트·문학상의 자료를 근거로 하며, 가오싱젠 부분은 홍콩중문대학의 가오싱젠특별수장관(高行健特藏館)의 자료와 2014년에 출판된 『새처럼 소요하며: 가오싱젠작품연구(逍遙如鳥: 高行健作品研究)』를 저본으로 한다. 이 두 자료는 가오싱젠의 최근 작품·출판·공연·인터뷰 활동에 대해 매우 상세하게 소개하고 있다. 3,4장은 텍스트 분석이며 주로 『영혼의 산』·『나 혼자만의 성경』·『창작에 대하여』 등을 중심으로 고찰한다.

연계망 외에도, 접속의 결절(結節)을 가능케 하는 내적 요소인 문학텍스트에 대한 분석도 동시에 진행되어야한다.

Ⅱ. 화인 디아스포라문학

1. 디아스포라문학의 동향

디아스포라는 그리스어에서 유래된 말로 이산(離散)을 뜻한다. 원래 역사적으로 전 세계에 흩어진 유대인의 삶을 가리키는 말이다. 일반적으로 난민 · 이주노동자 · 망명자 · 소수민족 공동체 등을 포괄하는 넓은 의미의 용어로 사용되다가, 조국으로부터 추방되어 타국에 소수자로 존재하는 공동체를 가리키는 용어로 일반화되었다. 따라서 그들의 유형은 각기 다르지만 디아스포라의 삶을 살면서 쓴 작품들을 일반적으로 디아스포라문학이라 한다. 나아가 '화인'에 초점을 두어 세계 각지 중국인들의 문학작품을 통칭 '화인문학'이라 한다면, '중국어'로 쓰인 문학작품을 '화문문학'이라할 수 있다. 그러나 해외 곳곳에 정주하는 디아스포라들을 '속지'로 볼 때, '화인영문문학', '화인일본문학'등과 같이 정주국의 '언어'로 창작된 작품까지 아우를 수 있다. 즉 화인들에 의해 창작된 여러 언어를 통합적으로 아우르기 때문에 화인영문문학, 화인한국어문학, 화인일문문학 등도 화인화문문학에 포함한다. 이처럼 문학 주체와 대상 언어를 포함하여 정의한 '화인화문문학'이란 표현은 창작하는 주체가 해외에 거주하는 디아스포라이기 때문에 '화인 디아스포라문학'이라고 할 수 있다.[4)]

4) 고혜림, 앞의 책, 4-10쪽 참고. 정은경, 『디아스포라 문학』, 서울: 이룸, 2007 참고.

디아스포라 또는 디아스포라문학에 대한 연구는 본격적으로 1990년대 말 2000년대 해외화인문학 연구가 진행되면서 시작되었다. 가장 먼저 디아스포라(離散)를 운용하여 해외화문문학창작 상황을 소개한 사람들은 타이완 학자들이다. 타이완계 미국학자 왕더웨이(王德威)는 표박(漂泊), 유랑(流浪) 의식을 디아스포라 정체성과 디아스포라 작품의 서사적 특징으로 명명하였다.[5] 타이완 황쑤칭(黃素卿)은 중국의 부권중심의 유가사회와 서방의 이성적 규범 사이에서 유리되어 살아가는 삶을 디아스포라의 전형적인 생존형태라고 보았다.[6] 이처럼 조기의 디아스포라에 대한 연구는 주로 이산 · 표박 · 주변 · 경계 등의 개념을 통해 그들의 신분의 위기, 심리적 불안, 정체성 및 문화적 차이 등에 초점을 맞추었다.[7] 디아스포라의 정체성은 주로 본국 문화와의 단절, 정신적 귀처의 상실 등 그들의 고독한 삶에 초점을 맞추고 있다.

한편, 중국에서는 1990년대 말 이후 '디아스포라'에 대한 개념과 변화에 주목하기 시작하면서 디아스포라의 이론적 내함에 대한 연구가 부족하다는 의견이 제기되었다.[8] 동시에 최근 북미 화인문학비평이 정주국의 문화 · 정서와 융합해나감으로써 디아스포라문학과 정체성을 점

---

5) 王德威, 「還鄉想像, 浪子文學: 李永平論」, 『江蘇社會科學』 第4期, 2004, 104쪽.

6) 黃素卿, 「華裔離散族群意識及華裔移民之認同: 『桑青與桃紅』和 『千金』」, 『中外文學』 第34卷, 2006; 顔敏, 「'離散'的意義'流散': 兼論我國內地海外華文文學硏究的獨特理論話語」, 『汕頭大學學報』 第4期, 2007 참고.

7) 張錦忠, 『南洋論述: 馬華文學與文化屬性』, 臺北: 麥田出版社, 2003; 「離散美學與現代性: 李永平和蔡明亮的個案專號」, 『中外文學』 第30卷, 2002; 史書美, 「離散文化的女性主義書寫」, 臺灣輔仁大學比較文學硏究所資料匯編, 2005; 張琼惠, 「文化屬性的流離, 文學屬性的失所: 一種凄凉悲苦的處境」, 『中外文學』 第32卷, 2004; 張錯, 「離散與重合: 海外華文文學內涵探索: 兼論陳映眞 · 朱天心的離合主題」, 『思想文綜』, 2005 등 참고.

8) 黎湘萍, 「經典化 · 文學史 · 文化政治」, 2004년 제13회 산동대학에서 열린 세계화문문학국제학술회의 논문.

차 본국의 국가와 영토를 벗어난 이산의식으로 보고 있는 점에 주목하였다.[9] 이에 따라 디아스포라 문학에 대한 연구와 시각이 점차 변화를 가져왔다. 문학 작품을 분석할 때, 초기 작가들이 강조했던 고향으로의 회귀, 과거에 대한 향수, 조국에 대한 그리움과 같은 특징에서 벗어나, 보편적이고 근원적인 인성을 탐색하는데 중점을 두고 있다. 정체성 역시 민족정체성에 머물던 것을 개인정체성에 초점을 맞추고 있다. 또한 중국문학과 해외문학 간의 비교연구로도 그 범위를 확대해나가고 있으며,[10] 다원주의, 탈 경계, 후식민지이론 등을 디아스포라문학의 연구방법과 시각에 적용하고 있다.[11] 특히 주목할 점은 최근 중국이 문화대국으로 가는 길에 문화소프트파워의 하나로서 해외 화인문학에 대한 새로운 의견과 개념을 확대해나가고 있다는 점이다. 화인문학을 중국문학의 연장선상에서 이해하려는 움직임이다. 이에 북미 화인연구자들 역시 화인문학사단, 학회와 협회 등의 다양한 네트워크를 통해 유관 담론을 형성함으로써 화인문학 고유의 원심력을 유지해나가고자 한다.

이처럼 현재 디아스포라의 의미는 모더니티로부터 포스트모더니티로의 이행 속에서 크게 확장되어감과 동시에 세계화로 인해 민족 · 국가 · 인종의 경계가 약화되면서 어느 특정 소수집단의 의미를 이미 넘어서고 있다. 이를 테면, 가오싱젠의 디아스포라의 성격은 민족 국가의 영토를 벗어나 '바깥'에 거주하는 '이산'인을 가리키지만, 그의 작품이 유럽 · 북미 · 타이완 · 홍콩 등으로 전파되고 있고 다양한 문학콘텐츠로

9) 饒芃子 · 蒲若茜, 「從本土到離散: 近三十年華裔美國文學批評理論評述」, 『暨南大學學報』, 2005 참고.

10) 2005년 8월 선전(深圳)에서 열린 중국비교문학학회 제8회 기남(暨南)학술대회에서 '디아스포라문학'과 해외화인문학에 대한 학술토론이 있었다. 顔敏, 앞의 책, 71쪽.

11) 錢超英, 「離散文學與身分研究: 兼論海外華人華文文學闡釋空間的拓展」, 『中國比較文學』, 2006, 103-106쪽.

출판 · 공연되고 있는 점에서 볼 때, 그의 문학세계와 정체성 역시 중국이라는 국가와 민족에만 머물러 있지 않다. 예컨대, 그가 바라보는 민족정체성은 현재 중국이 문화중국의 길을 도모하기 위해 내세운 유가 정통의 민족정체성에 머물지 않는다. 문학 방면에서도 과거 정치와 밀접한 중국 문학의 특성에 대해 끊임없는 문제제기를 하면서 문학의 본령을 찾아가고자 한다. 이러한 전반적인 동향과 함께 그는 경계에 선 채 '바깥'에서 '안'을 들여다봄으로써 다양한 네트워킹을 통해 자신의 문학지형을 그려나가고 있다.

2. 화인 디아스포라문학의 네트워크

세계화인문학사단은 동남아와 북미지역에 집중적으로 분포하고 있다. 동남아 지역은 주로 말레이시아 · 싱가포르 · 태국 · 베트남 · 필리핀 등을 묶어 동남아 화인문학으로 묶고, 북미 지역은 주로 미국과 캐나다에 분포해 있다. 화인문학에 대한 자료와 정보가 잘 갖춰져 있는 '세계화문문학자료고(世界華文文學資料庫)'에 수록된 세계화인문학사단, 문학사이트의 분포를 보면 다음과 같다.

〈표 1〉 세계화인문학사단과 문학사이트 분포

지역/개수	문학사단	문학사이트
미국 19/14	喬治亞州華文作家協會, 美國華文文藝界協會, 北美華文作家協會紐英倫分會, 文心社, 北德州達拉斯文友社, 亞利桑那作家協會, 華府書友會, 聖路易華人寫作協會, 海外華文女作家協會, 洛杉磯華文作家協會, 拉斯維加斯華文作家協會, 新澤西書友會, 北美華文作家協會華府分會, 紐約華文作家協會, 夏威夷華文作家協會, 芝加哥華文寫作協會, 美南華文作家協會, 北卡書友會, 北加州華文作家協會	北德州文友社, 海外華文女作家協會, 采風書坊, 詩天空, 火鳳凰文化協會,風笛網站, 北美世界日報, 橄樹文學月刊, 新語絲, 新大陸詩刊, 新澤西書友會, 夏威夷華文作家協會, 文心社, 國風, 柯捷網站

지역/개수	문학사단	문학사이트
캐나다 2/5	加拿大中國筆會, 加拿大華裔作家協會	希望文坊, 酷我北美彩楓, 加拿大華裔作家協會, 加拿大中國筆會, 楓華園
호주 2/무	澳大利亞新南威爾士州華文作家協會, 澳洲仕女華文作家協會	
뉴질랜드 무/1	–	奇異網
홍콩 1/13	香港作家聯會	中國現代文學硏究網, 香港作家聯會, 香港報章文藝副刊, 世界詩人網, 高行健特藏館, 中華網絡作家協會, 香港兒童文學硏究學會, 中國文化中心, 中國茶—文壇信息, 香港青年寫作協會, 香港文藝家, 香港文學資料庫, 香港作家與作品
말레이시아 2/11	馬來西亞華文作家協會, 馬來西亞美里筆會	《馬華文學》網絡版月刊, 世界華文作家網, 馬來西亞華文作家協會, 大將出版社, 有人部落, 蕉風文藝, 世界華文作家網, 犀鳥天地, 東馬華人作家, 馬華文學館, 犀鳥文藝
싱가포르 1/2	新加坡作家協會	新加坡作家協會, 新加坡文藝協會
남미 무/1	–	智利文藝協會
타이완 무/8	–	2007臺灣作家作品目錄系統, 臺灣作家作品檢索資料庫, 琦君硏究中心, 馬華文學數據庫, 當代文學史料影像全文系統, 世界華文文學硏究網站, 華人網網路書店, 文訊
대륙 1/3	日本華文文學筆會	世界華文文學創作與硏究, 世界華文文學論壇, 中國作家協會
태국 1/2	泰國華文作家協會	泰國世界日報, 泰華文學
유럽 1/2	歐洲華文作家協會	–
하와이 무/무	–	–
브루나이 1/무	汶萊華文作家協會	–
인도네시아 1/1	印尼華文寫作者協會	印尼華文寫作者協會
필리핀 5/1	辛墾文藝社, 耕園文藝社, 華青文藝社, 菲華文藝協會, 菲律賓新潮文藝社	文藝副刊之友
베트남 무/무	–	–
마카오 무/무	–	–

※ 출처: 세계화문문학자료고

이 가운데 가장 대표적인 협회가 '북미화문작가협회(北美華文作家協會)'이다. 1991년 5월 샤즈칭(夏志淸) · 치쥔(琦君) · 천위타오(陳裕濤) · 마커런(馬克任) · 류칭(劉晴) 등이 설립하였으며,[12] 대부분 북미지역 화인 작가들이 주요 성원이다. 현재 북미 화인문학의 기반이 된 문학사단은 모두 19개이다. 이들은 주로 미국을 거점으로 특히 유학생들이 많이 거주하는 뉴욕과 워싱턴 등지를 중심으로 구축하고 있다. 다른 하나는 '해외화문여작가연의회(海外華文女作家聯誼會)'로 1989년 7월 설립하였다. 대표적인 화인 작가 천뤄시(陳若曦)가 회장이며 위리화(於梨華)가 부회장이다. 회원은 유럽과 미주지역 및 동남아시아 각국 70여 명의 여류작가들로 구성되어 있다.[13] 캐나다는 1987년 밴쿠버 지역에서 성립된 '캐나다화예작가협회(加拿大華裔作家協會)'가 대표적이며, 현재까지 회원은 약60여 명 정도이며 대개 홍콩 · 타이완 · 중국 및 동남아로부터 이민 온 화인 작가들로 구성되어 있다.[14] 위의 표에서도 알 수 있듯이, 세계화인문학사단과 문학사이트는 북미 지역에서는 미국, 동남아 지역에서는 말레이시아 · 타이완 · 홍콩에 집중 분포되어 있다.[15]

12) 주요 회원으로 周腓力 · 紀剛 · 陳漢平 · 戴文采 · 蓬丹 · 王克難 · 周愚 · 林童魄 · 蕭逸 · 謝瑾瑜(로스앤젤레스), 紀弦 · 謝冰瑩 · 陳若曦 · 莊因 · 鄭繼宗 · 陳伯家 · 陳少聰 · 夏烈 · 應鳳凰 · 石地夫 · 袁則難 · 曹又方 · 蕭孟能 · 楊秋生 · 葉文可 · 胡由美 · 李芬蘭(샌프란시스코), 張天心 · 張系國(워싱턴), 王鼎鈞 · 顧肇森 · 劉墉 · 謝靑 · 陳漱意 · 龔弘(뉴욕), 鄭愁予 · 史家元 · 王尙勤(보스턴), 莊稼 · 東方白(캐나다) 등이 있다. 고혜림, 앞의 논문, 33쪽.

13) 주요 회원으로는 陳若曦 · 於梨華 · 聶華苓 등이 있다. 특히 캐나다의 『星島日報』 · 『明報』 · 『世界日報』 · 『成報』는 중국어로 발행되어 캐나다 지역의 화인화문문학 작가들에게 작품 활동의 기회와 기타 지역의 화인 작가와의 네트워크로 작용하고 있다. 陳浩泉, 『楓華文集: 加拿大作家作品選』, 加拿大華裔作家協會出版, 1999, 11-12쪽 참고.

14) 陳浩泉, 앞의 책, 230쪽 참고.

세계화인문학은 문학사단과 문학사이트를 중심으로 형성된 네트워크 외에도 화인문학상 수상을 통해 화인문학의 보급과 확산의 네트워크를 펼쳐나가고 있다. 세계화문문학자료고에 따르면, 화인문학상은 2005년~2012년까지 총190차례가 진행되었다. 이 가운데 주최 부문은 총149개(중복 제외), 협찬 부문은 총141개(중복 제외)였다. 주최단위 가운데 가장 많이 참여한 곳은 연합보(聯合報, 17회), 연합보부간(聯合報副刊, 14회), 중국시보인간부간(中國時報人間副刊, 12회), 연합신문망(聯合新聞網, 9회), 영취산불교기금회(靈鷲山佛教基金會) · 연합보문화기금회(聯合報系文化基金會) · 세계종교박물관(世界宗教博物館) · 연합문학(聯合文學, 각8회), 린룽싼문화공익기금회(林榮三文化公益基金會) · 회은자선기금회(懷恩慈善基金會, 각6회), 린위탕고거(林語堂故居) · 연합문학기금회(聯合文學基金會) · 교통대학판타지연구중심(交通大學科幻硏究中心) · 타이베니시정부(臺北市政府, 각5회) 순이다. 이상의 주최 단위들은 모두 타이완에 소재하고 있었으며 반면 전체 149곳 가운데 중국은 30여 곳(중복 포함)이었다. 이 가운데 홍콩이 가장 많고 다음으로 베이징, 광저우 지역이었다. 주최 단위의 유형은 매체 · 잡지사 · 학술지 · 재단법인 · 대학연구소 등 다양했다. 또한 협찬 부문은 행정원문화건설위원회(行政院文化建設委員會, 11회), 연합보부간 · 자유시보(自由時報, 각6회), 희함문학망(喜菡文學網) · 구가출판사(九歌出版社有限公司) · 황관문화(皇冠文化) · INK인각문학생활지(INK印刻文學生

15) 동남아 지역의 해외문학사단은 '세계화문문학자료고'에 수록되어 있지 않은 곳도 많다. 싱가포르는 新加坡作家協會외에도 新加坡文藝硏究會, 錫山文藝中心, 琼州會館文學會 등이 있고, 말레이시아는 馬來西亞華人文化協會외에도 馬來西亞華人作家協會, 中華華文協會, 南馬文藝硏究會 등이 있다. 필리핀은 菲華藝文聯合會, 菲華文藝工作者聯合會, 亞洲華文作家協會菲華分會 등이 있고, 태국에는 泰商文友, 聯誼會泰華文協, 泰中藝術協會 등이 있다. 梅顯仁, 「海外華人文學社團」, 『八桂僑刊』 第2期, 2002, 참고.

活誌)·마오터우잉출판사(貓頭鷹出版社)·타이베이시정부문화국(臺北市政府文化局, 각5회), 껑신청년창작회(耕莘青年寫作會, 각4회), 중화민국문화부·과학발전·과학월간·과학인·남방주말·홍콩명보세기(香港明報世紀)·도전자월간(挑戰者月刊)·성품서점(誠品書店, 각4회) 순으로 역시 타이완과 홍콩이 주를 이루고, 중국에서는 상하이·베이징·톈진 등이 참여하였다. 협찬 단위 유형 역시 매체·잡지사·학술지·재단법인·대학연구소 등으로 다양했다. 이상은 세계화인문학사단·문학사이트·문학상 등의 지역적 분포도이다.

〈그림 1〉 세계화인문학사단·문학사이트·문학상 분포도16)

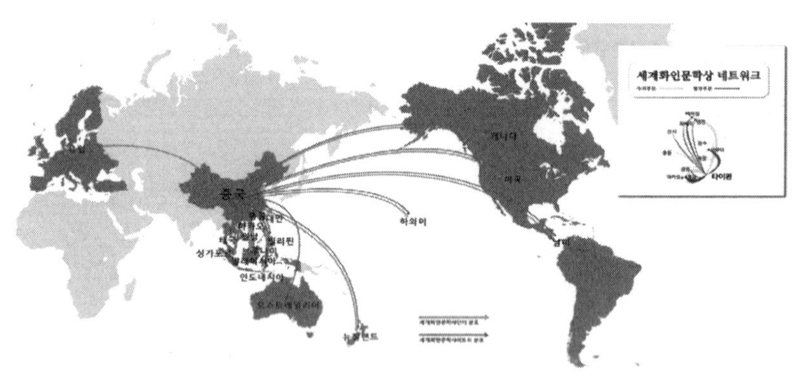

※ 출처: 저자 작성

이상, 화인문학사단(협회)·문학사이트·문학상의 활동 네트워크는 해외에서는 북미 지역을 중심으로 대부분 1980-1990년대에 형성되었으며, 타이완과 홍콩 지역의 활동이 상대적으로 활발했다. 이러한 배경은 1960-1980년대는 조기 타이완 출신의 유학생들이 미국에서 본격적

16) 世界華文文學資料庫·高行健特藏館·『逍遙如鳥: 高行健作品研究』의 자료를 근거로 저자 재구성.

으로 작품 활동을 하였고, 1980년대에는 그들의 2세대들이 주요 문학 생산을 주도해왔기 때문이다. 그들의 작품은 주로 타이완과 홍콩을 중심으로 출판·번역되면서 전파되었다. 그 후 1990년대에 접어들면서 타이완 출신 작가는 물론 중국 대륙, 홍콩 출신 작가들이 북미지역에서 두드러진 활동을 하기 시작했다.

한편, 중국 지역을 거점으로 한 화인문학관련 네트워크 기구와 활동 상황을 보면 다음과 같다.

〈표 2〉 중국의 화인문학관련 활동과 기구[17)]

항목	내용
국가기관	선전부–문화부–국무원–작가협회(통전부統戰部, 시인민대표회의상무위원회 등)
대학의 화문문학연구소	산터우(汕頭)대학화문문학연구중심 · 중산(中山)대학화문문학연구중심 · 샤먼(廈門)대학화문문학연구중심 · 장쑤(江蘇)사회과학원화문문학연구중심 · 난징대학중문과 · 푸단(復旦)대학화문문학연구중심 · 홍콩중문대학 · 베이징대학 · 베이징중국사회과학연구원화문문학연구중심
간행물	세계화문문학논단: 1990년 江蘇臺港與海外華文文學研究中心
학술단체/사이트	중국세계화문문학회/中國世界華文文學網
국가급 연구기구	세계화문문학연구중심
문학사단	國家一級社團: 중국세계화문문학학회(2002년)
문학상	'중산배(中山杯)'화교화인문학상, 全球華文散文大賽
연구프로젝트	사회과학원중점항목, 사회과학원중대과제
주요활동	화문문학국제학술회의, 세계화문문학대회, '중산배'화교화인문학상, 출판활동, 세계화문문학연맹 창설
비고	중국화문교육기금회, 중국화교공익기금회, 해외중국교육기금회와 연계

※ 출처: 저자 작성

중국의 화인문학관련 조직·기구의 네트워크 형성과 활동은 타이완과 홍콩에 비해 늦은 2000년 이후부터 주로 활동하고 있다. 중국의 문화 관련 정책과 제도의 입안 및 결정은 주로 선전부·문화부·국무

17) 世界華文文學創作與研究 · 世界華文文學論壇 · 中國作家協會 및 CNKI(中國知網) · 百度 등에서 중국의 해외화인문학사단 관련 자료를 근거로 저자 재구성.

원 · 중국작가협회 및 통전부(統戰部) 등에서 집행 · 관리한다. 화인문학관련 주요 네트워크는 대학 내 연구소 · 학술단체 · 국가급 연구기구 · 문학사단 · 문학상 · 연구프로젝트 등 다양한 기구와 활동으로 형성되어 있다.

특히 대학 내 화문문학연구소는 주로 산터우(汕頭) · 광저우 · 샤먼(廈門) 등 남방 지역과 베이징 · 상하이 · 장쑤 등 문화중심 도시에 집중해 있었다. 중국에서는 얼마 전 2014년 11월 19일에 국무원 화교업무판공실(僑務辦公室)이 주관하고 지난(暨南)대학과 중국세계화문문학학회가 개최한 제1회 세계화문문학대회가 열렸다. '화문문학의 문화 전승과 시대적 역할'이란 주제로 세계 30여개 국가와 지역에서 약400명에 달하는 화문작가들이 참석하였다. 이 대회에서는 '세계화문문학의 이론 수립' · '화문문학과 실크로드' · '화문창작논단: 경험, 창의 그리고 융합' · '신 이민 문학의 형국과 방향' · '타이완문학: 문화전승과 당대 실천' · '문화 창구로서의 홍콩마카오문학' · '화문창작: 향수를 안고' 등의 세부 제목으로 토론이 진행되었다. 이 번 대회는 특히 신 이민 작가들의 중국어를 활용한 창작, 조국문화에 대한 정체성, 중국문화 전파에 대한 문화적 역할 등을 강조하였다. 전국정협부주석 한치더(韓啓德)는 화인 작가들이 중화민족의 우수한 문화를 전승 · 전파함으로써 중화민족의 '중국의 꿈'의 부흥을 실현하는데 도움이 되어야 한다고 강조하였다. 이를 위해 화문문학인사와 작가들이 주축이 된 '세계화문문학연맹'을 성립하고 지난대학을 주요 거점으로 정했다. 주요 화인문학네트워크는 중국세계화문문학학회 · 타이완일본작가협회 · 타이완중국시가예술학회 · 홍콩작가연합회 등 20여개 문학단체로 구성하였다.[18] 이처럼

18) 「嚴歌苓劉斯奮尤今等聚焦華文文學: 華文作家大有可爲—首屆世界華文文學大會側記」, 『人民日報』, 2014.12.4.

1990년대 세계화로 인해 중국의 신 이민이 많아졌고, 최근 문화중국으로의 길을 가기 위해 중국 문화계는 해외화인문학을 문화소프트파워의 첨병으로 삼고자 한다. 이에 따라 화인 디아스포라문학의 네트워크와 활동을 보다 활발하게 진행하기 시작했다.

3. 가오싱젠의 문학네트워크

가오싱젠은 1987년 프랑스로 망명 한 후, 대부분 유럽 · 미국과 타이완 · 홍콩의 문화예술계와 네트워크를 형성하고 있다. 여기서는 홍콩중문대학의 '가오싱젠특별수장관(高行健特藏館)'사이트와 2014년에 출판한『새처럼 소요하며: 가오싱젠작품연구(逍遙如鳥: 高行健作品研究)』부록에 실린 자료를 근거로 하여 출판과 공연의 네트워크를 조사하였다. 출판 부문은 망명이전의 몇 편을 제외하곤[19] 거의 타이완과 홍콩에서 출간되었다. 인터뷰나 강연 역시 타이완과 홍콩의 대학, 연구자를 중심으로 한 학술네트워크를 형성하고 있었다. 공연네트워크는 주로 미국과 프랑스와 연결되어 있었으며, 중국에서는 역시 망명 전 일부를 제외하고 타이완과 홍콩의 공연 단체와 연계하고 있었다(아래 그림에 숫자를 표기함).[20]

---

19)『現代小說技巧初探』(논문집), 臺北: 花城出版社, 1981;『有隻鴿子叫紅脣兒』(중편소설), 北京: 北京出版社, 1985;『高行健戲劇集』, 北京: 群衆出版社, 1985;『對一種現代戲劇的追求』(논문집), 北京: 中國戲劇出版社, 1987. 이상『逍遙如鳥: 高行健作品研究』, 212쪽 참고.

20) 한국에서는 가오싱젠 저, 박주은 역,『창작에 대하여: 가오싱젠의 미학과 예술론』(서울: 돌베개, 2013); 가오싱젠 저, 박하정 역,『나 혼자만의 성경』(서울: 민음사, 2002); 가오싱젠 저, 오수경 역,『버스 정류장』(서울: 민음사, 2002); 가오싱젠 저, 이상해 역,『영혼의 산』(서울: 현대문학북스, 2001)이 번역되었다. 이외에도 대학에서의 강연도 몇 차례 있었다.

앞서 보았듯이 해외화인문학의 네트워크는 타이완과 홍콩에서 월등하게 활동하고 있었다. 마찬가지로 가오싱젠이 타이완·홍콩과 네트워크를 활발하게 진행하고 있는 이유는 조기의 화인 디아스포라문학의 네트워크가 대부분 타이완 출신의 작가를 중심으로 구성된 배경 때문일 것이다. 그리고 망명 작가라는 신분과 금서조처가 내려진 상황에서 타이완·홍콩과의 네트워크는 자연스런 현상일 것이다. 하지만 중요한 점은 강연 내용이나 인터뷰 내용이 증명해주듯이,[21] 타이완과 홍콩 문학계는 그를 단지 망명 작가의 신분에 초점을 두어 그의 작품경향과 문학세계를 정치와의 대립각으로 해석하지 않고, 한 명의 디아스포라

〈그림 2〉 가오싱젠의 문학네트워크[22]

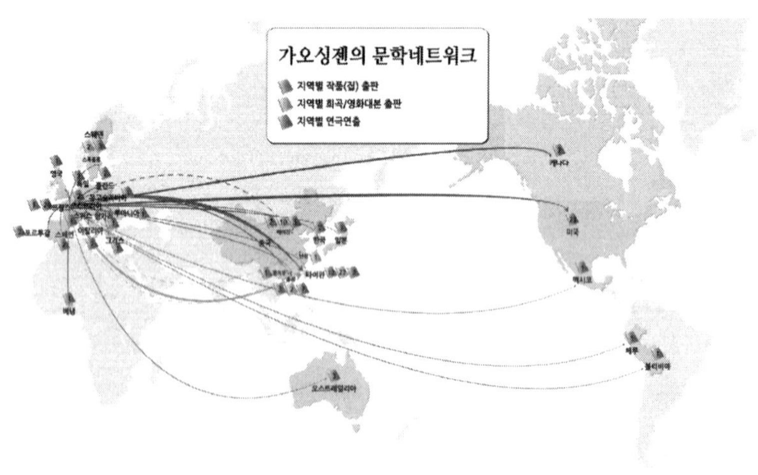

※ 출처: 저자 작성

21) 『論創作』, 『沒有主義』, 『自由與文學』 등의 인터뷰 부분 참고.

22) 高行健特藏館, 『逍遙如鳥: 高行健作品研究』 등의 자료를 토대로 저자 재구성.

작가로서 이루어 낸 문학의 본령, 독특한 창작예술, 문학적 사유 및 정체성 등에 대한 다양한 접근을 시도하였다. 망명이라는 신분보다는 창작하는 작가로서의 접근 방법이 가오싱젠으로 하여금 타이완·홍콩 문화계와 네트워크를 유지하게 한 요인이기도 하다. 아래는 가오싱젠의 출판, 공연의 문학네트워크이다.

중국에서 해외문학이나 비교문학에 대한 유행을 일으킨 주축은 역시 타이완 출신의 미국 학자들이다. 중국은 화인 디아스포라문학을 민족주의와 중화주의 입장에서 이해하려는 경향이 강했고, 또한 타이완을 거점으로 한 북미 화인문학네트워크와 작가활동에 대해 그다지 관심을 기울이지 않았다. 그러나 최근 중국이 문화중국의 힘을 강화함에 따라 중국 문학을 중심으로 설정하고 화인 디아스포라문학을 그 안으로 흡수하려는 경향을 보인다. 세계적으로 중국문학 영역을 확장하려는 일환으로 문학의 통합공동체를 구성하려는 움직임이다. 이를 테면 '어종(語種)의 화문문학'이라는 개념을 강조하면서 자국의 민족주의 강화를 위한 문화적 전략의 하나로 제시하고 있다.[23] 이러한 동향에 대해 특히 타이완 출신 학자 스수메이(史書美)는 '화문문학(Sinophone literature)'이라는 개념을 내세워 중국 중심의 시각에서 바라보는 '중국문학'에 대해 의문을 제기하고 있다. 'Sinophone'연구는 단순히 화인 디아스포라 연구를 중국과 연계시키는 면에 한정하는 것이 아니라고 하면서,[24] 중국 중심주의(Chinese-centralism)에 견제를 보이고 있다. 타이완계 미국 학자 왕더웨이 역시 북미 지역의 화인문학이 최근 들어 중화주의의 강조를 위한 첨병으로 역할하면서 중국 중심주의로 흘러가고 있다면서, 새로운 화인문학의 위치를 정립하는 것이 중요하다고 제기

23) 莊園, 『文化的華文文學』, 汕頭: 汕頭大學出版社, 2006, 143쪽.

24) 고혜림, 앞의 책, 56-57쪽 참고.

하였다. 화인문학을 중국 중심의 문학 속에 편입하려는 관점에 대해 타이완이나 홍콩의 일부 학자들은 결코 탐탁지 않을 것이다. 중국의 세계적인 문학영역의 확장이 단순한 문학 통합공동체를 구성하는 데 그치는 것이 아니라, 향후 '중국 의식', '대륙으로의 회귀' 등으로 통합될 수 있다고 보기 때문이다.[25)]

이는 얼마 전에 11월에 있었던 제1회 세계화문문학대회에서도 이미 드러났다. 중국은 갈수록 늘어나는 신 이민 작가를 활용하여 세계적으로 중국문화의 위상을 드높이는 한편 세계화인문학을 중국 문학으로 수용하려는 '어종의 중국문학'을 강조하고 있다. 나아가 기존의 화인문학의 중심세력인 타이완과 홍콩의 문학네트워크를 수용하려는 자세를 보이고 있다. 대회에서 화인문학은 이미 중국소프트파워의 중요한 한 부분이 되었으며, 중국어가 점차 세계로 나아가는 추세에 따라 해외화문작가들도 마땅히 화문문학작품을 통해 중화민족의 역사적 면모를 드러내야 한다고 분명하게 밝혔다. 그리고 '한어열'을 계승 한 후 세계에서 화문문학열을 일으켜서 세계 속에서 화문문학의 언어권을 확립해야 한다고 강조하였다. 이를 위해 '세계화문문학연맹'을 중국과 양안 화인문학을 연결하는 교량적인 문학네트워크로 삼았다.[26)]

이상의 네트워크와 주요 활동 상황에서 드러났듯이, 향후 화인 디아스포라문학은 네트워크의 역사와 활동과 범주의 크기가 아니라 점차 국력을 위주로 이동하는 경향을 띠고 있다. 나아가 중화주의의 확장과 주변화 된 문학의 편입, 학문적 권력구도 등의 강화로 이어질 수 있을 것이다. 이러한 변화는 중국 문학의 획일성에 '동조'를 거부하며 '도망'을 간 가오싱젠의 타이완 · 홍콩과의 문학네트워크가 또 다른 방향으로

25) 고혜림, 앞의 책, 56–57쪽 참고.

26) 「嚴歌苓劉斯奮尤今等聚焦華文文學: 華文作家大有可爲—首屆世界華文文學大會側記」, 『人民日報』, 2014.12.4.

작용할 수 있다는 개연성을 내포하고 있다.

Ⅲ. 가오싱젠의 문학지형

1. 문학 사유

문학네트워크는 상호 연계를 통해 새로운 형태의 지식과 담론 및 문학콘텐츠 등 다양한 문화현상을 낳는다. 서론에서 이미 말했듯이, 특히 문학 · 문화의 네트워크의 함의를 파악하기 위해서는 외형적인 네트워크 외에도 콘텐츠 자체 즉 문학텍스트에 대한 분석도 동시에 진행되어야한다. 가오싱젠이 이루어낸 문학적 사유와 언어예술의 특징은 그가 유럽 · 북미 · 타이완 · 홍콩 등지에서 지속적인 문학연계망을 유지하는 한편, 중국 문학과의 긴장 관계를 형성케 하는 중요한 요소로 작용한다. 망명 전후부터 그가 줄곧 중국 문학에 대해 회의와 문제제기를 하는 것은 그들 간의 문학에 대한 사유와 관점 및 언어예술 등에 대한 관점의 차이에서 드러난다. 가오싱젠은 5 · 4 이래의 신문학은 정치와 사회적 환경의 제약으로 인해 문학에 대한 각종 논쟁은 있었지만 문학 자체의 문제에 대해서는 돌아볼 겨를이 없었다고 한다. 그러면서 문학이 강요받아온 문학창작과 무관한 각종 논쟁들을 이제는 끝내야 한다고 말한다.

> 나는 정치에서든 문학에서든 어떤 파(派)도 아님을 밝히고자 합니다. 나는 민족주의와 애국주의를 포함하여 그 어떤 주의에도 속하지 않습니다. 제게는 당연히 나만의 정치적 견해와 문학 및 예술적 관념이 있습니다. 하지만 어떤 정치나 미학적 테두리에 박히지 않습니다. 이데올로기가 무너지고 있는 지금의 시대에 개인의 정신적인 독립성과 태도를 유지하

려면 이러한 질의할 수밖에 없습니다.[27]

작가들이 정치와 이데올로기의 제한에서 벗어나 세상을 향하여 개인의 목소리로 말하고 표현하는 것이야말로 더 진실한 목소리이며, 이는 끊임없는 투쟁을 통해 쟁취한 일종의 자유로운 생존상태라는 것이다. 문학창작은 자기 구원의 방식이자 생존방식이며, 창작하는 이유 역시 나 자신을 위한 것이지 세상이나 다른 사람을 개조하기 위한 것이 아니라는 것이다.[28] 이러한 창작활동을 할 수 없는 문화적 토양에서 그는 망명이라는 '도망'을 선택했다.

창작은 일종의 도망입니다. 정치적 압박으로부터의 도망이고 다른 사람으로부터의 도망입니다. 사람은 종종 다른 사람에 의해 질식당하기 때문입니다. 도망을 해야 내가 살아 있다는 것을 느낄 수 있고 거리낌 없이 말하는 자유를 얻을 수 있습니다.……글쓰기는 단지 나를 만나는 것일 뿐입니다.[29]

'도망'은 단순한 '도피'가 아니라 정치 투쟁과 당파를 초월하여 개인의 소중한 독립된 사고의 공간을 만나는 것이다. 그래서 그가 추구하는 문학이란 일종의 거리두기이다. 차가운 눈으로 정관(靜觀)하는 것이며 보편적으로 인생을 관조하는 것이자, 정치와 이념과의 거리를 둔 문학을 의미한다. 그는 이를 '차가운 문학(冷的文學)'이라고 명명한다. 차가운 문학이란 작가에게 있어 일종의 '생존'의 문학으로 사회나 집단에 의해 말살되지 않고 정신적인 자기 구원을 얻을 수 있는 문학을 말한다.[30] 이념과 체제로부터 벗어나 차가운 시선과 거리두기를 유지해

27)「沒有主義」,『沒有主義』, 4쪽.

28)『沒有主義』, 17쪽.

29)「沒有主義還是主義的狂歡」, 朱崇科,『身體意識形態』, 廣州: 中山大學出版社, 2009, 84쪽.

야 진정한 창작을 할 수 있으므로 작가는 '주의'에서 벗어나야한다는 것이다. 때문에 문학의 비 공리성을 강조하면서 정치담론과 문학담론을 구분지어, 정치담론은 '동조'를 요구하지만 문학담론은 '다름'을 찾는 것이라고 강조하였다.[31] 류짜이푸(劉再復)는 가오싱젠의 차가운 문학이란 "외재적인 의미로는 시류를 거부하고 영합을 거부하며, 집단적 의식을 거부하고, 소비사회의 가치관을 거부하며, 개인의 차가운 정신적 창조상태로 회귀하는 것이다. 내적으로는 글의 서술에 있어 자기 절제와 자기 관찰을 통한 차가운 필법을 의미한다."[32]라고 하였다. 결국 모든 '주의'는 문학을 어떤 이론(사상) 틀에 집어넣게 되며, 이렇듯 문학에 정치의식이나 도덕적 교화의 목적을 불어넣으면 문학의 본성이 상실된다는 것이다.

가오싱젠은 '주의 없음', '차가운 문학'이라는 개념을 통해 20세기 중국문학은 각종 주의, 이데올로기 및 관련 창작 방법에 관한 논쟁의 늪에 빠져있다고 지적하고 있다. 문학창작은 본래 어떤 운동이나 집단에 도움을 주기 위한 것이 아니며, 작가 역시 독립적인 개체로서 정치적 집단에 예속되지 않은 자유를 누릴 수 있는 존재라는 것이다. 그리고 가능한 한 사회의 변두리에서 서서 관찰하고 깨달아야 '차가운 문학'에 전념할 수 있으며, 그러한 차가운 관조와 시선으로 인류사회를 주시하고 드러내는 것이 문학의 본령이자 작가의 진실한 창작태도라는 것이다.

이러한 차가운 문학을 실현하려면 먼저 고독해져야하며 내면의 관조가 필요하다고 한다.

30) 「我主張一種冷的文學」, 『沒有主義』, 16쪽. 이외에도 「文學的理由」·「作家的位置」, 『論創作』, 8쪽, 35-36쪽 참고.

31) 劉再復, 「高氏思想綱要: 高行健給人類世界提供了什麽新鮮的思想」, 『華文文學』 第3期, 2012, 39쪽. 「土地·人民·流亡: 葉石濤·高行健文學對話」, 『論創作』, 254쪽.

32) 劉再復, 『論高行健狀態』, 臺北: 時報出版社, 2000, 46쪽.

인간은 자신의 존엄과 독립성을 깨닫는 데 필요한 고독을 감내하기 쉽지 않습니다. 고독한 개인만이 자기 존재를 의식하고, 세상의 혼란 속에서도 자기 내면의 목소리를 들을 수 있습니다. 그리고 이럴 때만이 차가운 문학이 가능합니다.

작가는 그렇게 차가운 눈으로 외부세계를 관찰하는 동시에 자기 내면을 관조해야하며, 사회를 비판하는 동시에 자기 자신도 관조할 수 있어야 합니다. 사회비판, 인간개조가 아니라 있는 그대로 인간의 본성을 이해하는 것만이 문학의 변함없는 본령입니다.[33]

작가는 차가운 글쓰기를 위해 사람들의 삶을 냉정하게 관조할 수 있는 차가운 눈을 가져야 하며, 중심 세력과 거리를 두고서 세상의 주변부에 자리를 해야 한다는 것이다. 변두리에 머문다고 해서 사회에 무관심한 것은 아니다. 작가가 독립 정신을 유지하면서 정치에 복무하기를 거부하는 행동은 권력과 사회 습속에서 볼 때는 도전이 될지 몰라도 그것 자체가 사회를 부정하는 태도는 아니기 때문이다. 작품을 통해 의식을 불러일으키는 것도 일종의 사회적 관심인 것이다. 이것이 그가 주장하는 문학의 본령을 구현할 수 있는 작가의 태도이자 문학적 사유이다.

현재 중국은 문화중국의 길로 나아가기 위해 화인문학을 중국 문학의 일부로 흡수하려하고, 대다수 화인문학 작가들, 특히 홍콩과 대만 출신의 작가들은 중국으로부터 발산되는 구심력을 거슬러 화인문학 고유의 원심력을 구성하고자 한다. 그 가운데 가오싱젠은 중국 출신이지만 유럽 · 북미 · 타이완 · 홍콩 등지에서 네트워크를 펼쳐나가고 있다. 그 이유는 일차적으로 그의 문학사유의 근간에는 중국 문학에 대한 끊임없이 문제제기가 자리하고 있기 때문이다. 반면, 타이완 · 홍콩 등에

33) 「作家的位置」, 『論創作』, 35-38쪽.

서 네트워크를 형성하고 있는 화인문학 작가들 역시 중국의 움직임을 견제하기 위해 세계적인 명성을 가진 가오싱젠의 문학적 '권력'이 필요할 것이다. 또한 그의 문학주장은 기존의 중국 문학에 대한 문제를 제기하고 있지만, 궁극적인 배경은 문학 자체에 대한 깊은 사유정신으로부터 출발한 것이다. 이는 그가 지속적으로 실험적인 창작을 시도하는 힘이자 그가 주장하는 작가의 생명력인 것이다. 물론 가오싱젠의 문학적 특징 역시 중국 문학의 한 부분으로 자리할 순 있겠지만, 그의 문학에 대한 지난한 사유의 과정과 그것을 지켜내기 위한 디아스포라로서의 인생 역정은 그가 이루어낸 또 다른 문학적인 '힘'일 것이며, 그 결실이 네트워크를 가능케 하는 요소로 작용하는 것이다.

2. 언어 예술

가오싱젠이 주장하는 차가운 시선과 관조 및 거리두기 등의 창작 사유는 작품 속에서 어떻게 구현되었는가? 그의 문학적 주장이 잘 반영되어 있는『영혼의 산』과『나 혼자만의 성경』을 통해 살펴본다.[34)]『영혼의 산』의 언어 서술기법은 기본적으로 1인칭 '나'와 2인칭 '너'를 서술과 관찰의 시각으로 교체하면서 전개하고 있다. 기존 소설의 인물

34)『영혼의 산』은 聯經출판사에서 1990년에 최초로 출판되었다. 이후 노벨문학상 심사위원이자 한학자 고란 말름크비스트(Göran Malmqvist)의 번역을 거쳐 1992년 스웨덴 언어로 스웨덴에서 출판되었다. 1995년에는 프랑스 언어로 출판되었고 2000년에는 영문으로 출판되었다. 이 외에도 희곡 작품『절대신호(絶對信號)』(1982),『버스정류장』(1983),『야인(野人)』(1985),『피안(彼岸)』(1986) 등이 발표된다. 망명 전의 소설로는『친구朋友』,『길 위에서路上』,『25년 후에(二十五年後)』 등이 있다. 망명 후의 소설로는『영혼의 산』,『나 하나만의 성경』과 희곡『도망』,『삶과 죽음 사이(生死界)』,『죽음의 도시(冥城)』,『산해경전』,『한밤의 방랑자(夜遊神)』 등이 있다.

명명방식을 버리고 '인칭'으로 '인물'을 대체하였다. 실험적이면서 생경한 기법으로서, 한 명의 인물이 여러 개의 마스크는 보이는 일종의 '변검(變臉) 효과'를 드러내고 있다. 예를 들어 제52장이 그러하다. 나 · 너(당신) · 그녀가 모두 등장한다.

> 당신은 내가 외로움을 달래기 위해 나 자신에게 말하고 있을 뿐이라는 것을 알고 있다. 당신은 나의 이런 고독은 어떻게 구제할 수 있는 것이 아니라는 걸 알고 있다. 아무도 나의 짐을 덜어줄 수 없다. 나는 단지 스스로에게 [나의] 이야기 상대가 되어달라고 요청할 수밖에 없다. 이 긴 독백에 속에서 당신은 나의 이야기의 상대가 된다. 사실 그것은 나의 이야기에 귀를 기울이는 또 하나의 나이다. 당신은 나의 그림자에 지나지 않을 뿐이다. 내가 나 자신에게 귀를 기울이고 있는 동안, 나는 당신으로 하여금 그녀를 만들어내게 했다. 당신도 나처럼 고독을 견뎌내지 못하니까, [당신에게도] 말할 누군가가 있어야 하니까. 그러니까 내가 당신에게 털어놓는 것과 같이 당신도 그녀에게 털어 놓는 것이다. 결국 그녀는 당신에게서 생겨나와 또 다시 나 자신을 확인시켜준다. 나는 여행을 하고 있다. 인생은 어쨌거나 결국 하나의 여행이다. [나는] 여행 중에 [나의] 상상세계 속에 침잠하여 나의 그림자인 당신과 함께 내면을 여행한다. 이 두 여행 중에 어느 것이 더 중요하고 실제적일까? 이 번거롭고 진부한 질문은 어느 것이 더 진실한 지에 대한 토론이나 변론이 될 수도 있을 것이다. 하지만 그것은 나 혹은 당신이 빠져 있는 영적인 여행과는 아무런 관계가 없다. 당신은 당신의 영적 여행 속에서 나와 함께 자신의 세계 속을 헤매고 있으며, 멀리 가면 갈수록 [당신은 나와] 서로 분리할 수 없는 지점으로 점점 더 다가서게 되기 때문이다.[35)]

---

35) "你知道我不過在自言自語, 以緩解我的寂寞. 你知道我這種寂寞無可救葯. 沒有人能把我拯救, 我只能訴諸自己作爲談話的對手. 這漫長的獨白中, 你是我講述的對象, 一個傾聽的我自己, 你不過是我的影子. 當我傾聽我自己的時候, 我讓你造出個她, 因爲你同我一樣, 也忍受不了寂寞, 也要找另個談話的對手. 你於是訴諸她, 恰如我之訴諸你. 她派生於你, 又反過來確認我自己. 我在旅行途中, 人生好歹也是旅途, 沉湎於想象, 同我的映像你在內心的旅行, 何者更爲重要, 這個陳舊而煩人的問題, 也可

『영혼의 산』은 대체로 연속적으로 이어지는 인물이나 이야기가 드물다. '나'는 공연 금지 처분을 받고 감시받는 인물이 된데다 폐암선고까지 받은 몸으로(나중에 오진으로 판명됨) 혼자서 남방의 장강유역을 돌아다닌다. 영산을 돌아다니면서 보고, 듣고, 생각하고 느낀 것들과 그곳에서 알게 된 민속 · 전설 · 고사 등의 이야기를 소설의 주제로 다룬다. '나'는 현실 속에서 여행을 하는 '나'이다. '너'는 또 하나의 '나'로서 '나'와 이야기를 나누는 정신적 존재이며, '그녀'는 '너'와 '나'의 관계처럼 '너'와 이야기를 나누는 대상이자 또 다른 '나'이기도 하다.

가오싱젠의 작품은 실험성이 강하다. 이처럼 주어를 인칭으로 대체하는 표현수법은 다양한 인칭을 통해 서로 다른 각도에서 자아를 표현하려는 시도로서 서사의 긴장도를 극대화시킨다. 한 명이 여러 명의 인물로 작용하면서 다중적인 사유와 표현을 전한다. '나' · '당신' · '그녀' 3명은 사실상 '나' 1명이다. 이러한 인칭의 전환은 동일한 주체의 다양한 느낌을 표현하고 있다. 여행을 하고 있는 현실적인 인물 '나'는 여행 과정에서 정신적인 상상속의 '당신'을 만들어서 '나'의 대화 상대가 되게 한다. 이처럼 '당신' 또한 '그녀'를 파생시켜 정신적 상상 속의 '당신'의 파트너가 되게 하며, 또 다시 '나'에 대해 성찰하게 만든다. 즉 '나'와 '당신', '그녀' 사이는 대립적인 관계가 아니라 동일한 하나의 주체로서 '영산'을 순례하고 있다. 이러한 동일한 '자아'가 여러 차원으로 체험하는 방식의 언어 수법을 그는 '언어 의식(語言意識)'이라 한다."[36]

『영혼의 산』의 '나' · '당신' · '그녀'의 인칭이 『나 혼자만의 성경』에서

以變成何者更爲眞實的討論, 有時又成爲所謂辯論, 那就由人討論或辯論去好了, 對於沉浸在旅行中的我或是你的神游是在無關緊要. 你在你的神游中, 同我循着自己的心思滿世界游蕩, 走得越遠, 倒越爲接近, 以至於不可避免又走到一起竟難以分開."

『靈山』, 349쪽. [ ]은 원문엔 없으나 번역상 필요하여 부기함.

36) 「小說的藝術」, 『論創作』, 50–51쪽.

는 '너'와 '그'로 바뀐다. 과거는 '그'를 주인공으로 삼아 회고하며, 현재는 '너'를 주인공으로 삼아 서술한다. '그'와 '당신'은 『영혼의 산』과 마찬가지로 주인공이자 또 다른 나의 분신이다. 그러나 '나'는 등장하지 않는다. 류짜이푸는 '나'가 없음은 중국의 잔인한 정치적 현실에 의해 '나'가 살해되었기 때문이라고 하면서 '너'와 '그'의 관계를 '현실과 기억', '생존과 역사'라고 설명한다.[37] 이러한 인칭의 혼용 수법은 인물간의 거리감을 확보함으로써 내면의 사유공간을 넓혀나감과 동시에 서사적 긴장관계를 유지하려는 표현수법이다. 대화는 현재 시점의 '너'가 과거 시점의 '그'를 회고하면서 교차로 진행된다.

> 나는 소설 속에서 인칭을 가지고 통상적인 인물을 대체한다. 또 나·너·그 이렇게 서로 다른 인칭으로 동일한 한 명의 주인공을 진술하거나 주목한다. 이로써 하나의 인물이 서로 다른 인칭으로 표현되며 이 때 조성되는 거리감 역시 배우의 연기에 더욱 커다란 내면의 공간을 제공해준다.[38]

『나 혼자만의 성경』에서 '그'는 군중과의 동화를 거부하면서 개인성을 유지하고자 하는 인물로 그려진다. 그것은 '나'를 실체로 보는 자아의식이자 일정한 거리의 밖에서 관조하는 것이다. 그리고 '너'는 '그'를 자신과 동일시하지 않고 거리를 두면서 객관적으로 관찰하고자 한다. 개인의 권리가 위협받는 상황에서 '그'가 취한 생존전략으로서 방관자 혹은 관찰자로서의 삶을 유지하려는 것이다.[39] 이 점은 가오싱젠이 사회와 자아와 거리를 두면서 차가운 시선으로 세상(내면)을 관찰하려는 '주의 없음'과 '차가운 문학'의 창작 운용인 것이다.

37) 劉再復, 「跋」, 『一個人的聖經』, 臺北: 聯經出版社, 452쪽.
38) 「文學的理由」, 『論創作』, 12-13쪽.
39) 강경구, 「고행건의'一個人的聖經'탐색」, 『중국현대문학』 제31호, 2004 참고.

이 두 작품은 심리구조로 플롯을 대체하고, 인칭으로 인물을 대체한 소설이다. 『영혼의 산』은 장편의 독백이지만 '그'와 '그녀'를 '나'의 사고로부터 나온 가상의 상대로 대체한 후, 중성적 시선으로 처리함으로써 혼란스런 자아를 차갑게 관조하고 있다. 이러한 '언어 의식'의 배후에 자리하는 '자아'는 계속해서 다양한 내면의 의식을 이어간다. 그리고 중성적 혹은 제3의 시선을 등장시킴으로써 정치와 윤리, 사회와 습속을 받아들이는 과정에서 여러 개의 자아의식을 낳게 된다. 이처럼 가오싱젠이 주장하는 차가운 시선과 관조 및 거리두기 등의 창작 사유는 작품 속에서 인칭서술 방식으로 구현되고 있다.

Ⅳ. 디아스포라의 정체성

1. 민족문화의 정체성

가오싱젠의 정체성 문제 역시 작품창작과 문학관점에서 잘 드러난다. 『영혼의 산』의 '나'는 중국의 오래된 뿌리가 있는 '영혼의 산'을 찾는 여정이다. 특히 남방지역을 여러 차례 다니면서 소수민족들의 삶과 여러 문명과 생태를 접하고, 은일(隱逸)문화 · 자연문화 · 선종(禪宗)문화 등 여러 문화 전통을 만난다. 2000년 10월 가오싱젠은 프랑크푸르트의 한 강연에서 "『영혼의 산』은 한 편의 고독의 작품입니다. 제가 중국 중남부 지역을 유랑하면서 고독하게 창작한 것으로 중국 문화에 관한 작품입니다. 저는 중국 문화와 중국의 전통에 많은 사랑을 갖고 있습니다."[40]라고 말했다. 그렇다면 『영혼의 산』 속의 중국 문화는 어떠한

40) 吳秀明, 『當前文化現象與文學熱點』, 北京: 北京大學出版社, 2011, 119쪽.

문화인가? 가오싱젠의 시각에서 중국 문화는 크게 네 가지 형태로 나눌 수 있다. 첫째, 중국의 역대 봉건 왕조와 관련한 정통 유가 문화. 둘째, 원시적인 무술에서 발전된 도교와 인도에서 유입된 불교문화. 셋째, 여러 민족의 신화·전설·민가·무도·제례의식 등의 민간문화. 넷째, 노장의 자연철학과 위진(魏晋)의 현학(玄學) 등 문인들의 은일문화이다.[41] 특히 뒤의 3개 문화에 더욱 관심을 두고 있다. 이들 문화는 제왕중심의 문화가 아닌 특히 고전문학에서 개인의 창의성이 풍부한 작가와 작품들을 배출한 문인들의 은일정신이 내포되어 있다. 그는 자신이 장강 유역의 남방문화를 찾아다닌 이유는 대표적인 남방문화인 도가와 선종, 문학가 굴원·두보·도연명 등 인문지리적인 요소에도 있지만, 더 중요한 이유는 은일정신이 가득한 남방의 장강 유역은 제왕의 권력과 멀리 떨어져 있기 때문이라고 한다.[42] 중국의 역사와 문화는 제왕 중심으로 이루어졌으며 민간문화·주변문화·소수민족문화는 상대적으로 간과되었다는 것이다. 그래서 민간의 설창(說唱), 구이저우(貴州)의 마당놀이(地戲), 상시(湘西)지역의 당집굿(儺堂戲), 티베트의 장극(藏劇) 등 중국 서남지역 소수민족들의 원시 종교의식들을 중요하게 생각했다.

그리고 그러한 소재들을 거대한 장편소설 속에 집약시킴으로써 민족의 자아와 자신의 자아를 찾고자했다. 그가 다닌 곳은 유가 윤리의 온상인 황하 유역의 중원문화와는 다른 정치와 현대 문명의 중심에서 멀리 떨어진 주변화 된 '변방'의 민족문화였다. 실제로 그가 찾고자 하는 것은 영산 자체라기보다 '나'와 '민족'의 정체성이다. 그래서 그에게 있어 '영산'은 공간일수도 시간일수도 역사일수도 미래일수도 있는 하

41) 吳秀明, 앞의 책, 119쪽.

42) 「找尋心中的靈山」, 『論創作』, 204-205쪽.

나의 상징이기도 하다. '영산'은 중국 문화의 원류이자 자신의 정체성의 근원으로 해석된다.

최근 현대 중국은 '유교의 부활'을 내세우면서 '문화중국'을 꿈꾸고 있다. 개혁개방이후 이데올로기의 공백을 메우기 위해서 전통문화의 복원, 신유가의 중시 등 민족주의 측면에서 유교의 부활을 강조해왔다. 특히 2008년 올림픽 개최 이후 내부적으로 중화민족이라는 정체성을 강화함으로써 사회적 통합과 결속력을 다지고, 대외적으로는 국가이익과 서구의 견제라는 측면에서 문화소프트파워의 구축에 힘쓰고 있다. 이 시점에서 '문화중국'으로의 길이 망명 작가 가오싱젠의 시선에는 어떻게 보였는지, 경계의 밖에서 중국의 내부를 들여다본 그만의 '민족문화'는 어떠한 것이었는지를 함께 연관 지어 생각해볼만 하다. 물론 유학은 중국 문화의 중심이었고 또 현재 중국 문화정체성의 근간으로 삼아 중국 사회의 통합을 모색하려는 점은 관념적으로는 타당할지 모르겠다. 하지만 '과거' 유학의 정신문명이 '현재' 중국의 대내외 문제들을 극복할 수 있는 적실한 대안인지, 나아가 유가의 사유방식이 현대 중국 정치와 인민의 일상, 사회제도 등으로 귀착할 수 있는지의 적실성도 따져보아야 할 것이다. 문화는 한 민족이 지니고 있는 '고유한' 정체성으로 인해 존속되는 것만은 아니며, 정체성은 시대적 요구와 문화환경 속에서 자발적으로 형성·변화되기 때문이다. 그러나 중국의 근대는 유학, 공자의 틀에서 벗어나지 않은 채 비판과 계승이라는 연속과 단절의 반복을 거듭해왔다. 현재 유학의 부흥은 미디어를 활용하여 대중화에 힘쓰고 있는 것은 사실이지만, 이 역시 대중의 자발적 흐름이 아니라 여전히 이데올로기의 안에 놓인 장치라는 것이다. 정치가 문화를 좌우하는 방식이 아니라 문화가 정치와 자발적으로 연관될 때 '문화중국'의 길은 가능할 수 있을 것이다. 그리고 이는 중국이 전반적으로 중국의 민족주의를 강조하면서 화문문학을 바라보는 시각처럼 문화중국으로 가는 길의 민족의식의 강조는 오히려 "큰 지향점을 향해 나아가는 데 방해가 되는 저해요소이자 허위적이고도 허구적인 어떤 것일 수 있다."는 말과도 상통한다.[43)]

『영혼의 산』에서는 현대 중국의 한족 중심주의를 해체하고 장강유역-소수민족의 전설과 신화, 민요와 무속 등 주변부의 민족문화를 상기시킨다. 그는 '주의 없음'을 주장하면서 중국에서 팽배하는 유가전통, 애국주의와 중국 정부가 전유하는 이데올로기적 관행을 거부하고, '주의'에 의해 만들어진 민족정체성을 외면하는 것이다. 그래서 중국 정부가 유학의 부활을 통해 하나의 이데올로기를 형성하여 정치적 헤게모니로 전환하려는 점에 거부한다. 이 점은 자신이 중국인이라는 것을 부정하진 않지만 특정한 이데올로기의 틀에서 벗어나려는 경계에 선 작가이자 지식인임을 반증해주고 있다.

이처럼 가오싱젠은 디아스포라의 신분으로 경계(변방)에서 내부를 들여다보는 자기(민족문화)의 성찰을 통해 자신이 지향하는 민족문화를 제시하고자 했다. '나'와 '민족'의 시원(始原)으로서 '영혼의 산'을 한족 중심의 주류문화를 상징하는 황하유역에서가 아니라 배제되고 간과된 변방에서 찾고 있다. 이는 현재 중국이 유가의 부활을 통해 '문화중국'으로 나아가려는 점을 다시금 생각해보는 계기를 제공한다. 그는 분명 중국인이었지만 '중화성'과 같은 주류 민족문화에서 벗어나고자했다. 그래서 그의 작품은 중국적이면서도 탈 중국적이다. 디아스포라 지식인이 바라본 중국의 영혼의 산, 민족문화의 영산은 존재유무의 대상이라기보다 희구(希求)의 대상이며,[44)] 유가문명으로 이루어진 산은

43) 프란츠 파농 저, 남경태 역, 『대지의 저주받은 사람들』, 서울: 도서출판 그린비, 2004, 175쪽.

44) "'영산에 갑니다' '어디요?' '영산, 정신 또는 영혼의 산이오' 북에서 남으로 중국을 돌아다니며 유명한 산이라면 안 가본 데가 없는 당신이지만 그런 이름을 한 번도

분명 아닌 듯하다.

가오싱젠이 이렇게 민족문화의 뿌리를 찾고자하는 점은 1980년대 중국 문학의 '심근(尋根)문학(뿌리 찾기 문학)'과 연관이 있다. 특히 1980-1990년대에 제3세계 국가들이 잇따라 노벨상을 수상하면서 더욱 주목하기 시작했다. 그 후 2000년대 가오싱젠 역시 서방 문학과 다른 중국 본토 문화를 제재로 했다는 점에 주목하면서, 더욱 중국 문화의 '특성'들을 발굴해야 한다고 인식하게 되었다. '가장 중국적인 것이 가장 세계적이라는 것'을 깨닫기 시작한 심근문학이 등장하게 된 것이다. 『영혼의 산』이 노벨상을 수상하게 된 이유는 '작품의 보편적 가치와 깊은 통찰력, 풍부한 언어 표현력으로 중국어 소설과 예술, 연극 분야에서 새로운 길을 열었으며', '곤경에 처한 한 작가가 장강유역을 따라 유랑의 마음으로 여행을 하면서 현대인의 처지와 인류의 보편적 생존 실태를 연결시켜 관찰하고 있다'고 한다.[45] 가오싱젠은 본토 문화를 제재로 다루고 있지만 중국이라는 틀 자체에 머물지 않고 그 속에서 인류의 보편성을 찾고자했으며 그래서 중국적이면서도 중국적인 것을 뛰어넘었다는 평가이다. 사실상 심근문학은 지금까지 잊히고 매몰된 조상들의 문화와 민족 신앙 · 민속 · 전설 · 풍물 등 민족적 특성을 찾아내는 것이다.[46] 이전의 향토문학과는 다르게 전통문화를 주장하기보다는 버릴 것과 계승할 것을 구별함으로써 우수한 전통문화의 발굴이 바로 '뿌

들어 본 적이 없었다. ……당신은 아무런 흔적도 찾아내지 못한다." "'어르신, 길 좀 묻겠습니다. 영산은 어떻게 갑니까?' '어디에서 오는 거요?' 어르신이 반문한다. 그는 우이진烏伊鎭에서 온다고 말한다. '우이진?' 어르신은 조금 생각해 보고는 '강 건너편으로 가세요.' 그는 자신이 바로 강 건너편에서 왔는데 길이 잘못 든 것이 아닌가라고 말했다. 어르신은 눈썹을 조금 올리며 말한다. '길은 틀리지 않은데 잘못된 것은 길을 걷는 사람입니다.'"

45) 董雪, 「靈山與中國人的諾貝爾文學獎情結」, 吳秀明, 앞의 책, 110-155쪽 참고.

46) 劉姝斌 · 姜紅明, 「論靈山與中國人的諾貝爾文學獎情結」, 『探索與爭鳴』 第1期, 2003.

리 찾기 문학'의 목적이다.[47] 하지만 『영혼의 산』을 통해 황하유역의 중원문화와 거리를 두고 남방 지역의 문화를 상기시키려는 점은 유가 문화가 아니라는 것일 뿐, 결국 또 하나의 민족을 대상화하고 있는 점에서는 마찬가지가 아닌가한다. 그리고 진정 '중국적인 것이 가장 세계적이라는' 보편적 가치를 지닌다는 점이 무엇을 의미하는지는 문학의 범주를 넘어 중국의 여러 가지 현실과 연결하여 보다 구체적이고 깊은 고민이 있어야 할 것이다.

2. 자아정체성

『나 혼자만의 성경』 39장에서 가오싱젠은 '자유'에 대해 말한다. 그의 자아정체성이 고스란히 담겨 있는 부분이다. 요약하자면, 자유는 몸 밖에 있는 것이 아니라 내면에 있는 것이다. 문제는 그것을 의식하고 있는지 사용하고 있는지에 달렸다. 따라서 자유는 누군가가 주는 것도 아니며 사회나 집단이 부여하는 것도 아니다. 자유는 어떤 체제·제도·정치·사회가 줄 수 있는 것은 한계가 있으며, 오로지 자신의 내면에서 찾아야 한다. 그리고 그 자유는 단순한 관념이 아니라 확인되(하)는 것이다. 마치 사물의 존재를 확인하는 것과 같이 나무 한 그루·풀 한포기·이슬 한 방울에서도 그 의미를 찾을 수 있다. 따라서 자유는 인간이 살아가는 가장 근원적인 것이자 하나의 작은 생명인 것이다. 또한 자유는 절대적으로 타인과 거리를 둔다. 타인을 의식하지 않으며 타인의 속박을 뛰어넘어야만 얻을 수 있다. 표현의 자유 역시 그러하다. 하지만 자유는 고통과 우울로 드러나기도 한다. 그러나 고통과 우울에 의해 압도당하지 않고 관조만 할 수 있다면 그 속에서 보다 자유

47) 김시준, 『중국당대문학사』, 481-486쪽 참고.

로울 수 있을 것이다.[48)]

가오싱젠이 말하는 자유는 자신 안에 있으며 타인(사회 · 집단 · 이데올로기)의 속박으로부터 벗어날 때 획득되는 것이다. 스스로 자신의 생명을 의식하는 것이자 일종의 정신적 존재감으로 보았으며, 이를 창작을 통해 실현하고자 했다. 그러나 그것이 불가능한 상황에 이르자 고통과 우울 속에서 여행을 한 후 결국 '도망'을 선택하였다. 『주의 없음』 · 『영혼의 산』 · 『창작에 대하여論創作』 등에서 잘 나타난다. 『영혼의 산』 62장에서 가오싱젠이 열쇠를 찾는 장면이 나온다.

> 열쇠를 잃은 후 그의 생활은 엉망이 되었다. 그는 흥분할 수밖에 없지만 모든 것은 자기 잘못이었다. 그는 누구를 나무랄 수 없다. 열쇠는 자신이 잃어버렸기 때문이다. 그는 상당히 난처하게 되었고 이러한 혼란스러운 상황에서 빠져나올 수 없었다.[49)]

'열쇠'는 일종의 상징이다. 일상의 곤혹과 생존의 고통으로부터 탈출하기 위한 탐색이자 자아를 찾아가려는 길을 암시한다. 가오싱젠의 자아정체성은 탐색과 도망으로 점철된 자유로의 의지로 드러나며, 작품 속에서도 계속 이어가고 있다. 앞서 보았듯이, 그는 독특한 언어예술과 인칭 서사방식을 취해 끊임없는 자아를 찾아가는 시도를 하였다. 류짜이푸는 이런 그를 문학 작품과 예술로 창작하는 '예술형 사상가'라고 하였다. 나아가 그가 자유를 강조하는 배경에는 자신을 포함하여 중국의 작가, 지식인들이 한 인간으로 '세상을 개조'할 수 있다는 '사회적 양심', '대중의 대변인' 등의 역할에 대한 고민을 제시하고 있다. 이러한 점이 가오싱젠이 강조하는 자유의 의미이자 자아정체성의 구현인 것이다.

48) 『一個人的聖經』, 305–307쪽. 劉再復, 「高行健的自由原理」, 『華文文學』 第3期, 2012 참고.

49) 『靈山』, 431–438쪽.

그러나 모든 인간은 사회와 집단으로부터 벗어나 존재할 수 없다. 절대적이고 초월적인 자유를 누릴 수는 없으며 그러한 자아도 존재할 수 없다. 다만 작가로서의 그가 추구하고자하는 궁극적인 자유는 진실한 개인의 목소리가 표현 창작에 드러날 수 있기를 바라는 것이다. 결국 가오싱젠의 자아정체성은 '자유'라는 단어를 통해 스스로 '생존(창작)의 곤경을 초월할 수 있는 가능성'을 끊임없이 쟁취 · 실현하는데 있었다. 그래서 자유는 '허가'나 '허여'의 문제가 아니라 '개인의 자각'에서 비롯한 것이며, 그것을 개인의 생존과 어떻게 연결할 것인가를 고민하는 것이라고 보았고, 이를 창작과 표현을 통해 찾고자 했다.

하지만 '주의 없음'에서 정치이데올로기를 버렸다면 그것 자체가 어떤 하나의 '주의'는 아닐까? '주의 없음'이 바로 그의 '주의'이고 '차가운 문학'이 바로 그의 '주의'일 것이다(물론 가오싱젠은 '주의'라는 글자를 원하지 않겠지만). 사유와 창작 속을 관통하고 있는 이 두 가지 '주의'는 일견 회의주의자로 보여 진다. 그는 한 인간(작가)은 이 세계를 개조하거나 인성을 개조할 수 없다고 강조해왔다. 그래서 사회비판을 창작의 출발점으로 삼지 않으며 단지 끊임없이 사회를 인식하고 인류를 '관찰'하고자 했다. 허무의 시선이 아니라 차가운 관조로 인류 사회의 비극을 예리하게 주시하는 것이 문학의 본령이자 작가의 진실한 창작 태도라는 것이다. 이러한 회의적 사유는 그의 인식론의 출발점이 된다. 『영혼의 산』 자체는 스스로에게 질문하는 독백의 여정이다. 개인의 생존의 의미에서 사회 인민과 민족역사에 이르기까지 그리고 그것을 언어예술로 표현하는 점에 이르기까지 부단한 탐색과 천착으로 이어가고 있다.

이상으로 3, 4장에서 논의한 가오싱젠의 문학지형을 종합적으로 도식화하면 다음과 같다.

〈그림 3〉 가오싱젠의 문학지형도

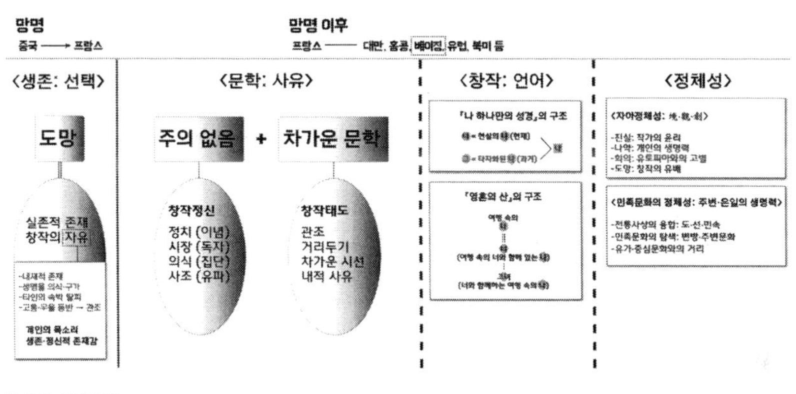

※ 출처: 저자 작성

V. 맺으며

이상으로 가오싱젠을 대상으로 화인 디아스포라문학의 네트워크와 문학적 특징 및 문학지형도를 살펴보았다. 특징을 요약하면 다음과 같다. 세계화인문학은 주로 북미를 중심으로 화인문학사단(협회) · 문학사이트 · 문학상 등을 통해 타이완 · 홍콩 등의 지역과 네트워크를 형성하고 있었다. 중국을 거점으로 한 화인문학관련 주요 네트워크는 대학내 연구소 · 학술단체 · 국가급 연구기구 · 문학사단 · 문학상 · 연구프로젝트 등의 조직 · 기구의 활동을 통해 진행되고 있었다. 가오싱젠은 출판 · 공연 · 강연 · 인터뷰 등을 통해 주로 유럽과 북미 그리고 타이완 · 홍콩 등과 문화네트워크를 펼쳐나가고 있었다. 반면, 중국의 문예계는 가오싱젠과의 만남이 거의 없으며 그의 문학사상에 대한 진지한 고민과 객관적인 평가도 부족하였다. 망명 작가라는 신분과 그의 문학 주장이 중국 현대문학의 문제점과 맞물려 있기 때문이다. 하지만 타이완과 홍콩 문학계는 그의 문학세계를 망명 작가의 신분에 초점을 두어 정치와의 대립각으로 해석하지 않고, 한 명의 디아스포라 작가가 이루어 낸 문학의 본령, 독특한 창작예술, 문학적 사유 및 정체성 등 다양한 접근을 시도하고 있었다.

다음 몇 가지 생각을 정리하면서 이 글을 맺고자한다.

가오싱젠은 경계위에 서서 '선綫'을 넘나든다. 본국과 타국 · 정치와 문학 · 현실과 영혼 · 운명과 도망 · 의식과 언어의 경계를 넘나든다. 경계에 서있지만 경계 짓는 것을 거부한다. 그의 경계에는 '절대 신호'란 없다. 그의 '경계 없음'은 '주의 없음'이자 '거리두기'로 드러난다. 그것이 그가 작가로서 추구하고자하는 '자유'이자 문학의 '본령'이다. 그리고 이를 위해 앞으로도 계속 '도망'갈 것이라 한다. 가오싱젠의 외형적 네트워크는 출판과 공연을 통해 여러 지역과 조직에 의해 확산되고 있지만, 그것을 유지시켜주는 내면의 네트워킹의 힘은 '또 다른 세계로 연결되는 가교의 지점'인 경계에 서서 끊임없이 사유하고 시도하는 실험정신일 것이다. 실험작은 늘 낯설고 생경하다. 낯설음은 또 다른 새로움을 창조하는 계기이지 의도적으로 기존의 체제를 비판하려는 시도는 아니다. 망명하기 전 그의 '낯 설은 실험작'은 당시 중국 문학계에서는 후자로 이해되었다.

『영혼의 산』의 번역자이자 노벨문학상 심사위원 고란 말름크비스트(Goran Malmqvist)는 "가오싱젠이 쓴 것, 즉 배경과 인물은 모두 중국적이지만 이른바 '중국 냄새'가 나지 않고 외국인들이 충분히 이해하고 느낄 수 있다."라고 평하였다. 이러한 이해와 평가는 물론 서양의 정치적 · 문학적 표준으로 평가했다는 견해도 배제할 순 없다. 그러나 중국 문단에 무엇이 '민족적일수록 세계적이다'라는 점을 일깨워주기도 하며, 가오싱젠이 폭넓은 네트워크를 펼쳐나갈 수 있는 요인도 될 것이다. 그는 1980년대 중국의 연극 무대에서 명성을 떨치다가 오랜 시간 그들의 시야 밖에 머문 후, 2000년대 노벨문학상과 함께 다시 중국인과 중국문학 앞에 나타났다. 그가 노벨문학상 수상 연설에서 말한 "중국어 문학의 영광이지만, 특히 중국 문단에서는 아직까지 무슨 일이 일어났는지 알지 못하고 있다"는 의미에 대해 이제 중국 문단에서도 곰곰이 되새겨 볼만하다. 이 말이 담고 있는 함의가 가오싱젠으로 하여금 유럽과 북미, 타이완과 홍콩과의 네트워크를 가능케 하는 진정한 이유일수도 있기 때문이다. 하지만 그의 문학적 주장과 신분의 한계가 세계 속에서 문화강국으로 자리하려는 중국의 야망과 어떻게 조우할지는 두고 볼 일이다.

가오싱젠은 중국의 정치·역사·문화 영역의 권력 지배구조에서 벗어나기 위해 프랑스로의 망명(도망)을 선택했다. 그에게 '도망'이란 작가로서의 실존적 존재와 창작의 자유를 획득하려는 하나의 '선택'이었다. 그러나 망명 작가라는 신분으로 인해 중국과의 네트워크는 단절되었다. 최근 중국은 문화강국을 실현하기 위해 화인 디아스포라문학을 중국 문학의 하나로 흡수하려하며, 또 2000년대 이후 화인디아스포라 작가들은 보다 시장성이 확보된 중국과 점차적으로 네트워크를 형성하려한다. 이러한 상황에서 화인 디아스포라문학과 가오싱젠의 문학네트워크의 행보가 주목된다. 사실상, 지난 수년간 노벨문학상, 부커상 등과 같은 세계적인 주요 문학상들이 탈식민주의 계열의 작가들에게 돌아갔다. 이런 면에서 볼 때, 2000년 노벨문학상을 수상한 것은 서구 측에서는 반-중국 인사를 세움으로써 중국을 견제하려는 의도도 있었을 것이고, 또 이후 중국 측에서는 가오싱젠을 (제한적으로) 수용하여 중국의 문화위상을 드높이고자 할 수도 있을 것이다. 그리고 타이완·홍콩 등에서 네트워크를 형성하고 있는 화인문학 작가들 역시 중국의 움직임을 견제하기 위해 가오싱젠의 문학적 '권력'이 필요할 것이다. 이처럼 가오싱젠은 양안삼지의 문화 권력들이 쉽게 간과할 수 있는 인물은 아닐 것이다. 때문에 가오싱젠을 통해 화인문학의 동향을 재조명해보는 것은 화인문학을 둘러싼 여러 장력들의 관계를 조망할 수 있을 뿐만 아니라, 그는 물론 화인문학의 새로운 출로 또한 가늠할 수 있을 것이다.

| 참고문헌 |

〈국내자료〉

가오싱젠 저, 박주은 역, 『창작에 대하여: 가오싱젠의 미학과 예술론』, 서울: 돌베개, 2013.

가오싱젠 저, 박하정 역, 『나 혼자만의 성경』, 서울: 민음사, 2002.

가오싱젠 저, 오수경 역, 『버스 정류장』, 서울: 민음사, 2002.

가오싱젠 저, 이상해 역, 『영혼의 산』, 서울: 현대문학북스, 2001.

고혜림, 『북미 화인화문문학에 나타난 디아스포라문학적 특징』, 부산대[박사논문], 2013.

네스토르 가르시아 칸클리니 저, 이성훈 역, 『혼종문화: 근대성 넘나들기 전략』, 서울: 그린비, 2011.

레이초우 저, 장수현·김우영 역, 『디아스포라의 지식인: 현대 문화연구에 있어서 개입의 전술』, 서울: 이산, 2005.

스튜어트 홀 저, 임영호 역, 『스튜어트 홀의 문화이론』, 서울: 한나래, 1996.

이한창, 『재일 동포 문학과 디아스포라』, 서울: 제이앤씨, 2009.

정은경, 『디아스포라 문학』, 서울: 이룸, 2007.

존 스토리 저, 박만준 역, 『대중문화와 문화이론』, 서울: 경문사, 2012.
최강민, 『탈식민과 디아스포라 문학』, 서울: 제이앤씨, 2009.
한국 중국현대문학학회, 『중국현대문학과의 만남』, 서울: 동녘, 2006.
호미바바 저, 나병철 역, 『문화의 위치: 탈식민주의 문화이론』, 소울: 소명출판, 2002.
이강인, 「중국문학과 노벨문학상의 의미적 해석: 가오싱젠과 모옌을 중심으로」, 『동북아문화연구』 2013, 제35집.
이정인, 「'이방인'과 '국가인'의 경계에서 선 가오싱젠: 가오싱젠의 망명 이후 희곡을 중심으로」, 학술연구재단, 2008.
이연숙, 「디아스포라와 국문학」, 『민족문학사 연구』, 2001, 제19호.
왕더웨이 저, 김혜준 역, 「화어계문학: 주변적 상상과 횡단적 구축」, 『중국현대문학』, 2012, 제60호.
강경구, 「고행건의'一個人的聖經'탐색」, 『중국현대문학』, 2004, 제31호.
김혜준, 「화인화문문학 연구를 위한 시론」, 『중국어문논총』, 2011, 제50호.
허세욱, 「華文文學與中國文學」, 『중국어문논총』, 1996, 제10집.

〈국외자료〉

高行健, 『自由與文學』, 臺北: 聯經出版社, 2014.
楊　煉, 『逍遙如鳥: 高行健作品硏究』, 臺北: 聯經出版社, 2012.
吳秀明, 『當前文化現象與文學熱點』, 北京: 北京大學出版社, 2011.
高行健, 『靈山』, 臺北: 聯經出版社, 2010.
朱崇科, 『身體意識形態』, 廣州: 中山大學出版社, 2009.
高行健, 『一個人的聖經』, 臺北: 聯經出版社, 2008.
高行健, 『論創作』, 臺北: 聯經出版社, 2008.
王德威, 『後遺民寫作: 時間與記憶的政治學』, 臺北: 麥田出版社, 2007.

饒芃子, 『流散與回望:比較文學視野中的海外華人文學論文集』, 天津: 南開大學出版社, 2007.

莊　園, 『文化的華文文學』, 汕頭: 汕頭大學出版社, 2006.

高行健, 『沒有主義』, 臺北: 聯經出版社, 2001.

曾　軍, 「"華語語系學術"的生成及其問題」, 『當代作家評論』, 2012.

劉再復, 「高行健的自由原理」, 『華文文學』, 2012.

劉再復, 「高氏思想綱要:高行健給人類世界提供了什麽新鮮的思想」, 『華文文學』, 2012.

朱崇科, 「華語語系的話語建構及其問題」, 『學術研究』, 2010.

莊偉杰, 「跨文化語境與自主性寫作:海外華文文學創作與研究再思考」, 『華文文學』, 2009.

顔 敏, 「'離散'的意義'流散': 兼論我國內地海外華文文學研究的獨特理論話語」, 『汕頭大學學報』, 2007.

史　進, 「論東西方華文作家文化身份之異同」, 『中國現代當代文學研究』, 2004.

肖　薇, 「文化身份與邊緣書寫」, 『中國現代當代文學研究』, 2004.

설치예술이 지니는 정치성, 네트워크와 그 언설에 있다:

아이웨이웨이와 황용핑을 중심으로

● 김영미 ●

이 글에서 다루고자 하는 것들은 아이웨이웨이 Ai Weiwei 艾未未, 황용핑 Hwang Yongping 黃永砅 그리고 그들의 설치예술이 보여주는 '사건성'[1]이다. 여기서 말하는 사건성은 그들의 설치예술작품들이 중국 지성인들의 지식체계 창출에 있어 새로운 의미를 창출해낸다는 것을 의미한다. 중국 현대 설치예술가인 아이웨이웨이와 황용핑은 그들의 작품을 통해 현실적인 중국의 사건들을 직접적으로 지시하거나 혹은 문제화하는 방법을 취하지 않는다. 그들은 예술작품을 통해 그들의 메

* 한국외국어대학교 중국연구소 연구원

** 이 글은 「설치예술이 지니는 정치성, 네트워크와 그 언설에 있다」, 『중국문화연구』 제27집, 2015를 수정 · 보완한 것이다.

1) 여기서 말하는 '사건성'은 질 들뢰즈 Gilles Deleuze의 사건성에서 온다. 질 들뢰즈에 의하면 어떤 한 '사건(event)'은 그로부터 의미를 띠게 될 때 사건성을 갖게 된다. 이에 대해 이정우는 순간적으로만 존재하는 것, 그러나 중요한 의미를 띠게 되는 사건을 사유하는 것이 현대철학의 중요한 테마라고 지적한다. 이것은 운동, 생성 그 자체를 논하는 것이 아니라 그것이 생성되는 의미와 관련된 지점을 논하는 것을 의미한다. 이정우, 『사건의 철학』, 서울: 그린비, 2011, 각 21-24, 131-138쪽

세지를 알레고리화하면서 정치성을 간접적으로 드러낸다. 더구나 이들 예술가들이 택한 '설치예술'은 서로 다른 공간에 설치됨으로써 그 의미를 띠게 된다. 아이웨이웨이의 경우는 중국 대륙 내에 거주하면서 해외에서 작품을 전시하고 황용핑은 중국대륙바깥 프랑스에서 거주하면서 해외로 혹은 대륙 안으로 작품을 전시한다. 여기서 그들 작품이 여러 공간을 옮겨 다닌다는 점은 중요하다. 왜냐하면 그들의 설치예술작품은 중국이라는 한 공간이 아닌 여러 다른 공간에 '설치됨'으로써 완전히 새로운 의미체들을 이끌어내고 있기 때문이다. 대부분의 그들 작품들은 그것이 설치된 공간에 따라 서로 다른 관객을 불러 모으고, 관객들이 개인적으로 겪은 경험과 조우하면서 완전히 다른 해석체를 만들어 낸다. 그것은 의미창출의 다양성을 의미하게 되며, 그렇기 때문에 작품해석의 능력과 예술가들의 개념들은 여러 가지 의미 조직망 가운데 다양한 의미들을 형성하게 된다. 이렇게 이들 예술가들이 불러내는 관객의 경험과 의미생산은 포스트 사회주의 중국에 대한 의미망 그리고 담론을 구성하게 된다.

따라서 이들 예술가들이 의미생산을 해내는 각 공간들은 매우 중요해 진다. 특히 이들 설치작품들이 지니는 공간성에 대한 문제는 기본적으로 중국본토를 떠나 중국 바깥에 '설치됨으로써' 중국과 기타 지역들을 네트워크화 시킨다는 점에서 그 중요성이 배가된다. 개념상의 중국이라는 내셔널리티는 작품으로 현물화되어 중국이 아닌 다른 공간에 놓임으로써 가시화되는 셈이다. 그들 작품이 지니는 공간성은 곧 중국이라는 국적을 표방한다. 나아가 중국내의 어떠한 사건들을 응집시킨다.

또한 이들 작품들이 지니는 공간에 대한 중요성은 사실 그들 작품이 지니는 거대함과도 관련을 갖는다. 그것은 실내에 놓일 경우 설치공간과 하나가 되기도 하고 야외에 놓일 경우 그 자체가 하나의 건축물과 같은 효과를 지니기 때문이다. 실제로 이런 엄청난 크기의 작품들은 관객들의 시야에 들어오기도 힘들 정도로 크기 때문에 놀라움을 자아내고 있는데, 그 자체는 료타르 Jean-Francois Lyotard가 칸트 Immanuel Kant의 '숭고 Sublime'개념을 빌어 예술작품에 적용시킨 바에 정확히 도달한다. 말하자면 그것들이 지니는 크기는 곧 작품이 산생해내는 어떤 다른 목적에 도달하도록 만드는 정도의 크기를 지니게 된다. 왜냐하면 그러한 엄청난 크기는 어떠한 사실을 직접적으로 지적하기 보다는 그저 크기가 주는 충격적 느낌만을 줄 수 있기 때문이다[2]. 그것은 예술작품자체가 내용적인 것과 직접적 연관성을 가지는 것이 아니라 형식적으로 관객들이 도달할 수 있는 개념적 효과에 기대는 메시지 전언 형태다.

또 한 가지 이들 설치작품들이 지니는 공간성 이외에 반드시 지적해야 할 것은 이들 작품들이 실용적으로도 미학적으로 전혀 유용하지 않다는데 있다. 하지만 공간성이 주는 커다란 충격과 마찬가지로 이 무용성 역시 관객들에게 충격적 느낌을 전달한다. 이들 설치예술 작품들은 단지 충격적인 느낌을 알게 해주는데 그치는 것은 아니다. 그것은 어떠한 충격적 '사실 Fact'을 지적하려고 한다. 외

〈그림 1〉 Ai Weiwei, Han Dynasty Urn with Coca-Cola Logo, 1994

2) 료타르는 엄청난 크기가 주는 숭고에 대한 개념을 어떤 대상이나 사건, 사태에 대해 무엇이 일어나고 있는가가 아니라 단지 일어났다라고 해야 함을 의미한다고 설명한다. 서동욱 엮음, 『미술은 철학의 눈이다』, 서울: 문학과 지성사, 2014, 303쪽. 이에 따르면 이것은 현대예술작품이 이미 일어난 사태에 대해 작가가 후시적으로 그 느낌을 형상화한 것이며, 관객은 단지 그 형상이 주는 엄청남과 놀람 자체만을 공유할 수 있다는 결론을 얻을 수 있다.

부형식이 주는 그 충격적 비주얼이 바로 사실들에 대한 심각성을 노출시킨다. 따라서 그것들은 '정치적이다'. 자크 랑시에르 Jacques Ranciere는 현대의 미술품이 소비자들의 소비의 지점이 아니라 생산의 지점에 있기 때문에 정치적일 수 있다고 언급한다[3]. 그것들은 실제로 어떤 의미를 생산한다. 완전히 정치적이지 않은 소재를 예술화하기 때문에 정치적이 될 수 있다. 아이웨이웨이의 코카콜라 로고가 새겨진 한대 Han dynasty 漢代의 도자기는 바로 이런 작품들이 겉으로 보기에는 얼마나 정치적인 것과 상관이 없는지를 한눈에 알게 해준다. 코카콜라병으로도 그렇다고 고대의 골동품으로도 쓸 수 없는 이 작품은, 콜라를 넣는 기능도 할 수 없고 골동품이라는 가치측면에서도 훼손을 당한다. 이 항아리는 어느 누구도 이것을 쓸모있게 사용할 수 없는 오브제로서 덩그러니 남는다. 또한 아름답지도 않다. 미학적으로도 실용적으로 아무 쓸모없는 이 도자기는 한순간에 중국의 고대문화를 쓸모없는 지점으로 가도록 만든다. 여기서 창출되는 중국의 고대성 혹은 중국문명에 대한 찬양은 한순간 코카콜라 용기만도 못한 지점으로 돌아서게 되고, 이러한 작품이 중국이 아닌 공간에 놓여질 때 그 해석체의 의미는 확장된다. 그리고 '중국'이라는 내셔널리티와 중국이 처한 지금의 현실에 대한 지시는 새로운 의미성을 지닌다.

사실 이런 확장된 의미체와 공간 네트워크를 생성하는 설치예술작품은 그 자체가 매우 새로운 정치적 행위이기도 하다. 이들 작품들은 이곳과 저곳을 움직이며 가변성을 보여줌과 동시에 일정장소에 한해서

3) 자크 랑시에르는 이 개념을 료타르에게서 가져온다. 그에 의하면 숭고한 작품들은 소비의 대상들에게 사용불가능성을 지니는 이유로 특수한 선 善을 생산한다. 그것이 예술을 예술답게 만들며, 그렇기 때문에 예술은 정치성을 지닌다고 설명한다. 자크 랑시에르 지음 주형일 옮김, 『미학안의 불편함』, 서울: 인간사랑, 2009. 154쪽

만 일회성을 지닌다. 또한 동시에 형태가 온전한 사물로서 현존한다. 따라서 이들 작품들은 해체적이면서도 안정적이다. 그것은 게릴라 전법과도 같이 여기 저기서 출몰하는 시위의 성격을 갖는다. 강력한 메시지는 남겨지지만 결코 영원한 형태를 갖추고 있지는 않다. 그러면서도 그 작품들은 상당히 유희적이다. 바로 이러한 양가성은 그들 작품이 온전히 예술화되기 때문에 역설적으로 정치적 담론을 생산한다는 결론에 이르게 만든다.

여기서 주목하고 싶은 것은 그들 예술의 새로운 의사전언 意思傳言 방식이다. 즉 그들은 새로운 의사소통을 하고 있는 중이다. 그것은 문자-언어 형태의 지식체계와는 다른 노선에 있다. 그들은 형상화되는 예술 작품을 통해 언설해 낸다. 앞서 살펴보았듯이 그들 작품들이 지니는 무용성과 공간성은 새로운 발화형태와 대화형태를 이끌어 낸다. 그들은 사건을 직접 지시하지 않으면서 동시에 유희적인 방법으로 정치적 사건을 지시한다. 이 과정에서 작가는 그들 설치예술작품들에 언어와 비언어가 혼합된 모습으로 그들의 언표 statement들을 토해내면서[4] 관객을 향해 현 사회를 직시하라고 명령한다. 그들은 미술작품을

4) '언표 statement"는 (일반적 의미로 사용되는) '언어 language'로도 '의미 meaning'으로도 담아낼 수 없는 '사건 event'를 말한다. Michel Foucault, Trans by Sheridan Smith, *The archaeology of Knowlege and discourse on language,* New York, Pantheom Books, 1972, pp.28(http://monoskop.org/images/9/90/Foucault_Michel_Archaeology_of_Knowledge.pdf, 2014.9.8. 검색.) 여기서 'statement'와 'discourse'는 일반적으로 각각 '진술'과 '담론'으로 번역되는 경우가 많은데, 이 글에서는 이정우의 번역을 따라 '언표', '언설'로 표기한다. 그에 따르면 이러한 푸코의 개념은 '언어 langusge'의 포함범위에 들지 않는 것, 이미 말해지거나 혹은 씌어진 텍스트가 아니라 결코 말해지지 않은 것으로의 글쓰기를 의미하므로, 각기 글이 아닌 '말 parole'로서의 성격에 초점을 맞추고 있음을 알 수 있다. 따라서 글쓰기의 또 다른 방식으로서 설치예술작품은 말의 계열에 있다는 의미로 이정우의 번역을 따른다. 또한 이 번역용어의 기초는 물질성에 기초하고 있으며 순수한 물질로 구성된 설

단순히 상품적 가치로만 환산하는 것이 아니라, 관객과 작가가 작품이 설치되어지는 특정 공간에서 느낄 수 있는 문제들을 미술작품 언어로 언설화한다. 따라서 이들 설치예술이 표현하는 언설적 성격에 주목하는 것은 매우 중요하다. 그것은 중국이 처한 사회적 현실의 또 다른 언어 표현법을 읽어낸다는 것을 의미한다. 또한 이 작품들이 지니는 유희성은 부드러운 방법으로 저항하는 약자의 언설형태라는 것을 바로 연결시킬 수 있다. 즉 두 작가가 새로운 언술형태의 표현을 통해 조직해내며 네트워킹화 시키는 지식체계형성과정은 중국현실담론에 대한 새로운 접근법이라고 할 수 있다.

Ⅰ. 설치예술이 지니는 공간성

설치예술 Installation art을 바라볼 때 가장 주의해야 할 것은 그것이 조각 sculpture과는 다른 공간성을 가지고 있다는 점이다. 조각은 재현의 대상을 재현하거나 혹은 재현하지 않거나 – 가령, 미니멀리즘의 경우 – 간에 모두 그 대상들이 시적으로 응축되는 경향이 있다. 그것들은 어떠한 사실들을 사물화하여 하나의 물체로 고정시킨다. 이에 비해 설치예술이 가지는 3차원적 공간성은 비교적 산문적이고 연극적이다. 그 말은 나열되어 있다는 말이고 또 상황이 주어져 있다는 말이며 시간성을 확보하는 서사성이 함유되어 있다는 것이다. 한마디로 설치예술은 '사건 Event'를 보고하는 형식을 취한다. 그것은 하나가 아니라 여러 가지의 물체가 아카이브 archive[5])를 이루기도 하며 혹은 어떠한 상

치미술작품이야 말로 이 번역용어와 부합한다. 미셸푸코 지음 이정우 옮김, 『지식의 고고학』, 서울: 민음사, 2000. 각 14, 49, 55, 119쪽

황 자체가 그대로 모두 흩어진 '채'로 일정한 공간과 강력히 결합되어 있기도 하다. 실제로 설치예술작품 자체가 건축이 되는 경우도 있다. 하지만 무엇보다도 설치예술이 지니는 공간성의 중요성은 바로 어떤 한 공간의 '위치'와 작품이 차지하는 '면적'에 있다고 할 것이다. 단지 그것들은 '한 덩어리로 크다'는 것이 아니라 각자 아무런 공간도 차지할 수 없던 것들이 일정장소에서 일시적으로 '연결되어' 덩어리를 이루어 커지면서 공간을 점유하게 된다.

황용핑에게 사물의 배치는 황당함과 끔찍함이라는 조금은 친숙하지 않은 감정들과 관련을 갖는다. 그는 프랑스의 해변가에 용 龍으로 추정되는 설치작품을 설치해 놓았다. 이 작품을 소개하고 있는 알트라스 옵스큐라 altras obscura[6]는 '알루미늄으로 만들어진 뼈 조각이 프랑스 해변으로 중

〈그림 2〉 Huang Yongping, Serpent d'Océan, at Loire River between Nantes to Saint-Nazaire, 2007-2012

5) 아카이브 개념은 미셸 푸코 Paul Michel Foucault에서 가져왔다. http://www.michel-foucault.com/concepts/ 2014.12.18. 검색. 푸코에 의하면 아카이브는 언표들 statement이 언설적 실천들 discursive practices 혹은 체계들 systems으로 드러나는 '사건 events'이거나 혹은 '사물들 things'들을 가리킨다. 기본적으로 이것은 언설 discourse의 기본적 단위가 되며, 이정우는 '아카이브'를 '문서고 文書庫'라고 번역하였다. *The archaeology of Knowlege and discourse on language*, pp.128. 미셸푸코 지음 이정우 옮김, 『지식의 고고학』, 서울: 민음사, 2000. 186쪽. 이 글에서는 설치예술 작품에 소요되는 물질적 오브제 하나하나를 언표로 간주하고, 설치된 한 덩어리의 작품을 아카이브 개념과 동일시하였다. 또한 언표 statement는 이정우 번역대로, 아카이브 archive는 원래 영어원문인 아카이브를 따른다.

6) 알트라스 옵스큐라 altras obscura는 세계적인 명소나 특이한 볼거리들을 다루는 온라인 가이드북이다.

국적 신비를 가져오다 An aluminum skeleton brings Chinese mythology to a French shore'라고 기술하고 있다. 하지만 사실 이 거대한 용은 작가의 말대로라면 '(바닷가의) 뱀 Serpent d'Océan'이다. 커다란 뱀의 존재는 앙상한 뼈만으로도 보는 사람들의 상상력을 자극한다. 이 작품은 그 실체가 모두 보이지 않아도 보는 이로 하여금 공포감에 손쉽게 도달하도록 만들어준다. 또한 그는 한 단계 더 나아가 지금 앞에 놓인 무시무시한 뱀이 무서운가 현실이 무서운가 하는 의문을 자신의 언술행위를 통해 관객들에게 물어보고 있다. 이것은 당대 唐代 유종원 柳宗元의 [포사자설 捕蛇者說]을 떠올리게 한다. 아주 강력한 설득력을 가진 한 편의 산문이 이렇게 완성된다[7]. 같은 작품이 오스트레일리아서 전시되었을 때 이 크기는 무려 17피트를 자랑하며 다시 한 번 그 위용을 드러냈다[8]. 프랑스 해변에서 남반구의 오스트레일리아로 옮겨지면서 그것의 거대함은 전혀 변함은 없지만, 그것이 놓인 장소에 따라 그 모습은 달라져 있다. 거대한 뱀이 차지하는 공간은 갤러리 혹은 야외에 따라 그 크기가 주는 느낌을 달리하고 있다. 이것이 바로 일시적이면서도 고정성을 가지고 있는 설치예술의 공간 구성이다. 움직이는 언설행위는 고정된 기표를 가지고 서로 다른

〈그림 3〉 Huang Yongping, wu zei 乌贼, monaco Oceanographic Museum, 2010

7) 포자사설의 '설 說'은 잘 알다시피, 유세의 '세'로도 읽힐 수 있다. 이러한 문장체는 은유를 통해 누군가를 쉽게 설득시키는 방법이다. 따라서 관객들에게 메시지를 전달하는 강력한 방법으로서의 중국고대의 '설 說'체와 유비될 수 있다.

8) Huang Yongping, Ressort, at Queensland Art Gallery, Australia, 2013

공간성을 획득하고 있다. 완전히 유목적 언설행위로서 설치예술작품이 위치하고 있다.

이 작품 이외에도 생명을 위협하는 거대한 해충에 대한 이야기는 계속된다. 2010년에 황용핑은 [wu zei 乌贼]라는 작품으로 갤러리 내부를 꽉 채웠다. 여기서 숨 막힐 듯이 천장을 가득 메운 이 거대한 문어의 발 밑에는 바다의 바닥에 사는 생물들이 놓여있다. 끔찍하게 거대해진 문어는 나머지 생명들을 위협하고 있다. 물론 그 거대함은 살아서 관객의 목숨이라도 노릴 듯하다. 질식할 것 같은 공포감은 바로 그 공간을 지배하고 있는 크기이며, 그 생물들이 지니고 있는 특징에 대한 연관성이다. 정확히 관객의 뇌를 건드리며 충격을 주는 전시다. 현실적 끔찍함은 우회적으로 공간을 크게 점유하며 알레고리 Allegory화된다.

이와 같이 황용핑은 주로 전갈이나 뱀 등 인간에게 치명적인 독을 품고 있는 동물들을 소재화한다[9]. 왜냐하면 그것이 곧 인간을 위협하는 끔찍함이기 때문이다. 그것들이 주는 '끔찍함'이라는 정신적 결과물은 바로 현실을 지시하게 된다. 그의 작품이 주는 현실의 끔찍함은 단순히 신비로운 동물의 세계만이 아니라 현실을 우회적으로 지시함으로써 관객들이 닿게 되는 메시지들의 형태를 띤다. 바로 알레고리다. 용과 문어가 어떤 사실을 직접 지시하지는 않는다. 하지만 분명한 것은 이들 작품이 주는 크기에서 관객은 분명히 공포감을 느끼게 되고, 그것이 지시하는 바를 찾아내려고 애를 쓰게 될 것이다. 이들 용과 문어가 지시하는 현실적 끔찍함은 관객이 개인적으로 경험한 여러 가지 사건 가운데 충격적이고 공포스러운 사건들과 조우하면서 여러 좌표로

9) 이외에도 그가 전갈이나 뱀을 주제로 한 작품으로는 살아있는 전갈과 뱀을 투명한 통로에 배치한 [Theater of the World, Theather of the World-Bridge](Walker Art Center, Minneapolis, 1993)와 비슷한 형태의 [Ceinture](Nuit Blanche 2013-Ville de Paris, Carreau du Temple, Paris, 2013)이 있다.

구체화 될 수 있을 것이다.

이보다 아이웨이웨이는 좀 더 적극적인 사회적 현안을 작품화한다. 물론 그의 작품들이 모두 그런 것은 아니지만 그는 황용핑보다 직접적으로 작품화하는 경향이 있다. 완전히 현물화된 그의 작품들 역시 거대하기는 마찬가지다. 가령 그가 뮌헨에서 보여준 가방 프로젝트 (프로젝트[Remembering], Munich, Haus der Kunst, between October 2009 and January 2010)는 2008년 사천성에서 일어난 지진 사태를 직접 지시한다. 이 프로젝트에 쓰인 천들은 모두 건물더미에 깔린 9000명 학생들의 가방을 수거한 것이다. 그는 이 가방들을 색깔별로 카드섹션을 만들어 중국어로 그 메시지를 드러냈다. 여기에 "그녀는 이 세상에서 7년간 즐겁게 살았을 뿐이다. 她在这个世界上开心地生活七年"라고 쓰고 있다. 뮌헨에서 이 중국어로 된 메시지를 읽어낼 수 있는 사람은 아마도 거의 없을 것이다. 메시지를 전달하고 싶은 언어는 완전히 소통되지 못한다. 그것은 중국이 아닌 공간에서 소통부재를 맞이하며 중국 현실을 그대로 고발한다.

〈그림 4〉 Ai Weiwei, Remembering, Munich Haus der Kunst, 2009-2010

어느 누구도 중국의 현실을 제대로 알 수 없다. 이는 황용핑의 신비 작전이나 동물우회작전보다 직접적 형태로 제시된 사건성 작품이라고 할 수 있다[10]. 특히 그는 비디오와 사진 작업을 이 프로젝트와 병행함으

10) 그는 또한 50 minute BBC documentary "Ai Weiwei, Without Fear or Favor"와 2010 유투브에 "She lived happily in this world for seven years"를 실어 2008년 사천성 지

로써 메시지를 직접 보고하는 형식을 취하고 있다. 확실히 르 포르타주 Reportage의 예술형식 그대로를 취한다. 또한 그는 한 사건에 대해 비디오, 사진, 설치예술과 같은 여러 가지 언설체계들로 다양하게 전언하면서 사건이 보고되고 전파될 수 있는 여러 가지 방향을 동시에 취한다. 이런 언설행위의 구성방식은 지식체계를 구성하는 다양한 방법론에 대한 호소가 된다. 아이웨이웨이에게 이러한 사회적 사건에 대한 직접성을 띠는 르 포르타주는 공간과 시간을 초월하고 또 계속 재생되도록 장치된다. 일시적인 설치예술이 지니는 공간성이 온라인과 같은 평면으로 들어가거나 혹은 설치작품이 설치되기 이전과 이후 혹은 과정들을 그대로 노출시킴으로써 작품이외의 컨텍스트적 상황까지 작품의 일부로 기능하도록 만든다. 이로서 그의 작품은 객관성과 의도성을 여러 가지 측면으로 나열하고 공중에 쑤셔 박히게 된다. 정확하게 보이지 않는 장소 invisible place에 그의 작품이 좌표화된다. 왜냐하면 컴퓨터를 켜서 눈으로 확인하기 이전까지 그것은 공중에서 부유하고 있을 것이지만 결국 완전한 실체로 그 모습을 언제라도 드러낼 수 있기 때문이다. 따라서 그가 선택한 설치예술작품과 기타 미디어에 기록한 언설기록들은 지속적으로 의미생산이 가능하다.

두 작가에게 그들 설치작품들이 지니는 공간성은 그야말로 어느 곳에 놓이느냐에 따라 그 의미를 생산하게 된다. 사천성을 떠나 독일에서 죽은 자의 가방이 나열되고 중국의 용이라고 생각되어 지는 뱀이 프랑스 해안가를 떠돈다. 이것을 지시하기 위해 저곳에서 이것들은 낯설어지는 경험을 하게 된다. 그렇게 함으로써 이것의 의미는 완전히 새롭게 획득된다. 또한 황용핑이 선택한 알레고리화된 언어와 아이웨이웨이의 르포르타주의 형식, 컨텍스트적 상황까지 포함하는 확대된 언설행

진사건을 다루었다. 여기에는 희생자 명단을 목록화하여 보여준다.

위들은 그들이 지시하는 사건들을 관객으로 하여금 완전히 새롭게 구성하도록 만든다. 또한 이런 장치들은 새로운 대화들을 이끌어낸다.

Ⅱ. 믹스트 텍스춰가 구성하는 언설성

설치미술의 객관적인 예술 형태가 나열과 단절, 총합과 해체들로 구성되어 있다는 것은 언설행위와 관련하여 중요한 작전으로 감지된다. 설치미술에서 사용되는 소재는 물질적인 것으로부터 음성, 회화, 사진, 비디오 등 각 종류의 매체의 도입을 꺼리지 않고 있으며, 작품화되는 규모 역시 미술관 안을 모두 차지하는 것으로부터 대지 위에 혹은 국회의사당과 같은 한 건물 전체외부이거나 도시 전체가 되는 등 기존의 '작품'이 차지하는 공간의 범위를 넘어서고 있다. 그것은 가변적으로 구성된다는 점에서 새로운 시간성을 형성하기도 하고 공간점유의 새로운 방식이라는 점에서도 새로운 공간성을 확보한다. 따라서 이러한 새로운 시공간에서 작업된 물질들의 나열이나 믹스 매치된 형태들은 그것 자체로 완전히 하나의 예술적 '기획 project'을 이룬다. 또한 여기에 사용된 사물들은 대부분 기존의 것으로서 레디 메이드 Ready-made, 이질적인 것들의 접합으로서의 꼴라주 collage, 형이상학적 형태로부터 파생되는 알레고리 등 직접적 현존을 이루지 않고 2차적 해석을 이끈다는 점에서 매우 '포스트' 모더니즘적(구조주의적)이라고도 할 수 있다.

또한 이것들의 이질적인 재료혼합은 랑그 Langue이외의 잡담, 설화, 대화, 농담 등의 여러 가지 하위 언어의 형태들과 같이 해석될 여지도 충분하다. 왜냐하면 그들이 선택한 재료들과 나열형태는 기존의 조각과 같은 정제된 형태도 아니며 현실의 가짜 퍼포먼스도 아니기 때문이다. 그것들이 표현하는 각종 목소리 Parole들은 실제로 사건을 전달하는 여러 층위의 것들이다. 따라서 여러 가지 물질적 재료들의 혼합 그리고 나열들로 이루어진 복합적인 매체들은 메시지 전달을 위한 유용한 여러 가지 방법론이자 그 자체가 작품의 일부가 되는 독특함을 이루게 된다[11].

황용핑 작품에 나타나는 동물 하이브리드는 그러한 여러 가지 언설성을 높이는 작품 가운데 하나다. 그의 작업은 사실 때로 나열되기도 하지만 독특한 형태의 동물결합 양상으로 믹스트 텍스춰를 형성한다. 그의 작품가운데 보이는 이런 다성의 메시지 형태는 매우 분절된 언어들이기도 하면서 동시에 통합체적인 느낌을 이끌어 낸다. 2009년 그가 작업한 [L'OMBRE BLANCHE]라는 작품 속에는 자신의 가죽을 벗은 코끼리가 있다. 실제로 그가 2014년에 작업한 [Les Mues]의 경우도 (Galerie HAB-Hangar à Bananes, Ile de Nantes, Du 27 juin au 2 novembre 2014.) 커다란 뱀의 허물이 놓여져 있다. 사실 그의 작품에 나타난 이런 동물들의 '스킨 Skin'은 그 자체가 그로테스크하다. 왜냐하

〈그림 5〉 Huang Yongping, L'OMBRE BLANCHE, Paris Gallerie Kamel Mennour, 23 October - 19 December 2009

11) 김영미는 중국현대미술작품을 언어적 측면과 연관시키고 있다. 그는 중국현대미술을 1978년 개혁개방 이후 중국의 지식인들이 선택한 새로운 언어로 파악한다. 여기서 이러한 개념은 아서 단토 Arthur Danto와 노엘 캐롤 Noel Carroll의 '움직이는 이미지 Moving Image'와 '정지한 이미지 Still Image'라는 개념 속에서 정초되고 있다. 김영미, 『현대 중국의 새로운 이미지 언어』, 서울: 이담, 2014, 3-37쪽

면 살과 붙은 살의 거죽을 분리해내는 것은 너무도 작위적이고 끔찍하기 때문이다. 따라서 허물을 벗은 코끼리나 뱀들은 사물들 자신이 어떤 작품이 되기보다는 사물에서 다시 또 하나의 자신이었던 사물을 분리하는 과정을 통해 각자 나열되면서 기존의 하이브리드 사물들과는 또 다른 위치를 갖게 된다.

주로 그가 '분할'해 내는 사물들은 실제로 합체되어 있어야 할 사물들을 불완전하게 만든다. 또한 큰 덩어리에서 잘라져 나온 부분 조각들은 완전히 다른 사물이 되어 버린다. 그것은 뱀 혹은 코끼리로 존재하는 것이 아니라 그 각각의 절단된 혹은 벗겨진 것들이 주는 흉측함으로 인해 원래 그들 동물이 가지는 무해성이 공포로 전환된다.

〈그림 6〉 Huang Yongping, Bugarach, Kamel Mennour paris, December 5, 2012 - January 26, 2013

또한 16마리의 목이 잘린 짐승들이 놓여진 [Bugarach]작품은 그것이 절단됨과 동시에 걸어 다니는 동작성을 취함으로써 그것의 생동감을 불어넣고 있다. 그들의 머리는 옆에 커다란 산의 형태를 하고 있는 곳에 쟁반과 같이 생긴 넓은 곳에 모아져 있다. 사실 이러한 잘려진 신체를 가진 동물은 2012년 제작한 [Circus](Barbara Gladstone Gallery, New York)에서도 있었다. 여기서 동물들의 털은 [뷔가라쉬]와 달리 검정색 털이었고, 그들의 머리는 옆방에 하나의 쇠꼬챙이에 꿰어져 있었다. 두 경우 모두 절단된 신체라는 공포의 최고치를 이끌어내는 극단적인 행위다. 목이 잘리고 배를 곯은 짐승들은 인간들에게 공격적이 될 수밖에 없다. 그로테스트한 나열은 그것이 인간이 아닌 생물체라는 것에서 큰 공포감을 드러낸다. 그리고 그 언설들은 황용핑의 중국 내셔널러티를 잊게 만든다. 특별히 중국적인 코드는 없지만 중국을 떠나 외국에 거주하는 그에게 이런 하이브리드들은 그를 둘러싼 모든 환경이 될 가능성에 대한 비유일 가능성으로 내비춰질 가능성도 있다. 하지만 이 역시 중국의 현실 그자체이기도 하다.

왜냐하면 그로테스크함란 곧 인간의 세계의 끔찍함 그 자체를 의미하기도 하기 때문이다.

〈그림 7〉 Huang Yongping, The Nightmare of George V, Courtesy the artist, Paris11 June 2002

절단된 신체나 분리된 살갗과 같은 작품들은 가시적으로 즉시적인 끔찍함을 제공한다. 하지만 이보다는 조금 더 간접적인 방법을 취하면서 역시 그로테스트함을 자아내는 작품들도 존재한다. 그의 작품 [The Nightmare of George V] 와의 경우는 나열의 형태를 보이지 않고, 코끼리와 호랑이라는 거대한 통합체로 결합되어 있다. 이 작품은 1911년 실제로 네팔을 여행했던 조지 5세의 사냥여행을 다룬 작품으로, 여기서 하루 굶겨진 상태의 호랑이는 사람이 타고 있는 들것을 바로 습격하는 모습을 보여준다. 여기서 호랑이는 인간을 위협하는 무서운 존재로 그려진다. 호랑이의 공격성은 2011년 북경 798에서 선보인 [열차 Leviathanation]의 경우 훨씬 더 절박하게 다가온다. 이 작품은 기차의 맨 앞머리에 커다란 물고기의 형상을 달아 놓았다. 자세히 보면 그 머리 위에는 작은 다른 생명체들이 기거하고 있다. 여기까지는 일반적인 하이브리드다. 문제는 열차 안이다. 이 열차 안에는 호랑이에게 쫓기고 있는 원숭이의 뒷모습이 보인다. 원숭이는 더 이상 갈 데가 없어 보인다. 이러 절박한 상황은 공포 그자체로 관객에게 다가온다. 거대한 통합체를 이루며 생명에 대한 절박감이 하나의 거대한 문장 속에 위치하면서 작동된다.

〈그림 8〉 Huang Yongping, Leviathanation, Beijing 798, 2011

신체가 절단되어져 나열된 것과 통체로 모든 것들이 긴박하게 붙어 거대한 덩어리로 움직이는 이러한 것들은 황용핑이 선택한 현실 고발 형태다. 따라서 황용핑의 작품 속에서 지금 현실에 대한 공포감은 이러저러한 것들이 접붙여짐으로써 여러 가지 목소리를 대변한다. 그것은 탄성일 수도 있고, 더 이상은 말로 표현할 수 없는 것들일 수도 있다.

그러나 왜 코끼리와 물고기, 호랑이와 같은 동물들이 현실과 연결되어야 하는가에 대해서 관객은 그가 선택한 이 어휘들을 따르는 수밖에 없다. 왜냐하면 황용핑이 선택한 이 예술적 오브제들이 일반 관객들이 알고 있는 공포와 완전히 유사관계에 있지는 않기 때문이다[12]. 물론 호랑이는 위엄을 상징한다. 하지만 공포를 자아내는 것이 반드시 호랑이 오브제여야만 한다는 정당성도 없다. 여기서 호랑이는 호랑이라는 동물이 지니는 상징적 지표로서만 기능하는 것이 아니라 실질적인 호랑이가 아닐 수도 있다는 것을 의미한다. 말하자면 황용핑이 생각하는 현실에 대한 공포라는 보이지 않는 것들을 형상화 figure하는 작업 속

12) 질 들뢰즈는 단어와 그것이 지칭하는 바가 조금도 유사하지 않은 것처럼 미술 역시 그러하다고 보았다. 서동욱 엮음, 『미술은 철학의 눈이다』, 서울: 문학과 지성사, 2014, 347쪽

에서 물체성을 띠고 만들어진 것이 호랑이일 뿐이다. 선택되어진 동물들은 단순히 그 동물을 그려내는 것이 아니라 그것의 물질화된 형태를 통해 도달하는 정신적 감응이다. 나아가 호랑이는 실제의 호랑이를 그려낸 것이 아니라 공포의 또 다른 실체화일 뿐이며, 황용핑이 선택한 공포의 오브제일 뿐이다. 이런 면에서 그가 지시한 언어는 알레고리라는 범주에 가두기에는 매우 광범위한 수사법들이 동원되었음을 알 수 있다.

〈그림 9〉 Ai Weiwei, Grapes, 40 antique wooden stools from the Qing Dynasty (1644-1911), 2010

반면, 아이웨이웨이에게 있어서 오브제의 나열은 매우 유희적이다. 대부분 이 오브제들은 가짜로 만들어진 것들로, 엉뚱한 장소에 놓임으로써 그것들의 소용없음을 알게 해준다. 2007년 그가 독일 카셀 도큐멘타 Kassel, Germany, in 2007에서 보여준 [Fairytale] 프로젝트에서는 그것을 매우 거대한 사건과 상황으로 몰고 감으로써 해외에서 중국인의 위치를 다시금 확인하게 해주었다. 이 프로젝트에서 그는 1001명의 해외에 처음 나가보는 중국인들에게 여권을 만들어주고 독일 카셀로 초대하였다. 동시에 그는 여기에 1001개의 청대 淸代에 만들어진 의자를 나열해두었고, 같은 시기 사용된 문짝들을 높이 쌓아 [Templete]라는 작업을 병행했다. 이 의자들과 문짝들은 한순간 중국인들과 동항이 되어 버린다. 그렇게 되면 독일이라는 공간에 어울리지 않는 중국인들의 자부심이 한순간에 고대의 소용없는 의자신세가 되어 버린다. 이로서 아주 유희적이지만 한순간에 중국의 고대성과 중화민족이라는 자부심은 의미가 없어지게 된다. 사실 이런 청대 유물 작업은 앞서 살펴본 한대 도자기 작업으로부터 시작되어 그 역사성을 무용

지물화시킨 것의 연장선상에서 바라볼 수 있다. 2010년에 의자 여러 개를 이은 [Grapes]나 2013년 베니스에서 선보인 공중에 매달린 의자들의 작품인 [Bang]의 경우, 바로 그 의자들의 본래 기능인 '앉는' 행위를 시행할 수 없는 것들을 바로 보여주는 작업들이었다.

〈그림 10〉 Ai Weiwei, Blossom, Alcatraz Hospital, 2014

물론 그의 이런 작업들은 생명력있는 꽃들이 도자기로 구워지는 과정들을 거쳐서 죽은 꽃의 모양으로 나열되기도 한다. 물론 이때 꽃은 생명력이 없기 때문에 죽음을 상징하는 흰색이다. 그렇다면 지금은 방치되어 전혀 사용하지 않는 알카트라즈 병원 화장실에 놓여진 하얀 꽃들은 그것들의 쓸모없음이 장소와 사물끼리의 결합 그리고 꽃과 병원이라는 결합, 흰색과 흰색의 결합 등 완전히 개념이 닿지 않는 것들의 나열을 통해 서로의 무용함을 표현하게 된다.

아이웨이웨이에게도 황용핑과 마찬가지의 알레고리들이 존재한다. 2010년에 영국의 테이턴 모던 갤러리 바닥에 뿌려져 있었던 가짜 해바라기씨([Sun Flower], 2010)는 대표적이라고 할 수 있다. 또한 서울 리움 Reeum [Beyond and Between]에서 보여준 [Tree] 프로젝트의 경우(2014)도 중국의 남부지방에서 수집한 나무를 모아서 가짜 수풀을 형성하고 있는데, 이런 진짜와 같이 만들어진 작품들을 관객들은 만지고 또 직접 눈으로 확인하면서 '진짜'는 없는 이 세상을 직접 체험하게 된다[13].

13) 가짜 시리즈는 [Bowl of Pearls](2006), [Oil Spills](2006), Dress with Flowers](2007)와 같은 것들이 있다. 이상, 작품 참고 Philip Tinari · Peter Pakesch · Dr.Charles

그는 예술작품의 쓸모없음을 통해 그 작품을 온전히 예술의 영역으로 돌려놓는다. 매우 유희스럽다. 이 지점은 황용핑의 작품이 주는 끔찍함과는 다른 지점에 있다. 친근함이다. 중국인민들에게 친숙한 해바라기씨나 강에 사는 게 들은 일반적으로 거부감이 없는 소재다. 황용핑 작품이 주는 공포감은 전혀 없다. 오히려 그는 이러한 안정감에서 쇼킹함을 추구한다. 이런 유희성이 주는 충격은 사실 시간적으로 늦게 찾아온다. 그것은 관객이 속았다는 것이고 그 모든 의미를 띠고 있는 것들이 사실은 전혀 의미 없는 것들이라는 알게 되는 순간 그 충격이 이루어지기 때문이다.

이로서 아이웨이웨이의 비정치적인 사물의 나열이라는 가장 쓸모없어 보이는 유희화된 작품은 그것의 생명력이 없음을 통해 생산성, 즉 정치성을 이중으로 드러내게 된다. 그리고 또한 그것은 어디에도 속하지 않는 가짜들이 넘쳐나는 중국의 현실과 맞닿아 있다.

물론 황용핑이 구성한 믹스트텍스춰는 살아있는 듯 하고, 아이웨이웨이의 그것은 판에 박혀있고 죽어있다. 또한 황용핑이 구성한 믹스트텍스춰는 분리되지 말아야할 것들을 분리하고 - 살과 가죽- 붙어있어서는 안될 것들이 붙어있다. 이에 비해 아이웨이웨이의 경우는 생명력 있는 것들에 박제를 입히는 작업을 통해 작품이 주는 심각성을 한 템포 늦추었다. 무엇이 되었던 이들이 분리하고 통합하는 작업 그리고 억양을 높이고 혹은 낮추는 작업들은 관객들에게 수많은 문장과 발언으로 다가온다. 그리고 그들이 선택한 다성의 목소리는 관객의 여러가지 경험과 반응을 이끌어낸다.

Merewether, *AI WEIWEI WORKS 2004-2007*, Bejing-Lucerne, Galerie Urs Meile, 2007

III. 오브제의 해체성

설치작품은 무엇보다도 한 작가의 고유한 영역은 아니다. 그것은 미완성된 '상태'로 제작되며 따라서 예술가의 지시대로 설치를 해야 하는 작가이외의 사람들의 협업을 필요로 한다. 사실 여기서 작가 이외의 사람들의 협업을 통한 작품의 완성은 2차 작업을 거친다. 1차는 설치될 때 받게 되는 작가 이외의 사람들의 도움을 통해 이루어지고, 다시 2차는 관객의 참여로 이루어진다. 사실 이러한 작품이 지니는 개방성, 그리고 작품에 쉽게 접근할 수 있는 성질 등은 작품을 여러 가지로 각도로 해석할 여지를 주게 된다. 여기서 설치작품은 완벽하게 바르트 Roland Barthes 의 '작가의 죽음 The death of the author'을 실현한다. 따라서 이런 성질은 예술작품이 가지는 작가의 유일성은 완전히 무너지고 인터렉티브한 예술'실천'이 된다. 작품의 외연적 완성과 작가 이외의 사람들의 협업이라는 부분은 설치예술을 사회적 운동의 미시적인 움직임 중 하나로 파악되도록 해준다.

이들 설치예술 작품이 또 한 가지 작가의 죽음과 관련하여 생각해야 할 것은 작품의 부분 조각들이 작가에 의해 완전히 새롭게 제작된 형상이 아니라 기존의 사물들을 이용한다는 점이다. 그것은 정확하게 레디 메이드 Ready made된 것들이며 창조의 단계에 머물러 있다기보다는 인용의 단계 그리고 텍스트안의 텍스트 text in text의 영역에 속하게 된다. 따라서 이들 예술 작품이 '예술작품'으로서 생명력을 지닌다고 한다면, 그것은 그들 설치예술이 지니는 '해체 dismantling'에 그 방점을 둘 수 있을 것이다. 볼하임 Richard Wollheim은 미니멀리즘이 제작이나 구성의 차원이 아니라 '결정 decision'이나 ' 해체'의 차원에서 생각해야 한다고 말했다[14]. 즉 볼하임이 보는 해체는 미니멀리즘, 즉 하나의 '조각'이나 응축을 말한다. 하지만 설치예술에서 '해체'는 바로 나열이다.

그것은 상세할 설명이며 또한 자세한 인용 그리고 불필요한 것까지 끌어 모아서 모든 것들을 상기시키려는 전략이다. 이런 개별적인 오브제들은 '목록화'가 필요하다. 이 목록화들에 대해서 랑시에르는 긍정적 재수집이라고 말한다[15]. 말하자면 그것들은 서로 다른 파편화된 의미들이 모여서 새로운 의미를 창출해 내는 능력을 가지게 된다. 그들의 창조적 능력, 예술적 능력은 바로 이러한 목록화와 그것을 해체하는 능력 그리고 그것들이 확산해 내는 수많은 의미 생산과 같은 것들에 있게 된다.

〈그림 11〉 Huang Yongping, Three Stacks, One Pile, One Block, Red Brick Contemporary Art Museum inaugural exhibition - "Tales from the Taiping Era", May 23, 2014

2014년 황용핑은 [Three Stacks, One Pile, One Block]을 통해 중국의 가짜 먹거리 제조를 목록화했다. 이 작품은 통조림으로 쌓여져 하나의 집체 덩어리를 이루고 있는 먹거리 세 덩어리 그리고 그것들의 분해된 조각과 더 작은 가루들로 이루어져 있는 이 사물들로 구성되어 있다. 관객들은 이것이 '먹거리'와 관련되어 있다는 사실을 단박에 알아차릴 수 없다. 그것들은 쓰레기와 같이 혹은 일반 사물과 같이 하나의 물체일 뿐이다. 여기서 일반적으로 알고 있는 몸으로 들어가는 먹거리는

14) 최광진 지음, 『현대미술의 전략』, 서울: 아트북스, 2004, 109쪽
15) 자크 랑시에르, 『미학안의 불편함』, 96쪽

은유적인 목록을 이루게 된다. 그것은 덩어리와 조각 그리고 가루의 형태다. 식욕을 자극하지 않는 이와 같은 재료들은 지금의 중국 먹거리에 대한 실체가 된다. 그것들은 하나의 형상이 아니라 세세한 분자로 나누어져 나열된다.

또한 2008년 올림픽 스테디움 디자인에 직접 참가한 아이웨이웨이는 니아오차오 鸟巢가 지어지는 과정들을 모두 사진으로 촬영하여 목록화하였다. 이 과정들은 하나 하나 완성된 스테디움을 향한 기록의 형태를 띤다. 또한 이 전시회에서는 축구공으로 상징되는 두 개의 작품 [Divina Proportione]과 [F Size]를 함께 바닥에 두었다. 그가 기록한 사진들은 온전히 각 시간을 구성하고 있으며 관객은 그것이 붙여진 통로를 따라 걸어가면서 동시에 그 시간성을 체험하게 된다. 또한 구체모양의 육각형들이 붙여져 있는 이 공들은 실제로 올림픽을 상징적으로 기록한다. 아이웨이웨이의 이러한 사건에 대한 목록화는 시간성을 그대로 드러내면서 직접성을 이루게 된다. 이러한 그들의 목록화된 설치예술 작품들은 하나의 덩어리 형태로 이루어진 것이 아니기 때문에 이동하기가 용이하지 않다. 또한 과정 즉 사건들의 시간성에 따른 목록별로 각 작품의 부분 부분들은 나열되는 순서를 가지게 된다. 그것은 매 공간에 '설치되어야' 하며, 이것들이 지니는 가치는 어느 특정인이 소유하지 못하도록 만든다. 이로서 이 두 작품들은 관객들의 직접적 참여를 통해 사회이슈를 즐겁게 목도하는 경험을 선사하고 그러한 관객의 경험과 이해 혹은 참여를 통해 작품은 완전성을 갖

〈그림 12〉 Ai Weiwei, Photographic images papering walls: "Beijing's 2008 Olympic Stadium," 2005-08"Divina Proportione," 2006 and "F Size," 2011

추게 된다. 이것이 바로 작품예술실천이며 정치적일 수밖에 없는 이유가 된다. 그 과정은 곧 작가들의 사건에 대한 목록화를 거치고, 그 목록화는 관객들에게 온전히 객관적 자료로 제공된다. 그리고 자료들은 모두 해체되어 여러 가지 정보와 해석의 여지를 남겨둔다. 이러한 그들의 설치예술작품은 확실히 시민여론을 수용하는 넓은 의미의 게시판의 성격과 정보 전달영역을 그대로 수행한다. 그것이 직접적인 지시를 하지 않으면서도 충분히 무엇에 대한 내용인지 알 수 있게 된다. 그러면서도 설치작품이 온전히 예술적인 것이 아닌 상태에서도 여전히 예술작품이 될 수 있다는 점은 그것을 온전히 포스트 모더니즘 예술의 영역에 있도록 만들기도 한다.

이들이 선택한 사건들은 그들이 선택한 새로운 언어들로 구성된다. 그것은 인용과 재인용 그리고 지표등과 같은 여러 가지 방법들이다. 해체된 각 언어들은 여러 가지의 에피소드와 문장들을 구성함으로서 의미의 무한한 확산을 불러오게 된다. 따라서 이 들 작품들이 이루는 목록화가 가지는 사회고발의 성격과 그 작품을 해석하는 관객의 능력은 온전히 예술을 정치의 영역으로 돌려놓게 된다. 또한 해체된 각자의 사물이 개념적인 의미로 통합되는 순간 정치적 사건의 부분으로 승화된다.

Ⅳ. 작품의 언설들과 담론

'언설들 discourse'의 실체는 무엇인가? 언설은 다른 말로 '담론'이라고 쉽게 말해질 수도 있다. 푸코 Michel Foucault식의 표현을 빌자면 언설은 객관적인 랑그 langue를 떠나 담론을 형성하는 수많은 '언표 Statement'들의 집합체들이다. 즉 하나의 덩어리표현을 이른다. 따라서 여기서 '언설'이라는 것은 표현 되어지는 것들의 다양함을 일컫는 것이고, 설치미술작품에 그것을 접합시킨다면 믹스 매치된 형태의 가변적이고(그러나 고정성을 지니고 있으며), 열려있는 구조(그러나 이 역시 참여하는 관객 없이는 여전히 닫혀있는 구조)를 지칭한다. 따라서 설치작품들이 구축해 내는 그 많은 언표들의 그물망은 하나의 서사로 작용한다. 이를 두고 랑시에르는 스스로의 표현대로 '문장-이미지'라고 명명한다[16].

그것은 더 나아가 그것은 작가가 현실에서 느끼는 것들은 현물적인 오브제를 이용하여 직접적으로 표현한 것들이 된다. 이것은 언어학적으로 보았을 때 매우 올바른 시니피에 signifier 들의 결합이다. 왜냐하면 그것들의 의미는 현물적인 것들에만 있지 않기 때문이다. 그것들은 구체적인 실체들이고 또한 일상에서 경험되는 것들의 결합을 이룸으로써 작가와 관객을 순식간에 사회의 하나의 '사건 event'안으로 개입하게 만든다. 정확하게 '알레고리'다.

따라서 설치작품이 지니는 사건성과 나열성은 그것 자체가 언설화(담론화)된다.

황용핑은 2008년 [Frolic]작품을 통해 아편전쟁을 언설화한다. 작품의 제목인 플로릭은 홍콩으로 아편 무역하던 영국배의 이름이다. 여기서 아편은 홍콩과 영국 양 국간의 전쟁을 의미하는 오브제로 작용하지만, 실제로 아편의 폐해를 그린다거나 혹은 그것

〈그림 13〉 Huang Yongping, Frolic, 2008

16) 자크 랑시에르 지음 김상운 옮김, 『이미지의 운명』, 서울: 현실문화, 2014, 86쪽

들의 침략적 성격과 교묘한 은폐 작전 등은 전혀 가시화되지 않는다. 그는 단지 도량형으로 아편 덩어리들을 재고, 그것들은 오로지 무역에 사용한 하나의 '물건'으로서만 나열할 뿐이다. 여기서 그가 이루어낸 이 아편전쟁을 객관화시킨 작업들은 개념예술화 된다. 이 작품에서 저울은 가치를 증명한다. 어떤 것을 가치 있게 팔고 현금화시킬 것인가 하는 영국의 탐욕은 저 난간위에 아편처럼 전혀 혐오스럽지 않게 나열됨으로써 그 잔인함을 배가한다.

아이웨이웨이는 2011년 자신이 감금되던 시절을 스토리화 한다(「Secret」). 모든 환경과 인간들은 가짜임을 분명히 알 수 있는 것들로 만들어졌고 허름하기 짝이 없다. 아이웨이웨이 본인 뿐 아니라 공안들 역시 인형으로 제작되어 아주 유치한 방법으로 2013년 베니스 비엔날레 작품으로 선보였다. 거기서 그는 자신의 일거수 일투족을 모두 가시화하였다. 밥을 먹고 화장실을 가고 잠을 자는 것까지 모두 동시 연출되어 있는 이 작품은 특별히 가짜와 같은 모습으로 실제 상황을 연출함으로써 그것의 심각성을 떨어뜨렸다. 작품이 정교하지 않다는 것, 그리고 특별한 가혹한 행위가 보이지 않는다는 점은 이 작품이 가지는 심각성을 다시 재고하게 만든다. 즉 아이웨이웨이가 이 작품에서 선택한 것은 바로 그러한 감금사건에 대한 전체적 스토리구성이다. 사실적인 기록이 아닌 가짜의 형태가 주는 다큐멘터리성은 관객의 상상력을 불러 일으킨다. 즉 여기에 보여진 스토리 구성은 가짜 인형만큼 '가짜'라는 사실에

〈그림 14〉 Ai Weiwei, Secret, in the Sant'Antonin church during the press preview of the 55th Venice art biennale on May 29, 2013 in Venice

도달할 수 있다.

이 두 작가들의 스토리들은 여러 가지 외연을 불러일으키며 그 외연은 바로 담론을 구성한다. 따라서 이런 정치적인 예술작품들이 가지는 공간 지역적 네트워크에 주목해 볼 필요는 있다. 그것들은 부서졌다 다시 구성된다. 한 장소에서 이루어진 사건은 그 사건의 성질을 여러 곳에서 재현할 수 있다. 그것은 움직이면서 지속적으로 여러 가지 사건을 구성할 수 있다.

그렇다면 왜 그들은 작품을 통해 정치적 언설을 위한 오브제를 선택하고 공간을 구성하며, 다른 공간에 있는 사람들과 네트워크를 구성하는 것일까?

사실 이것들이 추구하는 것들은 관객과의 대화이다. 이들 작품이 설치되는 공간은 주로 중국이외의 지역이 된다. 이리하여 자연스럽게 여기서 대상으로 삼는 관객은 때로 인민이 배제된다. 설치예술은 어디라도 설치될 수 있다. 하지만 그들 작품이 가지는 담론은 중국적 공간에서 그 맥락을 형성하지 못하고 있다. 작품들이 지니는 의의는 지속적으로 인민으로부터 미끄러져 작품 자체에 갇히고 만다. 그것은 바로 매우 중국적인 정치상황을 드러내는 일이 된다. 중국의 현실은 지속적으로 밖으로만 고발되며 온전한 소통을 이루지 못하게 된다.

따라서 이들의 예술은 그 형식 자체가 중국의 현실상황을 지적하게 된다. 그들이 선택한 방법은 소프트하지만 메시지는 강력하다. 그것이 중국정치를 다루는 이들 예술지식인들의 방법이다.

| 참고문헌 |

〈국내자료〉

김영미, 『현대 중국의 새로운 이미지 언어』, 서울: 이담, 2014.

미셸푸코 지음 이정우 옮김, 『지식의 고고학』, 서울: 민음사, 2000.

서동욱 엮음, 『미술은 철학의 눈이다』, 서울: 문학과 지성사, 2014.

이정우 지음, 『사건의 철학』, 서울: 그린비, 2011.

자크 랑시에르 지음 김상운 옮김, 『이미지의 운명』, 서울: 현실문화, 2014.

자크 랑시에르 지음 주형일 옮김, 『미학안의 불편함』, 서울: 인간사랑, 2009.

최광진 지음, 『현대미술의 전략』, 서울: 아트북스, 2004.

〈국외자료〉

Philip Tinari · Peter Pakesch · Dr.Charles Merewether, *AI WEIWEI WORKS 2004–2007*, Bejing–Lucerne, Galerie Urs Meile, 2007.

Michel Foucault, Trans by Sheridan Smith, *The archaeology of Knowlege and discourse on language,* New York, Pantheom Books, 1972.

〈웹사이트〉

http://www.michel-foucault.com/concepts/ 2014.12.18. 검색

http://monoskop.org/images/9/90/Foucault_Michel_Archaeology_of_Knowledge.pdf, 2014.9.8. 검색

〈그림출처〉

그림 1. http://www.maryboonegallery.com/artist_info/pages/ai/detail1.html, 2014.11.20.검색

그림 2. http://www.atlasobscura.com/places/serpent-d-ocean, 2014.11.4.

검색

그림 3. http://www.domusweb.it/en/news/2010/12/05/huang-yong-ping-at-the-oceanographic-museum-in-monaco.html, 2014.12.4. 검색

그림 4. http://sonjavank.wordpress.com/2012/11/19/ai-weiwei-the-multi-tasker/, 2014.12.4. 검색

그림 5. http://artnews.org/gallery.php?i=395&exi=18487, 2014.12.10. 검색

그림 6. http://china.org.cn/culture/2008-05/30/content_15561260.htm, 2014.12.9. 검색

그림 7. http://www.contemporaryartdaily.com/2013/01/huang-yong-ping-at-kamel-mennour/, 2014.12.4.검색

그림 8. http://www.tangcontemporary.com/ysj_jxzp.asp?id=66, 2014.12.4. 검색

그림 9. http://albumofthearts.blogspot.kr/2013/01/ai-weiwei-according-to-what.html, 2014.12.9. 검색

그림 10. http://www.for-site.org/project/ai-weiwei-alcatraz-blossom/, 2014.12.9. 검색

그림 11. http://www.nytimes.com/2012/10/12/arts/design/ai-weiwei-survey-in-washington.html?pagewanted=all&_r=0, 2014.12,9 검색

그림 12. http://en.cafa.com.cn/red-brick-art-museum-presented-the-inaugural-exhibition-tales-from-the-taiping-era.html, 2014.12.9. 검색

그림 13. http://www.artsobserver.com/2012/10/25/according-to-what-ai-weiwei-survey-opens-at-hirshhorn/, 2014.12.9. 검색

그림 14. http://arttattler.com/archivehuangyongping.html, 2014.12.9. 검색

그림 15. http://www.allartnews.com/ai-weiwei-presents-scenes-from-his-arrest-in-new-installation-at-the-venice-biennale/ 2014.12.9. 검색

"공자학원(Confucius Institutes)담론"의 문화적 네트워크:

소프트 파워의 확산과 역류*

● 최은진 ●

Ⅰ. 머리말

공자학원(孔子學院)은 2004년 한국에서 처음 성립한 이래 10여 년 동안 해외 언어와 문화 교육 비영리 기관의 성격에서 중국의 문화대국 전략의 큰 그늘아래 새로운 역할을 부여받으며 오늘에 이르렀다. 소프트 파워 전략과 관련된 국가차원의 문화대국 전략은 서구의 중국위협론에 대한 대응의 일환이라는 민족주의적 차원에서 비롯된 것이며 이에 근거해 설립 확산된 공자학원이 중국의 경제적 부상에 따라 급속히 확장되자 이제 중국의 문화침략과 위협의 기관이라는 서구의 비판에 직면했다. 기존의 연구는 공자학원을 소프트 파워(Soft Power) 확대라는 국가전략과 관련지어 공공외교 문화외교의 수단임을 운영체계에 대한 분석과 확산 현황에 대한 소개, 정부주도적 운영방식이 초래한 한

---

* 이 글은 「언론매체를 통해 형성된 공자학원(Confucius Institutes) 이미지와 중국의 소프트 파워 확산」, 『중국학연구』 72집, 2015를 수정 보완한 것이다.

** 국민대학교 중국인문사회연구소 HK교수

계나 문제점 등을 밝히는데 주력하였다.[1)] 그러나 20세기 이래 세계 각국의 자국의 언어와 문화를 소개하는 기구를 타지역에 설립한 것은 일반적이고 역사적인 현상이었다. 프랑스의 알리앙스 프랑세스(Aliance française), 독일의 괴테 인스티튜트(Goethe Insititut)를 비롯해 이들 언어교육과 문화 확산 기구들은 세계 각국에 설립되어 자국에 대한 우호적이고 긍정적인 이미지를 만들어 내고자 전략적으로 활용되어 왔다.[2)] 그러므로 중국 공자학원에 대해서 정부주도의 운영이나 목적성이 지니는 문제와 외교전략 등에만 초점을 맞추게 되면 이러한 전략이 변화하는 글로벌 현실에서 문화적 힘으로 발현되는 과정과 그 역동성의 실상을 파악하는 데는 한계를 갖게 된다.

그러므로 본고에서는 중국의 부상으로 서구 중심의 질서에 대한 위협으로 공자학원을 바라보는 시사적 판단이나 정치적 관점을 포함하면서 동시에 이를 글로벌 문화 네트워크의 확산과 접목시켜 바라보는 입

1) 주성일, 『공자학원을 통한 중국의 소프트파워 증진정책 연구』, 경인사연, 2010은 공자학원의 조직과 구성 예산 등에 관한 상세한 보고서이며 관련 학술 연구로는 이희옥, 「중국공공외교의 확산: 체계와 목표」, 『중국학연구』, 2010.; 차미경, 「중국문화원 공자학원의 설립과 중국문화의 세계화 전략」, 『중국문화연구』 제10집, 2007.; 채하연, 「중국의 소프트파워로서 공자콘텐츠의 전개현황 및 의의」, 『유교사상연구』 제33집, 한국유교학회, 2008., ;고영희, 「중국과 대만의 문화외교」, 『대동철학』 제65집, 2013.12 등이 있다. 한편 중국의 소프트파워 전략의 일환인 저우주취(走出去) 전략으로 교육기구, 언론매체의 세계적인 거점 마련은 확보되었다고 평가하고 다만 중국은 소프트 파워에 대한 인식을 매력적인 행위가 소프트 파워의 개념인데 문화자원 즉 문화재와 상업재와 매력적인 행위를 동일시하면서 양자간의 개념을 혼동하고 있는 것이 문제라고 파악하면서 향후 민간과 광범위한 대상을 향해 매력을 어떻게 발산할 것인가에 소프트 파워 확산 전략의 초점이 맞추어져야 한다고 보았다. 전가림, 「중국의 소프트파워 발전 전략과 그 영향력」, 『중국연구』 제50권, 2010, 527쪽.

2) Rui, Y, "Soft Power and higher education: An examination of China's Confucius Institutes", Globalization, *Socienties and Education,* 8, 2010, pp.235-245.

장을 취하여 공자학원에 대한 기존의 이해에서 한걸음 나아가 보려 한다. 이를 위해 최근 글로벌 담론의 문화적 네트워크와 글로벌화에 따른 다양한 네트워크의 스위칭으로 권력의 원천을 설명하는 마누엘 카스텔의 이론에 기대어 볼 것이다.[3]

이러한 이론에 따르면 공자학원의 해외 설립은 세계 각국 문화기구들의 담론의 문화적 네트워크를 모방한 방식이었다고 볼 수 있으며 이미 담론의 문화적 네트워크의 작동으로 문화적 소비가 이루어지고 있는 상황 속에서 중국 공자학원의 설립은 새로운 접속을 통해 네트워크를 형성하여 나간다고 가정할 수 있다.[4] 여기서 담론의 문화적 네트워크란 문화는 '접속에 의한 네트워크의 힘'이라고 보게 되므로 문화는 소프트파워 확산전략의 일환이라는 파악만 이루어지고 있는 현재, 문화의 힘으로 포괄할 수 있는 소프트 파워가 작용하는 구체적 기제를 보여줄 수 있는 장점도 지닐 수 있다.[5] 글로벌화 이후 세계는 다양한 네트워크가 작동하지만 신자유화가 전개된 이후 커뮤니케이션 네트워크가 권력창출의 핵심적 기제가 되고 있다. 문화산업의 네트워크 역시

3) 마누엘 카스텔, 박행웅 옮김, 『마누엘 카스텔의 커뮤니케이션 권력』, 서울, 한울, 2014, 상이한 네트워크들의 스위칭이 권력의 근본적 원천이며 권력을 창출하는데 있어 커뮤니케이션 네트워크가 중심적 역할을 한다고 주장한다. 586쪽. 또한 카스텔에 의하면 이러한 네트워크가 글로벌 영향력을 지니는 두 가지 요소는 기구의 건설이라는 것과 네트워크를 상호 연계하는 능력이다. 확실히 문화의 생산과 재현을 통해 국가는 상징적 영향력을 지니게 된다. 영국 문화원은 나찌 독일과 소련에 대항 해 글로벌 헤게모니를 장악하기 위해 노력해 왔다.

4) 단순한 기술적 네트워크가 아니라 담론의 문화적 네트워크, 문화적 소비의 네트워크는 힘을 지닌다는 것 그것이 바로 소프트 파워를 형성한다고 본다. Randolph Kluver, "The Sage as Strategy: Nodes, Network, and the Quest for geopolitical Power in the confucius Institute", *Comminication, Culture Critique* 7, 2014, p. 198.

5) 소프트 파워론의 한계를 지적하고 그 구체적 작동기제에 대한 이론적 검토가 필요하다고 본다. 김상배 엮음, 『소프트 파워와 21세기 국가권력』, 서울: 한울아카데미, 2009.

이러한 커뮤니케이션 네트워크와 연계되고 이에 힘입어 성장하다고 볼 때, 언어문화 확산 기구로서의 공자학원과 이를 둘러싼 커뮤니케이션 네트워크와의 연계 작용의 여부는 공자학원 소프트 파워의 확산에 긴밀하게 작용 할 것으로 가정할 수 있다. 이미 글로벌 네트워크로서 확장된 커뮤니케이션 네트워크에 대한 기존의 초보적 연구가 존재하고 공자학원의 10년간의 설립과 발전 및 운영과정에 대한 보고서와 보도 기사들 및 연구가 초보적으로 이루어져 있어 본고에서는 이를 기초적 자료로 삼아 공자학원 담론의 문화적 네트워크의 접목이 어떻게 이루어지고 이것이 중국 소프트파워의 형성과 확산에 어떠한 관련이 있는지 그 함의를 가늠하는 것을 연구의 목적으로 하려 한다.

그렇다면 담론의 문화적 네트워크의 형성은 왜 중요한가. 이는 문화적 헤게모니와 관련이 있기 때문이다. 문화는 결국 담론이라는 사회적 실천을 통해 재현된 결과물이며 문화형성 자체가 언어적 전환이라는 사회적 확장과 관련이 있다. 따라서 담론은 사회적 맥락과 의미의 정치로 읽어내야 하며 이로 인해 형성되는 문화는 주체의 헤게모니 확장에서 매우 중요한 작용을 한다고 볼 수 있다.[6] 따라서 네트워크의 중추가 되는 미디어의 담론은 공자학원의 실제적 전략과 작용을 더욱 강화 혹은 약화시키는 작용을 할 것이라는 점에 주목해야 한다. 그리고 이렇게 볼 때 현재 공자학원을 둘러싼 미디어의 담론은 공자학원의 이미지를 양산하고 공자학원전략이 궁극적으로 지향하는 소프트 파워 전략의 실질적 수행정도를 드러내는 것이라 볼 수 있을 것이다. 즉 소프트파워 전략으로 설립된 공자학원이 그 목적에 부합되게 연성권력을

6) 박해광, 「문화 연구와 담론 분석」, 『문화와 사회』 통 2권, 2007, 88-91쪽.; 크리스 바커, 다리우시 갈라신스키 지음, 백선기 옮김, 『문화연구와 담론분석』, 서울:커뮤니케이션북스, 2009.

확대하는데 어느 정도로 성공하고 있는가를 살펴보는 척도로 미디어 담론을 분석하는 것이 적절하다는 것이다.

본고에서는 2020년까지 전 세계 1000개의 건립을 목표로 지리적 확장을 도모하고 있는 중국어와 문화의 전파기지인 공자학원의 실제적 작용에 대한 기존의 연구를 토대로 하되 그 확산 설립 초기부터 그에 대한 서구와 중국의 미디어상의 담론을 분석하고 특히 2014년 미국을 비롯한 서구에서 공자학원 폐지가 일어나는 시기까지 미국의 언론매체에 나타난 공자학원 기사와 중국내의 미디어의 공자학원에 대한 기사를 검토해서 공자학원에 대한 담론의 문화적 네트워크가 어떻게 작동하고 있는가[7] 그 역동적 흐름을 밝혀 볼 것이다.

Ⅱ. 공자학원의 문화적 네트워크에의 접목

1. 공자학원의 미국 내 설립

문화대혁명시기 중국은 글로벌 담론의 문화적 네트워크에서 고립되어 있었다. 1987년 선전부하 중국어 해외교육기관 담당 부서인 대외한어교학지도위원회(國家漢語國際推廣領導小組辦公室)가 설립 되었고 북경어언대학이 교재를 출판하면서 언어교육을 중심으로 해외와의 교류가 시작되었다.[8] 이후 본격적으로 문화 네트워크에 접목되기 시작한

7) 언론매체 기사의 프레임(frame) 즉 틀은 대중들이 정보를 처리하고 사회를 이해하는데 중요한 작용을 하므로 프레임은 그 사회의 일종의 지식구조가 되기도 하며 이를 통해 이미지가 형상화 되기 때문에 커뮤니케이션의 힘으로 작용한다는 것은 커뮤니케이션 이론에서는 일반적으로 이해되고 있다.

8) 1991년 외국인과 화교를 대상으로 하는 외교전략이 구분되었는데 미국의 240만명

것은 2002년 WTO가입이 계기가 되었다. 교육과 문화산업의 세계시장으로의 진입과 중국시장의 세계시장에의 개방은 서구문화의 유입에 대한 대처를 고민하게 하였고 이에 대해 적극적이고 효율적인 대응방식을 정부차원에서 마련하게 되었는데 그 일환이 문화대국전략이었다.[9)]

대외한어교학지도위원회는 한반(國家漢辦)으로 명칭이 바뀌어 교육부 하에 소속되어 언어와 문화의 해외 전파를 목적으로 하는 비영리 기관을 설립하되 초기 설립자금 및 교사의 파견과 교재 편찬과 배포에 대한 재정적 지원 등을 적극적으로 하고자 했다. 이러한 소위 공자학원전략은 초기부터 프랑스와 독일의 언어 문화기관을 벤치마킹 한 것이었다. 1935년 영국이 문학과 예술, 과학과 정치철학을 전파할 목적으로 문화원을 세계 각국에 설립하기 시작했던 것을 쫓아 중국은 언어와 문화의 전파를 명시하였다.

> "세계 인민의 중국 언어와 문화의 이해를 증진하고 중국과 외국의 우호관계를 발전시키며 세계다원문화발전을 촉진하고 세계 조화세계 건립을 종지로 한다."[10)]

중국의 언어와 밀접한 문화전파를 동시에 이루고자 하는 것으로[11)] 공자학원으로 명칭과 로고를 만들어 브랜드화 했다. 공자학원 총부의

의 중국화교가 중국문화를 보급하고 정치적인 로비활동을 할 수 있도록 지원하는 것에 주력했었다. 이희옥, 앞의 논문, 366-367쪽.

9) Falk Hartig, "Confucicus Institutes and the rise of china", *Journal of Chinese political Science*, 17, 2012, p.56.

10) 『공자학원장정』, 주성일, 앞의 글에서 인용.

11) Hartig, 2012: Paradise, 2009, Rui, 2010: Starr, 2009 : 공자학원으로 교육기관 명칭을 정한 것도 전통문화부흥의 의지를 반영한 것으로 분석한다. 이는 서방문화의 패권에 대응하여 중국의 전통문화를 부각시키겠다는 민족주의적 가치관에 따른 것이기도 하다. 채하연, 앞의 논문, 337쪽.

실질적 책임자 천즈리(陳至立)가 "공자가 세계적으로 유명한 문화인이며 사상과 교육가인 점에서 교육기관의 명칭으로 적절하며 공자의 사상인 화위귀(和爲貴), 화이부동(和而不同)의 이념으로 조화와 포용을 내세운다는 것"으로 설명한 것처럼 중국의 문화라는 소프트 파워를 확산하기 위한 기관으로 인식했다는 것이 주목된다.[12)]

언어와 문화의 전파관계는 매우 긴밀하며 언어교육의 내용과 방법을 통해 중국의 문화가 전파되고 확산될 수 있다는 면에서 언어전파는 중요한 수단이 될 수 있다. 중국어의 현재 사용자와 현재 급증하는 사용자의 수를 고려하면 중국어의 세계 공용어, 국제 공용어가 될 가능성은 클 것이다. 여기에 언어교육과정을 구축하고 언어과정을 이수하는 세계적 기구와 조직이 만들어진다면 이를 바탕으로 언어문화의 확산 네트워크가 작동되는 것이다.[13)] 이는 영어를 공용어로 하는 글로벌 문화네트워크에 대한 새로운 네트워킹으로의 접목이 이루어지는 과정으로 상상 할 수 있다.

서구 각국의 문화기관들은 독립적 문화기관으로 각국에 설립되었고 프랑스의 프랑세스 알리앙스가 세계 각지에 1000개를 설립하여 프랑스의 언어와 문화 전파의 기구로서 오랫동안 기능해 온 것은 주지의 사실이다. 그러나 중국의 경우는 교육부 소속 기관인 한반(國家漢辦)의

12) 중국은 조셉 나이의 소프트 파워를 軟實力으로 번역하고 문화 로 해석하면서 중국의 전통문화를 강조하는 경향을 보였다. 陳至立, 「對外漢語推廣和中外文化交流的成功實踐-寫在孔子學院創建10周年之際」, 『人民日報』, 2014, 12,19, 第12版.

13) 1950-60년대는 제3세계 국가, 사회주의 국가 위주로 북경대학에서 1958년 제작한 교재로 교육을 했다. 1965년 북경어언학원이 설립되어 집중적으로 또한 효율적으로 언어교육을 추진하였다. 1980-90년대는 한반이 중국어에 대한 외국의 해외시장의 요구에 부합하기 위해 HSK 제도를 만들었다. Zhao, H & Huang, J, "China's Policy of Chinese as a foreign language and the use of overseas Confucicus Institutes", *Educational Research for policy and practice*, 9(2),2010, p.140.

전략 하에 설립 지역의 대학과 중국 내의 협력 대학이 함께 설립하고 재정은 정부가 지원하는 방식으로 진출하였다. 국무원의 중요한 관심 하에 한반은 교육부 산하 기관이면서도 재정부, 외교부, 문화부, 출판과, 교민, 방송 등 12개 정부부서와의 협조 및 지원관계로 이루어져 있어서 초기 성장을 위한 자금과 정착이 효과적으로 이루어질 수 있었다. 즉 서구의 기존 문화기구와 달리 중국의 공자학원은 교육기관으로 각국의 대학에 설립하는 방식이었다는 것이다.

중국내의 대학도 성장과 발전을 위해 국제교류와 협력이 중요한 지표가 되기 때문에 적극적으로 협력대학을 모색하게 되면서 공자학원의 각국으로의 진출이 급속히 이루어지게 되었고 더욱이 설립시의 비용의 절반을 한반(國家漢辦)이 지원하고 파견교사 역시 한반이 지원하므로[14] 중국내의 대학과 설립지역의 대학은 큰 부담이 없고 필요한 언어교육과 문화교육을 시행할 수 있었기 때문에 쉽게 설립될 수 있었다. 또한 중국의 대학은 서구의 유명 대학과의 협력관계를 수립하는 것이 대학의 확장과 평가에 중요했기 때문에 중국의 주요대학들은 미국과 캐나다 및 유럽의 대학들과의 협력을 선호했고 이 때문에 미국 대학과의 공자학원 설립이 중국내 주요대학들을 중심으로 활발히 이루어지기도 하였다. 하지만 중국의 대학은 정부의 관여와 관리에서 자유롭지 못하다는 점에서 서구 대학의 운영방식과는 달랐지만 이러한 점을 크게 인식하지 않은 채 대학 내 공자학원의 설립이 모색된 것이다.

공자학원과 함께 공자학당(孔子課堂, classroom)[15]의 설립도 이루어지는데 공자학당은 초, 중등과정으로 이 역시 각급 학교 내에 협력을 통해 설립하는 방식으로 이루어졌다.

14) 『공자학원장정』, 국가한반, http://www.hanban.edu.cn/node_7447.htm.
15) 공자과당은 보통 공자학당으로 불린다.

공자학원은 2004년 한국에서 공자아카데미를 시작으로 급속하게 각 대륙으로 지리적 확장을 이루어 갔는데 가장 많이 설립된 곳이 국가별로는 미국이었다. 2010년 기준 공자학원의 국가별 설립수를 보면 미국 65, 러시아 18, 한국 17, 일본 15, 독일 12, 인도네시아 2, 나이지리아 2, 케냐 2, 파키스탄 1, 인도1 이었다. 2014년 말에는 미국 97, 러시아22, 독일 17, 캐나다 31, 한국 23, 케냐 3, 호주 48로 2014년 9월 공자학원은 세계 119개국 471개로 확장되었다.[16] 공자학당은 미국은 2014년 말 35개에 이르고 세계 54개국 730개로 숫자상으로는 공자학원보다 많이 설립되었다. 이는 언어교육의 목적이 더 큰 초중고등학교에서의 중국어 교육기관의 설립이 더 요구되었다는 것을 의미한다.

그렇다면 미국의 공자학원 건립이 급속히 증가하고 숫적으로 많았던 이유는 무엇인가? 對서구 외교의 전략적 목적에 의한 것이라는 해석도 있지만[17] 경제적 교류의 증대와 이에 따른 미국 내 중국어에 대한 수요의 증가를 드는 것이 더 타당할 것이다. 특히 이러한 대중의 중국어 수요에 대해 미국 내 중국어 교육기관은 매우 부족한 상황이어서 소위 “중국어 열풍(漢語熱)”이라 불릴 정도의 필요에 부응해야 했다.[18]

공자학원 건립 무렵 미국은 3천여 개의 대학 내에 중국어학과 과정이 개설된 곳은 8백 여개 대학 뿐이었고 교재나 언어습득의 시스템이 갖추어지지 않았다. 미국 내 지역차도 있어서 지방이나 지역의 경우 중국어교육기관이 많지 않았다. 반면 일리노이주 시카고는 중국어를 배우는 학생들이 많았고 이미 미국 내 아시아사회 조직이 시카고 공립학교에서 중국어 회의를 개최하는 등 중국어 교육이 활발한 편이었다.

16) 국가한반, http://www.hanban.edu.cn/node_7447.htm.

17) 이희옥, 앞의 논문.

18) 劉金源, 「淺述漢語教學在美國」, 『中國職工教育』, 2014年 24期.

기존의 중국내 화교들이 운영하는 중국어교육기관이 있었지만 시카고의 경우도 대중의 중국어교육열망에 부응하기 어려웠다. 하지만 미국정부는 지역연구와 외국어 교육과 연구에 대한 지원을 크게 삭감하기도 하여 중국정부의 재정적 지원이 크게 작용하여 대학행정가들은 적극적으로 수용하였다.[19] 또한 SAT실시 기구인 미국 대학위원회와 행정가들도 2003년 중국정부의 재정지원을 받아서 중국언어문화시험을 만들기로 협약을 체결하였으며 부시 대통령은 2006년 중국어를 시급히 익혀야 할 외국어에 포함시키면서 미국의 공인언어능력평가기관은 2010년까지 10만 명의 교사 파견을 중국에 요청하였다.[20] 이로 인해 2006년 K-12 수준의 학생들을 가르치기 위한 초청교사가 미국으로 오게 되었다.[21]

2004년 미국에서 최초로 설립된 공자학원은 메릴랜드(Maryland)대학 공자학원이다. 미국의 공자학원은 거의 대학 캠퍼스에 설립되었고 중국대학과 미국 대학 간의 협력관계를 취하였다. 메릴랜드 대학은 텐진(天津)의 난카이(南開)대학과 합작의 방식으로 언어교육과 문화 활동을 시작했다. 하지만 2005년 초까지 활동의 보고에 의하면 메릴랜드 대학 내의 중문과와 연계도 이루어지지 않았으며 수강생 수도 많지 않았고 문화활동에 대한 준비도 부족하여 활동이 두드러지지 못했다고 한다.[22] 공자학원이 설립되었을 뿐이지 이에 대한 대학 내에서의 홍보

19) Redden, Elizabeth, 2012, "Debate over Chinese-funded Institutes at AmericanUniversities," *Inside Higher Ed*, January 4, 2012 : http://www.insidehighered.com/news/2012/01/04/debate-over-chinese-funded-institutes-american-universities.

20) Danping Wang · Bob Adamson, "War and Peace: Perception of Confucious Institutes in China and USA", *Asia-Pacific Edu Resercher*, 2014.2.

21) James F.Paradise, "China Anf International Harmony-the role of confucius Institutes in Bolstering beijing's soft Power", *Asian Survey*, Vol.XLIX,No4, Juliy August 2009, p.655.

가 실제 이루어지지 않았고 공자학원 자체의 프로그램도 질적으로 우수하지 못했다고 볼 수 있다. 그러나 메릴랜드 공자학원은 미국 내에서 상징성을 지니고 있었기 때문에 메릴랜드 대학의 총장은 2006년 중국에서 설립된 공자학원총부의 이사가 되었다.

시카고 공자학원(CIC)은 상하이 화동華東사범대학과 2006년 5월 시카고시 공립학교가 국가한반공자학원총부와 합작하여 성립한 것으로 초등, 중등학교 및 유아교육을 담당한 교육기관이었다.

필라델피아주 피츠버그대학의 공자학원은 2007년 우한(武漢)대학과 함께 만든 것으로 언어교육 외에 역사문화, 법률, 경극, 축제 등의 문화활동 및 우한대학에서 파견된 24명의 교사가 1600명의 초등생과 200명의 대학생에게 교육을 해왔다. 중국 측의 원장이 실제적인 관리 즉 중국 측에서 온 교사를 관리하는데 공자학원총부와 대사관이나 영사관의 외교정책에 따르며 지역사회와의 소통을 책임지는 방식으로 운영되었다. 2008년부터 펜실베니아주는 중국어를 중학과정에 두게 되었고 피츠버그대학 공자학원의 교사들이 파견을 나가게 되었다. 이외 2010년 초까지 일반인과 성인을 대상으로 중국어를 가르치게 되었지만 실제 대학의 활동에 참가한 인원수를 보면 평균 20명에 못 미치고 있었다.[23] 이는 대학 내에서 학점의 인정이나 중국대학의 교과과정과의 연계가 없이 시설과 명칭만 존재하는 것에 불과하고 피상적 소개에 그친 것으로 볼 수 있을 것이다. 하지만 미국 피츠버그대학 소재 7개 공자학원과 공자학당의 미국 청소년들에 대한 설문조사에서 중국문화에 대해 보편적으로 좋아하는 태도를 취하고 있으며 음식문화, 문물고적에 흥미를 지니게 되었는데 이는 공자학원에서의 수업내용으로 인한 것이었

22) 張治國, 「美國馬裏蘭大學孔子學院田野調查」, 『世界教育信息』, 2009年 03期, 81-85쪽.
23) 蕭映, 「孔子學院在美國賓夕法尼亞州的教學與文化推廣進程孔子學院」, 『科教導刊』, 2010年10期, 4-5쪽.

다고 한다.[24]

이외에 2007년 미국 유타대학은 쓰촨(四川)대학과 합작하여 대학과 중소학생들을 대상으로 언어와 역사, 문화 등의 활동을 전개하는 공자학원을 개설했다. 비교적 현지화에 성공해서 정규과정의 학점이수도 받을 수 있었고 각종 지방의 매체들을 통해 공자학원에 대한 적극적인 선전으로 지역사회의 호응을 받은 경우도 있었다.[25]

이외 2008년 4월 중남(中南)민족대학과 미국 위스콘신(Wisconsin) 주립대학 합작 공자학원이 개설되는 등 각지에 공자학원과 학당이 설립되었다.[26]

〈표 1〉 미국 공자학원 연도별 설립추이[27]

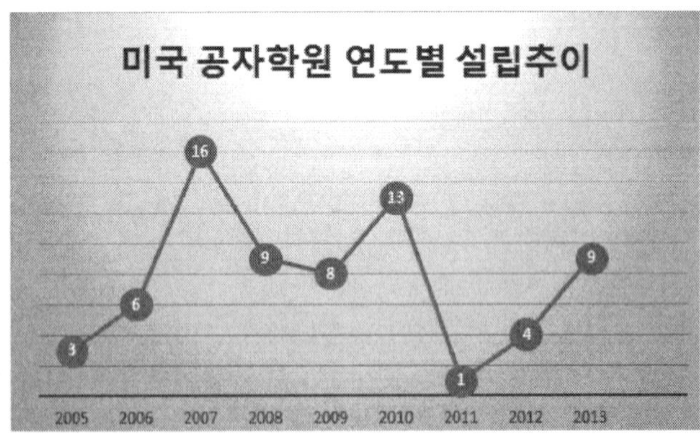

※ 자료: 중화인민공화국 국가한반 http://www.hanban.edu.cn의 자료로 작성

24) 吳瑛, 阮桂君, 「中國文化在美國青少年中的傳播效果調查——以匹兹堡地區孔子學院爲例」, 『學術交流』, 2010年 10期.

25) 雷莉, 「美國孔子學院漢語言文化推廣模式研究——以美國猶他大學孔子學院爲例」, 『西南民族大學學報』, 2013年 11期, 218-219쪽.

26) 夏靜, 「美國人爲何歡迎孔子學院」, 『光明日報』, 2008, 5, 8.

27) 공자학원총부에 올라 있는 합작관계가 명확한 경우만 조사하여 표로 작성한 것이어서 숫자상으로 약간의 오차가 있다.

중국의 문화적 네트워크로의 접목은 중국과 세계 각지의 경제적 관계의 긴밀함이 초래한 필요가 언어교육의 필요를 낳고 언어교육기관의 설립을 통해 이루어졌다고 볼 수 있으며 〈표1〉에서 나타나듯 2007년까지 급속히 확산되고 2010년 다시 꾸준히 증가된 것을 알 수 있다.

〈그림 1〉 미국 내 공자학원 설립과 연계된 중국내 협력대학의 지형

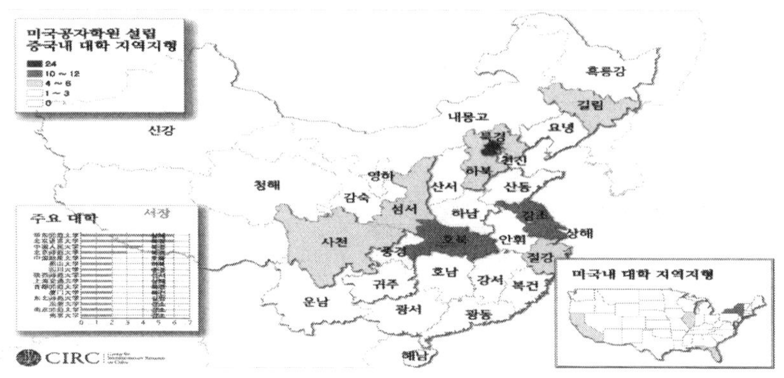

또한 중국의 경우 주요대학들 즉 상하이 사범대학이 7개의 미국 대학과 북경어언대학 6곳, 인민대학 4곳, 북경사범대학 3곳 등 중복하여 협력대학과 공자학원을 설립하는 방식이었다는 것과 뉴욕 9개, 캘리포니아 5, 일리노이 시카고 5, 플로리다 4 로 동부 일리노이주 시카고, 뉴욕에 집중되어 있고 서부는 캘리포니아에 많이 설립되었음을 알 수 있다.

2. 공자학원 총부와 네트워크의 확산

2007년 공자학원총부가 설립되었다. 한반 소속의 공자학원이지만 각국의 공자학원 자체의 조직을 연계하고 운영하기 위해서였다. 그러므로 한반 주도하의 공자학원이 한반과 일대일의 공자학원 조직이었다면

공자학원 총부는 공자학원의 세계적 네트워크를 형성하는데 핵심적인 역할을 하는 컨트롤 타워의 성격을 띤 것이라 볼 수 있다.

공자학원 총부는 세계의 대학 총장 16명이 이사로 포함되어 있고 매년 세계 공자학원 대회를 개최하였다.[28] 2006년 제1회 대회는 38개국 400명이 참가했고 주제가 공자의 사상과 세계의 화합이었으며 제2회는 2007년 64개국 200명이 참가하였으며 제3회 대회는 2008년 78개국 500명, 2009년 4회 대회는 88개국 1200명, 2011년 6회는 105개국 350명이 참가하여 규모가 점차 확대되어 간 것을 알 수 있다. 회의는 정치국 상무위원 리장춘(李長春), 교육부 장관 등 당과 정부의 주요 인사들이 주재하였으며 이를 바탕으로 공자학원 명칭의 통일, 관리, 어학시험의 체계화 등을 이전보다 더 강화해 나갔다.

그리고 세계 공자학원 대회에서는 매년 선진적 공자학원에 대한 시상을 하였다. 수상한 공자학원은 2007년도에는 미국의 시카고 공자학원, 화미협진사(華美協進社), 캔사스 대학, 미시간 주립대학이 수상해서 전체 20여개 수상기관 중 4개를 차지했다. 2008년도에는 시카고 공자학원, 피츠버그 공자학원, 캔사스 공자학원, 미시간 주립대 공자학원이 2009년도에는 시카고 대학 공자학원, 미시간 주립대 공자학원, 오클라호마 공자학원이 선진공자학원으로 수상되었고 2010년에는 30개 시상 중 미국이 6개를 차지하고 있었는데 시카고 공자학원, 메릴랜드대학 공자학원, 피츠버그대학 공자학원, 캔사스 대학 공자학원, 멤피스대

28) 북경대학 총장, 인민대학 총장, 길림대학총장, 하문대학총장, 교육부사회과학국장, 북경시교육위원회주임의 6명과 10명의 외국인으로 오스트렐리아 New South Wales 대학 총장, 칠레 Saint Thomas 대학 총장, 일본 와세다 대학 총장, 케냐 나이로비 대학 총장, 러시아 Far Eastern National 대학 총장, 스페인 Valencia 대학 총장, 태국 Chulaongkorn 대학 총장, 영국 에딘버그 대학 총장, 미국대학협회 이사장, 미국 메릴랜드 대학 총장으로 미국은 2명이 이사로 포함되어 있다.

학 공자학원, 캘리포니아주 샌디에고 대학 공자학원이 선정되었다.[29] 특히 시카고 대학은 선진 공자학원으로 4년간 계속 수상했었다는 것은 현지화도 잘 수행되고 있었다는 것을 의미할 수 있다.

공자학원총부는 이전부터 치러졌던 중국어 대회인 세계 한어교(漢語橋) 대회를 매년 7월 개최해서 공자학원의 학생들이 참가할 수 있도록 하였으며 행사는 그 지역의 지역 방송국과 함께 하여 중국내외에 홍보도 함께 하고 있다.

또한 2007년 7월의 제2차 공자학원 대회 폐막사에서 공자학원총부이사회 부주석 천진위(陳進玉)는 방송과 TV, 인터넷 만화 등 현대의 기술과 수단을 동원하여 중국어에 대한 효과적 교육에 주력해야 한다고 언급했다.[30] 당시 중국은 미디어의 발전을 매우 강조하였는데 공자학원 역시 이러한 미디어와의 연계를 중시하기 시작했다고 볼 수 있을 것이다.[31]

2008년 이래 인민일보의 공자학원 보도도 활동을 소개하는데 주력하는 것을 알 수 있다. 올림픽의 개최와 관련 해외의 모습을 국내에 알리고 있으며 전문가들을 인터뷰하여 공자학원의 기능과 가치 등을 소프트파워의 강화나 외부에의 저우주취(走出去)로 정치적 역할을 하는 것으로 소개하였다. 보도는 주로 당과 정부의 지도급 인사들의 공자학원 방문 등을 보여주는 것으로 이루어져서 정부의 활동이나 정치적 성격이 강한 것으로 나타났고 이 때문에 공자학원이 민간과는 별개의 기관으로 인식되었다.[32]

29) 劉程, 「安然. 海外孔子學院網站新聞傳播案例分析——以美國孔子學院爲例」, 『武漢理工大學學報(社會科學版)』, 2012(04), 592쪽.

30) 蕭映, 「孔子學院在美國賓夕法尼亞州的教學與文化推廣進程孔子學院」, 『科教導刊』, 2010年 10期, 4쪽.

31) 고영희, 「중국과 대만의 문화외교」, 『대동철학』 제65집, 2013.12, 200-201쪽.

공자학원총부는 언어교재와 국제어로서의 중국어의 표준을 인쇄되는 교재를 넘어 미디어와의 연계로 이어갔는데 2007년 교재 라디오 방송국을 개설하고 2008년 12월 TV공자학원의 개설과 2008년 인터넷 공자학원(WWW.CHINESE.CN)도 구축하였다. 이 인터넷 공자학원의 경우 46개국의 언어로 운영되면서 50만명의 회원을 확보하여 매우 효과적으로 중국어를 확산시키는 시스템의 구축으로 평가된다. 이렇게 공자학원은 라디오와 방송국, 신문과 인터넷 매체의 네트워크로 연계되어 언어교육의 기지로 브랜드화 되어갔다.

공자학원에서 사용되는 123종 2천권의 중국어 교재의 저작권 또한 공자학원총부가 지니고 있을 뿐 아니라 2003년 개발된 장성한어(長城漢語)는 공자학원을 통해서만 활용할 수 있다. 미국에서는 2008년 중국어 입문 청소년을 대상으로 한 애니매이션 교육용 소트프웨어 승풍한어'乘風漢語'를 미국 교육부와 공동으로 개발하여 미국 내 116개 학교에서 활용하게 되었으며[33] 이를 관할하는 것이 공자학원 총부인 것이다. 공자학원의 실제적 운영 컨텐츠인 이들 교재를 개발, 운용하는 것의 주체가 공자학원 총부라는 점과 다양한 매체나 확산 시스템을 통해 전파하게 하는 것을 주목할 필요가 있다. 또한 교재를 통한 중국어 수업에는 2009년에 260만 명이 참가한 것으로 집계되었고 그리고 이러한 교재는 주로 중국의 전통 역사와 신화 등 중국적 내용을 담고 있다는 점에서 중국어 교재를 통한 중국 문화의 전파 역시 공자학원총부에 의해 이루어지고 있다고 볼 수 있을 것이다.[34]

---

32) 馬旭, 『人民日報對孔子學院的媒介形象塑造硏究』, 山東大學碩士學位論文, 2012.4., 35쪽.; 강남욱, 김순우, 지성녀, 「대외언어보급정책 비교를 통한 세종학당 활성화 방안」, 『새국어교육』 제90호, 2012, 425쪽.

33) 강남욱, 김순우, 지성녀, 앞의 논문, 431쪽.

34) 채하연, 앞의 논문, 343쪽.

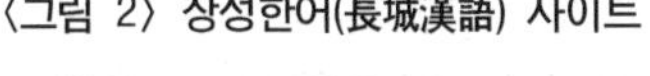
〈그림 2〉 장성한어(長城漢語) 사이트

※ 출처: www.greatwallchiense.cn

또한 2009년 3월부터 공자학원총부는『공자학원』잡지를 발간하였다. 이는 국무원 참사이며 국가국가한판(國家漢辦)주임이자 공자학원총부 간사 쉬린(許琳)이 편집장으로, 전 세계 공자학원에서 이를 참고로 서로의 상황을 파악하게 하기 위한 목적으로 발간되었다. 공자학원총부가 파견한 교사 29000명은 이 잡지를 통해 교육의 경험과 소통을 하게 한다는 것이 발간 취지였지만 실제는 공자학원총부의 입장을 소개하고 이사들의 활동을 소개하는 경우가 더 많았다.[35]

한편 2010년 2월 28일 공자학원총부는 〈2012-2020년 공자학원발전계획〉을 발표하여 2015년까지 공자학원 500개, 공자학당 1000개의 설립, 교사 150만여 명, 등록인원 100만명, 인터넷 공자학원 50만명 확보 및 자원 교사 5만명 확보(국가파견 2만 명, 현지임용 3만 명)를 목표로 하되 이러한 발전계획은 해당지역의 법률과 법규 및 전통문화를 이해하기 위한 것이라고 표명했다. 또한 50만 명까지 중국내 유학생의 수를 늘리는 것을 목적으로 하고 장학금을 지급 할 것을 목표로 하였다. 장

35) 중화인민공화국 국가한반 http://www.hanban.edu.cn.

학금은 2009년에는 112개 공자학원의 4100명에게 지급되었고 2010년 3월 메릴랜드 대학 공자학원의 경비지원으로 19명의 학생과 15명의 교직원이 난카이南開 대학 부속소학에서 언어를 공부하기도 하였다.[36] 공자학원총부의 조직기구의 역시 장학금처, 한학연구공작처, 종합문화처, 유럽, 미주, 아프리카의 공자학원처, 발전과 정책법규처 등이 신설되어 과거 12개 부서에서 확장된 것은 보다 관리를 강화하고자 했으며 각 지역의 상황에 맞는 현지화에 주력하려는 의지를 보였다.

2011년 10월 17차 6중 전회 〈중공중앙 문화체제개혁 심화와 사회주의 문화대발전 대번영의 몇 가지 중대문제에 관한 결정〉에서 대외 선전방식과 방법을 혁신하고 국제사회에서의 담론 헤게모니(話語權)를 강화한다는 것이 규정되었다.[37] 정부의 기본 방침과 긴밀한 공자학원총부는 이러한 방침을 따를 것으로 예상되므로 2012년 이래 한반의 중국의 한학연구유학생에 대한 장학금 지원이 전체 예산에서 증액된 것은 중국어에서 나아가 중국학을 중요한 문화적 요소로 강화해 나가겠다는 의지의 표현으로 해석된다.

하지만 공자학원총부를 컨트롤 타워로 하는 공자학원의 네트워크 자체는 다양한 활동에도 불구하고 공자학원총부가 주도하는 위계적 네트워크의 성격이 강하고 관방언론을 통한 담론의 확산이 이루어지는 상황이므로 인터넷 상에서는 공자학원의 구축비용에 대한 대중의 비판과 문화의 구체적 내용의 빈곤에 대한 비판이 전개되는 등 관방주도의 언어문화기구의 활동이 지닌 한계가 드러났다.[38] 또한 미국 내의 공자학원 역시 이들간의 수평적 연계가 이루어지고 있는 것은 아니며 각

36) 張濤, 「20世紀70年代以後中美社會文化交流中的孔子元素」, 『思想戰線』, 2011年 01期, 109쪽.

37) 고영희, 앞의 논문, 203-4쪽.

38) Danping Wang · Bob Adamson, 앞의 논문.

대학의 공자학원의 홈페이지도 실제 소식을 활발히 보도하는 경우는 많지 않았다고 분석되었다.[39] 물론 켄터키주 등 일부 지역에서는 현지의 커뮤니티와의 활발한 연계도 이루어지고 있거나 쓰촨(四川)대학과 합작한 유타대학공자학원의 사례를 보면 지방대학의 경우 지역사회에서 중국어에 대한 수요와 문화에 대한 관심이 크기도 하여 지역차는 존재하였다.[40]

그러므로 공자학원총부의 현지화에 대한 강조와 중국유학생에 대한 장학금 지원 등의 새로운 방침은 이러한 네트워크를 활발하게 작동시키기 위한 조치로 볼 수 있을 것이다.[41]

Ⅲ. 미디어로 형성된 공자학원 이미지

그렇다면 공자학원총부의 노력으로 설립된 공자학원을 통한 소프트 파워 확산 전략은 미국을 대표로 하는 서구에서는 어떻게 전개 되었을까?

2011년 6월 미국의 대중을 대상으로 중국측에서 시행한 설문조사 결과에 의하면 미국인들이 중국에 대한 정보를 얻는 통로는 주로 미국의 매체, 중국의 해외매체를 통해서라고 한다. 그러므로 미국의 매체가 전

39) 劉程, 安然, 「海外孔子學院網站新聞傳播案例分析——以美國孔子學院爲例」, 『武漢理工大學學報(社會科學版)』, 2012(04), 596쪽.

40) 雷莉, 「美國孔子學院漢語言文化推廣模式研究——以美國猶他大學孔子學院爲例」, 『西南民族大學學報』, 2013年11期; 劉超, 「跨文化情境對孔子學院中跨文化交際能力影響研究——以美國孔子學院爲例」, 『雲南師範大學學報』, 2010年 06期.; 呂明, 「美國孔子學院教師教學本土化的調査及培訓策略」, 『延邊大學學報』, 第47卷 5期, 2014.9, 109쪽.

41) 李瑛, 「境外孔子學院的創建與發展:基於文化視角」, 『探索』, 2010.5.; 劉金源, 「淺述漢語教學在美國」, 『中國職工教育』, 2014年 24期.

파하는 중국관련 기사와 내용이 중국에 대한 이미지를 형성하는 관건적 작용을 한다는 볼 수 있다.[42)]

중국의 경우 관방보도를 통해 외교적 사안에 접하고 관방매체로 대표되는 인민일보人民日報가 서구매체의 보도를 중국으로 전달하는 주요한 통로이므로 2004년 처음 설립된 공자학원과 관련된 중국내에서의 이미지도 매체를 통해 형성되었다고 할 수 있다.

CNKI(中國知網)의 공자학원을 관건사로 검색한 결과 중국의 관방매체인 인민일보를 중심으로 광명일보(光明日報), 인민일보 해외판, 중국교육보(中國教育報), 중국중의보(中國中醫報), 문회보(文匯報) 등이 공자학원 보도를 주도하는 매체로 나타났다. 미국의 경우 뉴욕 타임즈New York Times의 보도 프레임이 미국 내 다른 미디어의 아젠다 설정에 영향을 주며 가장 권위적인 보도 매체로 알려져 있다.[43)] 또한 뉴욕타임즈의 공자학원 보도는 대개 중국전문가나 학자들의 견해에 의지하고 있어서 인민일보가 단순히 사건을 보도하는 것과 비교하여 미국 내 대중에게 더 영향을 끼칠 수 있다고 한다는 평가도 있다.[44)] 1992년부터 2001년까지 미국 동부와 서부를 대표하는 두 신문인 뉴욕 타임즈New York Times와 로스 엔젤레스Los Angeles Times의 1992년에서 2001년까지 중국관련 보도는 비우호적인 정치적 이데올로기 프레임이 작동되고 있으며 2003년 뉴욕 타임즈의 사스 발생시의 보도 역시 중국에 대해 부정적 프레임이 유지 되었다.[45)] 또한 2008년 티벳 사건에 대해

42) 關世傑, 「中國文化軟實力:在美國的現狀與思考」, 『國外社會科學』, 2012年 05期, 75–80쪽.

43) Therese L.Lueck, Val S.Pipps, Tang Lin, “China'Soft Power: A New York Times Introduction of the Confucius Institute”, *Howard Journal of Communication,* 25:3, 2014, p.331.

44) 劉毅, 「國家文化安全視閾下的涉華輿論研究——以《紐約時報》對孔子學院報道的內容爲例」, 『學術交流』, 2014年 04期, 201쪽.

서구매체의 보도와 이에 대한 중국내 인터넷 민족주의의 대응을 통해 본 서구매체의 프레임 역시 중국은 권위적 통제적 정권하의 비인권, 비민주적 국가라는 인식이 내재해 있다는 연구도 있다.[46] 그러므로 뉴욕 타임즈의 큰 프레임이 2004년 미국에서 공자학원이 처음 설립된 이래 2010년경 70여개에 이르렀기 때문에 공자학원이 현실적으로 기능하고 있는 상황에서 이에 대한 이미지형성에 관련되었다고 볼 수 있을 것이다.

먼저 2011년 상반기에 시행된 미국 대중들에게 한 설문조사에 의하면 공자학원에 대해 긍정적이고 중국문화에 대해 관심과 호감이 있으나 정치적인 부분 즉 공산주의나 공동부유 등의 가치관에는 부정적으로 반응하는 반면 조화세계, 화이부동, 인과 의와 예와 같은 공자의 유교나 중국의 일반적인 문화유산에 대해서는 호감을 갖는 것으로 나타났다는 것이다.[47] 이러한 결과는 뉴욕 타임즈의 기사 프레임과도 일치하는 측면이 있다. 100여년 간 지속해 온 뉴스 프레임은 중국과 중국인이 서구와는 문화적 차이와 다름이 존재한다는 ‘다름’과 ‘차이’의 프레임과 냉전시기 이래 반공주의 이데올로기를 현재까지도 지속하고 있다. 이에 따라 중국정부의 성격이나 의도 등 정치적 차이를 강조하면서 동시에 중국과의 긴밀한 경제적 관계를 고려하여 경제적으로는 서로 협력해야 한다는 관점을 내세우고 있다.

미국은 1983년 이래 반관반민 조직인 NED(미국민주주의 기금회)를 통해 자유와 민주의 가치로 해외의 단체들을 지원하며 이 가운데는 중

45) Lin, “A textual analysis of the coverage of SARS and the image of China: A comparative analisis”, *Asian Social Science*,8(3), 2012, pp.49-62.

46) 唐小兵, 「西方媒體的滑鐵盧-拉薩騷亂之輿論反思」, 『開放時代』, 2008, 6, 134-145쪽.

47) 關世傑, 「中國文化軟實力:在美國的現狀與思考」, 『國外社會科學』, 2012年 05期, 75-80쪽.

국의 소수민족관련 단체도 포함되어 있다.[48] 2008년 3월 14일 티벳 사태, 2009년 신장 위그루 자치구 7월 사태, 2010년 4월 티벳의 지진 등에 대해 미국정부는 중국에게 인권과 민주의 문제로 압력을 가하였으며 2010년 류샤오보(劉曉波)의 노벨평화상 수상과 관련해서 또한 중국정부는 미국정부가 이들 미국내 민주활동가와 신장, 티벳을 연계하여 활동하도록 지원한다고 비난하는 등 인권과 민주의 문제를 둘러싸고 미국은 이를 보편적 가치로 주장하고 중국은 중화민족주의의 주요 내용인 유가를 통해 중국내의 통합을 도모함과 동시에 외부를 향해 중국의 가치로 설명하려는 입장을 보여 왔다. 그러므로 설립된 공자학원과 관련된 미국내에서의 기사는 이러한 미국의 언론매체의 전반적인 맥락 속에 위치할 것이다.

중국 국내에서 공자학원의 이름을 알리고 홍보하는 짧은 기사들이 중국의 관방매체를 중심으로 알려졌기에 중국의 대중들이 공자학원에 대해 잘 인식하지 못했던 것과 마찬가지로 뉴욕 타임즈의 기사도 2004년 미국에서 공자학원이 설립된 2년이 지난 이후에야 2006년 1월 11일 처음으로 기사화 되었다.[49] 이 최초의 기사는 공자학원에 대한 소개를 군사적 이미지를 내세우며 시작했다. 공자학원은 언어와 문화 전파를 위한 목적이지만 군사적 이미지를 강조하고 중국 한반의 대표 여성 쉬린(許琳)의 소개는 뒤에나 전개하면서 중국의 아시아 이웃들이 공자학원을 공자의 이름만 차용했을 뿐 맑시즘과의 연계를 회피하기 위한 수단으로 의혹의 눈으로 보고 있다고 했다. 이는 공자학원이 중국 소프트 파워 확산이라는 야망을 이루기 위해 중국정부가 통제하는 기구라고 설명하는 것이었다.[50]

48) 柴田哲雄,『中國民主化・民族運動の現在』, 集廣舍, 2011.12, 2-5쪽.

49) 다른 영향력 있는 일간지 워싱턴 포스트지는 2006년 10월 15일에나 최초로 보도하였고 USA 투데이는 2007년 11월 20일 처음 공자학원관련 기사를 실었다.

2009년 미국에서 처음 설립된 공자학원 메릴랜드 대학 공자학원을 다룬 뉴욕 타임즈의 최초의 기사 역시 학생 올리비아가 중국에 여름방학 캠프를 간 사실에 초점을 둔 것이 아니라[51] 질병의 발생위험이 높고 공산당에 의해 통제되는 중국 사회를 떠올리게 하였다. 메릴랜드 대학 공자학원과 함께 선진공자학원으로 수차례 중국에서 수상을 한 시카고 공자학원 역시 언론에서 전혀 보도 되지 않았다.[52]

2010년 9월 칭화淸華대학의 다니엘 벨의 주장을 비중 있게 소개했다.

> "미국은 자유와 민주주의를 전파하고 있으며 NED와 같은 기구를 통해 이를 지원하고 있다. 기타 NGO들도 있다. 중국은 남아프리카의 공자학원에서 유교주의자와 미국사상가들간의 논쟁을 통해 중국의 입장이 드러냈다. 비서구 용어와 비서구기구에 의한 자금으로 이러한 담론들이 새롭게 전개되어 가고 있다. 서구가치에 대한 정치적 상대주의라는 담론이 유포되고 있다. 공자의 유가주의가 그것이겠지만 이러한 가치가 세계를 더 나은 곳으로 만들 잠재성을 가지고 있는 것인가의 문제가 제기된다. 자유주의자와 기독교인들처럼 유교주의자들은 그들의 가치가 보편적인 것이며 중국은 동아시아를 넘어 정치적 가치로 그것을 수출할 만한 것으로 만들 수 있을까? 공자의 전통은 다양한 것이었으나 오늘날 에는 정치적인 능력주의와 조화 이 두 가지만을 전형적인 것으로 내세우고 있다. 정치적 엘리트주의는 설명하기 어려운 것은 아니다. 누구나 교육으로 정치에 참여할 기회는 있지만 동등한 능력을 갖지 않았다는 것이다. 그리고 공산당이 바로 이러한 능력주의로 운영된다고 한다. 아프리카와 다른 지역에 이러한 가치를 전파하고 있다. 조화의 가치는 비영리기구를 통해

50) Howard W. French, "Another Chinese Export Is All the Rage: China's Language", *New York Times,* January 11, 2006.

51) Shery Gay Stolberg and Olivia Robinson, "Swine Flu Diary: Caught in a Beijing Dragnet", *New York Times,* July 28, 2009.

52) 劉程, 「安然. 海外孔子學院網站新聞傳播案例分析——以美國孔子學院爲例」, 『武漢理工大學學報(社會科學版)』, 2012(04), 593쪽.

강조되고 있는데 정치적인 의혹을 불러 일으키고 있다. 개발도상국에서의 중국의 소프트 파워는 확산될 수 있다 해도 민주주의와 인권, 자유를 거부할 수는 없을 것이다. 중국은 그들의 가치를 세계의 나머지 다른 지역에서 설득시키는데 최선을 다해야 하고 또한 자국에서도 이루어야만 할 것이다"[53]

라고 주장했다. 이러한 주장에는 유가주의가 세계를 더 나은 세상으로 만들 잠재력을 지닌 가치인지를 되묻고 이러한 유가주의의 가치전파는 공산당이 하고 있다는 것을 강조하고 있는 것이고 동시에 '조화가치를 전파하는 비영리 기구' 공자학원의 운영이 정치적 의혹을 불러일으킨다고 보게 하며 이는 전문학자의 견해이기에 설득력을 갖게 된다.

2011년 1월 후진타오(胡錦濤) 주석의 시카고 공자학원 방문의 기사가 실렸다. 시카고 공자학원은 중국정부가 오랜 동안 소프트 파워 증진을 위해 노력한 곳이라고 소개하고 후진타오는 비록 조화를 메시지를 가져 왔지만 조화의 메시지는 한계가 있었다고 평가했다. 이는 중국의 언론이 미국에서의 중국어 열풍을 크게 보도하고 강조한 것과 대조적으로 위 기사는 시카고의 중국에의 경제적 진출전략과 중국과의 상호관계의 진전을 위한 시정부의 방안 가운데 공자학원의 방문을 하게 된 것으로 의미를 축소하면서 중국이 인권 문제를 보편적 가치로 수용하는 것이 조화 메시지의 한계를 벗어나는 것이라고 주장했다.[54]

2011년 4월 4개월간 천안문 광장에 서 있던 공자의 동상이 철거되었다는 소식을 전하면서 현대중국은 유교를 고수하는 나라가 아니라고 전한다.[55] 해외에 공자학원을 전파하지만 공자의 유교가 중국에서 진

53) Daniel A. Bell, "Developing China's Soft Power", *New York Times,* September 24, 2010.

54) Michael Wines, "Chinese Leader Gets Ride on Chicago's Big Shoulders", *New York Times,* January 22, 2011.

정으로 고수되고 있는 가치인가에 대해 의혹을 제기한 것이다.

2011년의 기사들 속의 공자학원은 소프트 파워를 증진시키기 위해 중국정부가 설립한 것이라는 점이 계속 강조되었다. 남아프리카 짐바브웨의 공자학원의 설립소식을 전하고 2014년 5월에는 나이지리아의 공자학원 설립 소식을 전하며 중국이 경제적 지원과 함께 공자학원의 설립이 이루어지고 있다면서 소개하면서도[56] 미국 내의 공자학원의 활동에 대한 소개는 없었다.

반면 뉴욕 타임즈는 캐나다의 공자학원 관련 보도를 통해 캐나다의 마니토마대학의 교수노조가 2011년 봄 학문자유 저해의 이유로 공자학원 설립을 반대했다는 사실을 보도했고 강사진의 임용과 교재를 중국정부의 산하기관 한반이 좌우하는 것을 교수협의회에서 거부하고 있다고 보도했다. 재정지원여부로 이를 용인할 수 없다고 소개했다.

2012년 3월 5일 대학의 캠퍼스에서의 공자학원의 영향력에 대한 비판적 우려라는 제목으로 기사는 미국내 공자학원이 티벳, 타이완, 중국의 군사력, 지도자간의 내부투쟁 및 달라이라마에 대한 언급 등을 하지 못하게 하는 점이 있다는 마이애미 교수의 언급을 인용하며 공자학원에 대한 우려를 표명했다.[57]

이러한 상황에서 2012년 5월 미국국무원이 미국 전역의 공자학원은 반드시 미국비자를 지닌 교사만이 활동할 수 있다고 공고하고 미국에서 현재 J-1비자를 지닌 공자학원의 중국교사는 6월 30일 전까지 미국을 떠나라고 하였다. 이에 대해 공자학원 총부의 쉬린許琳은 미국과

55) Andrew Jacobs, "Confucius Stood Here, But Not for Very Long", *New York Times,* April 23, 2011.

56) Adewale Maja, "Nigeria's China Connection", *New York Times,* May 08, 2014.

57) D.D. Guttenplan, "Critics Worry About Influence of Chinese Institutes on U.S. Campuses", *New York Times,* March 05, 2012.

서구에서 이미 2010년부터 형성된 중국에 대한 공산당토벌과 같은 것이라고 반응했다.[58] 미국국무원은 공자학원의 인증이 확실히 발급되지 않았다고 주장하는 것에 대해 공자학원측은 공자학원은 학점을 주거나 학위수여를 하지 않는 기관이므로 미국국무원의 인가를 받을 필요가 없다고 대응했다. 미국 내의 공자학원 미국 측 원장들 81명이 5월 19일 공자학원 총부의 이메일을 받고 이들이 미국국무원에 연락을 취하여 국무원이 대학의 자주권을 간섭하는 것은 위법이라고 하고 주의원에게 이러한 문제를 요청하고 두명의 미국인 공자학원총부의 이사도 중재를 하였다. 공자학원총부는 미국측의 요구에 따라 교사를 지원했을 뿐이며 이들에게 어떠한 행동의 지령을 내린 일이 없다고 설명하였다고 하는 쉬린(許琳)의 언급이 매체에 보도 되었고 인민일보는 매카시즘의 부활이라고 대응했다.[59] 쉬린(許琳)은 미국은 2010년 이래 공자학원에 대해 공산주의 선전을 하는가, 중국의 공산주의적 가치관을 침투시키는가, 미국에 파견된 교사와 교재, 이들의 이메일 내용 등을 조사해 왔다고 주장하며 공산당에 대한 공격이라고 표현했다. 또한 미국에서 이미 3월 28일의 국회 외교사무 감독 조사 전문위원회에서 미국회의원은 중국이 미디어와 교육기관을 통해 중국 공산당의 입장을 선전하고 있다고 보는 등 중국에 반대하는 정치세력이 존재한다고 인식했다. 하지만 남방도시보南方都市報는 정부는 이번 기회에 비공식적 기구에 더 지원을 하는 방향으로 전환해야 한다는 의견을 제시하기도 하여 중국 내에도 이견이 있었다는 것을 보여준다. 당시 이 사건에 대한 뉴욕타

58) 張琰, 「全球孔子學院"掌門人"談"孔院風波"」, 『祖國』, 2012(12).

59) 周逸梅, 商西, 京華時報, 大眾網, http://www.dzwww.com/xinwen/guoneixinwen/201205/t20120525_7162305_1.htm2012-05-25 14:34:00. 광명일보光明日報, 중국국방보中國國防報, 동방조보東方早報 등 중국 매체들은 이에 대해 상당히 많은 기사를 실었다.

임즈의 보도는 없다.

공자학원이 각 대학과 중국의 대학이 협의하는 방식으로 진행된 것이며 미국의 대학내에서 학점인증을 할 수 없는 기관이라는 점에서 국무원의 방침은 철회되었지만 이 사건을 통해 공자학원의 성격에 대한 문제가 미국 내에서 언급되기 시작했다. 공자학원에 대한 의혹은 캐나다, 스웨덴, 베트남에서도 일어났고 나아가 마오쩌둥을 혁명영웅으로 묘사하면서 미국 학생들을 세뇌한다고 묘사했다.[60]

2014년 6월 17일 미국의 교수들이 공자학원을 다시 재개시키려는 대학들에게 요청이라는 제목의 기사가 실렸다. 미국 대학교수 평의회가 대학 측에 학문의 자유원칙을 고수할 것을 요청했다는 것과 가이드라인을 정해야만 중국정부로부터 독립성을 침해받지 않는다는 것이었다. 캐나다 대학위원회의 2013년 12월의 성명을 소개하고 이미 캐나다의 맥매스터 대학이 파룬궁 교사의 파면을 이유로 공자학원을 폐쇄한 것은 2012년부터라고 소개했다. 중국은 오히려 시카고 대학이나 스탠퍼드 대학과 같이 권위 있는 학교들과의 관계를 위해 더 주력하고 있다고 하면서 대학의 학문의 자율성에 대한 요구와 중국정부의 통제기관으로서의 공자학원의 성격을 대조해서 보여주었다.[61]

중국의 관영통신 신화(新華) 등이 6월 24일 중국정부의 공식적 브리핑을 소개하며 공자학원에 대한 서구매체의 비평들은 무지와 공포에서 기인하는 것이라고 주장했다는 내용을 뉴욕 타임즈가 보도했다.[62] 당

60) Randolph Kluver, "The Sage as Strategy: Nodes, Network, and the Quest for geopolitical Power in the confucius Institute, Comminication", *Culture Critique* 7, 2014 p.195.

61) Amy Qin, "U.S. Professors Call on Colleges to Re-evaluate Confucius Institutes", *New York Times,* June 17, 2014.; The Associated Press, "US Professors Troubled by Confucius Institutes", *New York Times,* June 23, 2014.

62) Bree Feng, "Fear or Ignorance Drives Confucius Institutes' Critics, Xinhua Says", *New*

시 신화는 미국의 뉴욕타임즈의 보도가 왜곡되었다고 하고 미국내의 공자학원의 교사들의 실제 활동상황과 미국내 교수들의 반대의견을 통해 미국의 학술자유를 위배하거나 일부 주제에 대한 토론을 거부한 적이 없다고 강력히 주장했다.[63)]

이후 시카고 대학의 100명의 교수들이 5월 청원을 개시한 사항과 9월 26일 시카고 대학이 공자학원을 폐쇄한 것을 소개했으며 한반이 다시 새로운 계약을 맺기 위해 몇 달간 노력해 왔지만 최근 한반 수장의 발언이 문제라고 제기했다. 상하이 해방일보의 쉬린(許琳)의 발언을 소개하면서 캐나다와 미국의 교수들은 중국정부에게 커리큘럼과 교사를 감독하도록 대학들이 허용하는 것을 우려하고 있다고 강조했다.[64)]

9월 30일 이어서 중국의 공자학원은 시카고 대학의 폐쇄를 후회한다는 제목의 기사가 실렸는데 기사에서는 "중국의 한반과 외교부 대변인도 미국의 공자학원은 학교의 자원으로 설립된 것이다 라고 했고, 미국 측의 요청에 따라 지원을 한 것이지 미국의 학문의 자유를 위협하는 것은 가능하지 않다고 한반에서 발표했다고 소개했다." 기자는 중국정부가 커리큘럼에 대한 통제를 하는 것을 알면서도 많은 외국의 대학들이 중국과의 협력관계를 통해 교육시장을 개선하기 위해 앞장서 왔기 때문에 이는 학교(행정가)들이 학문의 자유를 희생시킨 것일 수 있다고 전한다. 그러나 기사는 다시한번 베이징대학에서 작년 해고된 교수의 의견을 전하면서 중국정부가 보내는 방문학자가 스파이 노릇을 하는 관행이 여전하다는 것도 제기하고 있다.[65)]

York Times, June 24, 2014.

63) 「孔子學院被指責學術不自由 媒體：完全與事實不符」, 2014-06-22 05:41:53, 『新華網』; 李鵬, 「告訴你真實的美國孔子學院」, 2014年06月22日 06:54:11, 『新華網』.

64) The Associated Press, "U. Of Chicago Cuts Ties With Confucius Institute", *New York Times,* September 26, 2014.

펜실베니아 주립대학의 공자학원 폐쇄의 소식, 미국내 100여개의 공자학원의 교수들이 티벳문제와 천안문 사태 등에 대해 재정지원을 하는 중국정부를 우려해 자체검열을 하고 있다는 소식 및 캐나다 토론토는 교육청이 직접 나서고 있다는 소식을 전하였다.[66] 대학의 공자학원이 성격의 문제로 고전을 하는 반면 미네소타주의 중등학급의 중국어 수업에 대해 중국정부의 지원을 통해 잘 이루어지고 있다는 것도 동시에 소개하고 있다. 중국정부의 재정적 지원만 이루어지는 미국주도의 중국어교육은 성과를 거둘 수 있다는 것이다.[67]

대학당국은 즉각 논평을 하지 않았는데 대학행정측은 교수들의 요구로 한반과 협상을 했지만 쉽게 이루어지지 않은 것 같다. 교수들은 대학의 자유와 참여를 가능하게 하고 논의의 주제를 제한하지 말 것을 강조했다. 중국정부가 12월 31일까지 어떻게 협상을 할 것인가.[68] 또한 뉴욕 타임즈는 이러한 미국과 캐나다의 사태에 대해 중국의 인민일보가 미국이 중국에 대해 편견의 태도를 보인다고 한 것을 전했다.[69]

11월 21일의 기사는 중국에서 교수들이 모니터링 되고 있다는 기사를 전했다. 부르스 링컨 시카고 대학 교수는 공자학원이 “미국의 대학과 파트너를 맺고 교사와 커리큘럼을 제공하고 대학이 그들의 입장에

65) Reuters, “China's Confucius Institute Regrets Closure of University Of Chicago Center”, *New York Times,* September 30, 2014.

66) Reuters, “Second U.S. University Cuts Ties With China's Confucius Institute”, *New York Times,* October 01, 2014.

67) Jane A. Peterson, “An American School Immerses Itself in All Things Chinese”, *New York Times,* October 27, 2014.

68) Andrew Jacobs and Jess Macy Yu, “Another U.S. University Severs Ties to Confucius Institute”, *New York Times,* October 02, 2014.

69) Austin Ramzy, “Toronto School District Cancels Plans for Confucius Institute”, *New York Times,* October 30, 2014.

동조하게 되는 것은 끔찍한 일이라고 생각한다. 마치 담배회사가 건강과학담론을 제공하도록 요청하는 것과 같은 것이다."라는 인터뷰와 함께 중국의 랴오닝(遼寧)일보의 기사에서 중국 미디어에서 지적 자율성 대 학술의 애국주의의 필요에 관한 논쟁이 벌어졌다는 소개도 하고 있어[70] 중국정부의 학문과 미디어 전반에 대한 통제 상황을 전했다.

2014년 12월 4일 중국의 권위적 정부가 미국의 캠퍼스에 자금지원을 통해 기지를 마련한 것인지에 대한 의회 청문회의 상황을 보도하는 기사에서는 중국의 외교부 대변인이 미국의 요청에 의한 공자학원이라고 설명한 것에 대해 웨슬리 대학Wellesley College의 사회과학 교수의 언급을 인용해서 소프트 파워 확산 전략일 뿐이며 시진핑 정부가 재정적 지원을 통해 중국연구를 비판적으로 하지 못하게 하는 작용을 했다고 반박한 내용을 자세히 전했다.[71]

2010년 이래로 미국 펜실베니아 대학의 동아시아학과의 교수들의 공자학원 설립반대, 스탠포드 대학이 중국정부가 티벳 문제에 대한 논의를 자제하는 것을 조건으로 공자학원을 설립해 주고 중국학 석좌 교수직을 개설에 4백만 달러 재정지원한 것에 문제를 제기한 것, 시카고 대학은 대학본부가 공자학원 설립을 독단적으로 진행했다고 항의하면서 174명의 교수들이 학문의 존엄성에 대한 철저한 검토가 우선되어야 한다고 한 것 등이 뉴욕타임즈의 기사에 언급 되었다. 하지만 스탠포드 대학과 콜럼비아 대학 등이 중국측의 공자학원 원장이 미국대학의 학술규정을 준수하고 한반이 간섭하지 않는다 것을 명시하고 활동을 지속하고 있다는 것에 대해서는 소개하지 않았다.[72]

---

70) The Associated Press, "Correction: China–Professors Monitored Story", *New York Times,* November 21, 2014.

71) The Associated Press, "Scholars: China Gov't Gets Foothold on US Campuses", December 04, 2014.

이상 공자학원 담론으로 형성된 공자학원 이미지는 첫째 2004년 공자학원과 관련된 뉴욕타임즈의 기사는 수적으로도 부족하고 미국 내의 공자학원 자체에 대한 소개도 많지 않아 널리 전파되지 않았고 처음부터 공자학원을 중국의 소프트 파워 전략 기관으로 소개되고 구축되었다. 특히 2014년의 미국 내의 공자학원 폐쇄움직임에 대한 기사는 매우 많은 지면을 할애하여 공자학원의 성격과 운영 등을 문제시했으며 공자학원의 재정지원이나 중국 대학 측의 적극적인 입장 등에 대해서는 소개하지 않았다. 둘째 중국내의 유교에 대한 전파나 확산은 공산당 정부의 통제와 정권의 지속을 위한 방편에 불과하며 그 정당성을 유지해주는 보수적 성격이 강하다는 것을 부각하고 미국의 교육체계에서 용인하는 언어교육의 확산의 방식에 따라야 함을 강조하여 언어교육기관으로 제한하려 했다. 셋째 중국내의 매체의 통제 상황을 전제하고 인민일보의 공자학원 보도를 인용하므로써 공자학원이 정부의 통제에 의해 운영되고 관영매체에 의해 선전되는 것이라는 이미지를 지속적으로 형성했다고 볼 수 있다.

Ⅳ. 맺음말-중국 소프트 파워의 역류

공자학원을 통해 중국의 언어와 문화를 확산시키고 이를 통해 소프트 파워를 확대하겠다는 중국정부의 전략은 2003년 이래 표방된 문화대국 전략과 이에 따른 매체를 비롯한 문화산업의 발전과도 맥을 같이 하였다. 공자학원이라는 명칭으로 인해 공자학원에서 전파하는 문화가 유교라는 인식이 함께 서구에 전달되었으며 서구에서는 유교를 낙후된

72) Danping Wang · Bob Adamson, ibid, p.11.

전통과 중국정부의 정당화를 지속시키는 목적으로 바라보는 프레임을 지속시켜 나갔다. 미국의 엘리트 계층의 주된 의식을 형성하는 뉴욕타임즈의 공자학원 관련 보도는 중국정부의 관영기관지 인민일보를 인용하고 중국전문가들의 의견을 소개하여 이러한 담론의 형성과 중국공자학원의 이미지 형성을 구축해 갔다.

그러나 미국 대중들의 중국어에 대한 관심과 언어교육비용과 기관의 부족하므로 지역에 따라 지역주민과 초중고교의 학생을 대상으로 하는 중국어 학습 프로그램과 공자학원이 제공하는 교사와 프로그램 및 교재가 문화네트워크를 타고 나갔다. 이는 중국문화에 대한 호감을 향상시키는 한편 중국정부가 2010년 이후 제공하는 다양한 중국방문 프로그램도 활발히 진행되면서 문화네트워크는 확장될 것이다. 뿐만 아니라 중국정부가 중국의 학문을 양성하기 위해 해외유학생을 적극 유치하는 것도 공자학원을 통해서 이루어지기 때문에 공자학원은 더욱 현지화해 나갈 것으로 보인다.

그러나 대학과 대학 간의 협력기관이면서도 공자학원총부의 재정지원과 이로 인해 영향을 받을 수 있는 문제는 공자학원에 대한 담론의 부정적 상황을 강화해 나갔다. 이는 초기의 급속한 설립과 확장에는 긍정적 영향을 끼쳤지만 2012년 이래로 공자학원의 성격이 더 부각되는 부정적 상황을 초래했다.

이에 대해 미국의 매체는 공자학원이 미국의 학술자유의 방침을 따라야 한다고 강조하고 있고 미국의 매체 역시 이를 여러 차례 강조해서 전파하였다.

2014년 9월 공자학원 10주년 기념대회가 베이징에서 개최되었을 때 시진핑 習近平 주석과 리커창李克强은 여전히 공자학원의 역할을 강조했다. 이어 12월 8일의 제9차 공자학원 대회는 샤먼廈門에서 개최되었는데 샤먼대학이 3500명의 세계 공자학원의 원장과 교사들을 훈련하는

원장공자학원으로 지명되었기 때문이다.[73]

공자학원의 발전과 매체를 통한 소개와 확산을 강조해 왔던 공자학원총부 역시 중국의 문화외교 전략의 방침과 같은 맥락이었다면 2014년 11월 외사공작회의의 내용을 주목해 봐야 한다. 앞으로 서구 열강과 다른 중국만의 문화전통에서 출발하는 대국외교를 펼쳐 나가되 중국은 서구의 패권적 담론체계에서가 아닌 중국의 역사적 맥락에서 이야기할 것이라는 담론의 헤게모니로서의 문화의 확산을 강조했다.[74] 그러므로 공자학원의 폐쇄를 막기 위해 미국 대학 측의 요구를 전폭적으로 수용하고 현지화에 주력하면서도[75] 중국의 담론체계의 확산을 위한 전통문화를 내용으로 하려는 노력을 강화해 나갈 것이다.

이에 대해 북경어언대학의 니에쉬에후이聶學慧는 미국 언론매체의 왜곡된 보도와 이로 인한 중국에 대한 대중들의 오해를 불식시키기 위해 중국전통문화를 신자학新子學으로 포괄하여 수립할 필요를 제기하기도 하였다.[76] 이러한 모색과 함께 공자학원총부는 2014년 9월 28일 공자의 고향 취푸(曲埠)에 체험기지를 두고 세계 각 지역의 공자학원 학생들이 전통문화를 체험할 수 있도록 하였다. 또한 세계유학연구의 교류의 중심이자 오락과 여행 관광 체험의 기지를 설립하기로 하였다. 이 공자학원총부 체험기지는 산동성정부도 참여하고 있다. 이러한 문화기지 사업과의 연계는 랴오닝 지역의 경우 선양(瀋陽)대학과 프랑스 파리대학과 아랍이 중동에 공자학원을 설립한 이래 랴오닝 지역의 중

73) 蒙少祥, 林世雄, 「未來十年, 孔子學院要本土化」, 『福建日報』, 2014.12.9., 『海西晨報』, 2014-12-09.

74) 판웅평, 「개념과 담론의 굴레」, 『차이나브리프』, 2015.1, 119쪽.

75) 和曼, 「從孔子學院看中美的文化差異」, 『人民論壇』, 2012年 17期, 233쪽.

76) 聶學慧, 「漢語國際推廣背景下中國文化的定位與選擇——以美國孔子學院爲例」, 『河北學刊』, 2013年 04期.

국음식문화, 서법예술, 민간오락과 경극, 무술, 청대의 유적지 탐방 등 다양한 프로그램을 통해 실제적 문화교류를 이루어 랴오닝 지역의 변화도 이끌었다는 주장처럼 중국내의 문화네트워크 역류의 한 흐름을 형성했다.[77)]

이렇게 중국의 한학유학생에 대한 장학금의 지원 확대, 공자학원체험기지를 통해 국외 공자학원 학생들의 여행과 방문 프로그램 등의 강화, 산둥과 샤먼 등에 체험기지와 연구원 등을 설립하는 것 등은 모두 공자학원총부 총간사 쉬린(許琳)은 연설에서 언급한 "중국문화는 나아가는 것에서 들어오는 것으로, 중국형상은 요원한 신비에서 거리감이 없는 친절로 중국은 경제발전에서 문화를 알아가는 것으로" 변화를 추동해 왔다는 방향과 일치한다.[78)]

하지만 미국의 매체의 프레임과 캐나다의 공자학원에서 나타나는 중국문화에 대한 오리엔탈리즘적 접근이 중국의 공자학원의 프로그램을 통해 더욱 강화될 여지도 있다는 주장을 고려한다면[79)] 중국의 담론체계로서의 문화가 무엇을 의미하고 그 내용은 구체적으로 어떠해야 하는가에 대한 방안이 발신자 중국에서 형성되어야 할 것이다. 즉 공자사상에 대한 중국내의 합의도 이루어지지 않은 상황에서 보편적 가치로 기능할 수 있는가에 대해 회의적인 시각이 중국내에서도 적지 않게 제기되었기 때문이다.

중국에서 소프트 파워 역류에 대한 대응이 단순히 현지화의 강조만

77) 劉紅英, 許志偉, 「論興建海外孔子學院對增強- 沈陽文化軟實力的積極作用」, 2012年 第六期, 29-30쪽.

78) 人民日報014-12-11 09:13:09 http://www.hanban.org/article/2014-12/11/content_566021.htm/2014년 12월 16일.

79) Heather Schmidt, "China's Confucius Institutes and the "necessary white body"", *canadian Journal of Sociology* 38(4), 2013, pp.663-664.

이 아닌 중국에 대한 기본적인 인식을 변화시킬 수 있는 민간도 참여한 풍부한 문화의 내용을 갖추게 된다면, 미국의 기존 매체의 보도 틀을 바꾸고 공자학원 역시 매력적인 이미지로 대체되어 나갈 수 있을 것이다. 이상 공자학원을 통해 문화네트워크의 확장과 소프트파워의 역동성을 거시적으로 그려 보았다. 향후 보다 정치하고 미세한 접근과 분석으로 이를 보완해 갈 것이다.

| 참고문헌 |

〈국내자료〉

김상배 엮음, 『소프트 파워와 21세기 국가권력』, 서울: 한울아카데미, 2009.

마누엘 카스텔, 박행웅 옮김, 『마누엘 카스텔의 커뮤니케이션 권력』, 서울: 한울, 2014.

윤상희, 『공자학원의 현황분석과 개선방안, 중앙대학교 대학원 박사논문, 2009.

주성일, 『공자학원을 통한 중국의 소프트파워 증진정책 연구』, 경인사연, 2010.

크리스 바커, 다리우시 갈라신스키 지음, 백선기 옮김, 『문화연구와 담론분석』, 서울:커뮤니케이션북스, 2009.

강남욱, 김순우, 지성녀, 「대외언어보급정책 비교를 통한 세종학당 활성화 방안」, 『새국어교육』 제90호, 2012.

고영희, 「중국과 대만의 문화외교」, 『대동철학』, 제65집, 대동철학회, 2013.

신의항, 「중국 고등교육의 국제화」, 『교양교육연구』 제7권 1호, 2013.
이경희, 「중국 문화민족주의와 그 실천전략」, 한국동북아학회, 『한국동북아논총』 52권0호, 2009.
이영학, 「중국 소프트파워 외교의 전개, 성과 및 한계」, 『동서연구』 제21권 1호, 2009.
이희옥, 「중국공공외교의 확산: 체계와 목표」, 『중국학연구』, 2010.
전가림, 「중국의 소프트파워 발전 전략과 그 영향력」, 『중국연구』 제50권, 2010.
차미경, 「중국문화원 공자학원의 설립과 중국문화의 세계화 전략」, 『중국문화연구』 제10집, 2007.
채하연, 「중국의 소프트파워로서 공자콘텐츠의 전개현황 및 의의」, 『유교사상연구 제33집, 한국유교학회, 2008.
판융평, 「개념과 담론의 굴레」, 『차이나브리프』, 성균중국연구소, 2015.

〈국외자료〉

柴田哲雄, 『中國民主化・民族運動の現在』, 集廣舍, 2011.
馬旭, 『人民日報對孔子學院的媒介形象塑造硏究』, 山東大學碩士學位論文, 2012.
唐小兵. 「西方媒體的滑鐵盧-拉薩騷亂之輿論反思」. 『開放時代』. 6. 廣州市社會科學院, 2008.
李瑞晴, 「海外孔子學院發展淺析」, 『八桂僑刊』 第1期, 2008.
聶映玉, 「孔子學院概述」, 『上海教育科硏』 第3期, 2008.
聶學慧, 「漢語國際推廣背景下中國文化的定位與選擇-以美國孔子學院爲例」, 『河北學刊』 第33卷 第4期, 2013年 7月.
關世傑, 「中國文化軟實力:在美國的現狀與思考」, 『國外社會科學』 2012年 05期.

雷莉, 「美國孔子學院漢語言文化推廣模式研究——以美國猶他大學孔子學院爲例」, 『西南民族大學學報』, 2013年 11期.

蕭映, 「孔子學院在美國賓夕法尼亞州的教學與文化推廣進程孔子學院」, 『科教導刊』, 2010年 10期.

安然, 魏先鵬, 許萌萌, 劉程, 「海內外對孔子學院研究的現狀分析」, 『學術研究』, 2014年 11期.

吳瑛, 阮桂君, 「中國文化在美國青少年中的傳播效果調查——以匹茲堡地區孔子學院爲例」, 『學術交流』, 2010年 10期.

劉金源, 「淺述漢語教學在美國」, 『中國職工教育』, 2014年 24期.

劉毅, 「國家文化安全視閾下的涉華輿論研究——以《紐約時報》對孔子學院報道的內容爲例」, 『學術交流』, 2014年 04期.

劉程, 安然, 「海外孔子學院網站新聞傳播案例分析——以美國孔子學院爲例」, 『武漢理工大學學報(社會科學版)』, 2012(04).

劉程, 「孔子學院國內研究現狀及走向」, 『雲南師範大學學報』, 2012(01).

劉慧, 「國內孔子學院研究的現狀與分析」, 『重慶社會主義學院學報』, 2013(05).

劉漢俊, 翁淮南, 「孔子學院:中國文化"走出去"的成功範例——訪國務院參事, 國家漢辦主任, 孔子學院總部總幹事許琳」, 『黨建』, 2011(11).

劉紅英, 許志偉, 「論興建海外孔子學院對增強- 沈陽文化軟實力的積極作用」, 2012年 第6期.

李瑛, 「境外孔子學院的創建與發展:基於文化視角」. 『探索』, 5, 2010.

張琰, 「全球孔子學院"掌門人"談"孔院風波"」, 『祖國』, 2012(12).

張濤, 「孔子與美國排華高峰期華人的認同建構——以美國主要報紙爲例」, 『華僑華人曆史研究』, 2010年 01期.

——, 「20世紀70年代以後中美社會文化交流中的孔子元素」, 『思想戰線』, 2011年 01期.

張治國, 「美國馬里蘭大學孔子學院田野調查」, 『世界教育信息』, 2009年 03期.

陳陽,「文明沖突論視角下的孔子學院形象再審視」,『牡丹江大學學報』, 2014年 12期.

蔡亮, 宋黎磊, 「孔子學院:全球體系下中國知識權力的外化」, 『國際展望』, 2010(06).

和曼,「從孔子學院看中美的文化差異」,『人民論壇』, 2012年 17期.

中共福建省委黨校;省領導科學研究會,「華盛頓向孔子學院敞開大門」,『領導文萃』, 2013(12).

Golden, Daniel, "China Says No Talking Tibet as Confucius Funds U.S. Universities." *Bloomberg News,* November 2, 2011: : http://www.bloomberg.com/news/2011-11-01/china-says-no-talking-tibet-as-confucius-funds-u-s-universities.htm.

Danping Wang · Bob Adamson, "War and Peace: Perception of Confucious Institutes in China and USA", *Asia-Pacific Edu Res,* 2014.2.

Falk Hartig, "Confucicus Institutes and the rise of china", *Journal of Chinese political Science*, 17, 2012.

Heather Schmidt, "China's Confucius Institutes and the "necessary white body"", *canadian Journal of Sociology* 38(4), 2013.

James F. Paradise, "China and International Harmony", *Asian Survey, 69,* 2009.

Lin, "A textual analysis of the coverage of SARS and the image of China: A comparative analisis", *Asian Social Science*,8(3), 2012.

Peng, Z, "Representation of China: An across time analysis of coverage in the New York Times and Los Angeles Times", *Asian Journal of Communication,* 14, 2004.

Rui, Y, "Soft Power and higher education: An examination of China's Confucius Institutes, Globalization", *Socienties and Education,* 8, 2010.

Randolph Kluver, "The Sage as Strategy: Nodes, Network, and the Quest for geopolitical Power in the confucius Institute", *Comminication, Culture Critique* 7, 2014.

Therese L.Lueck, Val S.Pipps, Tang Lin, "China'Soft Power: A New York Times Introduction of the Confucius Institute", *Howard Journal of Communication*, 25:3, 2014.

Zhao, H & Huang, J, "China's Policy of Chinese as a foreign language and the use of overseas Confucicus Institutes", *Educational Research for policy and practice, 9(2)*, 2010.

〈웹사이트〉

중화인민공화국 국가한반 http://www.hanban.edu.cn

장성한어, http://www.greatwallchinese.cn/portal.do

인터넷 공자학원 http://college.chinese.cn//article/2011-04/21/content_250270_3.htm

인민일보 http://www.people.com.cn/

http://paper.people.com.cn/rmrbhwb/html/2013-06/04/node_865.htm

뉴욕타임즈 해외판 http://international.nytimes.com/

저 자

강병환

국민대학교 정치외교학과를 졸업하고, 동대학원에서 정치사상으로 정치학석사학위를 받고, 대만국립중산대학교 중국아태연구소(Institute of China and Asia-Pacific Studies)에서 중국의 대(対) 대만정책으로 박사학위를 받았다. 대만국립중산대학 통식교육중심사회과학조(通试教育中心社会科学组, 2006-2011)강사, 국립까오숑대학화어중심(国李高雄大学华文中心), 시립삼민고급중학(市立三民高级中学)에서 한국어 및 한국문화를 강의하였고(2005-2011), 서울 한성화교소학에서 행정팀장으로 근무하였다. 현재 (사)한반도통일연구원 연구원, 중화민국문화자산발전협회 연구원, 국민대 강사로 재직하고 있다. 관심분야는 양안관계, 중국정치, 중미관계며 특히 최근에는 양안문제와 남북통일문제에 깊은 관심을 두고 있다. 논문으로는 「一个中国架构下中共対台政策-以民进党执政时期为中心」(박사학위 논문), 「미국의 동아시아 전략과 중국의 대응-해상패권경쟁과 갈등을 중심으로」(중소연구, 2014) 등이 있다.

김도경

고려대학교 중어중문학과를 졸업하고, 푸단대학 사회학과에서 인구조절론이 학술권위를 획득할 수 있었던 사회적 조건을 연구하여 박사학위를 받았다. 중앙대학교 사회학연구소에서 1980년대 초 문화열 현상에 대한 박사후(post-doc) 연수를 진행한 바 있으며, 현재 성균관대학교 성균중국연구소 연구교수로 재직 중이다. 주된 전공 분야는 문화사회학이고, 지금은 도시화에 따른 사회 현상 및 그 관련 논의를 연구 중이다. 주요 논문으로 「1970년대 말 천얼진의 '무산계급 민주혁명을 논함'의 담론 맥락」(2013), 「중국 토지 제도를 보는 두 개의 시각」(2014) 등이 있다.

김영미

이화여대 중어중문학과를 졸업했으며, 한국외국어대학교에서 석사학위와 박사학위를 받았다. 현재 한국외국어대학교 중국연구소 연구원으로 재직하고 있다. 최근 주요 연구 방향은 중국 현대미술과 현대영화 가운데 보이는 포스트 사회주의 중국의 모습을 찾는데 중점을 두고 있다. 특히 포스트 사회주의 중국의 인민의 문제와 새로운 예술 형태들에 기록된 현재의 흔적등을 살핌으로써 변화중인 현 중국 사회를 분석하는데 주력하고 있다. 주요 논문으로 「Le Kung

-fu comique de Jackey Chan : une nouvelle possibilite de la narration du corps」(2009), 「'마오 Mao'이미지와 포스트모더니즘/포스트사회주의-1990년대 신생대 작가를 중심으로」(2011), 「중국현대미술의 동시대성-아트퍼포먼스를 중심으로」(2011), 「동시대 중국영화의 이미지구성과 서사」(2011)와 저서로는 『현대중국의 새로운 이미지 언어-미술과 영화편』(이담, 2014)가 있다.

박영순

국민대 중어중문학과를 졸업했으며, 중국 푸단(복단)대학 중국어문학연구소에서 석사학위와 박사학위를 받았다. 현재 국민대 중국인문사회연구소 HK연구교수로 재직하고 있다. 최근 주요 연구 방향은 중국의 인터넷문학, 베스트셀러, 다큐멘터리 등의 지식생산 기구와 지식인 및 지식(작품)의 확산·전파 네트워크를 통해, 사회저층담론 및 문화적 함의를 파악하는데 중점을 두고 있다. 주요 논문으로 「현대화 과정에 나타난 저층담론과 지식생산: 다큐멘터리 『鐵西區』를 중심으로」, 「중국 독립다큐멘터리의 제작, 전파 네트워크와 '독립'의 함의」, 「인터넷문학의 생산과 확산의 네트워크: '起點中文網'을 중심으로」 등 다수. 역서로는 『현대중국의 학술운동사』(2013), 『호상학파와 악록서원』(2011) 등이 있다.

박철현

서울대학교 동양사학과를 졸업하고, 서울대학교 국제대학원에서 중국지역연구로 문학석사학위를 받고, 중국 선양(瀋陽) 톄시구(鐵西區) 공간변화와 노동자 계급의식의 관계에 대한 연구로 중국 런민(人民)대학 사회학과에서 박사학위를 받았다. 현재 국민대학교 중국인문사회연구소 HK연구교수로 재직중이다. 관심분야는 중국 동베이(東北) 지역의 공간생산과 지방정부의 역할, 국유기업 노동자, 동베이 지역의 "역사적 사회주의", 만주국, 동아시아 근대국가 등이다. 논문으로는 「關於改革期階級意識與空間-文化研究: 瀋陽市鐵西區國有企業勞動者的事例」(박사학위 논문, 2012), 「중국 개혁기 공간생산 지식의 내용과 지형: 선양시(瀋陽市) 톄시구(鐵西區) 노후공업기지의 개조를 중심으로」(중소연구, 2013), 「중국 사구모델의 비교분석: 상하이와 선양의 사례-사회정치적 조건과 국가 기획을 중심으로」(중국학연구, 2014), 「중국 개혁기 공장체제 연구를 위한 시론(試論): 동북 선양(瀋陽)과 동남 선전(深圳)의 역사적 비교」(한국학연구, 2015) 등이 있으며, 역서로는 『중국 정책변화와 전문가 참여(공역)』(학고방, 2014) 등이 있다.

서상민

고려대학교 정치외교학과를 졸업하고 고려대 대학원에서 중국정치로 석사와 박사학위를 취득하였다. 현재 국민대학교 중국인문사회연구소 HK연구교수로 재직하면서 중국정치엘리트와 중국관료정치, 중국정책결정과정 분석 등과 관련된 연구에 집중하고 있으며, 최근 사회연결망 분석방법을 활용한 중국의 파워엘리트에 많은 관심을 가지고 있다. 논문으로는 「시장경제 시기 중국의 국가역할」(2011), 「중국 경제관료네트워크의 형성과정 연구」(2014), 「상하이지역 경제엘리트 연결망분석」(2014) 등이 있으며, 저서로는 『동아시아공동체 논의 현황과 전망』(2009, 공저) 등 다수가 있다.

이광수

숭실대 정치외교학과를 졸업했으며, 동 대학원에서 국제정치학 전공으로 석사학위를 취득하고, 중국 런민(人民)대학에서 중국 공산당사 전공으로 중국정치를 공부했다. 현재 국민대학교 중국인문사회연구소에서 HK연구교수로 재직하고 있으며, 중국의 정치변동과 정치문화, 인터넷정치에 대해 관심을 갖고 연구를 진행하고 있다. 관련 논문에는 「중국의 민주정치 발전-촌민자치제도의 이론과 실천을 중심으로」(2006), 「'인터넷 토론공간에서의 의사소통행위양식에 대한 연구」(2009), 「댓글 유형을 통해 본 중국의 온라인 지식교류 현황」, 「지식확산기제로서의 중국 온라인 공간과 온라인 여론 특징 연구」(2012), 「중국정치학자의 지식네트워크 분석」(2013), 「중국 공공지식인의 활동과 영향력: 온라인공간에서의 활동을 중심으로(2013), 중국공산당의 정치선전과 홍색문화열」(2013) 등이 있으며, 역서로는 『중국 정책결정과정과 전문가 참여』(2013) 가 있다.

은종학

서울대 국제경제학과를 졸업하고, 서울대 국제대학원에서 중국지역학을 전공했으며, 중국 칭화대학 기술경제관리학과에서 경영학 박사를 취득하였다. 현재 국민대 국제학부 중국학 전공 부교수로 재직하고 있다. 중국의 과학-산업 연계, 국가혁신체제에 관한 연구를 주로 해왔으며, 최근에는 첨단 과학기술 기반 혁신 뿐 아니라 인간 감성에 호소하는 소프트 이노베이션(soft innovation), 중국이란 독특한 공간에 부합하는 알뜰한 혁신(frugal innovation), 중국 등 개발도상국이 주도하는 이른바 역(逆)혁신(reverse innovation)이 현대 중국에 대한 이해와 대중 전략 구상에 중요하다고 판단, 이에 대한 연구를 수행하고 있다. Research Policy, Industry & Innovation 등 SSCI 학술지를 포함한 국내외 학술지와 전문서적에 다수의 논문을 출간한 바 있다.

조경란

성균관대에서 '진화론의 중국적 수용과 역사의식의 전환'으로 철학박사 학위를 받았으며, 성공회대와 성균관대 연구교수를 역임했고 홍콩 중문대, 중국 사회과학원 방문학자를 지냈다. 현재 연세대 국학연구원 HK 연구교수로 재직 중이다. 주로 중국의 현대 사상과 지식인 문제, 동아시아 근대 이행기에 대해 연구해왔다. 최근에는 두가지 측면으로 새로운 도전을 하고 있다. 하나는 전통, 근대, 혁명이라는 키워드를 가지고 '동아시아의 근대' '다시보기'를 시도하고 있고, 다른 하나는 현대 중국의 유학 부흥 현상을 국가의 정책적 베이스와 함께 아비투스로 접근하려는 것이다. 저서로 『현대 중국 지식인 지도: 신유가, 자유주의, 신좌파』(2013), 『중국 근현대 사상의 탐색』(2003) 등이 있으며, 『보수주의와 보수의 정치철학』(2013), 『우리 안의 보편성』(2006) 등 다수가 있다. 함께 옮긴 책으로 『중국 민족주의의 신화』(2007) 등이 있다. 최근 발표한 주요 논문으로는 「냉전시기 일본 지식인의 중국 인식-다케우치 요시미의 중국관 : 사상적 아포리아와 '좌파-오리엔탈리즘'」(2014), 「중국 지식의 '윤리적' 재구성의 가능성-유학 '부흥'과 '비판'의 정치학에서 아비투스의 문제」(2014) 등이 있다. *Reconciling Confucianism with Human Rights in East Asia(2014), The Dilemma in the Theory of Chinese Civilization and Post Western-centrism : The 'Left-Orientalism' and an 'Alternative Modernity'(2015)*, 「国家、儒学、知识分子」(2015), 『理解中国的视野——汪晖学术思想评论集』(2014) 등, 영어, 중국어권에도 인권문제와 탈서구중심주의에 관한 A&HCI 급의 논문이 다수 있다.

최은진

이화여대에서 역사학으로 박사학위를 받았으며, 현재 국민대학교 중국인문사회연구소 HK교수로 재직하고 있다. 전공분야는 중국현대사이며 현재는 중국의 대학교육, 지식인의 사상지형, 담론 및 네트워크를 연구하고 있다. 주요 논문으로는 「중국국립중앙연구원 역사어언연구소(1928~49)와 근대역사학의 제도화」, 「중국모델론을 통해 본 중국사상계의 지식지형」, 「『讀書』 잡지와 중국지식인의 담론지형」(2012), 「중국 역사지리학 지적구조와 연구자 네트워크」(2012), 「2012년 '韓寒-方舟子 論爭'을 통해 본 중국 매체의 네트워크 작용과 함의」(2013), 「上海 여행공간 형성 네트워크의 문화적 함의」(2014) 등이 있다.

국민대 중국인문사회연구소 총서 • 5권

중국지식의 대외확산과 역류 | 소프트 파워와 지식 네트워크 |

초판 인쇄 2015년 5월 20일
초판 발행 2015년 5월 31일

공 저 | 강병환 · 김도경 · 김영미 · 박영순 · 박철현
서상민 · 이광수 · 은종학 · 조경란 · 최은진

펴 낸 이 | 하운근
펴 낸 곳 | 學古房

주 소 | 서울시 은평구 대조동 213-5 우편번호 122-843
전 화 | (02)353-9908 편집부(02)356-9903
팩 스 | (02)6959-8234
홈페이지 | http://hakgobang.co.kr/
전자우편 | hakgobang@naver.com, hakgobang@chol.com
등록번호 | 제311-1994-000001호

ISBN 978-89-6071-515-8 94300
978-89-6071-406-9 (세트)

값 : 28,000원

이 도서의 국립중앙도서관 출판시도서목록(CIP)은 서지정보유통지원시스템 홈페이지(http://seoji.nl.go.kr)와 국가자료공동목록시스템(http://www.nl.go.kr/kolisnet)에서 이용하실 수 있습니다.(CIP제어번호: CIP2015014053)